王更生著

# 王更生先生全集

第一輯

第十七冊　更生退思文錄

文史哲出版社印行

# 王更生先生全集 第一輯



王更生先生全集 第一輯18冊

第十七冊　更生退思文錄

著　　者：王　　　更　　　生
出 版 者：文　史　哲　出　版　社
http://www.lapen.com.tw
登記證字號：行政院新聞局版臺業字五三三七號
發 行 人：彭　　　正　　　雄
發 行 所：文　史　哲　出　版　社
印 刷 者：文　史　哲　出　版　社
臺北市羅斯福路一段七十二巷四號
郵政劃撥帳號：一六一八〇一七五
電話886-2-23511028・傳真886-2-23965656

定價新臺幣 8000 元

中華民國九十九年（2010）八月十二日初版



ISBN 978-957-549-917-4　　08991

媽媽的慈暉

我的父親於中共文化大革命時，因「地主」和「海外關係」兩大罪名，被鬥爭冤死。這是我慈母於民國六十七年，七十歲的照片，他在風狂雨驟的時代，教養孤弱，歷盡艱辛，痛於民國七十八年棄養，享年八十有一，當時我身在臺灣，隔海追思，五內如焚。

我的岳父大人

岳父祁玉樹老先生，民國二十一年河南焦作理工學院採礦系畢業，個性內斂，不苟言笑，篤實而有高志。因家有資產和海外關係，在文化大革命期間，一再被中共批鬥。終於在民國六十八年十二月因憂勞成疾，歿於修武祖宅，享壽七十有三。

我的岳母大人

這是岳母的照片，我太太祁素珍是她唯一的掌上明珠。自從民國三十八年因避亂分別後，我太太遠走臺灣，岳母身在大陸。她每天拖著疲累的身子，坐在藤椅上，或門外的凳子上，凝視著悠悠海天，盼望愛女的歸來。民國七十五年九月三日棄養，享壽八十又一。

# 自序

古有大人先生者，以天地為一朝，萬載為須臾，日月為戶牖，八荒為庭衢：拿他和我這個六十有九的人生歲月相比，雖然自認渺小得微不足道；但是較之詩聖杜甫的「酒債尋常行處有，人生七十古來稀」而言，我倒是無罣無礙。就像個挂單修行的和尚，抖一抖滿身的征塵，在這個世界上，到底留下些什麼？未來的日子裡，還有什麼可以追尋呢？《文錄》的集結與出版，正合鑑往察來的意思。

《文錄》的內容，按照作品性質，分為五類：論著類收文十二篇，讀書劄記類收文四篇，雜文類收文十一篇，序跋類收文二十六篇，附錄類為親朋故舊勗勉砥礪之言，收文十篇；全書內外共得五十八篇。其編選體例有可得而言者：一、選入的作品，皆在本人已出版之他書所不及見；二、選入的作品，當包括我全部教學和研究的學程；三、選入的作品，須為我平時教學、研究的主題以外；四、選入的作品，末尾均隨文附注寫作年月及出版刊物；五、選入的作品，能充分體現我的感情世界；六、附錄部分，皆以個人手邊收藏者為據。

我生我長，面對的是一個空前鉅變的偉大時代：先是軍閥割據，接著日寇入侵，繼而又是國共內戰，少小離家，老大難回，我的命運，隨著戰爭的魔棒起舞，忽而西北邊疆，忽而大海東南，忽而硝煙瀰漫，忽而飢寒交迫，無依無靠，無兄無弟，天涯路阻，鄉關何是？如喪家之犬，如亡命之徒，幾度晨昏，展紙走筆時，尚不僅思之悽哽而泣不成聲也！緬懷我慈祥的父母，教我的師長、童年的玩伴、共硯的好友，以及沁人肺腑的鄉土氣息，思孔子的嘆歸與，王粲的賦登樓，對於一個屆古稀，而又羈留他方的人來說，此心區區，又有何人可知！

退思者，退而省其私之意，我不是顏回，但曾得夫子宣教的微旨，昔孔子有我與回言終日，但見其不違，如同愚人；及其退居獨處，卻動靜語默，皆與夫子之道相生發。嗚呼！聖人已不得見之矣！今之充於我耳，見於我目，亂於我心者，幾乎盡為黃鐘毀棄之事，瓦釜雷鳴之聲！我思——在台灣五十年辛勤耕耘的一切成果；我感——與我教學、研究聲氣相通的師長學友；我念——棄我而去的父母親朋；我悔——往年蹉跎的黃金歲月。

抖一抖滿身的征塵吧！這本《文錄》，既可以做鑑往的紀錄，更可以在未來的日子裡，作為我繼續追尋的起點。耕耘不問收穫，成功又何必在我呢。

**王更生**序於民國八十六年（西元一九九七年）

七月十三日台灣台北退思齋

# 更生退思文錄　目次

**讀書劄記類**



**雜文類**

**序跋類**

**附編**

# 論著類

論著類

# 陸賈及其學術思想之探究

## 一、前言：認識漢初學術界的先驅

陸賈被太史公司馬遷目爲「有口辯士」，和酈食其同爲漢王劉邦所怠慢的「豎儒」。時隔兩千多年以後的今天，我們詳加檢討陸賈在秦漢交替間的活動情形，發覺他還實在是漢初學術思想界的先驅。陸賈的籍貫，以及生卒年月，史記上語焉不詳，祇說他是楚人；唐朝司馬貞作《史記・索隱》，卻引《陳留風俗傳》，說他是春秋陸渾國的後裔，又引《陸氏譜》，說他是齊宣公的遠孫，這些顯屬後人臆測，不足採信。不過，根據《史記》「以客從高祖定天下，居左右，常使諸侯」的記載，當時陸賈投靠劉邦，相與問鼎天下，凡有關抗暴亡秦的大小戰役，說不定他都親身參與過。而劉邦於秦二世元年（西元前二〇九）斬蛇起義，三年（二〇七）項羽敗秦軍，沛公入關，漢高帝二年（二〇五）項羽弑義帝，漢王舉兵聲討，四年（二〇三）漢、楚以鴻溝爲界，中分天下，次年（二〇二）項羽敗死，漢王正式即皇帝位。假設在沛公入關前，陸賈始「以客從高祖」，而其年齡又不會少於二十歲的話，我們想他可能出生於秦始皇帝統一全國的前十數年（西元前二三〇）。又《史記》本傳載，他曾爲丞相陳平畫策，計殺諸呂，迎立孝文；以及孝文帝元年，奉派出使南越；而這些事均發生在西元前一八七至一七九之間。孝文帝六年（一七四）賈誼〈上治安策〉，西漢的政治、學術、社會、經濟各方面，到此已呈現逐漸蛻變的傾向，和陸賈《新語》中所表現的思想，已有顯著的差異；況且自此以後，也不見陸賈活動的記錄；所以我們推測他可能就是卒於這幾年之內（西元前一七六）。這樣，他從秦始皇十七年（二三〇）出生，至漢孝文帝四年（一七六）逝世，大概活了五十四歲左右。

## 二、兩使南越的卓異成就

南越王趙佗，河北眞定人，原任南海郡龍川令，歸附於秦。到二世胡亥時，因天下大亂，當時南海尉任囂病重將死，召佗於病榻，告以現在陳勝作亂，天下叛秦，番禺地處絕域，負山面海，南北東西數千里，可以立國。及囂死，秦又破滅，趙佗設法除去秦故吏，合併桂林、象郡，自立爲南越武王。以後高帝既定天下，認爲中國苦戰連年，民生勞瘁，不忍再開邊釁，於是就在即位的第十一年（一九六），派陸賈出使南越。賜佗「南越王」印，希望他能負起「和輯百越，毋爲中國患」

的責任。陸賈憑他高度的外交技巧，完成了此次歷史性的任務。班固《漢書》對此事曾有較詳細的描述。說「陸賈到了南越，當時趙佗態度十分傲慢，賈對佗說：『足下是中國人，祖先墳塋都在眞定。今足下竟然違背天性，不僅拋棄了上國衣冠，還想拿區區的南越，和大漢天子爲敵，我恐怕大禍就要臨頭了。再說過去因爲秦始皇胡作非爲，一時之間，諸侯豪傑幷肩而起，只有漢王先期帶兵入關，佔據咸陽。後因項羽背盟爽約，自立爲西楚霸王，使諸侯皆成臣屬。當此之時，可算是天下獨強了。而漢王起兵巴蜀，征討四海，劫掠諸侯，誅殺項羽，五年之間，全國一統，這是上天的安排，非人力所能倖致的！天子聽說你不但不出兵相助，剷除暴亂，還自尊爲南越武王；本打算用百萬雄師，移兵問罪，但因天下戰亂頻仍，百姓勞苦，才暫時休兵，派本人出使前來，頒授『南越王』印信，按理應該郊迎謝罪，北面稱臣。想不到你竟仗著分崩離析的南越，態度如此傲慢；假設這種情形，被大漢天子得知，一定派人掘燒你祖先的墳墓，殺盡你的親族好友，然後再派一偏將，將十萬之衆以臨南越，到那個時候，越人殺君王以降大漢，自是必然的結果了。』又說：『皇帝豐沛起義，討伐暴秦，誅滅強楚，爲天下蒼生興利除害，可說是上繼三王、五帝之業，下開中國萬代之基，人口億萬，幅員廣袤，沃野平疇，民殷國富，政令出於一人之手；這是自開天闢地以來，從所未有的盛世！而君王轄下，人口不過數萬，皆南蠻鴃舌之輩；再加上山海崎嶇，物產貧乏，兩相比較，頂多像漢朝一郡，又怎能和大漢天子並論呢？』」佗遂稱臣朝貢，高帝也因爲陸賈不血刃而下南越四郡，所以命他爲太中大夫。這一年他大約三十四歲。

漢孝文帝於西元前一七九年以外藩的身份，受百官擁戴，繼承皇帝位時，陸賈已差不多是五十上下的年齡了。原來在呂后垂簾之初，聽信讒臣的建議，嚴禁南越與內地互市，遂激起趙佗的叛變，自上尊號爲「南武帝」。發兵攻打長沙邊邑，連陷數城，京師震恐。孝文帝元年（一七九）一方面詔告四夷，說明皇恩浩蕩，願與四夷和平相處，不以武力解決問題；一方面接受陳平的推薦，派陸賈以太中大夫身份，第二次出使南越。此次除加派謁者一人爲副使外，還帶著孝文帝的詔書。南越王趙佗見陸賈至，甚是驚懼，乃頓首謝罪，立即答應「願奉明詔，永爲藩臣。」並回了一通情辭懇切的奏表，大意是說「我本爲南越小吏，高皇帝賜臣玉璽，以爲南越王，至高后用事，近小人，信讒言，別異蠻夏，不准與內地通商。本人又風聞祖先墳塋慘遭破壞，兄弟親族已被殺戮，我才更號稱帝。現在幸承陛下哀憐，准予復故號，通使漢朝如故。老夫從今以後，只要屍骨不朽，便永遠不敢稱帝了。」陸賈就在趙佗去黃屋帝制，稱藩朝貢以後，順利完成了他二次出使的任務。

## 三、計殺諸呂的幕後英雄

在陸賈首次出使南越（漢高帝十一年，西元前一九六）的後兩年，高帝駕崩，惠帝即位，呂后垂簾聽政，事無大小，一切取決於呂后之手。當時呂太后欲王諸呂，但又礙於漢朝「非劉氏不王」的制度，不敢明目張膽，爲所欲爲；更怕有口辯士起來反對。陸賈是識度閎深，不求聞達的人，自忖既然身遭朝廷的猜忌，無所展布，不如退隱林泉，安穩過活的好，所以就因病致仕，在雍州好時縣（今陝西省好時縣）購得良田數百畝，偕眷定居下來。以後諸呂擅權，欲劫少主，弄得朝綱紊亂，人人自危；右丞相陳平雖有心平亂，卻怕禍延己身，因而燕居深念，憂心如焚。就在大家進退維谷的當兒，陸賈輕車簡從，飄然來訪。對陳平說：「足下位居宰輔，食祿三萬戶，享盡了人間的榮華富貴；而現在卻寢饋難安，是怕諸呂劫恃少主嗎？」陳平看他說穿了自己的心事，就問他如今計當如何？賈說：「俗語說得好，天下安，注意相，天下危，注意將，將相和睦，則人心悅服，人心悅服，即令有甚麼突發變故，政權是永久穩固不搖的。所以目前國家的命運，實掌握在丞相和太尉周勃的手中。丞相何不和太尉破除成見，深相結納呢！」

不久，他又替陳平策畫了幾條對付呂氏的妙計，陳平就先拿五百金做絳侯周勃的壽禮，再準備豐盛的酒宴和周勃共飲樂，其間周勃又禮尚往還，彼此著實密切起來，使呂氏離間分化的陰謀，無法得逞。接著，陳平又以奴婢百人，車馬五十乘，錢五百萬，送給陸賈作交際費。賈也就以置身局外的姿態，活躍於達官貴人之間，一時聲名雀起，成了一位炙手可熱的人物。其後依計而行，果然誅殺諸呂，迎立孝文，使漢初動盪的局面，轉危爲安。那位幕後策畫的英雄，追究起來，便是陸賈。

## 四、因病致仕後的暇豫生活

陸賈的晚年，生活得十分愜意。因爲他既不貪功要寵，也不求田問舍，既無所得，當然也就無所謂失，所以終其一生，居官不過太中大夫。可是，漢初風雲變幻的政壇，好像那一件事都離不了他的斡旋；但到了論功行賞時，卻又很少有他的份兒。這種功成不居的風範，求之兩漢諸子，恐怕是鳳毛麟角，絕無僅有的了。陸賈是漢初醇儒，但他的晚年，卻是以出世的思想，過著入世的生活。他把出使南越時，獲贈的「囊中裝」，賣千金，平分給五個兒子，每子二百金，作爲各自謀生的本錢。他本人卻安車駟馬，帶著十位能歌善舞的侍從，腰佩價值百金的寶劍，和他的兒子們約好，輪流給人馬酒食，十天更換一次。如老死其家，可得寶劍、車馬、侍從。凡所到處，一定要殺牲食鮮，不許怠慢。他也不停留久，免得給兒子們添麻煩，自討沒趣。

你說他玩世不恭吧，一旦遇上濟人之急的時候，就是爲朋友兩肋插刀，也義無反顧。譬如爲陳平設計，誅殺諸呂，那種挺身赴難的精神，頗富傳奇色彩。另外再舉他替好友朱建，及辟陽侯審食其排難解紛的事爲例：朱建原爲淮南王黥布相，高祖賜號平原君。爲人行不苟合，義不取容。辟陽侯及呂后倖臣，想和建定交，建不肯。等到建母去世，家貧不能發喪。陸賈往見辟陽侯，向他道賀說：「平原君的母親死了！」辟陽侯很冷漠的答道：「平原君的母親死了，與我何干？何必賀我？」陸賈說：「聽說君侯過去想和平原君定交，當時被他嚴詞拒絕，是因爲他母親健在，有所顧慮。現在他母親死了，如果你能及時備禮相弔，他必與君侯結爲刎頸之交啊！」於是辟陽侯奉百金爲壽具之費，公卿列侯也因而紛紛來弔，使朱建母親的喪禮辦得極盡哀榮。以後，辟陽侯事敗，繫獄問罪，朱建便借著孝惠近臣閎籍孺的關係，營救脫險。究其實，這都是陸賈在暗中導演的功效。

當時，司馬遷作〈陸賈傳〉，只以爲他是蘇秦、張儀之流亞，稱他「有口辯士」；但我卻認爲他是西漢學術思想界的開宗，有古代烈士的風範。

## 五、《新語》及其他著述的真象

《史記·陸賈傳》說：「陸生常在高帝跟前稱道《詩》、《書》，高帝罵他說：『老子是馬上得的天下，用不到《詩》、《書》。』陸生答道：『馬上得的天下，還能馬上治理嗎？況且湯、武革命，逆取順守，文武兼施，因而獲致了長治久安！再說吳王夫差，晉國智伯，那一個不是由於窮兵黷武，招來滅亡的厄運，至於像秦國，嚴刑峻法的結果，統一了六國；假使當秦併天下之後，能行仁義，法先王，陛下又那兒來今天的地位呢？』高帝帶著羞愧的表情對陸賈說：『你就寫點兒關於秦所以失天下，朕所以得天下，以及往古國家成敗的原因，供我參考吧！』於是陸生就記述些古今盛衰存亡的事跡，凡十二篇。每奏一篇，高帝便連聲讚好，左右大臣也高呼萬歲，號其書曰《新語》。」《新語》在班固《漢書·藝文志》，不單獨著錄，只在〈諸子略〉〈儒家〉，錄有陸賈二十三篇，想必除《新語》十二篇以外，他還有些另外的作品。

宋朝王應麟《漢志考證》，說《新語》僅存七篇，而年長於王氏十歲的黃東發，在他的《黃氏日抄》中所看到的《新語》是十二篇，和現行的本子相同。《四庫全書提要》疑此書爲後人依托，非陸賈當時的原本，並列舉了三條證據：㈠《漢書·司馬遷傳》，稱遷取《戰國策》、《楚漢春秋》、陸賈《新語》、作《史記》，而今本《新語》之文完全不見於《史記》。㈡王充《論衡·本性篇》引陸賈曰：「天地生人也，以禮義之性；人能察己所以受命者順，順謂之道。」今本《新語》也沒有這些文章。㈢《穀梁傳》至漢武帝時始出，而《道基篇》末，乃引《穀梁傳》曰，時代尤相牴牾。

嚴可均《鐵橋漫稿·新語叙》，胡適之《陸賈新語考》，羅根澤《陸賈新語考證》，張西堂《陸賈新語辨僞》，都分別對《四庫提要》所舉的三條例證有所駁斥；其中余嘉錫《四庫提要辨證》，尤加詳密。綜理諸氏之說，關於現行本陸賈《新語》的眞僞，我們至少應該有如下的認知：㈠《漢書·司馬遷傳》，並沒有說過作《史記》曾援引《新語》的話。㈡《漢書·藝文志·諸子略》著錄陸賈二十三篇，而《論衡》引「陸賈曰」，並沒有說明是引自《新語》；既然如此，則所引不見於《新語》，原不足怪。㈢《漢書·儒林傳》說：「漢朝初興，高祖經過魯國的時候，申公以弟子的身份，隨從老師浮丘伯晉見於魯南宮。申公後來以《詩》、《春秋》教授生徒，而瑕丘江公完全得了他的衣缽眞傳。」又說：「瑕丘江公在魯申公那裡，得到了《穀梁春秋》及《詩》的傳授。」可見瑕丘江公從申公那裡學到了《穀梁春秋》，而申公的學問又出之浮丘伯；陸賈和浮丘伯的年齡大致相仿，以他來傳習《穀梁》，應該是極有可能，根本無所謂時代牴牾的問題。至於《新語》所引「《穀梁傳》曰」的話，不見於今本《穀梁傳》，原因是由於《穀梁傳》曾經秦火，在傳承過程中多有散佚，所以《四庫提要》第㈢條的說法，是很難成立的。

此外，我們可以從積極方面來證明現行《新語》，確係陸賈當時的原本。首先從「行文體例」上看：陸賈爲了適應漢高帝劉邦的知識水準，和引起他閱讀的興趣，而他又是兩漢辭賦的開宗，所以《新語》的文體，上承荀卿，下開淮南，不但辭藻華美，押韻的地方也非常多。最顯著的例子，如《道基》篇從「張日月，列星辰，序四時，調陰陽」，一直到「在物者可紀，在人者可相」一節，文中陽、行、長、藏、霜、亡、光、霜、衡、綱、祥、章、量、相、十四字互押。《術事篇》從「立事者不離道德，調弦者不失宮商」，到「謀事者不可不盡忠」，其中商、常、殃、羌互押，同、凶、互押，亡、望、王、藏互押，通、明、從、應、興、形、仲、容、淸、忠、窮、忠互押，並四次換韻，頗富聲律之美。《資質》篇從「隘於山阪之阻，隔於九皖之隄」，直到「處地梗梓，賤於枯楊」，文中隄、溪、蹊、窺四字相押，亡、傷、僵、楊、量、長、觴、光、庠、莊、觴、堂、芳、揚、楊十五字相押，二換韻，聲調變化自然。這種駢散穿插的行文體例，說是出自漢初陸賈的手筆，誰也不會反對的。

次從「師承傳授」上看：陸賈傳《穀梁春秋》，《新語・辨惑》篇述魯定公夾谷之會，和《穀梁》傳文略同，而其措詞加詳。〈至德篇〉講魯莊公「以三時興築作之役」，用的是《穀梁》師說，〈明誡〉篇云：「聖人察物，無所遺失。」與《穀梁・僖公》十六年傳文相合。又〈至德篇〉言「昔晉厲、齊莊、楚靈、宋襄，皆輕用師而尙威力，以至于斯。」和《穀梁・僖公》二十二年傳文之義合。以此類推，凡全書講到春秋時事，用的都是《穀梁》家法。要知道兩漢是個特別重視師承關係的時代，而《新語》在《穀梁春秋》方面的傳述，求之漢初學者，也只有陸賈才能勝任。

其次，從「政治主張」上看：根據《史記》《漢書·陸賈傳》，陸賈對高帝之言，「鄉使秦已併天下，行仁義，法先聖，陛下安得而有之。」知陸賈的政治主張是行仁義，反刑法。檢今本《新語》，其中所載的，與此完全相同，如〈道基〉篇：「君子握道而治，據德而行，席仁而坐，杖義而彊。」又說：「仁者道之紀，義者聖之學；學之者明，失之者昏，背之者亡，」〈本行〉篇：「治以道德爲上，行以仁義爲本。」〈明誡〉篇也說：「君明於德可以及遠，臣篤於義可以致大。」類此行仁尙義的話，全書十二篇，篇篇都有。自然今本的政治主張，和《史》、《漢》陸賈本傳相同，則書爲陸賈原著，自無可疑。

再從「漢初學術思潮」上看：漢朝初年懲秦始皇任刑而亡的教訓，整個思想界瀰漫著儒、道合流的傾向，陸賈雖是醇儒，但也免不掉受時代的局限。今本《新語》的思想形態，和整個潮流的動向十分切合，如〈輔政〉篇：「懷剛者久而缺，持柔者久而長。」〈無爲〉篇：「道莫大於無爲，行莫大於謹敬。」又說：「君子尙寬舒以苞身，行中和以統遠。」「漸漬於道德，被服於中和之所致也。」其中都雜有老子的學說，尤其「道德」連用，本於《老子》，「中和」連用，本乎《中庸》，更明顯可見。至於〈本行〉篇雖盛倡儒道，然措辭多接近《荀子》和《大學》，並旁采《老子》。從這些小地方，我們去搜討《新語》的思想脈絡，只有出於漢初陸賈的時代，才算珠聯璧合。

最後，再從「習慣用語」上看：根據錢賓四先生〈讀陸賈新語〉一文，以為《新語·術事》篇：「書不必起仲尼之門，藥不出扁鵲之方。」書孔子為「仲尼」，這種風氣流行於戰國末年，從《中庸》、《孝經》上都可以得到證實。《孟子》云：「仲尼之徒無道桓、文之事者」，雖然偶有先例，但到戰國末年才成習慣；而漢儒著述，大抵多稱孔子。我們由此一習慣上的用語，也可以證明今本《新語》成書的斷限，一定不會晚於漢初。綜觀以上的考證，今本《新語》確乎是西漢初年的舊物，為劉向校定的原本。

陸賈的著作，除《新語》一書之外，班固《漢書·藝文志·六藝略·春秋家》，還錄有《楚漢春秋》九篇；〈詩賦略〉列陸賈賦三篇。《楚漢春秋》記楚漢興亡事，司馬遷作《史記》，曾經在此擷取了不少的材料。惜原書久佚，現在我們還能看到的一部分，是清朝茆泮林的輯本，見於《後知不足齋叢書》第五十六冊。陸賦三篇，今無一存，《漢書·藝文志·詩賦略》，列有屈原、陸賈、孫卿、客主四家之賦，在陸賈賦以下，還附有枚皋、朱建、莊怱奇、嚴助、朱買臣、劉辟彊、司馬遷、嬰齊、臣說、臣吾、蘇李、蕭望之、徐明、李息、淮陽憲王、揚雄、馮商、杜參、張豐、朱宇等二十位作家，作品二百七十四篇，陣容龐大，儼然是辭賦的開山。《文心雕龍·詮賦》篇說：「漢初詞人，順流而作，陸賈扣其端。」〈才略〉篇云：「漢室陸賈，首發奇采，賦〈孟春〉而進《新語》，其辨之富矣。」他的三篇辭賦，班固時已亡，可是細玩《文心雕龍·才略》篇上的話，似乎陸賈有以「孟春」為題的〈孟春賦〉，到南齊劉勰著《文心雕龍》的時候還讀過。

# 六、秦末漢初的時代背景

劉邦得天下，是中國歷史上純粹以平民身份，用武力向貴族奪得政權的第一人，所以自稱「廼公居馬上得之，安事《詩》《書》？」他既不承認知識在革命過程中的價值，當然也就連帶的瞧不起知識份子。如《史記·酈生列傳》，轉述騎士們對劉邦的看法，說「沛公不喜歡儒生，諸客有頭戴儒冠的，沛公就強迫他脫下，往裡面拉屎拉尿；給人講話時，常破口大罵，你千萬不能以儒生的身份去見他啊！」叔孫通列傳也有類似的記載，說「叔孫通穿儒服的時候，漢王很討厭，改著楚人的短裝後，他才高興。」陳丞相世家，陳平答漢王「天下紛紛，何時定乎」的問題時，曾當面批評過他，「態度傲慢，對人沒有禮貌，有骨氣的讀書人，不會自動投效的。劉邦既黠驁不馴，再看那一幫為他衝鋒陷陣的文臣武將們又如何？除開張良、韓信、陳平的知識程度較高外，其他像盧綰、蕭何、曹參、周勃、樊噲、灌嬰之徒，不是出身於縣府小吏，就是屠狗販繒的生意人，根本談不上甚麼學術水準的。一位迷信馬上得天下的皇帝，加上若干屠狗賣布的生意人，竟然組成了大漢王朝，起初的情形我們可以看《漢書·叔孫通傳》的記載。說「漢王統一全國後，廢止嬴秦的一切法律制度，事事只求簡單方便；當時群臣在朝聚飲爭功，醉後，有的大吵大鬧，有的拔劍亂砍柱子，高帝一旁非常擔心。」這充份暴露了此幫鄉野武夫，一旦暴發後的那種手足無措的醜態。

由於長期的兵連禍結，農村經濟破產，大亂之後，饑荒流行；白米售價，每石高達五千，餓死的人，多到無法掩埋，眞是民窮財盡，民不聊生，連天子都「不能具醇駟」，將相「或乘牛車」。散居各地的六國王孫，潛藏著一股反抗的伏流，隨時都有揭竿起義的危機。因此漢初政治措施便本乎多一事不如少一事的原則，儘量放鬆壓力，企圖穩定既得的統治權力。在這天時、人事兩相煎迫的環境下，事實上漢高帝又不懂所謂的「政治」，清靜無爲的「黃老思想」就乘虛而入，成了當時的主流。拿漢初諸帝而言，從惠帝、呂后、文帝、景帝，幾乎沒有一位不是拱手南面，無爲而治的。《史記·呂后本紀》說：「孝惠、高后之時，人民剛脫離戰國紛爭的苦海，君臣都想休養生息，採取『無爲而治』的辦法。故惠帝端衣拱手，毫無作爲。高后以女主聽政，足不出戶，而天下太平；刑罰不用，犯罪的很少。」至於身居樞要的大臣，如繼蕭何爲相的曹參，以黃老術相齊九年的經驗，施之於朝廷，《史記·曹相國世家》說：「百姓脫離暴秦，參給他們休息無爲，天下都歌頌他。」後來的汲黯也主張：「爲政之道在於無爲，凡事大體相合就夠了，不必拘泥法律制度。」陳平作丞相，更認爲「丞相的職分，只是上助天子燮理陰陽，順應四時，外撫四夷諸侯，內親天下百姓，使公卿大夫各稱其職就行了。」試問在這樣一個客觀的環境下，誰能突破時代的局限，而不受影響呢！

陸賈既生活於變亂紛乘的時代，受「黃老思潮」的衝擊，回顧嬴秦任刑而亡，瞻望漢朝未來的命運，念先王逆取順守之理，和朝廷上下的無知；因此，時常在高帝面前說《詩》、《書》仁義之道。著《新語》十二篇，所以本書不僅是時代的觸角，廣泛涉及了當時政治上的諸般問題；同時，他更希望能以自己深思密察的政治理想，啓漢朝統治集團的愚蒙，作高帝思想教育的南鍼。雖然陸賈的思想，未能突破時代的局限，又專門替統治階層說法：可是「人同此心，心同此理」，百世以下，如果我們平心檢討，其中若干修己安人的論點，還是顛撲不破，值得借鑑的。

## 七、「文化起源論」的三層面

陸賈以爲人適應自然，創造發明，和天生、地養有同等重要；不過，只有聖人才能因方設巧，推動文化躍進的巨輪。《新語·道基》篇說：「天生萬物，以地養之，聖人成之，功德參合而道術生焉。」天生、地養、人成，是蘊育文化的三要素，而聖人與天、地參合以後，才有「文化起源之可言。所以〈道基〉篇先言「天道」，次言「地道」，然後又極力推闡「聖人成之」的「人道」。他所說的「天道」，是指「日月的照耀，星辰的羅列，四時的運行，陰陽的調暢，大氣的流布，以及五行的相生相剋」，將整個自然界的變幻都包括了。他所指的「地道」是：「地上運載的五嶽、四瀆、流泉、飛瀑，樹物所養，萬根所含。」舉凡萬物賴以生存的空間統屬之。可見「道」就是自然的法則。然而「道」不虛生；因爲氣感相應，天地之間，又產生了跂行喘息，蜎飛蠕動的生物。生物雖然都離不開天生地養，惟人爲萬物之靈。主宰宇宙，參贊化育，這就是所謂之「人道」。

推原「人道的發展，上古草萊未闢，人皆無知無識，迨經「聖人成之」，然後始有文化。陸賈分文化演進的過程，爲「先聖」、「中聖」、「後聖」三個層次。關於「先聖」方面，更從七個部分去推衍：首先是百官確立，王道產生。他說：「先聖仰觀日月星辰，俯察山川河流，模仿自然的法則，定訂人爲的準繩；於是民智初啓。知有父子之親，君臣之義，夫婦之道，長幼之序，因而百官確立，王道乃生。」其次，神農氏教民熟食：他以爲「當時人民茹毛飲血，神農氏出，覺得行蟲走獸，難以養人，於是尋求可食之物，嘗百草之實，察酸鹹之味，教民吃五穀。」再其次，黃帝構宮室以利民居，他說：「天下之人穴居野處，和禽獸無異。黃帝乃砍伐樹木，構築宮室，上棟下宇，以避風吹雨打。」又后稷教民稼穡，因「人民只知宮室可居，五穀可食，而不知農事；於是后稷裂土分疆，區畫土地面積，闢草萊，種五穀，以養萬民；養蠶種麻，取絲織布，縫衣裳以蔽身體。」再是夏禹平洪水，民始樂業，「當時，四瀆不通，洪水橫流，夏禹乃決江疏河，使水行順暢，達於東海，人才脫離水患，平土而居。」又再是奚仲發明舟車，以利民行。因爲「高山大河，間關阻道，當時由於沒有舟車代步，風俗敎化互通不易，所以奚仲曲木爲輪，削直爲轅，駕車服牛，以代人力。又冶金煉鐵，刻石鏤木，製造各種常用工具。」最後是臯陶立刑法，檢肅奸邪。他說「好利惡難，避勞就逸，人之天性。於是臯陶立牢獄，定罰則，別是非，明善惡，檢肅奸邪、消弭亂源，保障人民生命財產的安全。」以上是先聖們的制作。

時至「中聖」，他以爲民人雖知畏法，但缺少禮義的薰陶。於是「中聖」設立「辟雍庠序各級教育制度，以端正上下的儀節，倡明父子的親情，君臣的道義。務使強不淩弱，衆不暴寡。拋棄貪鄙的心理，建立高潔的情操。」所以禮義教育是「中聖」的制作。到了「後聖」，他以爲「禮義教育雖然經『中聖』的制作而實行了，可是各種經國大典，禮樂制度尚未確立，仍不免有人亡政息的遺憾；職是之故，『後聖』出，乃刪述古代載籍而定訂五經，因教育需要而明列六藝。上承天文，下統地理，窮究人事，詳察幽微；於是又推求性情的本源，建立五倫的關係，採取自然的法則，創制軍國典禮，永垂後世，廣被鳥獸，發揮匡正衰亂的效果。後來由於天人合策，各種制度，已大致具備；而人民生活程度，已由基本物質的需要，邁向精神上的享受，於是知識水準高的，更發展他們的心智，百工技藝，精研他們的技巧。調絲竹管紘之音，設鐘鼓歌舞之樂，來節約奢侈，端正風氣。降及後世，生活益加淫佚，黃色歌舞泛濫，人民棄本趨末，技藝翻新，玩好百出，於是雕文繪采，傅粉油漆，利用各種華麗的色彩，窮耳目聲色之娛，極工匠設計之巧。至於驢、騾、駱駝、犀牛、大象、瑇瑁、琥珀、珊瑚、翡翠、羽毛、明珠、美玉，凡山中所產，水底所藏，都被恣意採擷，精工製作，成人們遊樂的寵物。」這所謂之制度、音樂、美術、工藝、建築、雕刻等，都屬於「後聖」的制作。

綜觀陸賈所說的「文化起源論」，他把「天道」、「地道」、「人道」分開去講，並強調天地自然的法則，爲「人道」所本。而「人道」也就是人類文化；人類文化的演進，又必須經過聖人的創造，才能顯現自然法則的功能，這他叫做「聖人成之」。而自然有變化，人事有代謝，於是按照文化演進的層次，分聖人爲「先聖」、「中聖」、「後聖」三期。「先聖」於混沌初開以後，首先將人類從無知無識的野蠻時代，過渡到食五穀、居宮室，有衣裳蔽體，舟車代步的農業社會。「中聖」本乎飽食煖衣而後教的道理，設立各級學校，教以人倫，使父子有親、君臣有義、夫婦有別、長幼有序、朋友有信。社會上的各種層面，更加和諧。「後聖」繼起，人類已由蒙昧邁入文明，文化的延展，也從物質生活的滿足，逐漸趨向精神生活的追求，於是有文學、音樂、美術、工藝、雕刻的種種發明。尤其他把學校教育放在「中聖」，美術、工藝，放在「後聖」，確實是卓識。並強調這一切的創造發明，其目的都在「統物通變，治性情，顯仁義」，把物性的世界，一變而成理性的世界，充分映照出文化演進的本質。我們把這種理論，較之《易經·繫辭》上所謂的「制器尙象」，固然要進步；就是和韓非「聖人不期循古，不法常可，論世之事，因爲之備」的觀點相比，更是脈絡圓熟，有超前的創見。

## 八、「萬世不異法」與「因世而權行」

陸賈對歷史演進的基本認識，是「萬世不易法，古今同紀綱」。此等思想，上接荀卿，下開司馬遷，我們現在還可以從荀卿的〈性惡篇〉，和司馬遷《史記·六國年表序》，找到陸賈立說的來龍去脈。《新語·術事》篇云：「善言古史的，必須符合當今的潮流；能述遠代的，一定要考察眼前的需要。故談及國家盛衰之事者，上陳五帝的功烈，而本身痛加反省；下列桀、紂的敗亡，而自己深切警惕。……一般人只以爲自古相傳的重要，現在的制作反被輕視。親眼所見的覺得淡而無味，道聽塗說的卻情趣雋永。……治國的大經大法，不一定都出於久遠，我們只要在古往今來的史實中，擷取最爲需要的部分，能幫助我們成功立業就夠了。例如《春秋》，上不記五帝，下不言三王，僅敘述齊桓、晉文的小善，以及魯國十二公的政績，但藉此足以瞭解政治成敗得失的效驗，何必事事考之於五帝三王乎？誠以立大業者離不開道德修養，調管絃者要有宮商的認識。天道的運行，在於春、夏、秋、冬四時各得其宜，人道的演進，靠著仁、義、禮、智、信五常的修爲，周公和堯、舜的瑞應相符合，二世與桀、紂的禍殃無二致。文王生於東夷，夏禹生於西羌，兩人所處的時代與出生的地點固然有別，可是他們法合度同，都完成了治國安邦的理想。……這種興亡盛衰的原理，可說是萬世不易，古今相同。」所以陸賈主張不必遠法上古，但也不一定要法後王，但「取其至要而有成」就可以了。至於如何「取其至要」？他也有客觀的推論，他說：「凡事之所以能成功，是因爲遵循了可行的法則，正如藥之所以能治病，是由於藥品的優良。書不必出仲尼的手筆，藥不必是扁鵲的處方。只要藥能對症，就可以取法。」他這種因時因事而制宜的態度，自是超越荀卿、韓非「法後王」的範疇，爲千古治事的科律。

最後，我們再檢討陸賈所說的「萬世不異法」，和「因世而權行」，兩者之間，在思想上似乎顯然矛盾，因爲「法」既「萬世不易」，又何來「因世權行」呢？，不過，他所謂「萬世不異」之「法」，恰當於〈道基〉篇上「天人合策，原道悉備」之「道」，也就是經國治事的「原理原則」。所以《新語》第一篇〈道基〉，第二篇就是〈術事〉，「道」歷久不變，萬古常新；而「術」卻因時制宜，代有不同，兩篇前後錯列，很能見出陸賈思想次第。〈愼微〉篇說：「道因權

而立，德因勢而行」，喻義明顯，正可作前面的註腳。在漢初擾攘的政壇，陸賈的歷史觀，對迷信

武功的高帝來說，給他在歷史方面，建立了最起碼的認識。

## 九、雜糅儒道色彩的人生哲學

「無爲無不爲」是陸賈重要的人生哲學，他這種思想，不僅代表了儒道合流，也充分以此作爲他政治理論上的依據。《新語‧無爲》篇說：「道莫大於無爲，行莫大於謹敬」，又說：「無爲者，乃有爲也」。陸賈爲了配合時代思潮，不得不假借道家「無爲」的外衣，闡揚儒家爲政的眞諦，所以我說他是漢初醇儒，道理就在於此。他舉虞舜、周公爲例，說明「無爲無不爲」的眞象，云「過去虞舜治天下，手彈五弦之琴，口歌南風之詩，寂然若無所施，好像沒有治理國事之意。處事淡漠，以乎沒有替人民擔憂的心。然而當此之時，四海昇平，天下大治。周公制禮作樂，郊祀天神地祇，柴望山鬼河伯，軍隊設而不用，刑法懸而不施，但是四海之內，都來貢獻方物，邊疆民族也重譯來朝。」陸賈「無爲無不爲」的人生哲學是時代的反動，是從現實生活中所體驗的結論。我們更可以從〈至德〉篇，領悟到他對於「無爲無不爲」的政治理想。他說：「一個理想的政治，是塊然若無其事，寂然若無其聲，衙門裡若無官吏，村落內若無居民。街坊鄰里不爭訟吵鬧，老弱婦孺都有養活。一切日常瑣事，聽其自然發展，如果和自己不相干，儘管袖手旁觀，不必理睬。驛站沒有夜間傳遞的消息，鄉里沒有夜行的征夫。犬入夜不吠，雞入夜不驚。年老的在家飴養天年，丁

壯的在田間努力耕耘。在朝爲官的都盡忠國事，在野爲民的都孝順尊長。行善事的，給他適當獎勵，作壞事的，受到適當懲罰，興辦辟雍庠序各級學校，去教育他們，使智慧不同的人，有明顯的分野；廉潔和貪鄙的，有合理的區劃。長、幼有序，上、下有差。強弱互相照扶，小大相互懷恩，尊卑相互提攜。這樣有秩序的相依相隨，那麼天子居於朝廷之上，不言而能贏得人民的信服，不怒就能表現自己的威嚴；又何必依賴堅甲利兵，嚴刑峻法，而後才能行之有效呢？」觀其內容，既不像老子的「反璞歸眞」，「絕聖棄智」，也和《禮記·禮運》篇所謂之「大同」「小康」有別。我想陸賈可能是把道家「以柔治國」的手段，雜糅於儒家「中和位育」的思想中，並和現實需要結合以後，才替漢高帝設計了這幅政治的藍圖。

陸賈對人生的態度，因爲是從儒家「中和位育」的思想出發，並酌採了道家「以柔制剛」的手段，所以頗富積極精神。《新語·思務》篇云：「有德的君子，凡事要廣泛思考，博採善言，進而在朝爲官，或退而在野爲民，言談舉止，均應遵循法度。見聞越豐富，採擇越要謹愼，學問愈博大，言行愈要敦厚。看見邪惡的言行，就想到正直的可貴，好像觀賞盛開的花朵，就知道將來要結的果實。目睹炫耀的色彩，而不被它所迷，耳聽阿諛的言辭，而不爲它所亂。縱然誘之以晉、楚之富，可是意志堅決，不爲所動。談之以喬松之壽，因爲行有所本，絲毫不會改變。然後才能把握立身的原則，而有堅定的情操。完成理想的事業，立下不朽的功勳啊！」試想這是何等積極，何等進取的人生觀。就是因爲他見事眞切，所以在政治學說上，雖然稍有「無爲」的傾向，但他的生活態度，卻要人「屈伸不可失度，動作不可離道」，而努力救世的。他很沈痛的批評當時人的消極生活。〈愼微〉篇說：「人們不能懷仁行義，乃苦身勞形，入深山，求神仙。拋棄雙親，遠離骨肉，不食五穀，不讀《詩》、《書》。逃避現實生活，尋求不老之法，這實在不是人生應有的作爲啊！」又說：「有些人不過正常的生活，反而披頭散髮，攀登高山，吃野生的果實充飢。看他表情毫無生氣，聽他講話言不及義，忽而若狂，忽而若癡，無論對甚麼事情，都引不起他的興趣。像這樣的人，當世不能蒙受他的利益，後代看不到他的才華。君傾而不扶持，國危而不拯救，態度冷漠，不與鄰里親朋來往，淒淒涼涼，過著孤芳自賞的日子，這只能說他是逃避現實，絕非抱道自重。」從他對悲觀厭世，懶惰而不長進的人的譏評，不僅透露了當世思想界的紛歧，而專講陰陽五行的學者，又早在替魏晉談玄做著舖路的工作。陸賈卻堅守儒家思想，以積極的態度，向他們反擊，這對研究中國思想史的人來說，是堪資注意的事。

陸賈平生最佩服的是段干木和孔夫子。〈本行〉篇說：「治國以道德爲尙，做事以仁義爲本。故位居崇高而沒有道德的，定遭罷黜，家庭富有而不行仁義的，會受刑罰。反之，卑賤而好道德者，爲人尊重，貧寒而有仁義者，聲譽美好。段干木乃一介寒士，修道行德，魏文侯經過他的家門，還手扶車前橫木，向他敬禮。孔夫子厄於陳、蔡之間，肚子餓了，連豆飯菜羹都吃不到；門弟子更是衣不蔽體，食不果腹，其遭遇之悲慘，可說無以復加了。然而二三子累身匡上，功在國家。夫子一車兩馬，周遊列國，欲匡帝王之道，反天下之政，而所遇多不合，於是追住事，思來者，案紀圖錄，以知性命，表定六藝，以明教化。於是《詩》、《書》、《禮》、《樂》各得其所……」段干木為魏文侯師，孔夫子乃人中之龍鳳，彼等皆志高行廉，與世不合。寧可潔身高蹈，也不食嗟來之食。所以陸賈當呂后用事，「畏大臣有口者」的時候，便乾脆免病歸田，過著韜光隱晦的生活。然而後來卻挺身而出，替陳平畫策，交驩周勃，誅滅諸呂，迎立孝文，使那西漢帝國，危而復安，這不正符合他「俯仰進退，與道參合；藏之於身，優遊待時」的理想嗎。

## 十、標「仁義」為宗的政治主張

陸賈的政治主張，是基於他的人生哲學而發，他以為「仁義」是聖人促進文明進化的張本，故以「仁義為本」的思想，便成了他重要的政治理論。關於仁義的功用，〈道基〉篇說：「骨肉以仁親，夫婦以義合，朋友以義信，君臣以義序，百官以義承，曾閔以仁成大孝，伯姬以義建至貞。」又說：「守國者以仁堅固，佐君者以義不傾。君以仁治，臣以義平。鄉黨以仁恂恂，朝廷以義便便。」可見力行仁義，不僅可以修己榮身，還可以國治民安。他又說：「陽氣以仁生，陰節以義降」，這更從人類精神的領域，拓展到整個物質的世界，認定「陽氣」「陰節」的調適，也和「仁義」有關。不僅如此，就連《五經》、六藝，也都以「仁義」為內容、為品鑑的尺度，如云：「〈鹿鳴〉以仁求其群，〈關雎〉以義鳴其雄，《春秋》以仁義貶絕，《詩》以仁義存亡，乾、坤以仁和合，八卦以義相承，《書》以仁叙九族。」既然仁義充塞宇宙，化動萬物，它的重要性，便不言而喻。所以〈道基〉篇說：「仁者道之紀，義者聖之學，學之者明，失之者昏，背之者亡。」失仁背義，以至於政治昏暗，國家敗亡，則「治以道德爲尙，行以仁義爲本」，當然就是他最好的結論了。

陸賈的政治論，既以「仁義」爲本，就必然的反對刑罰。例如評秦政之失，說：「秦以刑罰爲巢，故有覆巢破卵之患。」（〈輔政篇〉）又說：「秦始皇設爲車裂之誅，以斂姦邪……事逾煩天下逾亂，法逾滋而姦逾熾，兵馬益設而敵人逾多。秦非不欲爲治，然失之者，乃舉措太衆而用刑太極故也。」（〈無爲〉篇）評智伯的滅亡，說「智伯仗威任力，兼三晉而亡」（〈道基〉篇）。評晉厲、齊莊、楚靈、宋襄四君之死，云：「宋君死於泓水之戰，三君弑於臣子之手，皆輕用師而尙威力，以至於斯」（〈至德〉篇）。不是說他們「仗威任力」，就是指他們「用刑太極」，或「舉措太衆」，弄得朝令夕改，民無所措，「多行不義必自斃」，國亡身死，正是不行「仁義」的結果。

以「仁義」爲本的政治思想，建立在下列三個條件上。第一，選賢任能：〈輔政〉篇說：「身居高位的，自處不可不安全，面臨危險的懸崖，不能沒有可靠的依持，賢者在位，能者在職，便是國君最好的屏障」。可見無論甚麼政治理想，都要靠著賢能之士去推動。他曾以鳥巢、拐杖爲喻，證明國家安危和選賢任能的絕對關係，說「唐堯用仁義爲巢，虞舜以稷、契爲杖，故地位越高越安穩，政權也越鞏固。他們所以地位崇高，態度克讓，德配天地，光被四表，功勞垂於無窮，英名流傳不朽者，就在於他們自處得到安穩的巢，任杖得到可靠的人。」（〈輔政〉篇）自古以來，人君沒有不求賢自助，選能自輔的，然而賢能之士或隱居田里，或地位卑賤，既不直接參與國事，就很難辨其賢能而予以起用。所以國君於此又有兩種做法：首先要鼓勵左右大臣近賢而不偏私，其次要明辨忠奸不爲左右所蔽。他曾以楩柟豫章爲例，說明良才棄而不用，不如枯楊，他說：「楩柟豫章，天下的名木，長於深山之中，產在溪谷之旁，樹立時爲衆木的共主，砍倒後可做棟樑之材。然而間關道遠，隔於九阬之隄，隘於山坂之阻，商賈既不能至，工匠也看不見，雖然都知道楩柟質地好，可是或知而不見，或見而不知。任他腐朽枯傷，呻吟於百仞之壑。當此之時，他的身價，還不如路邊枯槁的楊柳！」（〈資質〉篇）可見一個人即令身懷絕代才華，如不遭遇有力人士的推薦，仍不免老死山林，不爲世用。所以他提出「扁鵲療病」，「宮之奇諫假道」，「鮑丘隱於嵩廬」（均見〈資質〉篇），以見任賢之難。但君明臣賢，有明君而後始有賢臣，但「讒夫似賢，美言似信；聽之者惑，觀之者冥」，所以「蘇秦張儀見尊於六國諸侯，范睢、商鞅榮顯於嬴秦，可見如果世無賢君，誰能辨別他們的忠奸呢？」（以上見〈輔政〉篇），像唐堯放逐驩兜，仲尼誅少正卯，不信讒佞之計，不被甘言所動，一眼就看穿了元兇巨惡的假面具，這實在不是一般人所能做到的。

第二，統馭得法：《新語·至德》篇開宗明義就說：「一個人想要建功立業，開疆拓土，功蓋萬世，流譽千載，必先注意本身的修養，深獲人民的愛戴。故居於萬乘的地位，左右百姓的存亡，擁有山澤的富饒，而功不著於身，名不顯於世者，在於不善統馭之故。」可見陸賈的政治學說，決非空談「仁義」，還重視實際的統馭方法。而最好的統馭方法，他覺得莫過於以德化民。民以德化，自然衆心歸向。其次是輕刑厚賞，他說：「設刑不厭其重，行罰不患其薄，布賞不患其厚。因刑罰太重，人民心煩身勞。心煩，則刑罰再多，不會收到法治的效果；身勞，則文過飾非，而一事無成」（〈至德〉篇），這仍是貼著他的人生哲學立說，當他徹底檢討過古今成敗之國，以及秦政任刑而亡以後，面對著西漢初年連年戰亂，天災流行的情勢，所以他的統馭方法主張德化，主張輕刑厚賞。這也證明了陸賈的政治學說是和現實相結合的。

第三，不與民爭利：《新語·懷慮》篇說：「治國理民者，不可與民爭利，否則敎化不行，而政令不從。」爭利起於縱慾，人之物質慾望一旦增加，則精神慾望即相形減少，心爲物慾所蔽，而是非善惡便無由別白了。所以治國不與民爭利，確實是政治上正本清源之論。至於如何不與民爭利？陸賈在〈懷慮〉篇也有持平之說。他認爲「要執一政以繩百姓，持一概以等萬民。」又說：「專心一意，身無境外之交，心無敧邪之慮。」換言之，就是告訴高帝要視天下爲一家，視萬民爲一人，專心致志去爲他們服務，切不可因私害公。陸賈所以這樣講，和現實需要也有關係。例如〈懷慮〉篇說：「現在一般人都不學《詩》、《書》，不行仁義，不究聖人之道，不極經藝之深。專講些荒誕不經的言辭，學些不切實用的事情，整天搞那些陰陽八卦，誇張災異之變。完全違背了先王的成法，不合聖人的本旨，混淆學者的心理，轉移衆人的志趣。且指天畫地，濫肆批評，動人以邪變，驚人以奇怪，雖然他們講的能引人入勝，可是細加檢討，其言談舉止，旣無助於個人的正心修身，亦無補於天下苦難的蒼生。」從這裡可以知道，在經過慘烈戰爭後的西漢初年，政治、社會方面，固屬一片混亂；就是學術思想上，也是異說蠭起。所以陸賈站在時代的尖端，默察實際需要，一方面對陰陽五行說的流毒作正面的攻擊，另一方面勸高帝「閉私利之門，興公德之心。」因爲「利絕而道著，武讓而德興」，是治國理民的「持久之道，常行之法」（均見〈懷慮〉篇）啊！

## 十一、陸賈思想對漢初政治的啟蒙作用

秦政因任刑而亡，漢懲其弊，欲力矯前此之失，莫過於「逆取順守」。而「逆取」之後，如何「順守」？則端賴「教化」。故陸賈時時在高帝前稱說《詩》《書》，《新語》中兩次談到「設辟雍庠序以教之」。事實上嚴刑峻法，只能收一時嚇阻之效，如想化民成俗，禁於未然之前，在嚴刑的背後，勢必還有一個更根本的要求，那個要求，是除法律禁令之外，使人民有顒向善的心。所以陸賈當時提出「設辟雍庠序以教之」，正是對症投藥。漢代自文、景以後，廣開鄉學，此乃重要張本。

在諸子百家中，陸賈又選擇了孔子做爲師範的中心，《五經》、六藝爲教學的內容，所以《新語》十二篇，爲了加強論證而引「孔子曰」或「孔子行事」的計十次，或稱「仲尼」，或稱「夫子」甚或尊爲「聖人」的計七次。言《五經》、六藝，或簡稱「經、藝」的共計五次。引《詩》二次，引《易》四次，引《穀梁春秋》義九次。《詩》《書》並稱的五次。至於引《論語》的地方，

多達十一次。其他引《禮記·檀弓》、〈月令〉，《老子》、《墨子》者不過一二。班固《漢書·藝文志·諸子略·儒家》云：「儒家者流，蓋出於司徒之官，助人君，順陰陽，明教化者也。游文於《六經》之中，留意於仁義之際，祖述堯、舜，憲章文、武，宗師仲尼，以重其言」，從《新語》引說的多寡，和《漢志》所述儒家的特徵相較，正可以看出陸賈思想的歸趨。

儘管他所指的「《五經》六藝」，不若《莊子·天運》篇和《禮記·經解》篇所說的明確，可是我們從與他同時而稍晚的《賈誼新書·六術》篇所謂之「《詩》、《書》、《易》、《春秋》、《禮》、《樂》六者之術，謂之《六經》推論，他說的「《五經》六藝」指的是儒家經典無疑，而陸賈言文化起源的三階段，仁義爲本的政治主張，亦無一不是由「《五經》六藝」中蛻出。這對兩漢經學地位的確立，與陸賈的啓蒙，不能說絕對沒有關係。

再就劉邦個人而論，陸賈對他所發生的影響也不止一端，例如司馬遷《史記·陸賈本傳》說：「號其書曰《新語》」，這是高帝劉邦認爲陸賈的話，對當時思想界有突破性的開展，他聽了直如石破天驚，爲他揭示了一個新天地，所以才稱其書曰《新語》。可見高帝當時內心所受到的震撼爲如何了！

嚴可均輯《全漢文》卷一，錄〈高帝紀〉下五年五月罷兵賜復詔：「民前或相聚保山澤，不書名數，天下已定，令各歸其縣，復故爵田宅。吏以文法教訓辨告，勿笞辱。民以飢餓自賣爲人奴婢者，皆免爲庶人。」《漢書·刑法志》，七年疑獄詔，規定疑獄處理的程序，以免「有罪者久而不論，無罪者久繫不決」之弊。《漢書·高帝紀》下十一年二月〈求賢詔〉：「蓋聞王者莫高於周文，伯者莫高於齊、桓，皆待賢人而成名。」又說：「今天下賢者智能，豈特古之人乎，患在人主不交故也，士奚由進。」此皆與陸賈以仁義爲本的政治主張，所強調的尙寬愼刑，選賢與能，注重德化之義相合。尤其是〈求賢詔〉中所標舉的周文、齊桓，其爲受陸賈《新語》的影響至爲明顯。《古文苑》卷十錄有漢高祖手勅〈太子五條〉中曾謂：「吾遭亂世，當秦禁學，自喜讀書無益。洎踐祚以來，時方省書，乃使人知作者之意。追思昔所行，多不是。」他到晚年，不僅眞肯自己讀書，且讀書又眞肯切己體察。這也分明得力於陸賈的說教。又〈勉太子〉：「今視汝書，猶不如吾，汝可勤學習。每上疏，宜自書，勿使人也。」又教太子見「蕭、曹、張、陳諸公侯」，「皆拜」。這都流露出勗學知禮之意。《漢書·高帝紀》下十二年：「十一月，行自淮南、過魯，以太牢祀孔子。」此爲帝王祀孔子之始。若非因陸賈之說而眞有感發，對孔子存有眞誠的敬意，相信以高帝個性之狂放，決不會去虛應故事的。

在君主專制政體下，陸賈的思想，對高帝全部的政治意識活動，所能發生的眞實影響，當然是有限的，不過本於「一家仁，一國興仁」的道理，當時能浮出這樣一位傑出的學者，充分運用儒家學說，爲一代帝王作思想上的啓蒙，替劫後的人民，開創一條奮鬥的途徑；這對於我們民族生命的延續，歷史文化的維持，都含有極重大的意義。

# 十二、結語：向學術思想界進一言

陸賈著述，能完整保留到現在的只有《新語》十二篇，雖然他在兩漢諸子中，居於領先的地位；可是古今學者，對他以及他的著作並不十分重視。有系統的研究論文，固不多見；就是一般「哲學史」或「思想史」，提到他的時候也很少，甚或根本沒有，正因爲受到學術界人士的冷落，所以今本《新語》，可以說還如一片荒原，其中的訛文、錯簡，令人觸目驚心，俯拾皆是。

我們想要研究陸賈的思想，第一步工夫是先對《新語》一書詳加校勘。講到校勘，就要知道它現存的版本。據筆者所知，陸賈《新語》的版本在台可見者，有明萬曆十年餘姚胡氏刊《兩京遺編本》。萬曆二十年新安程氏刊《漢魏叢書本》，金閶擁萬堂鍾惺評定《秘書九種本》，陳仁錫《諸子奇賞本》，清《文淵閣四庫本》。以及商務印書館發行《四部叢刊縮編》，影印之《明弘治本》，至於世界書局印行之《四部刊要本》，是根據《明弘治本》，重付鉛槧而成。至於選本方面，唐朝的馬總《意林》，魏徵《治要》，書皆通行易見。過去胡適之先生寫〈陸賈新語考〉時，曾特別讚賞清末唐晏校刻的《龍谿精舍叢書本》，說「唐氏用明刻《子彙本》，范氏《天一閣本》，與《漢魏叢書》本相校，改正錯簡多處，《新語》方才可讀。」但是今人徐復觀先生作〈漢初的啓蒙思想家——陸賈〉，於該文第二節「《新語》的問題」，認爲「唐校所據各本，皆同出一源，幾無可資校正，胡氏可能有誤。」似此，在《新語》還沒有一個理想的校本出現以前，讀者如能以世界書局《四部刊要本》爲主，再參閱唐魏徵《治要》，明陳仁錫《諸子奇賞本·陸子》，這樣雖不能說是渙然冰釋，也可以怡然理順了。

關於陸賈的生平事跡，亦爲學者知人論世所必備。而司馬遷《史記》，班固《漢書》，雖都爲他設有專傳，不過由於隔代相望，事多不詳。就拿本文的寫作來說吧，當筆者考訂陸賈的籍貫、生卒，和他平生出處的時候，還是半屬臆測，缺乏可資信賴的資料。《漢書·藝文志·六藝略》、《諸子略》、《詩賦略》，詳載陸賈著述。而陸賈傳《穀梁》師說，爲漢初大宗；陸賈賦亦特色獨具，與孫卿、屈原相鼎足，更是一代開山；所以後此之王充《論衡》、劉勰《文心雕龍》，凡有關評述陸賈學術文章處，雖是吉光片羽，也足以興發我們對他進一層的認識，是值得密切注意的。《史記·南越列傳》，《漢書·西南夷·兩粵·朝鮮傳》，叙述陸賈出使南越，經過極詳確，從這兩份文獻可以看到他抗顏蠻貊，不辱君命的精神，所以不可不讀。

民國以來的學者，由於受到西洋治學方法的影響，對我國古籍，常存懷疑態度，不敢信以爲眞。有關「陸賈《新語》」的研究亦自不例外。所以我想當大家在辨眞別僞方面的努力，告一段落後，也應該是進一步去校訂《新語》的文字錯訛，蠡測其內容精蘊的時候了。

本文見於中華民國六十六年（西元一九七七年）六月
《師大學報》第二十二期

# 《晏子春秋》及其散文特色

《晏子春秋》舊題周晏嬰撰，晏嬰生於春秋時代，孔子曾經公開稱讚過這位齊國的元老政治家，說他「善與人交，久而敬之」，願以兄長之禮事奉他。西漢劉向寫〈晏子敘錄〉時，也說晏子「博聞強記，通于古今」。班固《漢書·藝文志·諸子略》，更把《晏子》八篇冠於「儒家」之首，可見「晏嬰」和《晏子春秋》，在兩漢以前學術思想界的地位了。

唐宋以後，知道他的人不多，研究他學術思想的更少。民國以來，《晏子春秋》的研究，尤不多覯，所以舉目當今學術界，對孔、孟之道發揚得炳炳琅琅，若晨星之爛然；獨晏子之學，尙霾沒於荒煙蔓草間，這眞是後學者之過。本人今以〈晏子春秋及其散文特色〉為題，並從以下五方面，對這位距今兩千五百七十年前的偉大政治家、外家家、思想家，以及其散文的寫作特色，作一介紹。

## 一、晏子的生平事蹟

晏子的生平事蹟，有三種資料可做爲考證的依據：一是《春秋·左氏傳》、二是司馬遷《史記·管晏列傳》、三是《晏子春秋》。如果把這三處的資料加以歸納，晏子一生行事之跡，大致可以得到一個完整的輪廓。

㈠在姓名籍貫方面：晏子名嬰，謚平，字仲。父桓子，名弱，萊之夷維人（今山東省高密縣）。有人說他是以邑爲氏，也有人說他是齊國的公族，不過由於代久年淹，史料殘闕，關於他的身家世系已很難考辨。

㈡在身材個性方面：晏子身材短小，書上說他長不滿六尺。他有富而不驕、貧而不怨的性情。胸懷曠達，擅長辭令。曾歷事齊之靈公、莊公、景公三位國君。

㈢在日常生活方面：晏子是位潔身自愛，節儉力行的政治家。他身爲齊相，吃的是脫粟之食，食不重肉，妾不衣帛，乘敝車，駕駑馬，濟困扶厄，不遺餘力。他常以國君之賜，使父之黨無不乘車者，無不足于衣食者；妻之黨無凍餒者；國內貧寒之士，仰賴晏子周濟，而後舉火的有數百家。

㈣在內政方面：晏子處理內政，基於他見義勇爲的個性，不畏強暴。如崔杼弒莊公，晏子不死莊公之難，說「君爲社稷死則死之，爲社稷亡則亡之；若君爲己死，爲己亡，非其私暱，孰能任之。」可見晏子事君致身，固有一定的標準。其相景公，進思盡忠，退思補過。終其身，使齊國富強，名顯諸侯，不墜齊桓之業。

㈤在外交方面：晏子數次奉命出使魯、晉、吳、楚諸國，由於他洞明歷史故實，富有機辯之巧智，又能假以聲色，動以言辭，剖理析謀，不辱君命。所以孔子稱他「盡忠極諫，不出尊俎之間，折衝千里之外。」

㈥在交游方面：晏子有功不德，有德不驕，常謙遜下人。如睹越石父賢，在縲紲中，解左驂贖之。薦御者為大夫，遣北郭騷米以養母，泯子午晉見，假之以悲色，開之以禮顏，使得盡其意。至於孔子遊齊，景公想封以尼谿之田，晏子諫阻，孔子行。

㈦在生卒方面：晏子生卒之時間與地點，大約在齊頃公十年（西元前五八九），生於臨菑（今山東省臨淄縣）小城北門，卒於齊景公四十八年（西元前五〇〇年），葬於臨菑北門之故宅，後人名之曰「清節里」，壽九十。其生前孔子一再稱讚，十分仰慕；死後，司馬遷作〈管晏列傳〉時，以為「假令晏子尚在，願為之執鞭」。

關於晏子生平行誼，以上謹述其大略而已，如要作更詳盡的了解，可參看《晏子春秋》一書。透過此書的內容，更可以領悟晏子的志節、思想，甚而有關他的諧趣性格，和感情生活。

## 二、《晏子春秋》的真偽

大別說來，先秦子書，皆非作者自著，清末張之洞說得好：「一分眞偽，而古書去其半；一分瑕瑜，而列朝書去其十之八九。」《晏子春秋》雖不是晏嬰自撰，但它是先秦舊典，非後人可得依託。後之學者，因為今書篇目，漫無倫次；重言重意，觸目皆有，遂斥之為偽；致令晏子的德業行事，湮沒不彰，這固然是「晏子」和《晏子春秋》的不幸，又何嘗不是我國學術界的悲哀呢？以下分項考訂於後。

㈠關於《晏子春秋》成書的年代。

唐朝柳宗元在〈辨晏子春秋〉一文中，疑此書乃墨子之徒有齊人者爲之。他認爲「非齊人不能具其事；非墨子之徒，則其言不若是。」清朝吳德旋《初月樓文鈔》，有〈書柳子厚辨晏子春秋〉，文中更進一步推定劉向所見的《晏子春秋》，不知何時亡失，今本《晏子春秋》乃六朝人好作僞者依仿爲之。民國以來，梁啓超先生作《漢書藝文志諸子略考釋》，更推翻吳氏之論，認爲「今傳之本《晏子春秋》，是否爲遷、安（淮南王劉安）所嘗讀者。蓋未可知；然似是劉向所校正之本，非東漢後人竄亂附益也。」湖北張純一先生校注《晏子春秋》，於書前叙言中，稱「《晏子》書非晏子自作也，蓋晏子歿後，傳其學者，采綴晏子之言行而爲之也。」又說：「吾今乃知晏子後，知晏子者墨子一人而已。」看情形張氏頗服膺柳子厚的臆測。

依照筆者之研究，《晏子春秋》實係好晏子之學者集體創作，當時或采經傳，或錄記聞，或屬依託，經長時期的醞釀，到了西漢成帝時，劉向校書中秘，方才綜輯董理，公開刊布，使原來繽紛滿目的簡冊，成爲綱舉目張的善本，似非六朝人好作僞者可得仿作。

㈡關於《晏子春秋》的名稱。

《晏子春秋》這個書名，雖首先見於《史記·管晏列傳》，可是早在《淮南子·要略》訓中，就提到過，當時祇管它叫《晏子之諫》而已。〈要略〉訓說：「齊景公內好聲色，外好狗馬，獵射忘歸，好色無辨。作爲路寢之臺，族鑄大鍾，撞之庭下，郊雉皆呴。一朝用三千鍾贛。梁丘據、子家噲導於左右，故晏子之諫生焉。」《史記·管晏列傳》，文末太史公贊說：「吾讀管氏〈牧民〉、〈山高〉、〈乘馬〉、〈輕重〉、〈九府〉及《晏子春秋》，詳哉其言也！」

以後到了漢成帝時，光祿大夫劉向校書中秘。他所校的有禁中內庫收藏的《晏子》十一篇，太史收藏的五篇，劉向本人收藏的一篇，長社尉富參收藏的十三篇，總凡中外書，《晏子》共三十篇，合八百三十八章，除去複重的二十二篇，六百三十八章外，最後定著八篇，二百一十五章。由此可見司馬遷所讀的太史書五篇，本來就名《晏子春秋》，劉向參校中外，始更定其名爲《晏子》。所以班固《漢書·藝文志·諸子略·儒家》，著錄此書時，名曰《晏子》，不稱《晏子春秋》。今書曰《晏子春秋》，顯係隋唐後的淺人，依《史記》誤改，非劉向校書的舊名。

㈢關於《晏子春秋》的性質。

清紀曉嵐《四庫提要》說：「《晏子》一書，由後人摭其軼事爲之，雖無傳記之名，實傳記之祖也。舊列〈子部〉，今移入於此。」蔣伯潛《諸子通考》駁其說，云：「《四庫全書》將此書入〈史部〉〈傳記類〉，按其體裁，仍爲子書，非史書，所以列入史部者，豈以其名《晏子春秋》歟？」

按司馬遷《史記·管晏列傳》已出現《晏子春秋》，可見《晏子》以「春秋」爲名，似又早在

司馬遷著《史記》之前。且以「春秋」名書，列入《漢書・藝文志・諸子略》的，在「儒家」有

《李氏春秋》二篇

《虞氏春秋》十五篇

在「雜家」有

《呂氏春秋》二十六篇

唐劉知幾《史通》，其〈內篇〉六家，言「《晏子春秋》一書，與春秋家記事不同」，其說甚有見地。如云：「逮仲尼之修《春秋》也，乃觀周禮之舊法，遵魯史之遺文，仍人道，就敗以明罰，因興以立功，假日月而定歷數，藉朝聘而正禮樂，微婉其說，志晦其文，爲不刊之言，著將來之法。故能彌歷千載而其書獨行。又案儒者之說春秋也，以事繫日，以日繫月，言春以包夏，舉秋以兼冬，年有四時，故錯舉以爲所記之名也。苟如是，則晏子、虞卿、呂氏、陸賈，其書篇第本無年月，而亦謂之春秋，蓋有異於此者也。」據此，則春秋爲史，史乃記事；記事，事必繫年。今《晏子春秋》行文，既不記時月，也不編年次，竟然以「春秋」名書，此《史通》所以斥其名實不符，有背史傳的體例，不得躋身史傳之列，該與諸子同伍。今《四庫提要》見不及此，祇顧「春秋」之名，違背成書之實，斷然改子入史，這不僅是武斷，更是厚誣前哲。所以《晏子春秋》的性質，是子書，而非史傳，由劉知幾《史通》可以得到碻證。

**㈣關於《晏子春秋》的家數**

《晏子》所屬學派，究竟是儒家乎？墨家乎？史傳乎？滑稽之流乎？一直是學術界爭論的公案。如劉向的〈晏子叙錄〉說：「其書六篇，皆忠諫其君，文章可觀，義理可法，皆合六經之義。」於是班固《漢書·藝文志》以下，如劉書《劉子·九流》篇，《隋書·經籍志》，孫星衍平津館〈晏子春秋刻本序〉，王鳴盛《蛾術》篇《晏子春秋》，章太炎《國學略說·諸子略說》，呂思勉《經子解題·晏子春秋解題》，高維昌《周秦諸子概論·晏子概論》等，皆服膺其說。唐自柳子厚作〈辨晏子春秋〉，正式宣布《晏子春秋》宜列之「墨家」後，一時雷同之說很多，若馬端臨《文獻通考·經籍考》，晁公武《郡齋讀書志》，焦竑《國史經籍志》，尹桐陽《諸子論略》，張純一《晏子春秋校注》等。清《四庫全書總目提要·史部·傳記類》，以為《晏子》一書，由後人摭其軼事為之，宜移入史記傳記類。遵此說著，若《四庫全書簡明目錄》，梁啓超《諸子考釋》，商務《四部叢刊初編》，中華《四部備要》等，忽子忽史，莫衷一是。《晏子春秋》究應歸屬何種學派乎？《晏子春秋》不屬史傳，唐劉知幾《史通》已詳乎言之。至於書中內容有近「墨道」處，但接近「儒道」的地方尤多。惟孔、墨皆在《晏子》以後，我們如果用後人的歸類，來籠圈前人的思想，削足適履，豈能盡合？且《晏子》生當春秋，九流十家晚在戰國。晏子又何知後世學術思想，有儒、墨、史傳之別乎？筆者以為清代洪亮吉《卷施閣文集》卷十新刻〈晏子春秋書後〉之論，最是可取。他說：「晏子不可云墨家，蓋晏子在墨子先也。前人以之入儒家，亦非是。……愚以為晏子皆自成一家。」亮吉的說法，先得我心。晏子既非儒家，亦非墨家，更不是史傳，乃自成一家。

清陳蘭甫《東塾讀書記》卷十二〈諸子〉，根據《史記‧孟荀列傳》、〈滑稽列傳〉上載，「淳于髡慕晏嬰為人」，便認定晏子仍後世「滑稽之濫觴」，更是執偏概全，置之不論可也。

自王官失守，家學放失，劉歆著〈七略〉，稱某家者流，以各家之書多出於傳其學者所纂輯，非本人手造，由《晏子春秋》成書的過程觀之，與《論》、《孟》、《老》、《莊》諸子同出一轍。且書中行文多尊《晏子》。所以本書必成於此派後學。再則《晏子春秋》是入道見志的要籍，與史部的著作不同。晏子生於春秋，早在孔、墨、老、莊以前，當時學術為一，絕不知戰國諸子爭鳴之事，至於歆略班書，九流十家，更屬身後。因此晏子既非儒家，亦非墨家，尤非史傳，可說是於儒墨以外，另成一家的學者。

## 三、《晏子春秋》內容分類

《晏子春秋》的內容分類，計有兩種分法。一種是由西漢劉向〈晏子敘錄〉的分法，一種是筆者《晏子春秋研究》上的分法。

劉向作〈晏子敘錄〉，按照此書內容的不同，分「合於《六經》之義者」，「文辭頗異者」，「似非晏子之言者」三類。「合於《六經》之義者」，見於今書內篇。「文辭頗異」與「似非晏子之言」者，見於外篇。所以今書分為內外兩篇。內篇包括〈諫上〉、〈諫下〉；〈問上〉〈問下〉；〈雜上〉、〈雜下〉。外篇不分細目。現在依次分列如下：

內篇六篇（即劉向敘錄所云「合於《六經》之義」者）

㈠〈諫上〉二十五章

㈡〈諫下〉二十五章

㈢〈問上〉三十章

㈣〈問下〉三十章

㈤〈雜上〉三十章

㈥〈雜下〉三十章

外篇二篇

㈦（即劉向敘錄所云「文辭頗異者」二十七章）

㈧（即劉向敘錄所云「似非晏子之言者」十八章）

全書內外共計八篇二百一十五章。劉向言其內篇合於《六經》之義，故〈七略〉列之儒家，而〈漢志〉更將其冠於儒家之首。

筆者著《晏子春秋研究》，曾根據書中呈現的思想，試分八類。

㈠有論天道者。

計〈內篇〉〈諫上〉第十四章、第二十一章；〈內篇〉〈諫下〉第五章；〈內篇〉〈問上〉第二十二章〈外篇〉八第十六章等。

㈡有論鬼神者。

計〈內篇〉〈諫上〉第十二章、第五十五章等。

㈢有論生死者。

計〈內篇〉〈諫上〉第十七章、第十八章；〈內篇〉〈問上〉第十三章；〈內篇〉〈問下〉第十八章、第二十章、第二十五章；〈內篇〉〈雜上〉第三章；〈內篇〉〈雜下〉第十三章。

㈣有論倫理者。

計〈內篇〉〈諫上〉第一章；〈內篇〉〈諫下〉第十四章；〈內篇〉〈問上〉第十六章、第十七章；〈內篇〉〈問下〉第十一章、第十九章、第二十章、第二十四章；〈內篇〉〈雜上〉第九章、第十八章、第二十四章、第二十五章、第二十六章、第三十七章；〈內篇〉〈雜下〉第十四章、第十八章；〈外篇〉七第二十三章等。

㈤有論政治者。

計言先王舊制的，有〈內篇〉〈諫上〉第一章、第七章、第九章、第十二章、第十四章、第十六章、第二十章、第二十五章；〈內篇〉〈諫下〉第一章、第八章；〈內篇〉〈問上〉第三章、第六章、第七章、第十章、第十二章、第二十三章；〈內篇〉〈問下〉第一章、第二章、第三章；〈內篇〉〈雜上〉第八章、第九章；〈內篇〉〈雜下〉第五章、第十八章、第十九章；〈外篇〉七第五章、第十四章、第十五章、第二十三章。言尚賢的，有〈內篇〉〈諫上〉第一章、第九章、第十四章；〈內篇〉〈諫下〉第七章、第八章、第十四章、第十八章；〈內篇〉〈問上〉第六章、第七章；〈內篇〉〈問下〉第二章、第四章、第十七章；〈外篇〉七第十五章。言民本的，有〈內篇〉〈諫上〉第二十章、第二十五章；〈內篇〉〈諫下〉第二十三章；〈內篇〉〈問上〉第十章、第十二章、第二十五章；〈內篇〉〈問下〉第二十一章；〈內篇〉〈雜上〉第八章、第九章、第十四章；〈外篇〉七第八章、第九章。言正名的，有〈內篇〉〈諫下〉第一章、第二十二章；〈內篇〉〈問上〉第十七章；〈內篇〉〈問下〉第八章、第二十六章；〈內篇〉〈雜上〉第一章、第十三章；〈內篇〉〈雜下〉第二章；〈外篇〉七第一章、第十五章等。

(六)有論理財者。

計〈內篇〉〈問上〉第十章、第十七章、第十八章、第二十二章、第二十六章；〈內篇〉〈問下〉第一章、第七章、第二十三章；〈內篇〉〈雜下〉第十七章、第十八章、第十九章、第二十章、第二十一章、第二十五章、第二十六章；〈外篇〉七第八章。

(七)有論外交者。

計〈內篇〉〈問下〉第九章、第十章、第十四章；〈內篇〉〈雜上〉第十三章、第十六章；〈內篇〉〈雜下〉第八章、第九章、第十章等。

(八)有論修養方法者。

計言愼獨的，有〈內篇〉〈諫下〉第十四章；〈內篇〉〈問上〉第七章、第六章、第十章、第十四章、第十六章、第十七章、第十八章、第二十七章；〈內篇〉〈問下〉第十八章、第十九章、第二十六章；〈內篇〉〈雜上〉第十八章、第二十二章；〈內篇〉〈雜下〉第二章、第十四章、第十五章。言力行的，計〈內篇〉〈問上〉第七章、第十章、第十七章、第二十三章；〈內篇〉〈問下〉第十三章、第十九章、第二十一章、第二十五章；〈內篇〉〈雜上〉第十八章；〈內篇〉〈雜下〉第二章等。

以上兩種分類法，雖然都是按內容分的，但是劉向因爲處在「罷黜百家，獨尊儒術」的經學極盛時代，所以從是否「合於《六經》之義」的觀點，作《晏子春秋》分類的標準。筆者基於學術分工的立場，將《晏子春秋》內容思想分爲天道、鬼神、生死、倫理、政治、理財、外交、修養方法等八類，統全書二百一十五章，合一爐而治之，這樣更能見其全，能見其大，能見晏子一派學說思想的眞象。

## 四、《晏子春秋》的散文特色

任何學術思想，必須藉著文字的充分表達，始能傳貽來葉，行之廣遠，孔子曰：「言而無文，行之不遠。」所以一個在思想上，卓然有成的學者，其在文學上的造詣，亦必有可觀。何況《晏子春秋》爲先秦舊典，其辭令華采，自可代表「晏子」一派學者行文運思的技巧。雖先秦諸子都以立意爲宗，不以能文爲本；然心生而言立，言立而文明，其絢麗之藻采，似大有可資稱述者，以下分思想、體裁、作法三方面加以析論。

㈠思想方面：

劉向〈晏子春秋叙錄〉以爲「其書六篇，皆忠諫其君，合六經之義。」劉氏所說的「其書六篇」，指的就是本書〈內篇〉〈諫上〉、〈諫下〉、〈問上〉、〈問下〉、〈雜上〉、〈雜下〉，〈外篇〉不在其中。至於「合《六經》之義」，因爲《六經》道體廣大，無不該備，諸子之爲書，其持之有故，言之成理者，必有得於道體之一端，而後才能恣肆其說，成一家之言。所謂一端，無非《六經》之所賅。故推之皆可找到他們立說所本，非謂「晏子」一派學者果能服膺《六經》之教，而出辭必衷於是也。此點吾人當首先作肯定性的理解，然後再繼而言《晏子春秋》一書中所呈現的文學思想，始有持平的看法。如：

〈內篇〉〈諫上〉莊公矜勇力不顧行義第一，晏子對莊公之問，說「嬰聞之：輕死以行禮謂之勇，誅暴不避彊謂之力，故勇力之立也，以行其禮義也。」又說：「湯武用兵而不爲逆，並國而不爲貪，仁義之理也；誅暴不避彊，替罪不避衆，勇力之行也。古之爲勇力者，行禮義也。今上無仁義之禮，下無替罪誅暴之行，而徒以勇力立于世，則諸侯行之以國危，匹夫行之以家殘。」最後又說：「今公自奮乎勇力，不顧乎行義，勇力之士，無忌于國，身立威彊，行本淫暴，貴戚不薦善，逼邇不引過，反聖王之德，而循滅君之行，用此存者，嬰未之聞也。」

案晏子之學，法先王，崇禮樂，出乎救時之弊。其先民後身，薄己裕人之行，深契《六經》的義旨。以本文而論，從以下三個層面中，可以看出他的思想主體，一、解釋、勇力的意義及效用，以「行禮義」一句，作全文總冒。二、援引湯武用兵，在行禮義。三、由古今對比，揭示莊公「反聖王之德，而循滅君之行。」證明其不合禮義。總觀全文，皆以「禮義」爲答問的樞紐，正見晏子文學思想與《六經》之道合。信乎劉向之說，以爲「皆忠諫其君，全於《六經》之義」爲不謬。

書中類似這種思想的篇章很多，如〈內篇〉〈諫上〉景公飲酒酣諸大夫無爲禮晏子諫第二，言「人之所以貴於禽獸者，以有禮也」。景公夜聽新樂而不朝晏子諫第六，言「新樂淫君」，以爲「樂亡而禮從之，禮亡而政從之，政亡而國從之。國衰，臣懼君之逆政之行」，文中申言「音樂」與禮義，與政治，與國家興亡盛衰的關係，言簡意賅，深得「忠諫其君」的微旨。

此外書中稱引孔子的話，見於〈內篇〉〈諫上〉景公衣狐白裘不知天寒晏子諫第二十，〈諫下〉景公冬起大臺之役第五，〈問上〉景公問爲政何患第三十等七章。稱引曾子的行事，見於〈內篇〉〈問下〉曾子問不諫上不顧民以成行義者第二十八，〈雜上〉曾子將行晏子送之而贈以善言第二十三等三章。稱引孔門弟子的，見〈內篇〉〈問上〉景公問欲善齊國之政以干霸王晏子對以官未具第六。稱引《詩經》的，見〈內篇〉〈諫上〉景公愛嬖妾隨其所欲第九，同篇景公貪長有國之樂第十六等十六處。稱引《書經》的見〈內篇〉〈諫下〉景公春夏游獵興役第八。稱引《禮經》以及與《春秋·左氏傳》相表裡的地方，更是多不勝舉。稱引《論語》，見〈內篇〉〈雜上〉晏子使魯有事已仲尼以爲知禮第二十一。

綜上以觀，無論從《晏子春秋》本文，或其引書、引說、引事各方面來看，所呈現的思想與劉向〈叙錄〉說的「皆忠諫其君，合《六經》之義」相符。這一方面可以印證前文所說的《六經》道體廣大，一方面也可以看出《晏子》一書對傳統思想的繼承。同時也可以得知本書與同代學者作品的相互關係。

㈡在體裁方面：

天下之物莫不有體，如大小、方圓、曲直、長短，千形萬態，無不有當然之體式。若應大而小、應方而圓、應曲而直、應長而短，所謂「方枘圓鑿」，便不合式樣了。不合式樣之物，即令精巧別緻，終不切體。由此觀之，體式可謂文章中最重要之事。

再就人事而言，國有國體，政有政體，國體如何？必須有制度來表達；政體如何？亦必須有一規模來說明。若制度與國體不合，即不足以表達國家體制；規模與政體不符，即不足以說明政治體制。而招人譏為非驢非馬，彼此牴牾。「體」與人事之不可分割，於此可知。

至於文章之有體制，猶宮室之有制度，政治之有規模，器皿之有法式，所以文章不可離體，離體則不成文章矣。《晏子春秋》乃先秦舊典，當此之時，百家競鳴，處士橫議，或織采為章、或發議成帙，所以體多初創。綜觀《晏子春秋》八篇二百一十五章的特色，在我國文學體裁的發展上，至少有三種體裁，是值得加以說明的。

1. 奏議之體。

「奏議」屬上行文之一。劉勰《文心雕龍》有〈章表〉、〈奏啓〉、〈議事〉三篇。他釋「奏」說：「奏者，進也。言敷于下，情進於上也。」釋「議」說：「周爰諮謀，是謂爲議。議之言宜，審事宜也。」其援例說理，皆不言《晏子春秋》。另外他在諸子篇裡，曾講到《晏子》的文章是「事覈而言練」。直到民國以後，汪劍餘先生著《本國文學史》，在該書第六章第十五節才說「《晏子春秋》創諫疏奏議之體」。汪氏說：「春秋列國賢卿大夫，諫草之未焚者，晏子一人而已。其卷一卷二諫章，凡五十篇。莊公矜勇力，不顧行義，晏子諫焉。景公飲酒，夜聽新樂，燕賞無功，信用讒佞，欲廢適子，祠靈山河伯等事，晏子皆諫焉。漢唐論諫之名作，往往合於晏子。讀其書，知國無諍臣，則不能自立焉。《晏子春秋》題目最長，叙事極明。後世諫疏，前一行必云爲某某事者，其體即原於此。」

《晏子春秋》全書分內外二篇，〈內篇〉之體有三：曰諫、曰問、曰雜。諫又分上下，上二十五章，下二十五章，共五十章。每章各有標目，每目文字短者十字，長者十七八字不等。每章一事，五十章共五十事。各章布局，皆首列事實，繼而晏子進諫，如〈諫上〉第八，其標目爲：

景公信用讒佞賞罰失中晏子諫第八

其內容爲：

景公信讒佞，賞無功，罰不辜。晏子諫曰：「臣聞明君望聖人而信其教，不聞聽讒佞以誅賞。今與左右相説頌也，曰：『比死者勉爲樂乎！吾安能爲仁而愈黥民而矣！』故內寵之妾，迫奪于國，外寵之臣，矯奪于鄙，執法之吏，並荷百姓。民愁苦約病，而姦驅尤佚，隱情奄惡，蔽諂其上，故雖有至聖大賢，豈能勝若讒哉！是以忠臣之常有災傷也。臣聞古者之士，可與得之，不可與失之；不與進之，不可與退之。臣請逃之矣。」遂鞭馬而出。公使韓子休追之，曰：「孤不仁，不能順教，以至此極，夫子休國焉而往，寡人將從而後。」晏子遂鞭馬而返。其僕曰：「嚮之去何速？今之返又何速？」晏子曰：「非子之所知也，公之言至矣。」

文中布局：首先叙述事實，晏子即因事而諫。在「臣請逃之矣」以後，穿插了景公聞諫的反應，並接叙一段僕人與晏子的對話作結。所以《晏子春秋》諫疏奏議之體，確實是後代章表奏議的先河。只不過他有起事、有諫疏、有反應、有動作，再加上旁觀者的質問，景公的追悔，晏子的感受，像一幕具有動感的電影，更具藝術性、啓發性以及文學的情趣和感染力。類似這種生動活潑的畫面，在先秦子書中，是很不容易見到的。其它各章也大多類此，在這裡就不一一列舉了。

2.對問之禮。

「對問」也是文體之一。劉勰《文心雕龍·雜文》篇云：「宋玉含才，頗亦負俗，始造〈對問〉，以申其志，放懷寥廓，氣實使文。」彥和以爲對問之體，爲宋玉首創，究其實，宋玉之爲此體，蓋亦有所本也。其本爲何？我認爲《晏子春秋》就是他的濫觴。自此以後，效法此體的作品甚多，如東方朔〈答客難〉，「託古慰志，疏而有辨」；揚雄〈解嘲〉，「雜以諧謔，迴環自釋，頗以爲工」；班固〈答賓戲〉，「含懿采之華」；崔駰〈達旨〉，「吐典言之裁」；張衡〈應間〉，「密而兼雅」；崔實〈答譏〉，「整而微質」；蔡邕〈釋悔〉，「體奥而文炳」；郭璞〈客傲〉，「情見而采蔚」等，都是這一類的作品。至於此一體裁的作法，劉勰說：「茲文之設，廼發憤表志。身挫憑乎道勝，時屯寄乎情泰，莫不淵岳其心，麟鳳其采，此立體之大要也。」所謂「發憤表志」，「身挫道勝」，「時屯情泰」，「淵岳其心」，「麟鳳其采」，我們在《晏子春秋》都可以找到他的根據。例爲《晏子春秋》內篇，除「諫疏奏議」外，尙有「問」體。「問」分上下，問上三十章，問下三十章，共六十章。每問必有標目，其標目文字長短不一。至於「對問」的方式，大別是先問後對。如〈問上〉：「景公問臨國莅民所患何也晏子對以患者三第二十九」其內容是：

景公問晏子曰：「臨國莅民，所患何也？」晏子對曰：「所患者三：忠臣不信，一患也；信臣不忠，二患也；君臣異心，三患也。是以明君居上，無忠而不信，無信而不忠者。是故君臣同欲，而百姓無怨也。」

本章布局：景公問的是「臨國莅民」的大事，晏子對以「所患者三」，然後分項作答，最後作結時，先結前二患，再結後一患。文字乾淨利落，持論公正嚴肅，毫不假借，眞所謂「道勝」「情泰」，「淵岳其心」了。另外也有些章次，是一問再問的，或對問之後，繼而插敘他人讚語的。如〈問上〉：「景公問爲政何患晏子對以善惡不分第三十」

其內容是：

景公問于晏子曰：「爲政何患？」晏子對曰：「患善惡不分。」公曰：「何以察之？」對曰：「審擇左右。左右善，則百僚各得其所宜，而善惡分。」孔子聞之曰：「此言也信矣！善進，則不善無由入矣；不善進，則善無由入矣。」

本章布局：是一問未得要領，再就晏子所答加以追問，使晏子賡續作答。其間用「對曰」，和上文「晏子對曰」隔開。再答之後，插叙「孔子聞之曰」，作一客觀評論，旨在借第三人的口脗，來肯定「晏子」答問的正確性。這種「對問」之體，不僅層次清晰，更由於增加第三者的評論，頗能增進文字造意的「韻味」，和多層次的調和感。所謂「麟鳳其采」，「情見采蔚」，或指此而言。

3. 諧隱之體。

自古以來，凡諧辭隱言，皆爲識者所重。如齊威王酣樂，淳于髡說之以甘酒；楚襄王讌集，宋玉爲之賦好色；劉勰《文心雕龍·諧隱》篇云：「諧之言皆也。辭淺會俗，皆悅笑也。」又說：「觀古之爲隱，理周要務，豈爲童子之戲謔，搏髀而抃笑哉！文辭之有諧隱，譬九流之有小說。」《晏子春秋》中確有許多文字，極富諧趣者，清代陳蘭甫《東塾讀書記》曾經說過：「《史記》以淳于髡附入〈孟荀列傳〉云，其諫說慕晏嬰之爲人。又以髡入〈滑稽傳〉。澧案戰國時，人多辯論詼諧，成爲風氣。此太史公所以立爲一傳也。此風蓋起於晏子。故太史公謂淳于髡慕晏嬰也。」陳氏之說，不謂無據，如〈內篇〉〈諫上〉：「景公所愛馬死欲誅圉人晏子諫第二十五」其內容爲：

景公使圉人養所愛馬，暴病死，公怒，令人操刀解養馬者。是時晏子侍前，左右執刀而進，晏子止之，而問于公曰：「堯舜支解人，從何軀始？」公矍然曰：「從寡人始。」遂不支解。公曰：「以屬獄。」晏子曰：「此不知其罪而死，臣爲君數之，使知其罪，然後屬之獄。」公曰：「可。」晏子數之曰：「爾罪有三：公使汝養馬而殺之，當死罪一也；又殺公之所最善馬，當死罪二也；使公以一馬之故而殺人，百姓聞之必怨吾君，諸侯聞之必輕吾國，汝一殺公馬，使公怨積于百姓，兵弱予鄰國，汝當死罪三也。今以屬獄。」公喟然嘆曰：「夫子釋之！夫子釋之！勿傷吾仁也。」

本文極富戲劇性，劉向與晏子也都類乎戲劇人物。文中所謂「暴病死」，所謂「令人操刀解養馬者」。所謂「左右執刀而進」，連續的動作，使字面染上極濃厚的粗獷、火爆、緊張的色彩。而晏子在緊張的氣氛中，卻以緩和的姿態出現其間，突然以「堯舜支解人從何軀始？」這簡直是天外飛來的問題，令人丈八和尚摸不著腦袋，而景公竟脫口而出「從寡人始」，眞教人出乎意表，拍案叫絕。然後晏子「數其罪，屬之獄。」態度不急不疾，口氣以莊以諧，行文到此，眞有始而緊張，繼而懸疑，又接著以輕鬆的心情，吐了一口長氣。全文不過兩百字左右，其情感的抑揚起伏，判若雲泥。此即所謂「文辭之有隱諧，譬九流之有小說」乎！

此外，類似的篇章，如〈內篇〉〈諫上〉：「景公欲祠靈山河伯以禱雨晏子諫第十五」。〈內篇〉〈諫上〉：「景公登牛山悲去國而死晏子諫第十七」。其他〈內篇〉〈諫下〉，〈問上〉，〈問下〉，〈雜上〉，〈雜下〉此種文字也不在少數。所以先秦子書中，「諧隱」一體，《晏子春秋》是運用得最熟練、最成功的一部書。

**㈢在寫作方面：**

任何文章的作法，都離不開字句章篇四個部分。而辭采、音節，又同為表情達意所必須。但文字有限，情意無窮。作者欲以有限的文字，表達無窮的感情，勢須注意修辭技巧與創作方法。劉向〈晏子敘錄〉云：「其書六篇，皆忠諫其君，文章可觀。……」所謂「六篇」，指的就是〈內篇〉的〈諫上〉、〈諫下〉、〈問上〉、〈問下〉、〈雜上〉、〈雜下〉。以「忠諫其君」，而「文章可觀」。足見本書立論的嚴正，文字的優美。以下筆者就從「文章可觀」的立場，對《晏子春秋》的創作技巧，作一蠡測。

在篇題方面：

1.《晏子春秋》每篇命題的題文均很長。

命題的文字很長，在先秦子書中，本書可說是獨具特色。如《論》、《孟》以二字或三字命題。《荀子》較晚出，其〈非十二子篇〉，也不超過四字。《管子》命題文字有長的，如「〈立政九敗解〉第六十五」，也不過五字而已。其它《老》、《莊》、《列》三字，更勿論矣。《晏子春秋》每章的命題，其最短者，也在十字以上，如〈內篇〉〈諫下〉「景公爲鄒之長塗晏子諫第七」十二字；最長有多達二十字以上的，如〈內篇〉〈問下〉「晏子使晉平公問先君得衆若何晏子對以如美淵澤第十五」，有二十五字之多。所以每篇題文很長，是本書獨具的特色。

2.《晏子春秋》每篇題文均與內容相符。

先秦子書分章別篇，極不一致。有以上下分篇者，如《老子》。有以內、外、雜分篇者，如《莊子》。有以文字命篇，篇題與內容無關者，如《孟子》。《晏子春秋》的篇題，不僅分〈內篇〉〈外篇〉，而每篇之下，又別分若干章，每章題目均與內容有關。此種情形，在先秦子書也構成一大特色。

在結構布局方面：

1.《晏子春秋》每篇開頭必先言某某事，繼而「晏子諫」，或「晏子曰」，或「晏子諫曰」，或「晏子對曰」。

例如：〈內篇〉〈諫上〉「景公登牛山悲去國而死晏子諫第十七」文曰：「晏子遊于牛山，北臨其國城而流涕曰：『若何旁旁去此而死乎！』晏子對曰：」

〈內篇〉〈諫下〉「晏子爲鄒之長塗晏子諫第七」文曰：「晏子築路寢之臺，三年未息，又爲長庲之役，二年未息；又爲鄒之長塗。晏子諫曰：……」

每章的第一節叙事，繼而「晏子諫」或「晏子對」云云，是說理。「叙事」「說理」兩兩相對，使主題意旨，在君臣對答中更加突出。所以劉勰《文心雕龍》說《晏子春秋》的文章「事覈言練」，這便是「事覈」的一證。

2.《晏子春秋》每篇均自爲首尾，前面的篇章與後面的篇章，文義不相聯屬。

本書分〈內篇〉〈外篇〉，〈內篇〉又分〈諫上〉〈諫下〉，〈問上〉〈問下〉，〈雜上〉〈雜下〉，此所謂「合於《六經》之義」者，〈外篇〉又分「文辭頗異」與「不合經術」者。〈內篇〉共一百七十章，〈外篇〉共四十五章。每篇各章均自爲首尾，講述一個完整的故事，故事沒有連續性，所以與下章完全沒有關係。例如〈內篇〉〈問上〉「景公問賢君治國若何？晏子對以任賢愛民第十七」，本章內容即就題旨加以說明，和前面第十六章，後面第十八章的文義毫無關連性。

3.《晏子春秋》每章結尾有引他人的贊語作結者。

有引「景公曰」作結者，如〈內篇〉〈諫上〉「景公欲祠靈山河伯以禱雨，晏子諫第十五」文末引「景公曰：『善哉！晏子之言，可無用乎！其維有德』。」

有引「孔子」之言作結者，如〈內篇〉〈諫上〉「景公衣狐白裘不知天寒晏子諫第二十」文末引「孔子聞之曰：晏子能明其所欲，景公能行其所善也。」

有引「仲尼聞之」作結者，如〈內篇〉〈諫下〉「景公嬖妾死，守之三日不斂，晏子諫第二十一」，文末引「仲尼聞之曰：星之昭昭，不若月之曀曀；小事之成，不若大事之廢；君子之非，賢于小人之是也。其晏子之謂歟？其他又有「孔子聞之喟然嘆曰」，見於〈內篇〉〈諫下〉第五。又有「仲尼命門弟子曰」，見於〈內篇〉〈雜上〉第二十一。皆屬同類，此不煩舉。

有引「君子曰」作結者。如〈內篇〉〈問上〉「莊公問威當世服天下時邪？晏子對以行也第一」，文末引「君子曰：盡忠不豫交，不用不懷祿，晏子可謂廉矣。」

有引「墨子」之言作結者，如〈內篇〉〈問上〉「景公問聖王其行若何？晏子對以衰世而諷第五」，文末引「墨子聞之曰：晏子知道，道在為人，而失在為己。為人者重，自為者輕；景公自為而百姓不與，為人而諸侯為役。則道在為人，而行在反己。故晏子知道矣。」

有引「昭公」語作結者。如〈內篇〉〈問下〉「晏子使魯，魯君問何事回曲之君？晏子對以庇族第十一」，文末引「昭公語人曰：晏子仁人也，反亡君，安危國，而不私利焉，僇崔杼之尸，滅賊亂之徒，不獲名焉。使齊外無諸侯之憂，內無國家之患，不伐功焉。鍖然不滿，退託于族，晏子可謂仁人矣。」

有引「崔子」之語作結者。如〈內篇〉〈雜上〉「莊公不明晏子，晏子致邑而退，後有崔氏之禍第二」，文末引「崔子曰：「民之望也，舍之得民。」」

有引「叔向」之言作結者。如〈內篇〉〈問下〉「叔向問正士邪人之行如何？晏子對以使下順逆第十九」，文末引「叔向曰：賢不肖性夫！吾每有問，而未嘗自得也。」

由以上舉證，可知晏子平生言行，受到當世列國學者的重視。有的稱其「知道」，有的稱其「廉潔」，有的稱其「如天上的星光，照耀大地」，有的稱其爲「仁人」，有的稱其是「民望」，更有的認爲他的修養窮高極深，杳不可攀。則晏子的性行德業，如辰星歷天，皎然爲天下共仰了。

在行文措辭方面：

1.《晏子春秋》爲駢散合轍之文

晏子之文，劉勰《文心雕龍》用「言練」二字爲評，所謂「言練」就是不拖泥帶水，乾淨俐落。其筆法有駢有散，同章之中，駢散合轍，自然成采。如諫祠靈山河伯云：「靈山以石爲身，以草木爲髮。……河伯以水爲國，以魚鼈爲民」，不僅引喻絕妙，行文亦前後儷對。敘古冶之勇云：「吾嘗從君濟于河，黿銜左驂，以入砥柱之中流。當是時也，冶左操驂尾，右挈黿頭，鶴躍而出。」文字生動活潑，尤其左操右挈，出水鶴躍，其情其景，如在目前。

2.《晏子春秋》每章多用問答法鋪敘

〈內篇〉〈問上〉〈問下〉，既以「問」命題，則以問答方式行文，固無論矣。其他如〈諫上〉〈諫下〉，〈雜上〉〈雜下〉，如此者亦甚多。例如〈諫下〉第十，諫景公獵逢蛇虎，以爲不祥。先是景公召晏子而問，然後再晏子對曰。又如〈雜上〉第二十，景公賢魯召公去國而自悔，晏子謂無及已。先是景公問，繼而昭公之對，然後景公辯其言，以語晏子曰，次有晏子對曰作結。以問答法行文，使文字因人、因事、因地，甚而因時間之不同，發生錯綜之美。使主旨更容易突出。

3.《晏子春秋》多用韻語。

晏子之文，韻語間出，多不勝舉，如〈內篇〉〈諫上〉第十二章「近臣嘿，遠臣瘖，衆口鑠金。」瘖金爲韻，段玉裁六書音韻表屬第七部。又〈內篇〉〈問下〉第四章「美者水乎清清，其濁無不雩途，其清無不掃除。」途、除爲韻，姚文田古音諧十二魚引此。

4.《晏子春秋》常用古字古言。

《晏子春秋》既爲先秦舊典，所以古義古字，書中多有保留。如「死」之讀「尸」，「辟」之訓「輔」，「十一月」之作「冰月」，「疆」之作「彊」，「萊」之作「釐」，「對」之作「敓」，「聞」之作「惛」，「綏」之作「妥」，「治」之作「司」，「禮儀」作「豐義」，「龍」之作「竜」，「翼」之作「翌」，「期」之作「其」，皆屬顯例。

5.《晏子春秋》的句法，具有多樣性的變化。

《晏子》的行文造句，錯落有致，變化無窮，如尋而繹之，亦自有條理。如長句法，有多達十七八字者；短句法，有一字二字成句者。反詰句法，尤加喜用，如〈內篇〉〈雜下〉第九章「齊無人耶？使子爲使？」〈雜下〉第十章「今民生長於齊不盜，入楚則盜，得無楚之水土，使民善盜邪？」交錯句法，更是本書之長，如〈內篇〉〈諫上〉第十二章「上帝神則不可欺，上帝不神祝亦無疑。」〈諫上〉第二十三章「心有四支，心得佚焉則可；四支無心，十有八日，不亦久乎！」其他尚有承接句法，相反見義句法，拾書即得。過去劉海峰論文以「字句爲神氣音節之所寄」，姚範以爲「文之神氣體勢，皆由字句章法中見之。」於《晏子》書可以得到印證。

6.《晏子春秋》長於用喻。

蓋《晏子》之文，取喻不常，或喻於聲，或方於貌，或擬於心，或譬於事，總其大凡，條析於後。

在直喻方面，他多半用「猶」、「如」或「若」作標記，讀者可一望而知。如〈諫上〉第二十三章「若乃心之有四支，而心得佚則可；令四支無心十有八日，不亦久乎？」〈雜上〉第二十章「譬之猶秋蓬也，孤其根而美枝葉，秋風一至，僨且揚矣。」

在隱喻方面，如〈諫上〉第四章「幸矣，章遇君也；令章遇桀紂，章死久矣！」〈雜下〉第九章「晏子使楚，王曰：齊無人耶？使子爲使？晏子對曰：齊之臨淄三百閭，張袂成陰，揮汗成雨，比肩接踵而在，何爲無人。」文中所謂「章遇桀紂」，所謂「張袂成陰，揮汗成雨」或突兀而來，應接不暇；或誇張過理，味之無窮。雖初睹其文，似覺晦澀，然既索其義，卻昭灼可見。

在類喻方面，〈問上〉第十七章「通則視其所舉，窮則視其所不爲，富則視其所分，貧則視其所不取」。〈雜下〉第二十八章「義高諸侯，德備百姓。」觀其文字由通而窮、而富、而貧。通與窮爲一組，富與貧爲一組。通與舉合說，窮與不爲合說；富與分合說，貧與不取合說。皆屬同類而行事相反之例。至於義高之與諸侯，德備之與百姓，義與德對舉，諸侯與百姓對舉，兩兩映照，使主旨益加顯豁。所以類喻是取其共類，以次爲喻，上面所說的便是證明。

在引喻方面，《晏子》時引前言往行，以證事理之當否，這在書中有引先王之行者，爲〈諫上〉第一章「湯武用兵而不爲逆，並國而不爲貪，仁義之理也。」〈諫上〉第九章「昔者先君桓公之地狹於今，修法治，度政教，以霸諸侯。……」以上是引湯武用兵與桓公踐霸之事例。

有引諺語者，如〈問下〉第一章「夏諺曰：吾君不游，我曷以休，吾君不豫，我曷以助，不游不豫，爲諸侯度。」〈外上〉第十四「諺言有之曰：社鼠不可熏。」

有引古之鼎銘者，如〈問下〉第十七章「〈讒鼎之銘〉曰：味旦丕顯，後世猶怠。」

其他又有引時人之言者、有引詩者、有引歌者、有引里人之言者，不一而足，正見本書之大量用喻，使文字增進了活動力和運載量。

7.《晏子春秋》常用排句。

排句是一種結構整齊畫一的句法，經作者連續使用，以表達同樣的意象，使文字面面俱到，無懈可擊，並富強烈的說服力和震撼感。本書於此等句法，用之極爲熟稔。如〈諫上〉第二十「古之賢君，飽而知人之飢，溫而知之之寒，逸而知人之勞。」〈問上〉第十七「不因喜以加賞，不因怒以加罰，不從欲以勞民，不修怒而危國。」層層開展，節節逼進，令人意氣衝舉而猶不自覺。以上所舉，百不一二，但由此也可見一斑了。

8.《晏子春秋》對人物個性，有極細膩而諧趣的刻畫。

對人物個性之刻畫，是文字運用技術上的高度成就。所謂「畫鬼容易，畫人難」，正因爲人各具個性，各有特點，各稟天賦，作者若想行文描摹，達到唯妙唯肖的效果，勢須有獨到的藝術修養，《晏子春秋》在這方面，是寫實，也兼具象徵。例如刻畫「晏子」這位主人翁，在國際外交事務上扮演的角色。當晏子使楚，楚王欲辱晏子，指盜者爲齊人時，晏子對以「嬰聞之，橘生淮南，則爲橘，生於淮北，則爲枳，葉徒相似，其實不同。所以然者何？水土異也。今民生長於齊不盜，入楚則盜，得無楚之水土，使民善盜耶？」由此段的對話，可見晏子見機而作的急智。又景公養勇士三人，無君臣之義，晏子請公使人少餽之二桃，令其計功而食。先言者孫接，再言田開疆，又次言古冶子。或仰天而嘆，或援桃而起，或抽劍而起，皆以爲可以食桃，而無與人同矣，結果，皆反其桃，挈領而死。文中有設謀，有動作，有對話，有懺悔，有收場，如同一個獨幕的話劇，首先揭開序幕的，是陰謀家刻意安排，然後在壯闊的人生舞臺上，展開一場殘暴的，無知的血腥鬥爭，最後又在曲終人散下落幕。眞所謂「一朝被讒言，二桃殺三士，誰能爲此謀，相國齊晏子。」，給後人留下歷史的悲劇，而晏子便是這幕悲劇的導演者。又景公所愛馬死，欲誅圉人，晏子數養馬者曰：「爾罪有三：公使汝養馬而殺之，當死罪一也；又殺公之所最善馬，當死罪二也；使公以一馬之故而殺人，百姓聞之必怨吾君，諸侯聞之必輕吾國。汝一殺公馬，使公怨積于百姓，兵弱于鄰國，當死罪三也。」由養馬而殺之，再殺公所善馬，最後使公因一馬之故而殺人，層層逼進，諧中帶莊，諷中隱勸，使文字由極暗到極明，作了強烈的對比，且筆法十分細膩，可以看出作者臨文運思的工夫。

9.《晏子春秋》的文字，有許多都成了後世家喻戶曉的故事。

由於本書內容在人物、時事的描繪上，深刻生動，並富有警世勵俗的作用，西漢劉向在編輯《說苑》、《新序》兩書的時候，便取精用宏，抽繹其中許多篇章的精華，作爲他論政的依據。降及後世，又由於許多小說家的傳播，使許多書中的人物，或名言讜論，都賦予了新的生命，而膾炙人口，成爲家喻戶曉的故事。諸如：〈諫下〉第二十四章「景公養勇士三人，無君臣之義，晏子諫」，此即「二桃殺三士」的故事。〈雜上〉第二十四章「晏子之晉，睹齊纍越石父，解左驂贖之與歸」，此即「善與人交」的故事。〈雜上〉第二十五「晏子之御感妻言而自抑損，晏子薦以爲大夫」，此即「司馬遷願爲執鞭」的故事。〈雜下〉第九「晏子使楚，楚爲小門，晏子稱使狗國者入狗門」，此即「使狗國者入狗門」的故事。〈雜下〉第十「楚王欲辱晏子，指盜者爲六人，晏子對以橘」，此即「橘逾於淮而爲枳」的故事。

10.由《晏子春秋》內容，可知春秋時代之昏君庸臣，風衰民怨的情況。

透過本書文字的記載，不僅可知「晏子」一人的生平行事，思想情態；更可根據圍繞在晏子周圍的事物，以觀其時代之背景，國君的昏庸，陪臣的驕橫，百姓的悲苦，風俗的頹敗。諸如〈諫上〉第一「莊公矜勇力不顧行義」，〈諫下〉第二十五「景公登射，思得勇士與之圖國」，

〈問上〉第一「莊公問威當世服天下時耶？晏子對以行也」，〈問上〉第二「莊公問伐晉，晏子對以不可」，〈問上〉第三「景公問伐魯，晏子對以不若修政待其亂」，可知當時春秋之世，王綱解紐，五伯爭霸，以力假仁的背景。又如〈諫上〉第三「景公飲酒醒，三日而後發」，〈諫上〉第五「景公飲酒不恤天災」，〈諫上〉第七「景公燕賞無功而罪有司」，〈諫上〉第八「景公信用讒佞，賞罰失中」等，類此或更有甚焉的記載，多不勝舉，可見君昏政闇，國亡無日的徵兆。再如〈雜上〉第三「崔慶劫齊將軍大夫盟，晏子不與」，〈雜下〉第十四「田無宇勝欒氏、高氏，欲分其家，晏子使致之公。」由此可見當時各國諸侯大權旁落，陪臣執國命。力可弒君，權可劫臣，無視於國家法律禁令，甚而欲分他臣之家，奴辱其人，這種驕横自恣的情形，在本書中灼然可辨。又〈諫上〉第十九「今君游于寒塗，據四十里之氓，殫財不足以奉斂，盡力不能周役，民氓飢寒凍餒，死胔相望，而君不問，失君道矣。」〈諫下〉第一「景公藉重而獄多，拘者滿圄，怨者滿朝」，由於政府賦重役多，以至飢寒凍餒，死胔相望，拘者滿圄，怨者滿朝。人民對當政者已有與日偕亡之心。再如〈諫下〉第二十「景公路寢臺成逢于何願合葬」，知春秋時代有夫婦歿後合葬之禮，並受子女重視，不如此，以爲不孝。〈問上〉第十「景公問欲令祝史求福」，知時人如氣衰身病，可以具備珪璋犧牲，令祝史薦乎上帝宗廟求福。

## 五、後人研究晏子春秋的成果

後人研究《晏子春秋》，如果和《孟子》、《荀子》、《老子》、《莊子》來比較，當然要冷門得多；就是給《呂氏春秋》、《韓非子》較量，恐怕也瞠乎其後，難可相提並論的。所以西漢成帝時劉向校書中秘，將中外不同的傳本，去其復重，整理編輯，定著全書八篇二百一十五章，可說是《晏子春秋》的正式集結。

㈠在版本方面：《晏子春秋》最早的版本，根據《盋山書影》第八十六頁，馬笏齋〈藏書題跋記〉上的說法：「《晏子春秋》八卷，丁志云：此卷本前有目錄，及劉向校上晏子奏。每篇又分小目，列于每卷之首，總二百十五章，平津館有影寫元本，每葉十八行，行十八字，與此符合。全書一百三十八葉。版匡高營造尺五寸二分，寬七寸四分。」此本在臺未見。在臺可見的版本不少，如：

故宮博物院典藏的明成化刻的八卷本，日本手鈔一卷本，沈啓南校刻萬曆乙酉刊八卷本，日本元文元年翻刻的黃之寀四卷本。

中央圖書館特藏組收藏的，計有明嘉靖刻八卷本，明萬曆乙酉沈啓南校刻八卷本，明萬曆十六年吳懷保四卷本，明新安吳勉學二十二子全書本，明凌澄初朱墨套印六卷本。

國防研究院圖書館藏有明「藏修館」刊四卷本。

其他尚有商務印書館《四部叢刊》景印的明活字本。

㈡在校注方面：《晏子春秋》的校注，居今在臺可見的不少，茲舉其晚出且容易購買者，如：

張純一《晏子春秋校注》，世界書局，諸子集成本，分上下二冊，平裝。民國十九年發行。書前有〈自叙〉、〈凡例〉、〈劉向叙錄〉。書末附《墨家佚書輯本》五種，或書商增益，非原本如此也。

其次是鄒太華先生的《晏子逸箋》，中華書局出版，共一冊。從書前自叙，知本書脫稿於民國六十年底，六十二年秋正式發行。此書各篇每章之前，列有解說，注中特別注意語法分析。

再其次，就是吳則虞先生的《晏子春秋集解》了。鼎文書局出版，中國學術類編本，共一冊。書前有楊家駱先生識語，次附「晏子像」，「晏子見傷槐女圖」，「顧廣圻手校景元鈔本」，及「葉昌熾校吳刊本」的書影兩幀。接著就是「晏子春秋集解目次」。本書於集解之外，附錄了許多珍貴的資料，如一、晏子春秋佚文，二、晏子集語，三、晏子事蹟，四、有關晏子學說學派討論，五、有關晏子春秋考辨，六、晏子春秋重言重意篇目表。搜討明備，從所未有，這對有意研究《晏子春秋》的學者來說，有極大的便利。

㈢在專門研究方面：近人作《晏子春秋》研究的不多，以《晏子春秋》和其他先秦子書作比較研究的尤不可見，所以從學術研究的角度去看，他好像是一塊草萊未闢的荒原，值得深入鑽研的地方還很多。根據筆者涉獵所及，國內在這方面的專門著作，計有

王更生的《晏子春秋研究》，本書爲王氏的碩士論文，完稿於民國五十五年七月，六十五年二月經文史哲出版社印行。全書二〇〇頁，約十五萬言。書前首頁附有「晏子像」及「書影」七幀。

次列「序例」五則，然後爲「目次」。內容共分六章：第一章緒論，第二章晏子傳略及其年表，第三章《晏子春秋》考辨，第四章晏子所屬學派論，第五章晏子思想之探究，第六章《晏子春秋》之文辭。是爲近人有系統的研究《晏子春秋》的開始。

陳維德先生的《晏子思想研究》，此書爲六十一年輔仁大學中文研究所碩士論文，原文未見。

王淑玫女士的《晏子春秋假借字集證》，六十三年二月經文史哲出版社印行。書前首頁列有凡例六條，內容係依晏子原書編次，各篇僅取其有假借字的文句錄之。

陳瑞庚先生《晏子春秋考辨》，是六十九年由長安出版社印行的一本書，此書首列自序，次爲目錄，內容共分八章：第一章釋名，第二章論《晏子春秋》不宜入墨家，第三章論《晏子春秋》不宜入儒家，第四章論《晏子春秋》不宜改子入史，第五章論《晏子春秋》非晏子自著，第六章晏嬰事蹟年表，第七章《晏子春秋》所載不可盡信的事蹟，第八章《晏子春秋》內容之來源及分析。最後是作者的後記。全書首尾共一八四頁。對《晏子春秋》之考辨，是相當具有系統的著作。

## 六、結論

本文的重點放在《晏子春秋》及其「散文寫作特色」兩方面。因爲要介紹《晏子春秋》便不能不對「晏子」本人作一通盤考查，但資料孔多，指不勝屈，只好用取精用弘之法，加以扼要的鉤勒，使讀者能對這位齊國的元老政治家有一個大致的印象。

至於介紹《晏子春秋》的內容，其成書眞僞，向來是學術界爭議的焦點，因而這一部分便構成了本文的重點，於是從《晏子春秋》一書的年代，名稱，性質，家數四方面，旁徵博引，詳爲推斷，儘量折衷各說，求其至當。

《晏子春秋》的分類，古今均依劉向〈叙錄〉的分法，別之爲「合於《六經》之義者」，「文辭頗異者」，「似非晏子」之言者三類，因爲劉向是站在徵聖、宗經的觀點，來看《晏子春秋》的，有此三分法，在當時而言，自然合理。今天已經不是一個純粹經學獨尊的時代，所以我們借用近人學術分工的方法，來整理本書，便可以得出天道、鬼神、生死、倫理、政治、理財、外交、修養方法等八大類，這樣無論就他所涵蓋的層面，突出的精神，較之劉向〈叙錄〉的分法，顯然不同。

《晏子春秋》的散文寫作特色，是本文第二個重點所在。因爲《晏子春秋》所以能傳世久遠，主要是靠著雅麗的文字，如果文字不足觀，即令「晏子」再有獨特的思想和情操，恐怕也難以永垂不朽。孔子說：「言以足志，文以足言」，理就在此。本人於此作三方面觀察：第一、在作品的思想方面：發現「其書六篇，皆合《六經》之義」，劉向〈叙錄〉之言，正說明了《晏子春秋》所代表的，是我國的正統思想。第二、在作品的體裁方面：《晏子春秋》承襲前賢的緒業，在文章體裁方面，如奏議體、對問體、諧隱體，均有極爲成熟的表現。雖然前人或有此等類似的體制，但是絕對沒有像《晏子春秋》那樣完備。第三、在作法方面：本人更從篇題、結構、行文三個角度去分析，各節中又分若干細目，細目之內，皆援引《晏子春秋》本文加以印證，務期理論與實際配合，以免架空蹈虛之譏。

綜理以上各點，筆者雖然刻意求工，怎奈《晏子春秋》爲先秦舊典，說法不一，於是發生折衷的困難。《晏子春秋》的文學，除劉向〈叙錄〉言其「文章可觀」外，世之學者很少作系統性的探索。今之撢研，可謂前無所承。面對廣大的讀者，以及學深養到的專家們，本人雖然欲寡其過，恐怕也不可能了。

民國七十二年（西元一九八三年）十二月廿一日完稿于臺北退思齋

（刊登於巨流出版社印行之《中國文學講話㈢·周代文學》）

# 二招真偽及其寫作藝術

## 前言

屈原是我國歷史上一顆光前裕後的文學彗星，可謂光芒四射，與日月並明。其偉大處，表現在他忠君愛國，和志潔行廉的情操上；其不朽處，表現在他寫下血淚交迸，感人肺腑的作品上。雖說文學演變，與時代息息相關，但《楚辭》在我國文學的傳承上，卻能突破《詩經》原有規範，在詩律上得到空前的解放，詩風上，亦由寫實轉變爲浪漫，此不僅是他個人在我國文學創作上的里程碑，同時也爲兩漢以後的文學，開拓了嶄新的境界。《文心雕龍·辨騷》篇云：「《楚辭》者，體憲於三代，而風雜於戰國，乃雅頌之博徒，而詞賦之英傑也。」沈約《宋書·謝靈運傳論贊》云：「自漢至魏四百餘年，辭人才子，各相慕習，原其飆流所自，莫不同祖風騷。」後世辭賦效其體式，固無論矣，即摛風裁興的詩歌，明清以來的戲劇，甚而六朝的駢文、唐宋的散體，亦莫不與《楚辭》有關。故鍾嶸〈詩品序〉說：「《楚辭》曰：『名余曰正則。』雖詩體未工，然是五言之濫湯。」杜甫詩也有「陶謝不枝梧，風騷共扶激」之句。至其玄遠之思，詭異之辭，於漢魏以下之神怪傳奇，亦必有其深厚之影響也。

屈原作品的篇數，根據《漢書·藝文志·詩賦略》的記載是二十五篇，後代學者也大多以此為據，然此二十五篇篇目究竟為何，卻仁智互見，說各異同。本文以下姑且先對屈賦篇目加以考訂，然後再辨二招作者，繼而分析二招寫作特色，以見其局勢恢宏，設想奇異，措辭險怪，色彩瑰麗，實開漢賦鋪排之先聲，非天才卓犖如三閭大夫者，不易構此傑作也。

## 一、從屈賦篇目說起

《四庫全書總目》於王逸〈楚辭章句敘〉云：

初劉向裒集屈原〈離騷〉、〈九歌〉、〈天問〉、〈九章〉、〈遠游〉、〈卜居〉、〈漁父〉，宋玉〈九辨〉、〈招魂〉，景差〈大招〉；而以賈誼〈惜誓〉，淮南小山〈招隱〉，東方朔〈七諫〉，嚴忌〈哀時命〉，王褒〈九懷〉，及向所作〈九歎〉，共為《楚辭》十六卷，是為總集之祖。王逸又益以己作〈九思〉與班固二敘（指〈離騷序〉及〈離騷贊序〉）為十七卷，而各為之注。

《楚辭》之編輯始末及其內容，於此可略見端倪。〈惜誓〉以下為漢人的作品，實無可疑，而〈九歌〉之篇數及〈招魂〉、〈大招〉的作者，後世學者頗多爭議。

考王逸《章句》所列屈原篇目，其中〈九歌〉包括有〈東皇太一〉、〈雲中君〉、〈湘君〉、〈湘夫人〉、〈大司命〉、〈少司命〉、〈東君〉、〈河伯〉、〈山鬼〉、〈國殤〉、〈禮魂〉十一篇，〈九章〉包括有〈惜誦〉、〈涉江〉、〈哀郢〉、〈抽思〉、〈懷沙〉、〈思美人〉、〈惜往日〉、〈橘頌〉、〈悲回風〉九篇，合〈離騷〉、〈天問〉、〈遠游〉、〈卜居〉、〈漁父〉，凡七題二十五篇。宋洪興祖《補注》、朱熹《楚辭集注》及清戴震《屈原賦注》皆同是說。以爲除此之外，均非屈原作品。

宋姚寬《西溪叢話》則於〈九歌〉中除去〈國殤〉、〈禮魂〉，而另增〈大招〉、〈惜誓〉二篇。明黃文煥《楚辭聽直》根據王逸《章句》「〈大招〉者，屈原之所作」，及司馬遷〈屈原傳贊〉「余讀〈離騷〉、〈天問〉、〈招魂〉、〈哀郢〉之語，並以〈大招〉、〈招魂〉爲屈子所作。」清代林雲銘《楚辭燈》、朱冀《騷辨》、顧成天《離騷解》、蔣驥《山帶閣注楚辭》也多從此說。惟林氏有云：

> 〈九歌〉之〈山鬼〉、〈國殤〉、〈禮魂〉，祭非國家正神，三篇實爲一篇。

今人馬其昶《屈賦微》說：

> 太史公明言：「讀〈離騷〉、〈天問〉、〈招魂〉、〈哀郢〉，悲其志。」則〈招魂〉爲屈原所作，固然無疑，王逸乃以〈大招〉當之，誤矣。

陳本禮《屈辭精義》認爲：

余惟漢儒去古未遠，當以太史公所讀古本爲是。蓋〈離騷〉及騷之總名，自應首列。〈天問〉次之，二招（〈招魂〉、〈大招〉）又次之，〈哀郢〉及〈九章〉篇名，則〈九章〉宜繼二招後，〈九歌〉爲巫覡祀神之樂章，〈遠游〉則莊生世外逍遙語，皆〈騷〉之逸響；而以〈卜居〉、〈漁父〉終焉者，〈騷〉之變體也。

綜觀以上各家的主張，大家都以爲〈九歌〉應該九篇。王逸《楚辭章句》本謂〈大招〉爲屈原所作，清儒也十之八九斷定屈原招祭懷王之詞，則〈招魂〉、〈大招〉必當在二十五篇之內，既然如此，假若我們不削減〈九歌〉溢出的篇目，則〈招魂〉、〈大招〉即無從列入。然則如何而後可乎？曰：應參用林庚的說法，將〈湘君〉、〈湘夫人〉合併爲一篇，〈禮魂〉併於〈國殤〉之中，然後再依照林、顧、莊、陳諸家的意見，增入〈招魂〉、〈大招〉，以補其缺額。如此，則〈九歌〉固可名符其實，而《漢志》屈原賦二十五篇之總數，亦得以應合無間了。

近人劉永濟作《屈賦通箋》，於屈子作品之篇章是非，頗有折衷之論，現在把它錄之於下，以告知言之士，兼作本節的結束。他說：

屈賦箸錄，始於劉班，《楚辭》編集，傳自更生。其二人皆一代碩彥，乃此書篇章作者，漫不分別，而後人去屈子時世迢遠，轉多致疑，豈後人之學過劉班哉。蓋漢人治學，風尚不同後人，前哲箸書，用意亦思後世。前哲箸書，或以發憤，或以明理，皆出於不得已，初無矜炫之心，故於名之存亡，在所不計。漢人治學，每於古人學術相近相承者，目爲一家。家之爲義，聚族而居，一也，承世相嬗，二也。傳道講學，有類於此，因以取譬耳。惟其如此，故於古籍作者名氏，往往不加詳考。《山經》、《爾雅》而外，諸子之書，皆其證也。即其所著書，取資前賢，亦無區別。此如漢代經師，雖述師說，不必明著師名，史遷採古記以成《史記》，班固據馬《史》以作《漢書》，亦未加以識別，皆不嫌於竊據。蓋其用意在明學術，而學術者，天下古今之公器，言苟爲公，自不必問出於誰氏之口。此章實齋言公之論，所以爲通識也。後世學術漸廣，分析漸嚴。名心或存，私見乃著。風會所趨，蓋出自然。於是考訂古書，務求正確，非其學過古人也。雖然，時世綿邈，古籍散亡，居數千載之下，欲考數千載以上之事而不誤，其事至難。有證驗衆多而不實者，亦有片文孤證而可信者，一涉輕率，鮮不紕繆矣。然則取舍從違，理果安在邪？曰：讀書者苟能周知作者行誼、學術，詳察作者所處時代，自能鑒別其文章眞僞。此之所得，或且遠勝於以形跡求之者。尚友古人，賞心千載，豈誠不可能哉。要當求之好學深思之士耳。

劉氏探本之論，十分持平，研究屈賦者，要當三復斯言。

## 二、二招作者小考

〈招魂〉，《史記》傳贊明定其爲屈原的作品，而王逸、朱熹則以爲宋玉作。王逸說：

宋玉憐哀屈原忠而斥棄，愁懣山澤，魂魄放佚，厥命將落，故作〈招魂〉，欲以復其精神，延其年壽；外陳四方之惡，內崇楚國之美，以諷諫襄王，冀其覺悟而還之也。

朱熹也認爲：

古者人死則使人以其上服升屋履危，北面而號曰臯某復，遂以其衣三招之，乃下以覆尸，此禮所謂復，而說者以爲招魂。而荊楚之俗乃或以是施之生人，故宋玉哀閔屈原無罪放逐，恐有魂魄離散而不復還，遂因國俗，託帝命，假巫語以招之。

二氏之說，皆出於推測，並無實據。

直到明黃文煥著《楚辭聽直》才以二人之說爲非，取〈招魂〉與〈大招〉歸之於屈原。林雲銘也左袒《史記》，斷定是屈原自招，推翻了王逸的意見，他說：

是篇自千數百年來，皆以爲宋玉所作。王逸茫無考據，遂序於端。試問太史公作〈屈原傳贊〉云：「余讀〈招魂〉，悲其志。」謂悲原之志乎？抑悲玉之志乎？此本不待置辯者。乃後世相沿不改，無非以世俗招魂，皆出自他人之口。不知古人行文滑稽，無所不可，且有生而自祭者，則原被放之後，愁苦無所宣洩，借題寄意，亦不嫌其爲自招也。……玩篇首自敘，篇末亂辭，皆不用君字，而用朕字、吾字，斷非出於他人口吻，舊注無可文飾，皆謂宋玉代原爲詞，多此一番回護，何如還他本文所載，直截明顯，省卻多少葛藤乎？故余決其爲原自作者，以首尾有自敘、亂辭，及太史公傳贊之語，確有可據也。若係玉作，無論首尾解說難通，即篇中亦當仿古禮，自致其招之詞，不待借巫陽下招，致涉游戲；且撰出許多可畏可樂之事，茫不知原之立志，九死未悔，不爲威惕，不爲利疚，其爲招之術，毋乃疏乎！

林氏根據太史公〈屈原傳贊〉和〈招魂〉本文的架構立柱，證明〈招魂〉乃屈原自招，不但看得透，而且駁得倒，同時也給後人研究屈原的作品，找到了堅強的依據。

蔣驥《山帶閣注》也祖述黃、林二家的說法，他以爲：

> 正叔師以此篇爲宋玉之詞，黃維章、林西仲非之，誠爲有見，舊說又頗訾其譎怪荒淫，亦非所謂知言者也。今考亂辭「獻歲發春」以下，明序自春涉夏，往來夢澤之境。卒章曰：「魂兮歸來哀江南」自著沈湘之志，蓋繼〈懷沙〉而作者也。學者於此沈潛反覆而知其解，則固有以確然知其非宋玉所作。而巫陽所言，皆如海上神山，風引而去。諸說紛紜，互相詆訶，亦不辨而自明矣。

蔣氏復推衍黃林兩家之說，更從〈招魂〉亂辭上下工夫，進一步印證了兩家立說的可靠性。

李健光師《中國文學流變史》引傅隸樸先生駁朱熹之言，以爲：

> 朱熹所說：「荆楚之俗，或以招魂之禮，施之於生人。」之情形，至今湖北仍有之，但多半用之於患病之小兒。因小兒膽怯，容易受驚失魂，對於成人，除非其病勢已十分嚴重，神智已呈昏迷狀態者極少用之。至於年長者絕不用，若對一無病之人謂之招魂，不論其動機何在，必被認爲咒詛。況迷信最盛之地方，忌諱亦最多，宋玉雖哀憐其師，亦不致昧於忌諱至如此田地！

案古人之自招、自祭，文集中多有之，如陶潛之〈自祭文〉，謝靈運〈山居賦〉：「招驚魂於殆化，收危形於將闌。」杜甫之〈彭衙行〉：「煖湯濯我足，剪紙招我魂。」未嘗不是以屈原之〈招魂〉為前例。換言之，淵明、康樂、少陵三大詩人也都肯定〈招魂〉是屈原的作品了。至於明、清以來研究《楚辭》的學者，除黃文煥、林雲銘、蔣驥以外，尚有顧成天、朱冀、王夫之、陳本禮、馬其昶以及今人游國恩等，也都把〈招魂〉列入屈原二十五賦之中，於此可見王、朱之說實不足憑信。

自屈原放逐江南後，思想充滿矛盾，其所以尚耿耿於懷者，不外「睠顧楚國」、「繫心懷王」與「不忘欲反」三件事，亦即所謂「歎哲王之寤」、「傷靈脩之數化」、「痛壹反之無時耳」，三件事相互糾葛，莫獲解脫，因而造成其「愁懣山澤，魂魄放佚」之精神崩潰狀態。於是詩人采用民間招魂的形式，極力描寫四方上下的陰險和可怕，與故鄉居室、飲食、音樂之華美，此不僅賴以堅定自己不肯離開祖國的意志，同時還隱然流露出重返故鄉，再得進用的願望。這和〈離騷〉之上索下求，眷戀舊鄉的思想感情毫無二致。至於鋪陳的物質享受，雖不屬於詩人自己，但卻為其疇昔與王圖議國事，出入宮庭，以及游宴時所耳聞目見的事物。既不忍心以快言洩忿，特假借巫陽之口以發之，正見其苦心孤詣之所在。或謂〈招魂〉行文滑稽，未免太輕視屈原的用心，而忽略本篇作品的藝術價值了。

〈大招〉，王逸謂屈原所作，但又稱：

或曰景差，疑不能明也。屈原放流九年，憂思煩亂，精神越散，與形離別，恐命將終，所行不遂。故憤然大招其魂。盛稱楚國之樂，崇懷襄之德，以比三王，能任用賢，公卿明察，能薦舉人，宜輔佐之，以興至治，因以諷諫，達己之志也。

朱熹說：

> 〈大招〉不知何人所作，或曰屈原，或曰景差，自王逸時已不能明矣。其謂原作者，則曰詞義高古，非原莫及。其不謂然者，則曰〈漢志〉定著原賦二十五篇，今自〈騷經〉以至〈漁父〉已充其目矣。其謂景差，則絕無左驗。是以讀書者往往疑之。然今以宋玉〈大、小言賦〉考之，則凡差語皆平淡醇古，意亦深靖閒退，不爲辭人墨客浮夸豔逸之態，然後乃知此篇決爲差作無疑也。

林雲銘則頗不以爲然，他說：

> 〈朱熹〉全不顧其篇中文義，總以爲〈漢志〉有屈原賦二十五篇之語，〈漁父〉以上，既滿其數，而〈招魂〉、〈大招〉兩篇，未有著落，故一歸之宋玉，一歸之景差耳。而李善又以〈大招〉篇名改〈招魂〉爲〈小招〉，試問玉與差皆原之徒，若招其師之魂，何以見差之招當爲大，玉之招當爲小乎?後人守其說而不敢變，相沿至今，反添出許多強解，附會穿鑿，把靈均絕世奇文埋沒殆盡，殊可歎也……且〈九歌〉十一篇，前此淮南與劉向皆定之以九，〈漢志〉因之，若不合之二招，僅二十三篇耳，即所謂二招在二十五篇之內，方足其數可

> 也。於玉與差何涉。王逸雖知爲原作，又言作於放流之年，自招其魂。宋晁補之決其爲原作無疑。但不知其招何人耳。皆非確論。余謂原自放流以後，念念不忘懷王，冀其生還楚國，斷無客死歸葬，寂無一言之理。骨肉歸於土，魂魄無不之，人臣以君爲歸，升屋履危，北面而皋，自不能已。特謂之大，所以別於自招，乃尊君之詞也……篇末六段，說出親親仁民，用賢退不肖，朝諸侯，繼三代，分明把五百年之興，坐在懷王身上，此皆帝王之事，原豈能自爲乎？蓋注認定景差招原，不得不硬添楚王舉用等語，以致文義難通。

林氏駁王、朱二家臆測之非，十分明達。尤其對朱氏肯定〈漢志〉定著原賦二十五篇，〈漁父〉以上已充其目，二招更無著落的說法，甚不以爲然，特引淮南劉向所定〈九歌〉篇目加以說明，給二招作一安頓。再以〈大招〉本文作依據，以徵此篇之寫作，非屈原莫屬，說極有見而精闢。

陳本禮也左袒林氏，他說：

> 史稱懷王三十年爲秦所留，頃襄二年，懷王逃歸，被秦遮楚道，間道走趙，不納。走魏，而秦兵追至，遂同使者入秦，發病，三年，懷王卒於秦，秦歸其喪。此靈車未臨而屈子賦以招之也。其間鼎俎之豐，食饌之精，音樂之盛，皆設而望祭之品，冀靈王之來而享之也。至若朱唇皓齒，盛稱美人之豔，又皆指所設之芻靈言，各有寓意。蓋注誤謂原以女色招王，按懷王生前內惑於鄭袖，外欺於張儀，兵挫地削，卒死於秦，爲天下笑，此懷王九泉之下所不瞑

目者；今三閭痛哭招魂，豈忍以此喪身尤物，極口贊美，非但自己病狂喪心，抑且落於譏訕，在他人尚不可，何況屈子乎？

以上林、陳兩家的說法，實較朱序健全。至於〈招魂〉、〈大招〉二篇的評價，莊驥曾有簡單的評論，云：

〈大招〉所以招君，故其辭簡重爾雅；〈招魂〉所以自招，則悲憤發爲諧謾，不妨窮工極態，故爲不檢之言以自嘲。蓋立言之體各殊耳。後人乃云：「〈招魂〉辭勝，〈大招〉理勝。」爭以其見爲之軒輊，何足與議哉！

陳本禮也說：

〈離騷〉諸篇，猶是自寫幽怨，流商刻羽而已，至二招之文，直是黃鐘大呂，豈庸耳俗目所能窺堂奧哉！

都是有見而發，足可做爲我們研究的借鏡。以下繼續探討二招寫作的特色。

## 三、招魂寫作的特色

〈招魂〉全文可分三大部分，以篇中「巫陽下招」作主幹，用第三人稱，前叙後亂，則用第一人稱，主客之意釐然可見，且措辭最爲得體。篇首自叙幼而廉潔清操，服膺正義，但牽於流俗反被人污蔑以至魂魄離散，不歸罪於君，卻恨自己罹殃愁苦。然由「上無所考此盛德」句中，已明刺頃褻之失德可知。以下描寫頃襄奢淫諸事，都借巫陽口中傳出，正使言之者無罪，聞之者足以戒，此屈子賦招本懷，無如人都誤會此意，且竄入宋玉集中，為弟子招師之作，豈宋玉素知其師好色，故死後欲借美人之色投其所好以招之耶？此可破千古之疑矣。亂辭「追叙歲首南行，適遇楚王畋於江南」，而所見如此，莊辛所謂「馳騁雲夢之中，而不以國家為事」，此屈子所以有「目極千里兮傷春心，魂兮歸來哀江南」，傷心欲絕了。以下分體製、結構、想像、布局、筆法、造語、意境等七方面，詳析本篇寫作特色。

㈠體裁方面

按照《楚辭章句》計算，〈招魂〉原文共六十三句，一千二百零九字，有人以為應有七十二句，遺失六句，尚存六十六句。也有人認為屈原作品大都四句一節，而今文於此不盡脗合，所以〈招魂〉必有脫落。像有些難解的詞句，如「巫陽對曰，掌瘳」一節，朱熹就注云：「此一節，巫陽對語不可曉，恐有脫誤。」蔣驥亦注云：「掌瘳句，疑有脫誤。」類似這些疑問，都可以看出〈招魂〉一文已非原作之舊，就全文六十三句而言，共用韻一三九次，換韻三十八次。分三大段，以四句或六句為一節，則第一大段為十九節，第二大段為三十七節，第三大段「亂辭」則以二句為一節，得七節，共六十三節。

本文以巫陽下招詞為主幹，其中較特出之句型，是每隔一句，就用一「些」字作語尾。「些」與「兮」聲相近，皆荊楚方音，不過「兮」為「詩歌的餘聲」，「些」乃「輓歌的嘆辭」，在應用上，略有分別，前後叙辭用「兮」字，凡巫陽講話，都用「些」字，沈存中《夢溪筆談》云：「今夔峽湖湘及南北江獠人，凡禁呪句尾皆稱『些』，乃楚人舊俗也。」所說極是。屈子援用民間慣用的方言以入辭，故其語氣倍感激切淒楚，而富有鄉土色彩。

㈣結構方面

本節一開始筆者就曾說過〈招魂〉分爲三大部分，並按其中文義再分若干小段，節次十分明晰，茲將全文章法及內容叙述如下，藉此更可了解招者與被招者的思想、人格及其意義所在。

1.叙章（序曲）：從「朕幼清以廉潔兮」至「不能復用巫陽焉」，爲第一部分，其中又可分爲兩小段。如：

第一段——自「朕幼清以廉潔兮」至「長離殃而愁苦」：是屈原自叙「與生俱來」的思想人格，所謂「淸以廉潔，服義未沬」者是也。沒想到遭世俗誣衊，君上亦不自察我的淸廉，因之，長陷災殃之中，而愁思沸鬱，以致魂魄離散也。

第二段——自「帝告巫陽曰」至「不能復用」：用對話體寫出。蓋借上帝命令巫陽之言，說有人沈淪下界，遭冤受謗，其魂魄已散，所以命他察出離散所在。巫陽答以如上帝堅招其魂魄，以速爲貴，不然，恐時間太遲，他的肉身因魂魄已散過久，無法復生。

2.本文（招辭）：自「乃下招曰」至「魂兮歸來，反故居些」，爲第二部分，其中又可分爲十五個小段。如：

第一段——自「乃下招曰」至「而離彼不祥些」：是總招，先泛說提起，以下乃分別向四方上下作招。

第二段——自「魂兮歸來」至「不可以託些」：本段首向東方招魂，說東方有長人千仞，十日並出，魂魄一往，必被融化，無藥可救。

第三段——自「魂兮歸來，南方不可以止些」，至「不可以久淫些」：本段續向南方招魂。說南方有吃人的蠻族，有極毒的蝮蛇、利齒的狐狸、九頭的雄虺，皆出沒無常，食人自肥，所以南方不可以久留。

第四段——自「魂兮歸來，西方之害，流沙千里些」，至「恐自遺賊些」：此段繼向西方招魂。說西方有流沙千里，有囓人的螞蟻，身大如象，螫人的黑蜂，體長若瓠。再加上原野廣漠，五穀不生，覓水不易，如果魂魄不返，恐遭禍害。

第五段——自「魂兮歸來，北方不可以止些」，至「不可以久些」：此段繼續向北方招魂。說北方層冰巍峨，飛雪千里，氣候嚴寒，澈人骨髓，魂魄不可停留。

第六段——自「魂兮歸來，君無上天些」，至「往恐危身些」：本段轉向天上招魂。言天門九重，守門的有虎豹豺狼，九首巨人，路上危險重重，魂魄若往，禍不可料。

第七段——自「魂兮歸來，君無下此幽都些」，至「恐自遺災些」：「此段向幽都招魂，說下方幽都有吃人的九尾土伯，長像恐怖，身健如牛，吃人像吃糖一般，魂魄速歸，以免自罹禍災。

第八段——自「魂兮歸來，入修門些」，至「反故居些」：本段呼喚魂魄快返故都修門，一方面請男巫引導，一方面備招魂用具，希望不可遲疑。文意頗有承上啓下作用，言招魂之禮至此已畢，以下乃分述六事，鋪陳故居之可樂，用引魂魄之來歸。

第九段——自「天地四方」，至「結琦璜些」：叙述「宮室陳設之樂」。其中有高堂邃宇，重臺累榭，雕工精緻的門窗，清淺潺湲的流水，通幽的曲徑，迎風的蕙蘭，以及翡翠珠被，帷幕流蘇，陳設極爲華麗。用明居室之安適閒靜。

第十段——自「室中之觀」，至「侍君之閒些」：叙述女侍美而衆多，且具情色之娱。其中描述妃嬪之姱容修態，美目流盼，玉肌月貌，傳意含情，溫柔動人。用明室中陳列華容完備。

第十一段——自「翡帷翠帳」，至「何遠爲些」：叙述遊覽侍從之樂，其中描述池塘別館之美，精工細雕，不遜堂宇，曲池縈繞，芙蓉初綻，綠波盪漾，風光綺麗，加上步騎輕車，衛士相隨，以明故居自然如此可樂，何以遠適爲乎！

第十二段——自「室家遂宗」，至「敬而無妨些」：叙述飲食珍奇之樂，其中描述宗親族黨，爭盡親敬之情，各設飲食，烹調多方。其中有食有飲，珍羞齊備，以候君之歸來。

第十三段——自「肴羞未通」，至「奏大呂些」：叙述歌舞之樂，其中描述美人半醉，被文服纖，翩翩起舞之妙。鐘鼓齊鳴。竽瑟合奏，顧盼生姿之態，可謂極視聽之娱。

第十四段——自「士女雜坐」，至「華銅錯些」：敘述賓主忘情狎戲之樂，言歌舞之美女與群臣雜坐不分，披襟解帶，無拘無束，無盡無止，無日無夜，可謂晤言一室，放浪形骸矣。

第十五段——自「結撰至思」，至「反故居些」：此乃總結衆樂，言當此之時，若結撰至思，對此良晨美景，故舊親朋，一定能賦同心之辭也。以上的「樂」，如綜合分析，可歸納爲宮室、遊覽、飲食、娛樂四方面。把楚國宮庭內一切陳設、服飾、歌舞、宴遊之美，描述得淋漓盡致，讓人讀了，眞是眼花撩亂，目不暇接，有人間天上之感。

3.結章（終曲）：自「亂曰」，至「哀江南」，爲本文的第三部分，其中又可分爲兩小段。如：

第一段——自「亂曰」，至「君王親發兮，憚青兕」：敘述屈原由於心繫故國，因此回憶以往，曾在春初南行，沿途所見景物，及經過的地方，再思及往日君王遊獵江南，車馬千乘，火光通明，盛況空前，心益傷而魂亦所以離散也。

第二段——自「朱明承夜兮」，至「魂兮歸來哀江南」：敘述韶光易逝，歲月飄忽，昔日狩獵之地，已成荒煙蔓草，惟見江水悠悠，楓木蕭蕭，撫今追昔，不禁情緒千折，肝腸寸斷，「日極千里兮傷春心」，道盡了目斷千里，歸返無期，傷心欲絕的情形。最後更以「魂兮歸來哀江南」，作本章結束，以見江南奧區，彫喪索寞，此情此景，眞可哀也。

㈢想像方面

高超的想像，是創造文學的靈泉；昇華想像，文學才有不朽的生命，屈原在〈招魂〉中，就表現了他「前無古人，後無來者」的想像力。

屈原在這篇作品中，描述一些神怪之人、事、物。如出諸東方的有「長人千仞，惟魂是索」，「十日並出，流金爍石」；出諸南方的有「雕題黑齒，以人肉爲祀，以其骨爲醢」，「蝮蛇蓁蓁，封狐千里」，「雄虺九首，往來儵忽，吞人以益其心」；出諸西方的有「流沙千里，旋入雷淵」，「赤蝗若象，玄蠭若壺」；出諸北方的有「增冰峨峨，飛雪千里」，另外在天上的有「一夫九首，拔木九千」，在幽都的有「土伯九約，其角觺觺」，「參目虎首，其身若牛」等，說得不是其人可畏，就是其物可懼，怪不得劉勰《文心雕龍》說他是「譎怪之談」了。

游氏國恩著《楚辭概論》，認爲他是「開後來小說憑空結想的端緒」，甚而後世《齊諧》、《山海經》、《搜神記》、《封神榜》、《西遊記》以及一切神怪之書，無不受他的影響。顧炎武《日知錄》卷三十「泰山治鬼」條也說：「或曰地獄之說，本於〈招魂〉之篇，長人土伯，則夜叉羅剎之倫也；爛土雷淵，則刀山劍樹之地也。雖文人寓言，而意已近之矣。於是魏晉以下之人，遂演其說而附之釋氏之書。」所說極有道理。不過另有一點我們不可忽略的，是屈原並非憑空幻想，也有實際的根據。例如文中寫的「東方十日並出，西方流沙千里，南方雕題黑齒，北方增冰峨峨，飛雪千里」等。都具體說明了該區的地理、人文實況，只要我們翻檢《山海經》的〈東山經〉、〈南山經〉、〈西山經〉、〈北山經〉，他的奇思異想，似乎在某種程度上有彼此的關連性。決非完全脫離現實世界，而向壁虛造。

### ㈣布局方面

文學創作的結構，其角色的配置、論理的組織、脈絡的貫串等等，正如建造房屋的藍圖，有其樣式，有其依據，這樣才不會雜亂無章。古人所謂「文成法立」、「文無定法」，證明文章的布局不是死的、固定的；尤其它的聯貫性、統一性、勻稱性等等，均不容忽略。

〈招魂〉一文先由序曲開始，說明招魂的原因，然後落入招辭本文。招辭的發展順序：先向東西南北四方招起，其次轉向上天下地，叙述魂魄離去的危苦，上下四方的陰森恐怖，期盼魂魄早日歸來故居。接著筆鋒輕輕掉轉，描寫魂魄歸來之樂，從堂屋砥室，說到鋪設衾幬，從妃嬪之美，飲食之甘，說到歌舞音樂之盛，與群臣狎戲之樂，可說層層深入，井然有序。最後曲終繫之亂辭，結出作者的原意。布局有條不紊，十分縝密。《文心雕龍．章句》云：「譬舞容迴環，而有綴兆之位，歌聲靡曼，而有抗墜之節也。」此情殆爲似之。難怪今人游國恩先生要說「結構最精密，層次最明白有條理，在《楚辭》中沒有第二篇了」。這種一起一結，中間鋪排的布局，對漢賦的影響很大。譬如司馬相如的〈子虛賦〉叙章：言楚使子虛答烏有先生問。本文：言子虛述雲夢之事。然後逐段鋪排，分別描寫山、土、石、東、南、西、北各種景物。結章：言烏有先生應子虛說。

甚至以後班孟堅的〈兩都賦〉，張平子的〈二京賦〉，左太沖的〈三都賦〉，無不依照屈子

〈招魂〉的模式去鋪張揚厲的。

一位富有創造力的作家，加上豐富的生活閱歷，一旦搦筆和墨，必能在他行文之時，達到「籠天地於形內，挫萬物於筆端」的境界。梁啓超先生曾說過：

《三百篇》爲極質正的現實文學，《楚辭》則富於想像力之純文學，此其大較也，其技術之應用，亦不同道，而《楚辭》表情極迴盪之致，體物盡描寫之妙。

(五)筆法方面

我們根據這些說法，來看屈子此文描述那些天地四方妖魔鬼怪的筆法，是「長人千仞，惟魂是索些」。「蝮蛇蓁蓁，封狐千里些」。「雄虺九首，往來儵忽，呑人以益其心些」。「赤螘若象，玄蠭若壺些」，「一夫九首，拔木九千些」。「土伯九約，其角觺觺些，敦脄血拇，逐人駓駓些，參首虎日，其身若牛些，此皆甘人」。由於描寫手法的極度誇張，讀來令人有陰氣森森，膽顫心驚的恐怖感。另一方面，看他描述妃嬪之美，是「蛾眉曼睩，目騰光些」。靡顏膩理，遺視矊些」。將美人的黛眉、面龐、肌膚、眼波，寫得不僅細膩逼眞，更是層次井然，叫人如見其花容，如聞其嬌聲。至於他描寫庭院之美，侍從之盛，是「紅壁沙版，玄玉梁些，仰觀刻桷，畫龍蛇些。坐堂伏檻，臨曲池些，芙蓉始發，雜芰荷些，紫莖屏風，文緣波些。文異豹飾，侍陂咼些，軒輬旣低，步綺羅些。蘭薄戶樹，瓊木籬些」。文中寫牆壁、棟樑、椽角、水葵、瓊木，甚至武士侍衛，無不是刻劃具體，唯妙唯肖。

㈥造語方面

屈原之作〈招魂〉，除思想、感情、想像、技巧外，文句的斟酌推敲，可謂之生動傳神，所以劉勰說：「〈招魂〉〈大招〉，耀豔而采華。」確有道理。例如他描述歌舞音樂之盛時寫著：「美人既醉，朱顏酡些，娭光眇視，目曾波些，被文服纖，麗而不奇些，長髮曼鬋，豔陸離些，二八齊容，起鄭舞些。衽若交竿，撫案下些，竽瑟狂會，搷鳴鼓些，宮庭震驚，發激楚些，吳歈蔡謳，奏大呂些。」由美人的酒醉，講到她的眼神異采，她們的服飾、髮型、容色，再描述她們的舞姿，伴奏的音樂，樂器及發出的淒楚曲調，都寫到了。

至於敘述食品的種類，更是鉅細靡遺，寫得色香味俱全。他說：「稻粢穱麥，挐黃粱些。大苦醎酸，辛甘行些。肥牛之腱，臑若芳些，和酸若苦，陳吳羹些，胹鱉炮羔，有柘漿些，鵠酸臇鳧，煎鴻鶬些，露雞臛蠵，厲而不爽些，粔籹蜜餌，有餦餭些，瑤漿蜜勺，實羽觴些，挫糟凍飲，酎清涼些，華酌既陳，有瓊漿些。」文中豐富的詞彙，刻意的鋪排，手法之高妙，令人咋舌。

㈦意境方面

屈子學識淵博，《史記》說他「博聞彊志」，正是見而有得之言。由於屈原生在紛擾不安的戰國時代，個人又有極坎坷乖舛的生命歷程，再加上他極複雜極廣闊的思想淵源，在如此多方的衝突激盪下，使獨步千古，震鑠古今的屈賦，表現了他千變萬化，氣象高遠的意境，這種超越前人，後難爲繼的成就，可以說完全是他的人格修養，情眞意切的匯聚，天性學識，體察人生的結品。

個人認爲〈招魂〉表現了屈原忠君愛國，志芳行潔的情操，也表現出想像奇特，別有寄託的襟懷，呈現著他整個的生命與靈魂，其中意境顯微曲達，錯綜盤結，若非眞正知道這篇作品的作者、題義者，是無法體會的。至於他所描述的上下天地四方的恐怖情況，及歸來故居之樂，表現的是一種高超的文學技巧。

蘇雪林教授說：

〈招魂〉是屈原力作。與〈離騷〉、〈天問〉、〈遠遊〉共列，好像是四根玉柱，頂起那座金碧輝煌，高聳雲漢的屈賦殿堂。裡面神話典故是屈原才擁有的，各種詞彙是屈原所慣用的，敲金戛玉的音節，裔皇典麗的辭采，和全篇結構之精嚴，節數組合之奇詭，與前三篇有異曲同工之妙，別人決不能寫其一章一節。

〈招魂〉就像他另外所創作的〈離騷〉、〈天問〉一樣，都是爲文學開闢另一新的境域，相信這篇意境高遠，寄託遙深的不朽之作，必定能予世人莫大的啓示！

## 四、大招的寫作特色

〈大招〉以淡遠勝。然其作者爲誰？自王逸已不能明。關於〈大招〉寫作的藝術特色，以下分結構、鋪叙、字法三方面加以說明。

㈠結構方面

〈大招〉前無「敘語」，後無「亂辭」，此其與〈招魂〉斷然不同之處，究其所以如此，或因懷王被秦劫持，爲楚國之國恥，故諱而不爲之「敘」也。至於文末不用「亂辭」，與不曰〈招魂〉而曰〈大招〉者，皆表示尊君之意。至於〈招魂〉假巫陽下招，語尾用「些」，而〈大招〉則用「只」，這不僅是兩文在結構上不同，在語尾助辭的用法上也不同。

㈡鋪述方面

篇中談到飲食之美，則曰：「鮮蠵雞，和楚酪只。醢豚苦狗，膾苴蓴只。」「炙鴰烝鳧，煔鶉嫩只。煎鰿臛雀，遽爽存只。」敘述音樂之美，則曰：「代秦鄭衛，鳴竽張只。伏戲駕辯，楚勞商只。謳和揚阿；趙簫倡只。」「二八接武，投詩賦只。叩鐘調磬，娛人亂只。四上競氣，極聲變只。」言美人妖冶，則曰：「朱脣皓齒，嫭以姱只。比德好閒，習以都只。豐肉微骨，調以娛只。」「嫮目宜笑，娥眉曼只。容則秀雅，穉朱顏只。」至於描述園囿臺榭的陳設時，則云：「夏屋廣大，沙堂秀只。南房小壇，觀絕霤只。曲屋步壛，宜擾畜只。騰駕步遊，獵春囿只。」「孔雀盈園，畜鸞皇只。鵾鴻群振，雜鶖鶬只。」綜觀所言，珍饈海味的豐盛；音樂歌舞的曼妙；美女苑囿之享樂，如非屈原出身貴族，爲三閭大夫，日處於皇親國戚，宮廷苑囿之間，又如何能知之甚稔，言之彌切乎。

㈢助詞方面

洪邁《容齋隨筆》云：

《毛詩》所用語助之以爲句絕者，若「之」、「乎」、「焉」、「也」、「者」、「云」、「矣」、「爾」、「兮」、「哉」，至今作文者皆然。他如「只且」、「忌」、「止」、「思」、「而」、「何」、「斯」、「旃」、「其」之類，後所罕用。《楚辭・大招》二篇全用「只」字，至於「些」字，獨〈招魂〉用之耳！

游國恩《楚辭概論》云：

按〈大招〉語尾用「只」字，也是摹倣〈大招〉而變其字。

其實，「只」與「止」同音，爲語助詞，在《詩經》中已屢見不鮮。如《詩・小雅》之〈采薇〉、〈杕杜〉、〈采芑〉、〈周南〉之〈樛木〉、〈邶風〉之〈燕燕〉、〈齊風〉之〈南山〉、〈魏風〉之〈陟岵〉、〈陳風〉之〈墓門〉、〈鄘風〉之〈柏舟〉，可謂之顯例。

## 結論

屈子文章的優美，異口同聲，無間今古。今於「二招眞僞及其寫作特色」說明既竟，以下再列舉各家之說，用見後人對屈賦的稱賞，和他在中國文學中承先啓後的地位。

班固〈離騷序〉云：

其（指屈「騷」）文弘博麗雅，爲辭賦之宗，後世莫不斟酌其英華，則象其從容。自宋玉、唐勒、景差之徒；漢興，枚乘、司馬相如、劉向、揚雄，騁極文辭，好而悲之，自謂不能及也。

王逸〈楚辭章句序〉亦云：

屈原之詞，誠博遠矣。自仲尼終沒以來，名儒博達之士著造詞賦，莫不擬則其儀表，祖式其模範，取其要妙，竊其華藻，所謂金相玉質，百世無匹，名垂罔極，永不刊滅者矣。

劉勰《文心雕龍．辨騷》，更折中各家，獨出胸臆，他說：

觀其骨鯁所樹，肌膚所附，雖取鎔經旨，亦自鑄偉辭。故〈騷經〉、〈九章〉朗麗以哀志；〈九歌〉、〈九辯〉綺靡以傷情；〈遠游〉、〈天問〉瓌詭而慧巧；〈招魂〉、〈大招〉耀豔而采華；〈卜居〉標放言之致；〈漁父〉寄獨往之才。故能氣往轢古，辭來切今，驚采絕豔，難與並能矣。自九懷以下，遽躡其跡，而屈宋逸步，莫之能追。故其敘情怨，則鬱伊而易感；述離居，則愴怏而難懷；論山水，則循聲而得貌；言節候，則披文而見時，是以枚、賈追風以入麗，馬、揚沿波而得奇。其衣被詞人，非一代也。

文後又繼之以贊云：

不有屈原，豈見〈離騷〉。驚才風逸，壯采煙高。山川無極，情理實勞。金相玉式，豔溢錙毫。

可謂推崇備至，無以復加了。

清劉熙載〈賦概〉云：

長卿〈大人賦〉出於〈遠遊〉；〈長門賦〉出於〈山鬼〉。

又云：

枚乘〈七發〉，出於宋玉〈招魂〉。

俞樾《評點楚辭引》也說：

觀其悲壯處，似高漸離擊筑，荊卿和歌於市，相樂也，已而相泣，旁若無人；悽惋處，似窮旅相思，當西風夜語之際，哀蛩叫溼，殘燭照愁；出奇處，似入山徑無人，但聞猿啼蛇嘯，木魅山鬼，習人語來向人拜；絕逸處，似美人走馬，玉鞭珠勒，披錦繡，佩琳瑯，對春風唱一曲楊白華；仙韻處，似王子晉騎白鶴駐緱山最高峰，揮手謝時人，人皆可望不可到。

盡態極豔，對屈賦的寫作技巧，有相當具體的刻劃。

又近人陳鐘凡《漢魏六朝文學》云：

東方朔之〈答客難〉、揚雄之〈解嘲〉、崔駰之〈達旨〉、班固之〈答賓戲〉、張衡之〈應間〉，可謂出於《楚辭》中之〈卜居〉、〈漁父〉。

雖然所言略嫌泥滯，要亦可見屈賦之影響。

今人王遠熙在〈偉大的詩人屈原及其作品〉一文中說：

《詩》三百篇是群衆性的歌謠，它們的作者還沒有把文學當作重大的專門事業看待。他們並沒有想到要把自己的整個身心傾注進去。到了春秋戰國時代，先秦諸子的政論，以很鮮明的個人姿態出現了，於是學術上便有了許多專家。屈賦生活在這樣一個百家蠭起的時代潮流中，他懷抱著巨大的政治興趣和熱情，但他的才能不向理智方面而向情感方面更多地發展。這種情感由於政治上的失意而擴大、加深，由於接受了廣大人民、時代天才的滋養和影響而獲得了空前的藝術表現形式。這樣，屈原遂以一個偉大詩人出現於中國歷史。

可見屈原的影響是巨大而深遠的：漢魏六朝貴族階級文學創作的主要形式——辭賦，固然直接繼承了《楚辭》的傳統；就是〈招魂〉，也爲漢以後的七言詩尋得了構體的先路。至於屈原崇高的愛國、愛民的思想，更感動了二千多年來每一個有良知的文人，成爲他們精神上的依傍。屈原掌握了高度的藝術形式和語言，反映了衷心的要求和願望，因此創造出輝煌的詩篇，這種寶貴的作品，在今天對我們不僅是鋪采摛文的範式，也是偉大的教誨。

本文刊登於中華民國七十二年（西元一九八三年）十月巨流出版社印行的《中國文學講話(二)・周代文學》

# 從地方文獻看《汝南遺事》的價值

《汝南遺事》爲元朝王鶚作，鶚字百一，曹州（今山東濟陰）東明人，根據《元史》記載，他在金正大元年（西元一二二五年）中進士第一後，授應奉翰林文字，六年（西元一二三〇年）授歸德府判官，七年（西元一二三一年）改同知申州事，行蔡州汝陽令，蔡州即今河南省汝南縣。天興二年（西元一二三三年），蒙古伐金，取洛陽，陷汴京，金哀宗完顏守緒，從歸德（今河南省商丘）經亳州（今安徽省亳縣），過泰和（今安徽省太和）縣的介溝，新蔡（今河南省新蔡）的姜寨，平輿（今河南省平輿），遷都至蔡。適王鶚丁母憂，居蔡守孝，面臨急轉的戰爭形勢，他便由哀宗到蔡的前十九天、六月初六日起，至天興三年（西元一二三四年）城破的前四天，二月初五日止，前後整整八個月，二百四十天，寫了這本《汝南遺事》，專記大金國末代帝王哀宗遷都禦元，蔡州淪陷的悲慘往事。作者隨日記載，有綱有目，共一百零七條，後來元中書右丞相脫脫，纂修《金史·哀宗本紀》，及烏庫哩鎬、完顏仲德、張天綱等人傳略時，即採本書爲重要依據。而新修的《汝南縣志》對此多不載，故從地方文獻的立場言，此書足補方志之缺，以下筆者特解散各條，由五個部分，敘述其詳細經過。

## 一、遷都始末

天興二年六月，蒙古兵破潼關，圍汴京，大勢岌岌可危，此時哀宗在歸德，忠孝軍都統富察官努，及其黨阿里合白進不同意南遷，欲謀不利，事洩被殺，於是決心遷蔡，並密詔蔡、息、陳、穎便直總帥烏庫哩鎬，和征行總帥內族羅索，各派軍馬來迎，等到六月十日，左右司郎中烏庫哩浦鮮抵蔡，準備就原來州廨，作爲哀宗行在時，始知原所聞「蔡州城池堅固，兵衆糧廣」的說法，皆屬無稽。蒲鮮雖將實情呈報，可是大批的撤退人員已出發上路，無法收回成命，所以王鶚《汝南遺事》十日「遣烏庫哩蒲鮮如蔡」條云：「及抵蔡，頗悔之。至其受敵，始知官努之言然。」

金哀宗之南遷也：六月十八日，自歸德乘舟南下，十九日至亳州，有鎮防軍崔立之變，亳城秩序大壞，幸參政張天綱安撫得宜，始免驚擾。二十一日戶部侍郎韓鐵柱，迎上於泰和縣的介溝，當時大雨滂沱，溝澮交盈，人馬跌溺而死者甚多。二十三日次新蔡之姜塞，第日次平輿，王書於二十四日「完顏石剌古以應辦不職被決」條，載當日平輿的狀況云：「時平輿縣殘圮，縣無一民，百物必取給於蔡」。二十五日上入蔡，蔡城父老千餘，羅拜於道，伏地呼萬歲。王書云：「自上發歸德，連日暴雨，平地水數尺，軍士漂沒甚衆，及入蔡，始晴，復數月大旱，識者以爲不祥。」

哀宗臨蔡的第四天，山東行省兗王完顏用安，遣人以蠟書請幸山東。王書曾詳載其所持的理由，是「歸德環城皆水，卒難攻擊，蔡無此險，一也。歸德雖乏糧儲，而魚芡可以取足，蔡若受圍，廪食有限，二也。敵入所以去歸德者，非爲我也，縱之出而躡其後，舍其難而就其易者攻焉，三也。蔡去宋境不百里，萬一資敵兵糧，禍不可解，四也。歸德不保，水道東行，猶可以去蔡，蔡若不守，去將安之，五也。時方暑，兩千里泥淖，聖體豐澤，不便鞍馬，倉卒遇敵，非臣子所能救，六也。」又云：「雖然陛下必欲去歸德，莫如權幸山東，山東富庶甲天下，臣略有其地，東連沂、海，西接徐、邳，南梔盱、楚，北控淄、齊，若鑾輿少停，臣仰賴威靈，河朔之地，可傳檄而定，惟陛下審察。」上因用安反復無常，本無匡輔之志，乃不納其說。以至造成日後腹背受敵，不堪收拾的局面。

## 二、蔡州備戰

蔡州自哀宗備作行在後，頓時成了軍事、政治的重鎮，面臨北方節節進逼的蒙古，南面時加襲掠的宋軍，原本盛極一時的大金帝國，已瀕臨累卵的形勢，所以加強戰備，鞏固領導，便成了當時急務。爲了收拾民心，於天興二年七月一日頒行大赦令。王書對詔令內容記載云曰「制曰，天方悔禍，少寬北顧之憂，人亦告勞，爰啓南巡之議。惟今日蔡郡實古豫州，干戈以來，市井如故，久以孤墉而抗敵，出於衆力之輸勤，及聞臨章之初，愈謹奉迎之禮，人已至於垂泣，朕亦爲之動懷，宜沛恩施，曲加慰浣，自天興二年七月一日昧爽以前，據蔡州管內支郡屬縣，雜犯死罪以下，並行釋免，官吏軍民，各覃恩兩重。歸德以南，經過去處，曾經應辦者，遷一官，百姓逃亡戶絕者，抛下地土，聽人恣耕，並免差稅。自來拖久官房地基軍需等錢，俱免追徵。連年兵饑，多有暴露骸骨，仰所在官司如法埋瘞云云。」

其次，號召勤王，關於這方面，可分兩點來說，一、是安撫百官。如天興二年七月初三，進烏古論鎬爲御史大夫，蔡、息、陳、潁等路便宜總帥。張天綱爲御史中丞，仍權參知政事。內族藥師爲鎭南軍節度使，兼蔡州管內觀察使。初七，晉升左右司郎中烏古論蒲鮮，爲息州刺史，權元帥左監軍、行元帥府事。內族婁室兼樞密院事。八月十八日，設四隅譏察官，專司糾察奸細，由王鶚總領其職。九月初一，更換蔡州各官，以配合戰守的需要。九月初三王書載，歸德府總師王璧，派經歷官魏璠至蔡，請上復幸歸德，並委曲陳利害，詞甚切至，上雖同意，而猶豫不能行。二、是號召勤王。如七月十五日前御史中丞蒲鮮世達，西面元帥把撒合等及其家屬五十餘人，自沃（今甘肅蘭州）來歸，同日前護衛蒲鮮石魯，負太祖太宗及后妃御容五，由汴梁奉安至蔡。二十二日遣使分詣諸道，選兵赴蔡，據王書載，此次得精銳萬人。九月初五，宿州（今安徽省宿縣）副總帥高刺哥領精銳數十騎來見。初七，魯山（今河南省魯山）元帥元志，領軍千數來援。時衆帥皆知蒙南下圍蔡，往往擁兵自固，如十一月十七日，遣人賚礬書徵兗王用安、恆山公仙，京東行省賽不，陝西行省完展，息州行省兀典，並陳、潁、宿、壽、泗州等官軍，及諸山寨義兵，期以來年正月旦日會戰，中外舉火三次以爲信驗，而到時，無一人至。

在經濟方面，爲了切實掌握糧源，和防止商人哄抬物價，做了各種有效的管制。例如八月二十九，設四隅和糴官，收購四鄉穀糧，比市價增二分，凡糴得糧食一萬七千多石，九月初一，以敵兵將至，下令民衆提早秋收，有不及收割者，踐毁之，以免資敵。同月十五日，又實施節流辦法，詔尚書省裁汰冗員，減少軟兵，更定官兵月俸，自宰相以下，至於皂隸，每人支糧六斗。十八日，搜刮城中存糧，規定成人八斗，十歲以下五斗，敢匿斗升者處死。王書記此事云：「總帥孛魯木婁室爲括粟官，穴地撲牆，少不容貸，凡得糧二萬五千多石，而犯法者衆，猘犴爲充。」二十日，禁公私釀酒，此時物價騰踊，錢幣不行，市肆交易，唯用現銀，所以在十月初七，更造天興寶鈔，凡分一錢、二錢、三錢、四錢四等，同現銀流通，目的在補救畸零的困難，最後因支多收少，不踰月，法壞，整個金融益形混亂。

至於軍備方面，當時最重要的裝備，一是馬匹，二是武器，七月二十五日，定進馬遷賞格，據王書記載：「每進甲馬一匹，遷一官，陞一等，二匹二官二等，三匹三官三等，止散官職事，已及官三品者，進數雖多，一官一等，止把軍頭目，自願進獻者，遞升官職，每牌者，給銀牌，已帶銀牌者，易金牌。」因爲賞格太優，於是西山（今山東省恩縣）帥范眞、姬汝作、呼延實等，各以馬進，此次得馬千餘匹。同日詔工部侍郎兼軍器監使木甲咬住，監工修繕武器，王書云：「不踰月，造成，軍威稍振。」馬匹、武器既備，其次，便是教戰，十月二十日，上教射於子城，人射十箭一中者，賞麥三升，上垛者二升。弓一百二十步，弩二百步，規定五日一校閱。九月二十三日，作蔡州的防衛佈署，以總帥孛木魯婁室守東南，都尉內族承麟副之。御史大夫權參知政事烏古論鎬守南面，總元志副之。殿前都點檢兀林答胡土守西面，忠孝軍元帥蔡八兒副之。忠孝軍元帥權殿前右副都點檢王山兒守北面，元帥紇石烈柏壽副之。殿前右衛將軍權左副都點檢內族斜烈守子城，都尉王愛實副之。並遣護衛奉御各一人隨門監視。此時，宋軍北上陷唐州（今河南泌陽），蒙古南下破徐昌，游騎已達城南六十里的馬香店（今河南省汝南縣馬鄉），城東西兩面已遭包圍，蔡州大保衛戰就要開始了。

## 三、聯宋抗元

金哀宗之在蔡州，於內部整軍經武，以對抗蒙古的侵略，於外交，希望宋、元不睦，形成南北相峙的局面，他就可以在矛盾中俟機再舉。所以此時如何北拒蒙古、南聯宋軍，爲他外交上必然的策略。如七月十八日，扶溝縣（今河南省扶溝）招撫司知事劉昌祖，上封事請大舉伐宋，辦法是「官軍在前，飢民在後，南踐江淮，西入巴蜀」，說雖甚辯，金主並未採行。所以八月初七日，蔡州都軍政內族阿虎帶復上書，言「宋人與我和好百年之久，以先朝邊將生事，致兩國刀兵相加，今我困憊南走，去彼不遠，若不較名分，以之給和好，但得兵糧見資，足以禦敵，倘南北先和，併力來攻，我之受禍不淺矣。臣雖老謬，乞與辯士李裕、周鼎奉使，不得助兵，則得助糧，必不得已，猶可以間南北之和，緩腹背之敵。」書上，詔尙書省牒宋中書省借糧一百萬石，並派特使阿虎帶假鎮國上將軍同簽大睦親府事，偕李裕、周鼎使宋。臨行前，哀宗降諭：「宋人負朕深矣，朕自即位，數戒邊臣，無擾邊界。邊臣有自請討伐者，朕未嘗不切責之。向得州民，隨即見付，近日淮陰來歸，彼欲多輸錢帛爲贖，朕若受財，是貨之也，秋毫不犯，付以全城。今乘困弊據我壽、泗，既誘我鄧州，又攻我唐州。雖然彼所以爲謀亦淺矣，敵人滅國四十，以及夏，夏亡，則及於我，我亡，則及於宋，脣亡齒寒，自然之理耳。爲彼之計，不若與我連和，同禦大敵，所以爲我者，亦爲彼也，卿至其，以此意曉之。」由此可見哀宗「聯宋抗元」的策略，以及前次劉昌祖請大舉伐宋，寢而不行的原因了。

「聯宋抗元」，固然是理想的策略，但國際無道義，且宋金積累世之仇，不可能前門拒虎，後門進狼，去助金抗元的，金哀宗設法示好，可是對這一次阿虎的借糧企圖，宋朝卻斷然拒絕。不僅如此，根據王書八月初二「盧進報王楫使宋還」一條云：「青尖山招撫盧進奏，頃有敵騎百餘，雜以宋人北行，護覘者謂北使王楫以奉使還，宋後遣人議和，輜重禮物甚多，以軍防護故也。上聞之，懼。」所以懼者，乃懼宋、元聯手，腹背受敵也，今在實力外交下，宋與蒙古迅速達成和議。金居蔡州，而主既闇弱，又不納劉昌祖伐宋走蜀的建議，遂造成最後失敗的厄運。不過金主有無伐宋的能力，關於這方面，我們可以從王書八月十四日「遣參政兀典息州行省仍諭之」條中得知，哀宗云：「韃靼用兵，所以常取全勝者，恃北地之馬力，就中國之伎巧耳，朕實難與之敵。至於宋人何足道哉，柔懦不武，若婦人然。使朕得甲士三千，可以縱橫江淮間。」由此可知宋軍在金人心目中，直如摧枯拉朽，不堪一擊。金既不能達到「聯宋抗元」的目的，而宋卻可以乘弊牽制，使蔡州戰局益陷孤軍無援的境地。

## 四、敗亡之徵

「國家將興，必出順祥；國家將亡，必有妖孽」，正當蔡州戰局惡劣的時候，天災、謠言，不斷發生。如哀宗自六月二十五日到蔡州後，直至年底，滴雨不下，八月十六日，右丞相仲德，以天旱上表辭避，乞止充軍職，上不許。十一月初一，王書於「阿勒根移失剌鎮撫軍民」條云：「時穀價日騰，斗米白金十兩，空街淨巷，往往縊人而食之。軍卒甚至有鬻其肉者。移失剌乃立高竿於市衢，有犯者鉤其首懸之。犯者少止，然遇夜，亦不能禁。」天災人禍致人皆相食，這是多麼悲慘的場面。

謠言之產生，表示士無鬥志、民有懼心，例如十二月二十三日王書載：「當戰爭進行正烈時，軍吏石採虎兒求見右丞仲德，自謂有奇計退敵。及見，因言敵人所恃者馬而已，欲制其人，先制其馬。如我軍先以常騎迎之，少戰，尋少卻，彼必來追，我以馴騎百餘，皆此狀，繫大鈴於頸，選壯士乘之以逆，彼騎必驚逸，我軍鼓躁繼其後此田單所以破燕也。」仲德將此計聞於上，上以問參政張天綱，天綱以爲敵衆我寡，此不足恃，恐枉費物力，祇爲識者竊笑耳。

再於十二月十五日，有妖人烏古論先生，令在城軍民皆服元氣，不費官糧，可以經久抗敵，右丞仲德知其妄言，參政張天綱以爲絕不可信。正月二十一日，烏古論先生復因閹豎的關係，再度求見，謂有詭計可以退敵。及見上，但揖而不拜，且多大言，無君臣禮，究其實，乃欲借出說蒙古元帥墳盞之時，自求脫身之計而已，上怒甚，命人縊殺之。同月二十八日，在敵人重兵環攻，東西二城皆已失守時王書載：「有狂僧號菩薩，自言能退敵，有司聞之，但含笑不答，數日忽不見。」又云：「有女覡亦作鬼語，稱有救兵自西南來，右丞仲德皆遣人致禮，以安人心。」蔡州危在旦夕，而天災流行，謠言四起，人心浮動，此時即令管、晏復生，也回天乏術矣。

## 五、城破國滅

自九月敵人圍蔡，十二月初三日正式攻城以來，先後有東門護衛把赤把然，北門奉御蒲蔡孛幹，各以單騎出降。殿前都檢點兀林答胡土之奴名六兒者，竊胡土之金牌，夜縋城降敵。兗王完顏用安，也以海、沂、漣、邳、數州降敵，西山帥完顏嫩忒叛降。甚而哀宗的親信，如奉御轉奴、護衛扎魯等，皆英俊少年，不任執役之士，眼看大勢已去，都乘夜縋出投降。

先是宋人率宋兵攻唐州（今河南省泌陽）數月不能下，唐州元帥烏古論黑漢遣人求救，哀宗命權參政胡土將兵以往，既至，宋軍避路，縱其半入城，合擊之，胡土大敗，僅存三十騎以還，八月十三日城陷。蒙古大軍二十三日過許昌，二十六日游騎至平輿，二十九日，金兵遇敵軍於馬香店，二處均距蔡州五、六十里，蒙古採四面包圍，逐日向蔡州外城迫近。十月二十七日，義軍招撫毛佺，以本軍夜劫敵營，屢出屢敗而還。十一月二十五日，哀宗駕下驍勇善戰的名將，殿前左副都點檢溫敦昌孫，因率軍去城西練江（江去城十里）捕魚，被敵人設伏截殺。決戰前夕，金兵與蒙古皆先作小規模接觸，雖互有勝負，傷亡不大。嚴冬臘月，天寒地凍，蒙古乃乘此時向蔡州全力猛撲。

據王書載：「十二月初五日，宋遣襄陽太尉孟珙，將兵萬人，助敵耀於城南，且射書入城、招諭軍民。忽蒙古兵數十卒至城下，幾及門，金兵迎戰，敵人甚勇，俄而翼伏發矢，下如雨，敵懼，奪橋道而出。」足徵宋與蒙古聯手攻蔡。天興三年正月初九，孟珙與蒙古共攻蔡州，蒙古決練江，宋軍決柴潭（在蔡州城南三里），並立柵潭上，奪柴潭樓。蔡州本恃潭以爲固，外即汝河，潭高五、六丈，珙鑿開潭堤，決入汝水。潭涸，實以薪葦，於是兩軍都突破了金兵首道防線，而進攻外城。十一日蒙古攻東城，由於總帥孛朮魯婁室備禦得法，使敵無尺寸之功。改攻南城，敵用砲擊城樓，幾破，右丞仲德率軍即時救援，才轉危爲安。不久，敵四面齊攻，殺聲震天地。十八日西城破，因城中前期築柵浚壕爲備，敵不能入，只在城上立柵掩蔽，南北依然相峙。十九日，哀宗欲賞戰士，而府庫空竭，乃悉出御用器皿，二十三日，微服率兵，由東門突圍，事不成，激戰而還。二十四日，殺上廄馬五十匹，官馬一百五十匹，分犒將士。當時西城下增堡樓硬柵，公私材木俱已用罄，大小雜樹也砍伐淨盡，乃撤民屋用之。據王書記載：「舉目四望，自城及市，四五里之間，空牆而已。」將士衣甲不完，食不果腹，更加氣候嚴寒，乃結夥爲盜，屠人之家，而奪其衣食，滿城哀號，遍地狼煙，戰爭之恐怖，死亡前之掙扎，如魚游沸鼎，燕巢飛幕，已成朝不保夕之局。王書云：「是月，四城將士戰歿者總帥一、元帥三、都尉二、總領提控以下不可勝紀。」軍民死傷累累，幾無可用之兵，二月初五日，乃出宮中近侍人等分守四城。八日，夜集百官，傳位於東面元帥承麟，九日，承麟即皇帝位，百官稱賀，禮畢，亟率衆禦敵，但南城已立宋幟，四面呼聲動天地，南門守者棄門，宋軍如潮水湧入，與金兵巷戰，金兵不敵，哀宗自謚於幽蘭軒，末帝退保子城，聞帝崩，率群臣入哭，哭奠未畢，城潰，諸近侍舉火焚之，末帝亦爲亂兵所害，金遂亡。

王書記事，止於天興三年正月初五。六日以後，乃筆者援《金史·哀宗本紀》補足。哀宗在位十一年，傷王室之漸微，先朝之積弊，雖有力圖生聚的決心，期能有所作爲，但因南移汴京，又臨蔡州，本根盡棄，民力全竭，最後身死國滅，痛可哀也。

## 六、結語

金哀宗率罷憊之卒，以蔡州彈丸之地，與宋軍、蒙古精銳之師，作生死存亡的搏鬥，自天興二年六月二十五日起，到三年正月九日止，前後共二百二十五天，由遷都而備戰而聯宋而城破，倉皇之間，由於決策錯誤，以至最後自焚國滅。設若當初接受兗王完顏用安的忠告，於山東一帶組織流亡政府，以沿海魚鹽之利，配合北方精壯之士馬，拚死力與蒙古相周旋，則鹿死誰手，尚未可定也。既遷蔡之後，如採納扶溝縣招撫司知事劉昌祖的建議，伐宋走蜀，集當時蔡州、唐州、鄧州、息州、壽州、亳、泗的精兵、南踐江淮，西入巴蜀，亦並非不可能，而金主舉棋不定，城臨破再想突圍，已如甕中之物，任人擺佈了。王鶚《汝南遺事》，內容雖僅一百零七條，因他身陷重圍，職司機要，所記皆屬實錄，史學的價值極高，而《汝南縣志》對哀宗守蔡一段史實，不載其始末，《金史·哀帝紀》，雖有記載，但略而不詳，今筆者將王書分條記述的史實，散入以上五類，綱舉目張，足補《縣志》之闕略，詳正史之未備，故從地方文獻上的立場來看，王鶚《汝南遺事》，實有不可忽視的價值。

本文見於中華民國六十六年（西元一九七七年）十二月發行之《中國地方文獻年刊》第一期

# 中國文學的音樂性

中國文學就是音樂性的文學，缺乏音樂的成分，就不成中國文學；欲欣賞中國文學的精蘊，亦必須通過音樂成分，才能理解它的眞象。所以音樂的文學，是中國文學的藝術特徵；而文學的音樂，更是進入中國文學殿堂的法門。

怎麼知道中國文學就是音樂性的文學呢？首先從詩歌的起源可以得知。《尚書·虞書·舜典》說：

詩言志，歌永言，聲依永，律和聲，八音克諧，無相奪倫，神人以和。

七句話二十四個字，是我國萬世詩歌音樂同源的碻論。自上古葛天氏操牛尾以歌八闋，中經黃帝時代的〈彈歌〉，舜造〈南風〉之詩，到《詩經》三百篇，我先民之呻吟嘔謠，無一時不在陳述喜怒哀樂的情感，故曰：「詩言志」。既然是詩歌，在吟詠歌唱之時，必定悠揚宛轉，有清濁高下的音節，然後始可入之於耳，動之於心，故曰：「歌言永」。當詠歌的時候，或使用管絃絲竹的樂器加以伴奏，於是樂聲的抑揚抗墜，必和歌聲的清濁高下相應和，故曰：「聲依永」。一人叫獨唱，二人叫對口，假使數人或數十人混聲合唱時，必然是衆樂齊鳴；此時，須有共同的宮調，作適當的節制，然後其抑揚抗墜，才能整齊劃一，有條不紊，故曰：「八音克諧，無相奪倫」。由此可知中國自古以來的詩歌，音樂的成分非常大，差不多可以這樣說，中國文學的定義，幾乎就是中國音樂的定義。所以從詩歌的起源上說，中國文學就是音樂性的文學。

其次，從詩、樂、舞三者一體的關係上可以得知，〈毛詩序〉曾有這樣的幾句話：

詩者，志之所之也。在心爲志，發言爲詩；情動於中而形於言，言之不足故嗟歎之，嗟歎之不足故永歌之，永歌之不足，不知手之舞之足之蹈之也。

詩既以抒發情志爲主，隱含於內的是情，言發於外的就是詩。詩歌既是人類情感的流露，而人的情感無限，文字反有時而窮；以有時而窮之文字，在難以充分表達人們無限的感情時，不知不覺的就會以咨嗟詠歎的方式以濟其窮；但是當咨嗟詠歎的方式，仍不能盡達炙烈的感情時，就情不自禁地手舞足蹈，來發舒那無限之情。這個意思，在《禮記·樂記》裡也有意義極爲接近的記載。他說：

凡音者，生於人心者也。情動於中，故形於聲；聲成文謂之音。是故治世之音安以樂，其政和；亂世之音怨以怒，其政乖；亡國之音哀以思，其民困。聲音之道，與政通矣。

這裡的說法和〈毛詩序〉的不同點，是〈毛詩序〉就文學立說，《禮記·樂記》是就音樂立說。詩與樂既屬同源，則文學和音樂也當然一體。聲音之道與政通，文學之道更必然的也與治國理民的政事相通。

詩言其志，歌永其言，舞動其容，三者都本乎人心，祗是藉著各種不同的語言形式加以表現而已。換言之，用書面語言表出時就是詩歌，用口頭語言表出時的是音樂，用肢體語言表出時就是舞蹈。三者表出的方式雖然各別，但其所表出的感情則一。譬如南北朝時代，北齊神武斛律金唱的〈敕勒歌〉：

敕勒川，陰山下，天似穹廬，籠罩四野。天蒼蒼，野茫茫，風吹草低見牛羊。

論詩情，氣魄雄偉，璞眞如畫，寥寥數言，把塞北風光全部攝入眼帘，納須彌於芥子，求之後世不可多得。所以元遺元詩讚云：

慷慨歌謠絕不傳，穹廬一曲本天然。中州萬古英雄氣，也到陰山敕勒川。

論聲情，讀時情盛氣足，聲洪勢壯，好像萬丈波濤，排山倒海而來，祗有手舞足蹈，方能盡胸中之意，所以從詩、樂、舞三者一體的關係上說，中國文學是富有音樂性的文學。

第三、從中國文字演變的過程看，也可以肯定中國文學的音樂性。因爲一時代有一時代的文學，一時代有一時代的樂歌。我們通過中國文學的演變之跡，發覺最古的詩歌總集——《詩經》，其內容：

多出於里巷歌謠之作，所謂男女相與詠歌，各言其情也。

《詩經》三百篇的作者們，運用了寫實的手法，眞實地、全面地而且細膩地，把自己的體會和感受，成功地反映出當代社會生活的全貌。如遊子思婦的悲哀，青年男女的愛慕，連年戰爭的殘酷，人民生活的悲苦等，寫得深刻生動，可歌可泣。其次是《楚辭》，如屈宋的作品——〈騷經〉〈九章〉、〈九歌〉〈九辯〉，〈遠遊〉〈天問〉、〈招魂〉〈大招〉、〈卜居〉〈漁父〉等，這些作品，不但對傳統的詩歌形式作了一大突破，同時他把瑰麗的辭藻，深厚的感情，豐富的想像，人道的精神，匯聚而成中國文學中的一道洪流，所謂：

敘情怨，則鬱伊而易感；述離居，則愴怏而難懷；論山水，則循聲而得貌；言節候，則披文而見時。

被後人奉爲兩漢辭賦的本源，所以劉勰說：

其衣被詞人，非一代也。

以後漢宣帝徵求能爲《楚辭》的九江被公，召他誦讀，可見《楚辭》也具有音樂性。漢代的樂府，等於唐代的教坊，是一個主管音樂的機構。《漢書·藝文志》說：

自孝武立樂府而采歌謠，於是有趙代之謳，秦楚之風，皆感於哀樂，緣事而發。亦可以觀風俗，知厚薄云。

當時流行的樂府詩，多屬配樂的詩歌。如果根據音樂的類別區分，無論是民間歌謠或文人詩賦，不外郊廟歌辭、鼓吹歌辭、相和歌辭、雜曲歌辭。今天祇要打開郭茂倩的《樂府詩集》，還可以發現這種無詩不可詠歌的事實。

到了唐代，不論是在梨園吹奏的大曲，或在酒宴上歌唱的小令，歌辭幾乎都是絕句。王灼《碧雞漫志》上記載的「旗亭賭唱」，和白樂天的每一詩出，長安歌妓爭先學習，尤其他的〈長恨歌〉〈琵琶行〉，更是人人能背，個個會唱的情形，就可以知道唐人根本不講究甚麼詩法，而詩皆律協韻調，可以歌唱，則是事實。今人任半塘先生著《唐聲詩》上下冊，和《教坊記箋訂》，在《唐聲詩》第四章和《箋訂》的弁言中，他講到唐詩歌法與歌舞的關係時說：

**唐燕樂歌辭，自始即爲齊言、雜言同時並行，初無軒輕。終唐之世，此種情形，亦一貫未改。**

所謂「齊言」指詩，「雜言」指詞曲，在唐，二者同稱「歌辭」或「曲辭」。詩同樣可充曲辭，且爲量甚多，曲辭或曲子辭，並不以長短句爲限，詩與詞曲，在形式和作用上分判對立，是宋朝以後的事，唐代不然。所以唐詩之有聲可歌，是應該受到肯定的。

宋代的詞，更是唱得的。我們不必多作考證，就拿各家詞集的命名，便可舉一反三，略知箇中消息了。如歐陽修名其詞集曰《近體樂府》，柳永也叫自己的詞爲《樂章集》，王安石的叫《臨川先生歌曲》，蘇軾的詞作叫《東坡樂府》，姜夔也把自己的詞，題作《白石道人歌曲》。其中柳永的詞，相傳在當時更是有井水處便有人歌唱他的作品。可見詞之在兩宋，也是具有音樂性的。

宋元之交，有所謂「溫州雜劇」的出現，就是一般人稱謂的「南戲」。當時臺上扮演的劇本，根本就是在宋詞和地方民謠的基礎上發展成功的。接著再變而爲元曲。元曲之中有小令、有散套，又有合散套而成的劇曲，其中又分北曲和南曲。如果檢視一部中國戲曲史，無論是北《西廂》，南《拜月》，以及關、馬、鄭、白的作品，沒有不是「韻共守自然之音，字能通天下之語」的。明清之際，又有所謂「崑腔」「彈詞」者，多屬引車賣漿者流，掛在嘴邊上唱的民歌小調。這些民間的歌曲，唱起來靈活生動，富有生命力。王世貞《藝苑卮言》說：

《三百篇》亡而後有騷賦，騷賦難入樂而後有古樂府，古樂府不入俗，而後以唐絕句爲樂府，絕句少宛轉而後有詞；詞不快北耳而後有北曲，北曲不諧南耳而後有南曲。

王氏把中國文學的演變，放在音樂的角度上來評量，可說是精審透闢，獨具慧眼。所以從中國文學演變的跡象而言，證明中國文學是富有音樂性的文學。

第四、從文學作品的內容上來證驗：文學作品之所以可貴，在於能感人；而感人的原因，則是作者所抒發的內容，都是眞情、眞意、眞事、眞景，出乎至情，發乎至誠，故讀者入乎其目，動乎其心，發乎四體，一言一行，無不受到它的感染。沈德潛《說詩晬語》略云：

古詩大率逐臣棄妻，朋友闊別，遊子他鄉，死生新故之感；中間或寓言、或顯言、或反覆言；怊悵切情，抑揚不盡，使讀者悲感無端，油然善入。

就拿《詩經》三百篇來說吧，如〈周南〉〈關雎〉的樂而不淫，哀而不喪；〈秦風〉〈蒹葭〉的悲秋懷人，有蕭疏曠遠之思；〈衛風〉〈碩人〉寫美人的嬌豔，向稱千古絕唱；〈豳風〉〈東山〉寫遠歸之悲，可謂黯然魂銷。其他像〈王風〉的〈黍離〉，〈小雅〉的〈蓼莪〉〈采薇〉等，沒有一首不是從胸腔中奔迸而出。任何人去讀它，都會從它那寫實主義的創作態度，賦比興的表現，和鏗鏘優美的音節裡，像荒漠甘泉般地，給你永懷不盡的滋潤和遐想。孔子說：

**詩可以興、可以觀、可以群、可以怨，邇之事父、遠之事君，多識於鳥獸草木之名。**

事實上，詩如不歌，誰知其情，不誦，誰知其意；不歌不誦，誰又知作者哀樂心感，和死生新故之悲呢？《國語·周語》上曾載厲王虐，國人謗王，王怒，召公說：

**天子聽政，使公卿至於列士獻詩，瞽獻曲，史獻書，師箴，瞍賦，矇誦。」**

所謂「獻詩」，指公卿列士獻詩以諷朝政。「師箴」，箴刺王闕以正得失。「瞍賦」，瞍歌詠公卿列士所獻的詩。「矇誦」，矇諷誦少師箴諫之語。以此類推，則仲尼所誦所聞，誦的是它，聞的也是它。季札在魯觀樂，觀的也正是它。所以透過作品內容去體驗，中國文學就是音樂性的文學。

第五、從文學作品的形式來分析：由於中國文學拜中國文字單音獨體之賜，很適宜在形式上結合成理想的藝術架構。以下就拿對偶和聲律兩點加以說明，而這兩點都是最富音樂性的部分。如果我們說對偶是中國文學的形體，那麼聲律就是中國文學的脈動。作品經由不同的字句組合而成，字句的長短多寡，和作品的組織結構，作者的思維想像，與情意的表出，有密不可分的關係。過去劉勰在《文心雕龍·章句》篇裡就曾經拿樂舞的例子，來說明此一事實。他說：

**裁文匠筆，篇有大小，離章合句，調有緩急；隨變適會，莫見定準。句司數字，待相接以為**

用；章總一義，須意窮而成體。其控引情理，送迎際會，譬舞容迴環，而有綴兆之位；歌聲靡曼，而有抗墜之節也。

接著他又對句子的長短，提出進一步的看法。他說：

章句無常，而字數有條。四字密而不促，六字裕而非緩，若變之以三五，蓋應機之權節也。

劉勰用舞蹈隊形的行止旋轉，和歌唱時的抑揚抗墜，來印證三字句、四句字、五字句、六字句等，各種句型藝術的結合，和整體的有機組織，證明對偶是文學作品美感藝術的重要部分。因爲

造化賦形，支體必雙，神理爲用，事不孤立。

心生文辭，運裁百慮，高下相須，自然成對。

對偶生成自然，非人力可得勉強。例如「口是心非」、「除舊布新」、「五花八門」、「天朗氣清」、「風調雨順」、「鳥語花香」等，都是不假思索，出口成對。至於一般人講的四對、六對、八對、二十九種對，不管他們分的類是精是粗，其目的都在講求作品形式的整齊、錯綜和變化；使文字的組合，有一種和諧、勻稱之美。這種美，很容易給讀者帶來音樂上的節奏感。

聲律是一種專門學問，其中包括韻部、四聲和平仄，問題十分複雜；這三部分應用到實際作品上的時候，卻祇限於平仄一事。屬於平聲調的稱之爲平，屬於上去入聲調的合稱之爲仄；而平仄的主要特徵，在於聲音的高低和長短；聲音的高低長短，也就是抑揚抗墜的具體呈現；抑揚抗墜給詩詞曲文帶來的音感，是悠揚、是婉轉、是激昂、是震撼，透過音樂的變化，可以使讀者投入作品的

裡層，和作者的心靈脈動相起伏。像世傳唐玄宗作的〈好時光〉原詩：

寶髻宜宮樣，臉嫩體紅香。眉黛不須畫，天教入鬢長。莫倚傾國貌，嫁取有情郎，彼此當年少，莫負好時光。

全詩屬五言句型的律詩，下平聲七陽韻，整齊而富音感，但不易合樂；據劉毓盤《詞史》說，此調原本是一首八句的詩，當樂工加上襯字「偏」、「蓮」、「張敞」、「箇」後，竟把一首格律工整的五律，變成了長短錯綜的詞。

寶髻偏宜宮樣，蓮臉嫩，體紅香。眉黛不須張敞畫，天教入鬢長。莫倚傾國貌，嫁取箇，有情郎，彼此當年少，莫負好時光。

這裡把律句和非律句，加以自然的搭配、變化、錯綜、抑揚、轉換，收到和諧的效果。所以從作品形式分析，中國文學的音樂性，就更加顯著了。

第六、從文學理論家劉勰、沈約的說法推論：南朝齊梁時代的劉勰，著《文心雕龍》十卷，該書向被學者推爲「體大慮周，籠罩群言」的巨著。他在該書樂府篇說：

詩爲樂心，聲爲樂體。樂體在聲，瞽師務調其器，樂心在詩，君子宜正其文。

又說：

樂辭曰詩，詠聲曰歌。

漢武帝設立樂府，派李延年任協律都尉，主辦其事。於是有趙代的謳歌、秦楚的風謠。根據

《漢書·藝文志》的記載，當時列入政府文獻的歌詩，有二十八家，三百一十四篇之多。作者的目的是希望藉著詩樂的至情，達到「情感七始，化動八風」的移風易俗的社會教化效果。可謂郁郁乎文，盛極一時。劉勰於此既肯定了民歌的價值，又強調詩歌是音樂的靈魂，演奏家就當調整使用的樂器；音樂的靈魂既在詩歌，作者就應創作雅正的文辭。這樣看來，組成樂辭的叫詩，詠詩的聲音叫樂；他從詩樂的表出方式上，來透視兩者密不可分的關係。足見中國文學的音樂性。

文學評論家沈約，南朝人，與劉勰同時，曾撰《宋書》一百卷。雖然他不像劉勰有文學理論的專門著作，但《宋書》中〈謝靈運傳論〉，在論詩文和聲律關係方面，卻別具隻眼。文云：

夫五色相宜，八音協暢，由乎玄黃律呂，各適物宜。欲使宮羽相變，低昂舛節。若前有浮聲，則後須切響。一簡之內，音韻盡殊；兩句之中，輕重悉異。妙達此旨，始可言文。

這段話的前四句，皆泛說詩文要講求聲律。「欲使」兩句，是本段文字的重點，指出詩文聲律的標準模式，在於「宮羽相變，低昂舛節。」但甚麼是「相變」？是「舛節」？於是有「若前有浮聲」以下六句，提出具體例證和辦法，令浮聲與切響，也就是聲調和押韻，得到適當的調適；使「音」「韻」「輕」「重」在一簡之內、兩句之中作和諧的安排。末二句再次強調詩文聲調的重要性；換言之，也就是說祇有重視聲律，才有資格論爲文的事。

他把文學的音樂性，藉著「宮羽相變，低昂舛節」八個字加以烘托，甚而認爲祇有懂得音樂在文學中的作用，才可以言文。把文學創作藝巧推到一定的高度，並予以抑揚、節奏、和諧的美學意味。他的聲律論實在是中國文藝美學上的一大成就。同時，從他的理論，也可以得知要想進入中國文學的殿堂，必須理解中國文學的音樂性。

行文至此，已將中國文學的音樂性，作了深入的分析和證明；不過，類似的論證，在中國文學理論史上，可說是指不勝屈的。尤其詩、詞、曲、文的四聲平仄，和音樂的宮商角徵羽，兩者的搭配與融通，其關係非常密切。譬如音勢和音高的關係，四聲平仄和音調的關係，彼此縱橫交錯，相當複雜。最後，我要說的是中國文學是音樂性的文學，但它不是音樂的本身。至於如何通過文學的音樂性，來進入中國文學的殿堂，那更是一個嶄新的課題，祇好留待有心的人士去解決了。

本文見於中華民國七十八年（西元一九八九年）九月出版的《孔孟月刊》二十七卷十二期

# 詩的特質和走向
## ——從古典到現代

### 一、前言

在中國文學的園地裡除了散文以外，詩可以稱得上是大國，詩之所以是大國，可從起源、作品、作家三方面得到證明。從起源來說，詩的起源最早，根據古書的記載，在上古葛天氏的時代就有操牛尾以歌八闋的事實。這八首詩是〈載民〉、〈玄鳥〉、〈遂草木〉、〈奮五穀〉、〈敬天常〉、〈建帝功〉、〈依地德〉、〈總禽獸之極〉等。黃帝的時候有〈雲門〉大曲和孝子事親的〈竹彈〉之謠。這些作品，距離現在都在四千五百年以上，由三皇而五帝而三代，而秦、漢、隋、唐，一直到今天，每一個時代的文學活動，詩都給我們留下璀璨的紀錄。所以從起源方面看，詩的確源遠流長，歷久不衰，從成果來看，詩的成果豐碩，罕有其匹，單篇作品姑且不論，就拿總集說吧，我國第一部文學總集，不是散文，不是小說，而是詩，那就是《詩經》。其全書記載原來有三百一十篇，後來由於歷史上的種種原因，現存的只有三百零五篇了。各篇的創作年代雖然無法考證，但大體而言，可能產生於西周初年（西元前十一世紀），到春秋中期（西元前六世紀），這個五百年前後的作品。後來雖然被儒家推尊爲五經之一，但是以《詩經》作爲我國文學光輝的起點，對後代詩歌的發展，產生了巨大的影響。至於別集裡面的詩作，像唐代的《劉隨州詩集》、《孟東野詩集》、《李長吉歌詩》、《玉溪生詩集》、宋代的《梅聖俞詩集》、《石湖詩集》等，只要你把《四庫全書總目提要》打開，馬上知道詩集之多，眞是不勝枚舉。從作家來看：我國詩人之多，從古到今，更是不可勝計。像《漢書·藝文志·詩賦略》就收有詩歌二十八家，這姑且不論，現在再拿清朝康熙四十四年（西元一七〇五年），刊刻的《全唐詩》爲例，這是一部專門收錄唐朝一代詩歌總集的著作，全書共有九百卷（另有總目十二卷），收入的詩作四萬八千九百多首，作家多達二千二百多人。如果再把宋詩、遼金元詩、明清兩代詩的作家來合計，其人數之多，恐怕更是天文數字。綜合以上三點來看，無論是從起源、從成果、從作家，任何一方面來說，詩，都是中國文學中的大國，絢麗耀眼的至寶。

## 二、詩是個什麼文體？

詩學廣大，體類繁多，幾乎各家有各家的分法，各家有各家的說法。如果我們按照詩的類似點來分，它起碼可以從性質、形式、押韻、風格四方面來說明。它到底是個什麼文體？以下先從性質方面來分：有抒情詩、叙事詩、哲理詩、故事詩、諷諭詩、朗誦詩、古體詩、悲憤詩等。例如有直接抒發作者情感的，這種詩歌稱做「抒情詩」。《詩經》的十五個國風，大多屬此一性質的作品。有叙述完整故事情節，具體描繪人物性格和環境，以抒發作者思想感情的詩歌，介乎抒情詩與小說之間的，叫做「叙事詩」，如《孔雀東南飛》、《木蘭辭》、《琵琶行》、《長恨歌》等。有凝聚詩人哲理思想的一種詩歌，把抽象的理念，往往寄寓在鮮明的形象之中。如宋代蘇軾的《題西林寺壁》：「横看成嶺側成峰，遠近高低各不同。不識廬山眞面目，祇緣身在此山中。」他刻畫了「人中之我」的具體形象，又有「我中之人」的藝術概括，眞是別具機鋒，富有理趣。

從形式方面分：又有格律詩、散文詩、樂府詩，所謂「格律詩」，指在格式和音律上有嚴格規定的詩歌，唐代稱爲「近體詩」或「今體詩」。根據句數不同又可分爲絕句、律詩、排律三種。三種之中又有五言、七言。這種格律嚴整的詩作，一方面對於詩作旳內容給予若干限制，另一方面也有助於一唱三歎，反復回旋的音樂美和形式美。所謂「散文詩」，是一種具有散文和詩歌特徵的作品，這種作品主要特點是篇幅短小，不分行，不用韻，但遵守語言的自然音律，同時又充滿詩的意境、情趣和和諧。文字短小精煉，是這種詩體的重要標誌。像朱自清的《匆匆》、《春》、《綠》等，把時光，把春天，把綠意寫得有聲有色，意境動人，可說是散文詩的顯例。所謂「樂府詩」，這本指由樂府之官採集和創作的樂歌，如魏晉至唐入樂的詩歌，或後人仿效樂府古題而寫的作品。這又可分爲古樂府和新樂府。古樂府是漢魏六朝的樂府詩，新樂府是指一種措辭模擬樂府而未配樂的新歌。北宋郭茂倩編《樂府詩集》，他把類別複雜的樂府詩按照用途分爲十二類：即郊廟歌辭（漢至五代）、燕射歌辭（晉至隋）、鼓吹曲辭（漢至唐）、橫吹曲辭（漢至梁）、相和歌辭（漢）、清商曲辭（晉至隋）、舞曲歌辭（漢至隋）、琴曲歌辭（唐虞至隋唐）、雜曲歌辭（漢至唐）、近代曲辭（隋唐）、雜歌謠詞（唐虞至隋唐）、新樂府辭（唐）等，門類相當多。

從押韻方面分：有「有韻詩」和「無韻詩」兩種。譬如唐代的近體詩便是有韻詩。近體詩中韻腳押仄聲的叫平仄韻詩，押平聲的叫韻詩。無韻詩如民國以來的所謂「新詩」，它的體式既無字數、行數的限制，也不講求格律和押韻。

從風格方面分：有時代和作家的區別。從時代看，像「建安體」，指東漢末年漢獻帝建安年間的詩體。「黃初體」，指魏文帝黃初年間的詩體。「正始體」，指魏齊王芳正始年間的詩體。「太康體」，指晉武帝太康年間的詩體。其他還有「元嘉體」、「永明體」、「齊梁體」、「唐初體」等。這些都是從時代的角度來看的。從作家看，如「蘇李體」，指漢蘇武李陵的詩體；「曹劉體」，指曹植、劉楨的詩體；「陶謝體」，指陶淵明、謝靈運的詩體；「徐庾體」，指南朝徐陵、庾信的詩體。其他還有「沈宋體」、「王楊盧駱體」、「張曲江體」等，這些都是從作家的角度來看的。

除此之外，還有一些詩。由於形式獨特，缺乏特定範疇，作家又偶爾以遊戲筆墨爲之，以至作品雜陳，花樣百出，很難給它一個統一的標準。對於這些詩體，我們無以名之，名之曰「雜體」。像對聯、連珠、甚而至於現行的「新詩」，都可歸入這一類的詩體。以上僅僅舉其大概，就已經是洋洋大觀了。足見「詩」這種文體的複雜和名目的繁多。

## 三、我們為什麼要學詩?

人儘管不一定是詩人,但不能不讀詩,不能不學詩,不能沒有詩人的情趣。詩是因物興感,最能引發人們共鳴的文體。它可以在潛移默化中,達成「經夫婦、成孝教、厚人倫、美教化、移風俗」的目的。過去孔夫子勉勵門弟子學詩,說:「小子何莫學夫詩?詩可興、可以觀、可以群、可以怨;邇之事父,遠之事君,多識於鳥獸草本之名。」所謂「興」,就是感應興發的意思。如子貢讀〈衛風〉〈淇澳〉「如切如磋,如琢如磨」以後,領悟了「安貧樂道」的道理。子夏問〈衛風〉〈碩人〉「巧笑倩兮,美目盼兮,素以為絢兮」這些詩句後,能恍然明白為人之道,應以忠信為先,禮在其後的道理。所謂「觀」,指觀詩的美刺,可以考見國家政治的得失,風俗的厚薄,世運的升降,人民的勞逸。像《春秋·左氏傳》襄公二十九年載吳公子季札在魯觀樂,入之於耳,會之於心,將歷代治亂興亡,分辨得絲毫不爽,如在目前,這就是「觀」的精義所在。所謂「群」,指親親而仁民,仁民而愛物,以文會友,以友輔仁。這種推己及人的現象,正說明了詩具有感染力。像陶淵明的〈歸園田居〉六首,從入俗之苦,寫到歸田之樂,從鄰里之死,又寫到獨遊之歡,任何人讀了,都會有憂樂兩忘,隨遇而安的感受。杜甫的〈三吏〉〈三別〉,刻畫當時新安無丁,石壕遺嫗,新婚怨曠,垂老訣別的情況。任何人讀來,都會流下同情的眼淚。所謂「怨」,指憂時傷亂，悲天憫人，勞而不怨之義。因爲詩以諷諭爲主，故能使言者無罪，聞者足戒。這就是李白說的：「遭逢聖明主，敢進興亡言。」白居易也說：「唯歌生民病，願得天子知。」綜合以上所言，學詩至少有以下兩點作用：

㈠抒發情感：詩主要是抒情，〈詩大序〉說：「詩者志之所之也。在心爲志，發言爲詩。情動於中而形於言，言之不足故嗟歎之，嗟歎之不足故永歌之，永歌之不足，故不知手之舞之，足之蹈之也。」又說：「動天地，感鬼神，莫近於詩。」所以詩是抒發感情的工具。譬如《詩經》三百篇的作者看到桃樹枝條的柔嫩，充滿生命力，於是就興起了用來暗喻出嫁的姑娘年輕貌美的感情，所謂「桃之夭夭，灼灼其華。之子于歸，宜其室家。」全詩四言，音節和諧，文字精煉，比況眞切，情韻篤厚，非常耐人尋味。樂府詩中南北朝時代的北方民歌，也有極出色的抒情作品。像〈木蘭辭〉〈敕勒歌〉〈折楊柳歌〉等，由於北方地處黃土高原，民性強悍，當你讀到這些詩作的時候，祇覺得有一股奔放的生命力，迎面撲來，充分表達了北方作家抒情的特殊手法，像北魏胡太后的〈楊白花〉所謂「陽春二三月，楊柳齊作花。春風一夜入閨闥，楊花飄蕩落南家。含情出戶腳無力，拾得楊花淚沾臆。春去秋來雙燕子，願銜楊花入窠裡。」作者運用比興之體，刻劃相思之情，音韻纏綿，若隱若現，讀來絕對沒有人會想到它內容的穢褻，只感到聲音的淒惋，意態的愴涼。

詩，既然能宣洩纏綿悱惻的感情，不但可怡悅自己的性情，也可以拿它來示同好，垂來世。漢朝樂府詩〈長歌行〉的作者，我相信他寫作此詩的目的，是有感於歲月易得，一事無成。於是借

「青青園中葵」來興發情感，勉勵自己及時努力。所謂：「青青園中葵，朝露待日晞。陽春布德澤，萬物生光輝。常恐秋節至，焜黃華葉衰。百川東到海，何時復西歸。少壯不努力，老大徒悲傷。」可是當你讀到這首詩的時候，作者的感情，就像座強大的磁場，讓你不覺得他在說教，而是自然而然地體會到光陰易老，芳華早謝，人當即時努力，建功立業，不要到了老大才感懷身世，有悔不當初之悲。所以這首詩又有激發人性，廉頑立懦的作用。唐朝孟郊的〈遊子吟〉，自詮說這是在擔任溧陽縣縣尉的時候，迎養母親於溧水之上作的。詩是「慈母手中線，遊子身上衣。臨行密密縫，意恐遲遲歸！誰言寸草心，報得三春暉？」這是一首新樂府，全詩僅僅六句，前四句敘述母親的慈愛，末二句拿寸草不能報答春光照耀的德澤，比喻兒子報答不盡慈母的恩惠。當時作者已經五十歲了，他寫出這幅眞摯感人的畫面，最後又用疑問的句法，讓讀者自己去體悟。相信凡是爲人子女的，沒有不受感動的。所以這首詩萬口相傳，歷千載而不朽，可見詩感人程度之深爲如何了。

(二)美化人生：詩，是藝術的表徵，感情的昇華，它是以現實生活爲基礎，企圖達到理想的世界。爲了實現這種理想，詩人便運用和諧的旋律，豐富的想像，奔放的感情，凝煉的文字，把自己的心聲，化爲美麗的詩篇。《楊雄·法言》說：「言，心聲也；書，心畫也。」聲畫之美者，無如文章；文章之精者，莫過於詩。所以當我們看到一個人的詩作的時候，這個作者的心，就如以鏡照形，晃朗如在目前。所以詩和人生密不可分。過去有人說：「天上有詩仙，地下有詩鬼，人間有詩人。」詩可以「驚天地，泣鬼神」。意思是說，詩具有移情作用，使讀詩的人，喜者可以當歌，怒者可以當劍，愁者可以當酒，病者可以當藥，思者可以當月。一人讀詩，千人唱和，同聲相應，同氣相求，使千古以上的詩人，相與歌哭跳躍於前，千古以下的詩人，相與歌舞跳躍於後，樂者同樂，悲者同悲，歌者同歌，哭者同哭。詩之感人，有無與倫比的力量。

像〈孔雀東南飛〉，當你讀到「中有雙飛鳥，自各爲鴛鴦，仰頭相向鳴，夜夜達五更。行人駐足聽，寡婦起彷徨。多謝後世人，戒之愼勿忘」的時候，你對這一雙忠於愛情，寧死不屈，反抗封建勢力，爭取婚姻自由的情侶，是否會一洒同情之淚？當你讀到杜甫的〈聞官軍收河南河北〉，所謂「卻看妻子愁何在，漫卷詩書喜欲狂。即從巴峽穿巫峽，便下襄陽向洛陽」的時候，你是否也有喜極而泣，歸心似箭的感受？當你讀到賀知章〈回鄉偶書〉：「少小離家老大回，鄉音不改鬢毛衰。兒童相見不相識，笑問客從何處來」時，在那種親切的人情味，和平實樸素的生活情調裡，是否也飽含著一段近鄉情怯，無可奈何的哀愁？當你讀到岑參的〈白雪歌送武判官歸京〉：「北風捲地白草折，胡天八月即飛雪。忽如一夜春風來，千樹萬樹梨花開。……」描寫塞外飛雪，胡天嚴寒的景象，充分表達了大漠飛雪的壯美色彩，至於「輪臺東門送君去，去時雪滿天山路。山迴路轉不見君，雪上空留馬行去。」在壯美景色外，又另增一番離情別緒，使文字呈現悽惋悲苦的哀感！所以有人說：「詩，能寫出人人想要說而苦於說不出的話」，眞正的詩人，他不僅誠實的表現自己的情思，使人格得到昇華，同時也使讀者的人生，因爲移情作用而多采多姿。

## 四、詩的特質何在？

我在前面或明說、或暗示，已經分別說了詩的特質。在這裡我再把它加以具體的標舉，那就是：豐富的想像、動人的情感、高尚的意境、精煉的文字、和諧的節奏、合理的組織。如果把這六項就其性質相近之點加以歸類，不過內容和形式的合理搭配而已。詩，是一種藝術，凡藝術必以美為特質。無論是內在的質地，或外在的形式，均應該以「美」作為其共同的要求。現在就拿杜甫的〈蜀相〉，來印證這個事實吧！

丞相祠堂何處尋？錦官城外柏森森。
映階碧草自春色，隔葉黃鸝空好音。
三顧頻煩天下計，兩朝開濟老臣心。
出師未捷身先死，長使英雄淚滿襟。

這是讀者耳熟能詳的作品。杜甫是一位寫實派的詩壇宗匠，他的三吏（〈新安吏〉、〈潼關吏〉、〈石壕吏〉）、三別（〈新婚別〉、〈垂老別〉、〈無家別〉），描寫社會亂離，充滿反戰情緒的詩作，我在前面已約略提過。至於〈兵車行〉、〈前出塞〉、〈悲青阪〉、〈洗車馬〉、〈北征〉等，也都是以仁者之心，為社會的號角，給時代留下歷史的烙印，擲地有金石之聲。〈蜀相〉這首詩，是他在唐肅宗上元元年（西元七六〇年）的春天寫的，當時他因避安史之亂，初到成都，寄居草堂寺，每天靠著親朋的賙濟維持生活。不久在城西三里的浣花溪畔，覓得一畝之地，建草堂數間，落成之後，不獨一家暫得安身，同時也可以和飛鳥語燕分享樂趣。在閒靜之中，對自然界的景物和農村的生活，產生了濃厚的興緻，一時之間寫了不少作品，如〈爲農〉、〈狂夫〉、〈田舍〉、〈江村〉、〈江漲〉、〈散愁二首〉、〈村夜〉、〈西郊〉等。〈蜀相〉就是在他歌詠自然景物的同時，關懷國家苦難，人民流離的反映。所以從主題意識上看，這首七言律詩，是懷古之作，但在懷古的背後，作者卻是以諸葛武侯對蜀漢的忠藎，和先主對武侯的信任爲例，借來說明君臣相與爲用的原則，作爲當時爲君爲臣的寶鑑。大凡成名的作品，都具有一定的主題意識再引發聯想，樹立內容，內容的聚精會神處，正像照像機的鏡頭，或遠景，或近景，或大幅地掃瞄，或突出的特寫，作者運用他的慧心巧思，藉著攝影技術，融景物於理想之中，建構成一幅美麗的畫面，不然，隨意點綴，任情安排，那就等於坍塌的七寶樓台，垣斷壁殘，不成格局了。所以「豐富的想像」如同鳥的雙翼，可以使作者的才華與輕風浮雲並駕其驅，有憑空翻騰，光怪離奇的效果，它既是詩的特質，也是作者感應興發，運思聯想的第一步。這一步要想走得穩妥，不能光靠一時的激情，一定要有實學作後盾。

杜甫的學問可以從他自己講的「讀書破萬卷」看出來，北宋秦少游在〈韓愈論〉一文中，就稱讚杜子美，說他窮高妙之格、極豪邁之氣、包沖澹之致、兼峻潔之姿、備藻麗之態、集往代諸家的大成，而爲諸家作品所不及。還是拿〈蜀相〉來作一全盤地考察，看他行文遣詞上的根柢所在。如

「丞相祠堂」一詞，諸葛亮曾在蜀漢章武元年（西元二二一年）任丞相。成都先主廟旁有諸葛武侯祠。「錦官城」一詞指四川成都。「柏森森」一詞，在諸葛武侯祠前有大柏數株，據說為諸葛亮生前手植。「映階碧草」「隔葉黃鸝」皆當下實景。「三顧頻頻」指劉皇叔三顧茅廬，「兩朝開濟」言諸葛亮先佐劉備開國，後助劉禪繼業。「出師未捷身先死」，是指諸葛亮在蜀漢建興十二年（西元二三四年）出師伐魏，與魏將司馬懿對峙於渭南，同年八月，病死軍中，死時才年僅五十四歲。這樣看來，全詩雖然沒有引經據典，但在叙事、寫景、抒情上，幾乎沒有一句沒來歷，且平實中有奇崛，淺澹處有蘊藉。後人稱美他的詩作是「史詩」，這不純屬個人的識解問題，更是反映他具有紮實的學問。劉勰《文心雕龍》說：「文章由學，能在天資。」一個人如不肯在學問上切實用功，還想把詩作得好，那簡直是癡人說夢，根本是不可能的。

〈蜀相〉這首詩的內容寫的既是眞人、眞事，當然也流露了作者的眞性情。王國維寫《人間詞話》，獨標「境界」二字，以為「有境界則自成高格」，什麼叫做「境界」？今人浪費不少筆墨，來揣測他的確解。實際上靜庵先生就有肯定的詮釋，他說：「境非獨謂景物也，喜怒哀樂亦人心中之一境界。故能寫眞景物、眞感情者，謂之有境界，否則，謂之無境界。」試看這首詩無論是起聯、頷聯、頸聯、結聯，無一不是外景和內情的融會。尤甚頷聯「映階碧草自春色，隔葉黃鸝空好音」的「自」「空」二字，說「映階碧草」，「隔葉禽鳴」，正一派「春意鬧」的景象，可是在「映階碧草」下加一「自」，「隔葉禽鳴」下添一「空」，則立刻突顯「春色」雖然明媚，卻乏人觀賞，「好音」雖然優美，卻無人聽聞，一片淒涼景象，帶給詩人無限落寞，這一方面回應首句「丞相祠堂何處尋？」一方面因感物而思人，引出下文。這就是作者的眞景物、眞感情和有境界。所以「動人的情感」和「高尙的意境」，是詩的特質，劉勰《文心雕龍》說：「詩人什篇，爲情而造文」又說：「爲情者，要約而寫眞」，觀杜甫〈蜀相〉，不正可印證此點嗎！不然的話，一時的觸發，把耳聞目見的零碎印象，牽強湊合，拿無聊當有趣，「爲賦新詞強說愁」，那只能說是無病呻吟，又怎能叫做詩呢！

杜甫作詩嚴於格律，對字句、聲調、章法等要求很高。他自己說：「文律早周施」，「詩律群公問」，「晚節漸於詩律細」，「尋句新知律」，「遣詞必中律」，所以他的詩首首都是「語不驚人死不休」，和「新詩作罷自長吟」的淸詞麗句，反復推敲，反復錘鍊，反復吟哦。日本空海大師在《文鏡秘府論·論文意》裡說：「凡作詩之體，意是格，聲是律，意高則格高，聲辯則律淸，格律全，然後始有調。」杜甫的詩可以說完全達到這種「格律全備」的標準。就拿〈蜀相〉的章法來說吧：此詩前半寫景，後半論事。寫景寄寓感慨，論事沈痛激昂。尤其第一、二句，開門見山，一問一答，自開自合，題曰〈蜀相〉，而不曰「諸葛祠」，可見杜甫此詩意在人不在祠。而詩偏又從祠寫起，旣從祠寫起，又問「何處尋？」這種虛實、賓主之間，詩筆、文情之妙，千言萬語，蘊藉無窮，頗堪玩索。學詩者當於此等處會心，方是讀書得間，接著三、四句，他又趁勢先把筆落到近處的「映階碧草」，然後再掉轉筆鋒，寫遠處的「隔葉黃鸝」，前句從視覺出發，看碧草春色，後句從聽覺著眼，聞黃鸝好音。其中碧草、黃鸝；春色、好音，對仗之精工，令人歎爲觀止。下面五、六兩句，「三顧頻煩天下計」，用「頻煩」一詞，見先主的求賢若渴，知人善任；「兩朝開濟老臣心」，用「開濟」一詞，見武侯的知恩圖報，一片公忠。「天下計」寫先主的求賢，非爲一己之私，「老臣心」言武侯的輔弼，全是鞠躬盡瘁。結尾兩句，對諸葛亮一生功業心事，一方面寄予景仰之忱，一方面又表示無限同情和惋惜。所謂「出師未捷身先死，長使英雄淚滿襟」，一爲實寫，一是虛設。寫實姑且不論，論其虛設。則「淚滿襟」的英雄，究竟指的又是何人？千古仁人志士都應該包括在內。想杜甫雖飽受飢寒流亡之苦，但他志在匡復，以身許國，也當屬一代英雄豪傑之士。仇兆鰲曾經評論此詩說：「前四句，叙祠堂之景。後四句叙祠堂之事。草自春色，鳥空好音，寫祠堂荒涼，而感物思人之意，即在言外。天下計，見匡時雄略，老臣心，見報國苦衷。有此兩句沈摯悲壯，結作痛心酸鼻語，方有精神。」你看老杜在這首詩中的全盤布局，何等的井然有序！遣詞下字，何等的簡潔凝煉！音韻節奏，何等的鏗鏘和諧！這就是詩的特質，所謂「精煉的文字」「和諧的節奏」「合理的組織」。使詩的形式藝術，無論是目視、耳聞，身體，均有「視之則錦繡，聽之則絲簧，味之則甘腴，佩之則芬芳。」這才是詩，才是文學。

## 五、我們的詩走向何方？

我們是個好詩的王國、詩的民族。詩人之多，作品之富，都是無可估計的。從詩的演進史上觀察，除《詩經》四言詩的時代以外，接著就是兩漢的古詩，魏晉六朝的樂府，近體詩活躍文壇的時間最長，而唐朝卻是它的黃金時代，直到現在，國內各大學中文系還每年開設學分，向學生從事專門講授。民國成立，尤其自「五四」新文化運動以後，所謂的「新詩」，更奪取了近體詩的地位，一變而成時代的寵兒。

臺灣新詩從什麼時候開始萌芽，一直是引人爭議的問題。有人認爲臺灣新詩發端於民國十二年（西元一九二三年），也就是日本竊據臺灣的二十多年的時間裡。在這將近七十年中，臺灣新詩的發展，由初期的成長到融合，再經反共八股的反動而西化，而回歸民族傳統與鄉土文學。目前在思想和藝術上都進入一個嶄新的階段。

根據統計，在臺灣三萬六千方公里的土地上，二千一百餘萬同胞中，寫詩的人口有上萬之多，出版過詩集，而聲名較著的詩人更高達數百人。臺灣比較具影響的詩刊，如《現代詩》《藍星》《葡萄園》《笠》《秋水》《大海洋》《詩人季刊》《臺灣詩季刊》《詩友》《詩畫藝術家》等也有二十多種，此外還有「布穀鳥」和「月光光」等專門爲兒童興辦的詩刊。目前活躍在臺灣詩壇的名詩人有鍾鼎文、紀弦、余光中、羊令野、羅門、鄭愁予、葉維廉、楊牧、商禽、紀弦、洛夫、張默、管管、楚戈、上官予、李春生、王祿北、文曉村、王在軍等爲數近百位。

臺灣新詩的蓬勃發展，是個可喜的現象，但是詩是運用最精煉的語言，表達一般人想表達而難以表達的感情，所以無論是外在的藝術形式，和內在的思維活動，都不容易得來。過去李白譏諷杜甫作詩的辛苦說：「飯顆山前逢杜甫，頭戴笠子日卓午，借問因何太瘦生，總為從來作詩苦。」杜甫自己也說：「思飄雲物動，律中鬼神驚。」又有人稱作詩叫「嘔心肝」。可見作詩不難，想要作好詩不容易。現在一般青年朋友認為新詩既無格律拘束，又無長短的限制，只要心血來潮，便可對明月而垂淚，因落葉而感懷，信筆揮灑，再加上幾行畸零不整的句子，多點上幾個刪節的符號，做幾聲驚歎或疑問口氣，就算自然情意綿長，境界高遠，有千迴百折，盪氣迴腸的韻味了，這實在是開詩人的玩笑，俗不可耐地想法。

我們會作詩，但不一定要以詩人自居。詩有詩的特質，寫作新詩的朋友們！在這個古典詩和現代詩的交會點上。新詩的發展已經歷了七十年的歷史了。回首過去，展望未來，我們到底要走向何方？如何走呢？

過去有很多具有遠見的詩論家，先後提出不少具有建設性的意見，如朱光潛《給一位寫新詩的青年朋友》、楊鴻烈《對新詩人的建言》、傅棣樸《白話詩應走的方向》、古繼堂《臺灣新詩發展史》。我在民國七十九年（西元一九九〇年）出版的《中國文學講話》中，對新詩也說過這樣的話，現在把它轉載在這裡，姑作本文的結論：

「民國以來，西方文學隨著船堅砲利湧入我國學術界，時人以救國的熱忱，掀起了文學改革風潮。近體詩一變而為散體式的歐化新詩，當時叫做『白話詩』，民國六年，胡適之先生提出〈文學改良芻議〉後，一直到現在，所謂「新詩」的命運和走向，究竟走向何方？恐怕還停留在十字路口，過著徘徊、焦急和實驗的日子。我們緬懷豐富的詩學遺產，和當時西方文化的衝擊，如何來承先啓後，讓「新詩」的生命開花結果呢？以下幾點淺見，也許是野人獻曝，可供有心人參考：

㈠詩是精煉的語言，新詩的創作，在遣詞造句方面，應力求圓熟。務必做到麗而不豔，隱而不晦。

㈡詩是音樂性的文學，新詩的創作，應特別注意音韻的和諧，讓它鏗鏘有節，聲成自然。

㈢詩以抒情爲正，新詩的創作，不可矯揉造作，當表達自己的眞情實性。

㈣詩是文學的一環，不能脫離傳統，獨立發展，所以新詩必須植根於古典文化中，才有發榮滋長的靈泉活水。

本文見於中華民國八十年（西元一九九二年）六月發行的《國文天地》第八卷第一期

# 魏晉南北朝散文研究的重要性

## 一、前言

魏晉南北朝歷時四百年，在五千年的政治演進上不謂不長；但在中國散文發展的長河裡，它不過是一個階段，或則說是一個過渡。沒有魏晉南北朝這個大開大闔的過渡時期，則先秦兩漢就無法和隋唐兩宋啣接。所以談中國文學，自不可忽略魏晉南北朝，研究中國散文發展，尤必須重視魏晉南北朝。

## 二、回顧與展望

自來論魏晉南北朝文學者，莫不以詩歌、辭賦、駢文為主，而忽略其散文。殊不知它在和韻文分道揚鑣的當時，有為數眾多的作家，從不同的觀點，揮灑著如椽之筆，為風狂雨驟的國難，變亂紛乘的政局，荒淫昏暴的政客，窮苦無告的百姓，寫下血淚交迸的鴻文，給我們留下豐富的遺產，並且有些作品，至今尚口誦心惟，耳熟能詳，成爲我們當前立身、治事、欣賞和學習的重要資源。追究造成忽略散文的原因，《昭明文選》應該是這個事件的導火線。

梁昭明太子蕭統，集合近二十位東宮學士，化費五年左右時光，撰成《文選》三十卷，選錄了自東周以迄梁八百年之間的各體文章。在他所選的一百三十位作家和七百五十二篇作品中，魏晉六朝多達八十六家，五百九十三篇，幾乎占了全數的五分之四。由於他以「沈思」「翰藻」爲選文的標準，經典、諸子、史傳皆在摒斥之列，因此，後來奉《文選》爲拱璧的人們，便誤以爲魏晉六朝爲詩歌、辭賦、駢文的獨擅時代，給讀書人烙下了不可磨滅的印象。

接著選學派的專家們加以推波助瀾：如宋王銍著《四六話》、明王志堅有《四六法海》、清孫梅集各家成說，成《四六叢話》；李兆洛繼《文選》之後，而有《駢體文鈔》；阮元作〈文言說〉、劉師培作《論文雜記》，皆大張昭明「沈思」「翰藻」的文學觀。影響所及：一、是選本的編輯標準，二、是文學史的撰寫內容。

影響選本編輯標準方面，筆者略舉兩個實例來證明。例如清初吳楚材和從孫調侯合編的《古文觀止》，由周至明在入選的二百二十二篇文章中，連同諸葛亮的前後〈出師表〉，魏晉六朝只選了八篇。又姚鼐將一生講學心得，分類編成《古文辭類纂》七十五卷，從戰國到清代，共得文章七百篇，唐宋八大家占了三百七十三篇，超過總篇數的二分之一；反觀魏晉六朝入選的作品，只有諸葛亮、王粲、張華、張載、潘岳、劉伶、袁宏、陶潛、鮑照九家。九家之作又限於箴銘、頌贊、辭賦有韻之文。從上述兩事，可以推想選家的心理，總認爲魏晉南北朝文多麗辭，無散文可選。言念及此，就不難想像唐代韓愈在〈答李翊書〉中，所以強調：「非三代兩漢之書不敢觀」的癥結所在了；那就是暗示魏晉南北朝沒有眞正值得一讀的古文，否則，他這句話便屬無的放矢。

影響文學史撰寫內容方面：中國文學史的撰寫，應當記述中國文學發展演進的大勢，研討歷代作家的成就，分析過去重要作品的內容，從各種不同層面，來探討文學演變的背景、特質、影響，和各種價值判斷的得失，以尋求將來在文學思想上、形式上發展的啓示。魏晉南北朝是中國散文發展的轉折點，其背景、特質，自當受到文學史家的關注。但檢閱手邊通行的著作：如林傳甲、汪劍餘、曾毅、謝无量、顧實、胡適、胡雲翼、趙景琛、林庚、錢基博、劉大杰以及柳存仁和臺灣光復書局發行的《中國文學史》，不僅對魏晉南北朝散文不設專門的章節討論，就是間或涉及的時候，也大多一筆帶過。至於像譚正璧、楊蔭深、鄭振鐸和黃錦鋐、王忠林等八位教授合編的《中國文學史初稿》，雖然設有章節討論，但內容簡略，可足稱述的地方不多。總的說來，現在文學史的編者，仍舊堅守著文學狹義說的壁壘，根本不把論說章表奏啓議對書記方面的作品當成眞正的散文看。

事實上，就《文選》的內容來說，其所選之文大別分爲辭賦、詩歌、雜文三大類，辭賦、詩歌爲韻文，雜文部分則是駢散合選，並無輕重之見存乎其間。像李斯〈諫逐客書〉、鄒陽〈獄中上書〉、司馬相如〈諫獵疏〉則介乎駢散之間，司馬遷〈報任少卿書〉、楊惲〈報孫會宗書〉、諸葛亮〈出師表〉、漢武帝〈賢良詔〉等純屬散體；尤其任昉的〈秦彈劉整〉一文，不但是散體，更接近口語。

魏晉南北朝散文之所以受到後世學者們忽略，《文選》雖是問題的導火線，但責任不在昭明與東宮學士，自有其歷史的因素。當前之急務，是我們應如何修正觀念上的偏差，塡補文學史上的空白，來彰顯魏晉南北朝散文在學術研究上的重要性，才是我們在檢討之後，應該努力的新方向。

## 三、研究重點分析

魏晉南北朝散文研究在當前的必要性既明，則散文在魏晉南北朝長達四百年的歲月裡，加上漫天烽火和激烈的政治鬥爭，其演化變遷之跡，可謂錯綜複雜。以下特就我們今後可能研究的重點，略作說明。相信亦爲讀者所樂聞。

㈠背景的研究：孟子說：「頌其詩，讀其書，不知其人可？是以論其世也。」這對研究作品產生內在的個人因素，與外在的客觀環境，提出了重要條件。所以背景的研究，是我們應首先措意之事。劉勰《文心雕龍·時序》篇說：「文變染乎世情，興廢繫乎時序，原始以要終，雖百世可知也。」他抓住「世情」和「時序」兩個尺度，來衡量魏晉六朝文學，說「正始餘風，篇體輕澹。」「晉雖不文，人才實盛，並結藻淸英，流韻綺靡。」「中朝貴玄，江左稱盛，因談餘氣，流成文體。」「宋武愛文，英釆雲構，爾其縉紳之林，霞蔚而飆起。」此處劉勰用「輕澹」評正始作品的特質，用「綺靡」說明西晉作品的特質，用「因談餘氣」衡量東晉作品的特質，用「霞蔚飆起」形容宋代作品的特質。其所以如此者，一言以蔽之，時代不同，背景不同，文風各異之故。

近人研究魏晉南北朝文學發展的背景，而又以專門著作名世者，首先是劉師培。劉氏因彥和有「蔚映十代，辭采九變」及「後漢才林，可參西京；晉世文苑，足儷鄴都；魏時話言，必以元封爲稱首；宋來美談，亦以建安爲口實」之論，著《中古文學史》，並參考史乘群書，旁徵文章各體，對劉勰未盡之意多加恢廓。尤其於「漢魏之際文學變遷」，「魏晉文學變遷」，「宋齊梁陳文學概略」等重要環節，皆獨立成篇，專門討論。雖然書中不乏卓見，但內容似多偏於各家作品體勢的比較和流派的考述。從背景研究的角度來看，這部名著只能說是《文心雕龍·時序》篇的注疏而已。

所以研究魏晉南北朝散文變遷的背景，不僅要注意內在的個人因素，也要考察客觀環境的成因。如透過政治背景，來探測在這國難時艱、兵燹匝地的時代，給文學帶來的影響；透過思想背景，來探測清談與玄學，這個天下大亂時的特殊產物，給文學帶來的影響；透過社會背景，來探測門閥勢力，九品中正官人的制度，給文學帶來的影響；透過宗教背景，來探測道教興起，佛教內傳後的種種反應，給文學帶來的影響；透過地理背景，來探測南北氣候不同，生態各異的情況下，給文學帶來的影響；透過風俗習慣，文人氣節，來深測它帶給文學的影響。也可以透過文學自身發展的規律，從以文爲學的觀點，來探測它帶給文學的影響；甚或透過某些族群對某些事物共同的好惡、品味，來探測它給文學帶來的影響。我們相信，研究魏晉南北朝散文時，如能考慮到背景的複雜性，從多角度、全方位的方式進行，則其前承後繼的演化眞象，必定會得出系統完備的成果。

㈡作品的研究：有人曾說：「一代興，即有一代之治；一代之治，即有一代之學；一代之學，即有一代之書。」又說：「文雖小道，實與時代而變遷。」居今想知道魏晉南北朝時代散文的特質，則作品研究自不可忽略。而作品研究的方式，或作單篇的研究，或作多篇的比較，或同代作家的分析，或隔代作家的衡論，從內容、形式、取材、篇幅、風格、理趣等，都可以做深入而廣泛地探索。但是，當我們打開魏晉南北朝散文的著作目錄時，不但這方面系統性研究的論著缺乏，就是近人編注的散文選本，也相當的單薄。以手邊可見的資料爲例：如一九三六年正中書局出版，陸維釗編注的《三國晉南北朝文選》，一九八一年臺北廣文書局發行，王文濡評注的《秦漢三國文讀本》、《南北朝讀本》，皆依體分類，駢散雜揉，姑且置而不論，論其純以散文入選的讀本，計有一九八〇年，臺灣河洛出版社發行，陳中凡選注的《魏晉六朝散文選註》，一九八三年上海古籍出版社出版的《魏晉六朝散文選注》，一九八九年北京新華書店印行，由高步瀛選注的《魏晉文舉要》。這三個選本，一個選了二十一篇，一個除去兩漢五篇作品不計外，魏晉以下共得十四篇；高氏選錄了二十五篇；三書合計，芟其複重後，只選註了五十三篇作品。拿這個篇數和嚴可均編輯的《全三國文》、《全晉文》、《全宋文》、《全齊文》、《全梁文》、《全陳文》、《全後魏文》、《全北齊文》、《全北周文》加以對照，眞可謂滄海一粟。這樣看來，魏晉南北朝散文作品的研究，目前尚形同荒原，尤其評、校、注釋方面的基礎工程，距離理想的目標還很遠。

㈢流派的研究：魏晉南北朝散文，經過長達四百年的演化過程，其間分門別類，形成不同流派，自屬必然的趨勢；不過，長久以來，學者們對此看法頗有差距。如陳柱《中國散文史》，從作品內容偏重的不同，將崇尚藻麗的潘岳、陸機歸入「藻麗派」，將雜帖書法名家的王羲之、王微之，歸入「帖學派」，將放情田園生活的陶淵明，歸入「自然派」，將學重名理，論辯精微的范縝、沈約，歸入「論難派」，將模山範水的名家廬山道人、陶淵明、陶宏景、吳均、酈道元等，歸入「寫景派」。郭預衡《中國散文史》純粹以時代先後爲標準，分爲「漢魏之際的散文家」，然後是「南朝：宋、齊、梁、陳」，「北朝」又分三節，即「北方正統的學者」、「由南入北的名家」、「兩部專門著作」；此外，郭先生又在餘論中，附列「史家之文」、「小說家之文」、「文論家之文」以及「傳統的名篇」等。張仁青《魏晉南北朝文學思想史》以爲：「當駢文獨秀之時，有若干作家冥心孤往，別樹一幟，不逐波揚瀾，輒以散行之筆出之。」遂以作家之所長，分爲經學家的散文，如魏之何晏解《論語》、吳之陸璣疏《毛詩》；史學家的散文，如晉陳壽的《三國志》、宋范曄的《後漢書》；子學家的散文，如魏時曹丕、晉時潘岳、宋時謝靈運、梁時沈約；此外，在附錄中又增列書法家的散文，地學家的散文，清談家的散文，名家的散文和耽情禪悅的佛學家散文。

蓋流派不同，作品也大異其趣。甚而同一流派的作家，其個別之間也有顯著的差異。例如三曹父子，以及圍繞在他們周圍的鄴下諸子們，唯然共同營造了「漢魏風骨」或「建安風力」，但其個別之間如曹丕、曹植，雖同是手足，薰陶漸染，聲氣理應同調；但試觀曹丕與吳質兩書，和曹植的〈與楊德祖書〉、〈與吳季重書〉，同爲書信之體，而前者飽含感情，流連哀思，讀之催人淚下；後者卻靡麗恣肆，意氣風發，不可羈勒。

又吳均、陶弘景同爲梁代箋記小品的作家，用相同的體裁爲文，如吳均的〈與宋元思書〉、〈與顧章書〉，陶弘景的〈與梁武帝啓〉、〈答謝中書書〉。兩兩比較，前者被後人評爲：「移江山入畫圖，縮滄海於尺幅，寥寥百餘言，有漂碧千丈，滄波萬頃之狀，可以作宗氏卧遊圖，可以作柳子山水記。」後者被評爲：「清氣逼人，餘暉照座，山川奇景，寫來如畫；詞筆高欲入雲，文思清可見底。」二人雖同是模山範水，但究其作品的風神，不僅雙方指涉的重點不同，就是在詞筆與文思之間，也有繁略隱顯之別，不容混爲一談。

其他，像同爲章表之體的曹植的〈求通親親表〉、〈求自試表〉、〈陳審舉表〉、〈謝初封安鄉侯表〉、〈封鄄城王表〉、〈改封陳王謝恩表〉等，劉勰評爲：「體贍而律調，辭清而志顯，應物製巧，隨變生趣。」如果拿它和李密〈陳情表〉、諸葛亮〈出師表〉相較，雖然同屬膾炙人口，傳誦千古的佳作，但由於背景不同，學養有別，其文采的鋪陳，情志的抒發，顯然又是「各師成心，其異如面」了。

可見流派之間，和同一流派的作者之間，彼此常因時代的變遷；境遇的不同，才性的各異，在行文造語時，形成不同作風與格調，所以在這方面值得我們作比較研究的空間很大。

紛理亂，從事研究。

(四)對文壇影響的研究：魏晉南北朝散文對當時及後世文壇的影響至為深遠，也很值得我們去整

魏晉南北朝時，由於單篇作品的大量湧現，個人文集的不斷集結，給文學帶來了獨立自主的意識。於是文筆兩分的文體便應運而生。此即劉勰所指：「今之常言，有文有筆。……無韻者筆也，有韻者文也。……別目兩名，自近代耳。」可是顏延年在文筆以外，又增「言」類，認為：「筆之為體，言之文也，經典則言而非筆，傳記則筆而非言。」劉勰卻反對這種「文」「筆」「言」三分法，尤其反對視經典為無文之「言」，視傳記為有文之「筆」。因而提出反駁說：「《易》之〈文言〉，豈非言文，若筆果言文，不得云經典非筆矣。」又說：「予以為出口為言，屬翰曰筆，常道曰經，述經曰傳。出言入筆，筆為言使，可強可弱。六經以典奧為不刊，非以言筆為優劣也。」所謂：「非以言筆為優劣」者，指的就是文學性問題。當時顏延年從文學的立場看，認為經典是語言的紀錄，缺乏文學性；傳記已經擺脫語言的樸實，富有文學性。劉勰從宗經的角度著眼，對顏氏的說法不能苟同。他以為語文有口頭語和書面語之別，由口頭語化做書面語之後就是文，可以使它文采章明，也可以樸實無華。經典是我國百世不刊的寶典，它的價值不能拿言筆的優劣衡量。可見，文筆兩分的文體論，在魏晉南北朝文壇曾出現過不同程度的爭議，並使中國文學的封域，從此劃然分疆。

文筆兩分的文體論對當代文壇的影響，既如上述；其對後世影響至少可由駢散分合和文體分類

兩點進行探索。

先談駢散分合：自魏晉南北朝以文筆兩分法衡定文體之後，時人以爲有韻者爲文，無韻者爲筆；形成重「文」輕「筆」的風氣，唯六朝但有文筆之分，而無駢散之目。唐宋以後，古文運動興起，遂演爲累數百年而不休的駢散之爭。直到清代，駢散的論辨更變本加厲，桐城派宗法唐宋，儀徵派祖述文選，兩派相峙，勢同水火。其實，駢文散文各有短長，言宜散體單行者，不宜講求偶對；語宜駢體偶對者，又何須乎單行。千載以下，追根究柢，都和魏晉南北朝文筆兩分的文體論脫不了干係。

再談文體分類：唐宋以降，有韻的文指詩、詞、曲、賦，無韻的文即古文，介乎韻、散之間的就是駢文。其中韻文、駢文、散文，各代又有各代的風貌、各代的體制、各代的界說。體制既多，界說愈細。作者行文往往拘於體裁的要求，不得不剜肉補瘡，削足適履，於是產生了畫蛇添足，生吞活剝的毛病。很多學者注意到這個爲文辨體的重要而思有所建樹，像綜合古今，提出各體特點、源流與寫作準則者，有明代吳訥的《文章辨體》、徐師曾的《文體明辨》、賀復徵的《文章辨體彙選》。民國以來又有蔣伯潛的《文體論纂要》、薛鳳昌的《文體論》等，都對文體分類及其重要性，抒發己見。認爲「漢魏以上之文多創體，漢魏以下之文多因體。」文筆兩分的文體論，剛好介乎其間，居於承先啓後的地位，故談文體分類，斷不能不對它多加之意。

至於在思想方面的影響：魏晉之際，天下大亂，群雄爭霸，民無寧日，當權者只知自私自利，往往不以道義爲重，以致篡弒頻仍，生靈塗炭。曠達之士目睹國難時艱，世衰道微，爲求自保，乃崇尚老莊，任天率眞，遂開清談風氣。晉室播遷江左之後，由清談再變而爲玄學。而談玄之士多與釋子往來，談玄的內容，又與佛理相通，因而構成了魏晉六朝的獨特思想。這種思想不僅當世的作者和作品受其影響，就連隋唐以後有些文人學士的思想和清談玄學，也大有關係。所以魏晉南北朝時期的思想與散文發展，對後世文學思想的影響究竟如何？很有研究的必要。

在文論方面的影響：魏晉南北朝時期的文論，在中國文學理論史上，最是光耀史乘。蓋先秦兩漢的文學理論，雖然微言大義極具價值，但畢竟東鱗西爪，不夠圓融。魏晉以降，先有曹丕的《典論·論文》、曹植的〈與楊德祖書〉、摯虞的《文章流別志論》、陸機的〈文賦〉等，雖已粗具規模，但仍欠明備的系統。齊梁之際，於文有劉勰的《文心雕龍》，於詩有鍾嶸的《詩品》，於總集有蕭統的《文選》。《詩品》《文選》姑且不論，單就劉勰《文心雕龍》言，其「體大慮周，籠罩群言」的成就，對後世散文理論的影響十分深遠。清黃叔琳說它是「藝苑之秘寶」，認爲：「綴文之士，苟欲希風前秀，未有可舍此而別求津逮者。」所以研究魏晉南北朝散文，又何能忽視當時文論對後世的影響呢！

在作法方面的影響：魏晉南北朝散文，充分呈現時代風貌，他們在作法方面的成就，供後人參考的地方頗多。例如校練名理的議論文、模山範水的寫景文、據事類義的記敘文、流連哀思的抒情文，無一不情文相生，獨秀文壇。茲單就抒情小品言，於魏如曹丕的〈與朝歌令吳質書〉、於蜀如諸葛亮的〈出師表〉；於晉如李密的〈陳情表〉、王羲之的〈蘭亭集序〉；晉宋之際如陶潛的〈與子儼等疏〉；於梁如陶弘景的〈答謝中書書〉、吳均的〈與宋元思書〉、丘遲的〈與陳伯之書〉、劉峻的〈送橘啓〉等，他們在文字上的錘煉、語法上的工穩、謀篇上的得體、轉折上的靈活、音節上的和諧、氣勢上的完足、典故上的自然、意境上的曠達，眞是千姿百態，把散文創作藝術提昇到一定的高度，對後世文章寫作起了示範性作用。所以研究魏晉南北朝散文，其寫作方法影響文壇的情形如何，給予特別的關注，是有必要的。

㈤其他：魏晉南北朝時期以散文成書的專門著作於今而仍享盛名的很多，對當時及後世有過不小的貢獻，具有相當的研究價值，茲舉其中的犖犖大者。史傳方面：如陳壽的《三國志》、范曄的《後漢書》、沈約的《宋書》、魏收的《魏書》，酈道元的《水經注》、楊衒之的《洛陽伽藍記》；思想方面：如徐幹的《中論》，劉劭的《人物志》、葛洪的《抱朴子》，蕭繹的《金樓子》、顏之推的《顏氏家訓》；實業方面：如賈思勰的《齊民要術》；小說方面，如干寶的《搜神記》，王嘉的《拾遺記》，劉義慶的《幽明錄》、葛洪的《西京雜記》，劉義慶的《世說新語》等。其中有些著作，有人正在從事或已作過校注工作，有的進行過局部性研究，有的作過整體性研究，有的雖經研究，但對其散文藝術缺乏說明；事實上，大部分的作品，恐怕還停留在原始風貌，等待我們去探索。

## 四、結語

通過說明，我們既知魏晉南北朝散文研究的重要性，及其進行研究的重點所在，但研究成敗的關鍵，又胥以研究者的觀念、態度以爲斷。因此，筆者將個人幾點淺見，提供同道們參考，並作爲本文的結束：㈠在文學界義方面，希望參酌本國學術文化發展的特殊情況，採取折衷的定義，擴大散文活動的範疇。㈡在散文作品方面，兩漢以前的作品莫不散駢自如，並無嚴格區劃。可見「沈思」「翰藻」實非駢文所獨享。㈢在研究依據方面：研究魏晉南北朝散文，最好拿嚴可均的《全上古三代秦漢三國六朝文》爲藍本，然後再取明張溥的《漢魏六朝百三家集》和《四部叢刊》中附見的各家文集做參考，如此，才能得其全。㈣在基礎工作方面：因爲魏晉南北朝散文，除少數單篇作品外，其他大多乏人問津，所以校、注的工作亟待加強，爲進一步研究打下基礎。㈤在文學史寫作方面：爲了塡補魏晉南北朝散文的空白，和啣接秦漢與唐宋散文的發展，希望文學史的學者們，在撰寫或修正魏晉南北朝文學時，能注意此一過渡時期的重要性，分別從思想、背景、作家、作品、影響等幾個角度，來闡明當時散文發展的眞象。至於文中所舉的研究重點，以及引書、引說的地方，但求其有，不求其全；因爲本文寫作的目的，只在強調魏晉南北朝散文研究的重要性，和引發讀者從事研究的動機而已。由於筆者所見不廣，所知有限，掛漏的地方，肯定很多，希望學界先進指教。

本文見於中華民國八十三年（西元一九九四年）十一月由文史哲出版社印行，香港中文大學中文系主編的《魏晉南北朝文學論集》

# 如何開拓中國古代文學理論的新局

## ——從整理「文話」談起

## 一、寫作的動機

中華文化垂五千年，其文學作品可謂洋洋大觀，舉世所罕有，文學理論往往伴隨著文學創作而產生，自從魏晉南北朝，用「文」「筆」兩分法，將作品加以概括後，則「文」即韻文，「筆」即散文，介乎韻散之間的曰「駢文」，於是韻文、散文、駢文構成了中國文學體裁分類的三種基型，歷千百年不稍變。

從事文學理論的學者，就沿著這三種基型分道揚鑣，於是在韻文理論方面，繼鍾嶸《詩品》之後而有詩話、詞話；在散文理論方面，繼劉勰《文心雕龍》之後而有文話，在駢文理論方面，繼蕭統《昭明文選》之後而有評點、選本和四六話；研究辭賦理論的有賦話；小說、戲曲是後起的異軍，從事評論的又有小說話、曲話。通觀中國文學理論的發展，可說是有甚麼文學作品，就有甚麼文學理論，有甚麼文學理論，就有甚麼文話。文話是中國文學理論的瑰寶，居今想要開拓中國古代文學理論的新局，必須從整理和研究歷代文話始。

長久以來，研究中國古代文學理論者，於詩話、詞話、曲話的論述或整理，往往不遺餘力；唯文話、四六話、小說話以及評點、選本等方面，直到今天，還缺乏系統性的整理。既然韻文理論方面的詩話、詞話、曲話已有可觀的研究成果，故本文以下的論述重點，大部分放在散文文話上，但爲了行文方便計，也間或連類提到其他的文話。

## 二、文話的性質

文話的性質，簡單地說來就是話文，從構詞形式上看，它和詩話、詞話、曲話文例一致，似乎並無不同；但就內容質量而言，可以說籠罩駢散、陶冶情采，涵蓋十分廣遠。

從作者方面言：歷代文話作者多屬飽學雋彥之士。如宋之陳騤、唐庚、王銍、吳子良、洪邁等；元之陳繹曾、王構、潘昂霄、陳秀民、倪士毅等；明之宋濂、吳訥、徐師曾、王文祿、朱荃宰、高琦等；清之王夫之、方以智、丁晏、薛福成、魏際瑞、劉大櫆等；以及近代的吳曾祺、林紓、劉師培、姚永樸、郭象升等。由於他們識見精審，各具懷抱，於文章之事，覃思熟慮，多所用心，故一旦發爲議論，皆能洞見幽微，不僅可以借鑒後學，更足以啓人心智，提示創作的法門。

從思想方面言：歷代文話的內容思想，大多集宗經、法古的大成。如陳騤之撰《文則》，自以爲：「古人之文，其則著矣。」「故爲文之徑，當取法六經與諸子之文。」李塗之撰《文章精義》，也以爲：「經者，聖賢明道經世之言，雖非爲作文設，而千萬世文章從此出也。」陳繹曾之撰《文筌》，認爲：「六經之文不可及，何則？以其意、體、法皆備故也。」劉大櫆之撰《論文偶記》，或以爲：「徵士此論，精邃透澈，直可與宋李耆卿《文章精義》，元陳伯敷《文說》等著，並驅傳世。」各書內容思想，無不以六經爲準的，博采百家菁華，爲我國古代文論的主導。

從文體方面言：歷代文話皆專論或部分涉及文章的體裁。如蔡邕《獨斷》分天子命令群臣，群臣上書天子之文，各爲四體；曹丕《典論·論文》分文體爲四科八體；陸機《文賦》分文體爲十類；劉勰《文心雕龍》更以四卷二十篇的巨大篇幅，分古今文體爲三十三種。以後像吳訥的《文章辨體》、徐師曾的《文體明辨》、姚鼐的《古文辭類纂》、曾國藩的《經史百家雜鈔》，以及近人薛鳳昌的《文體論》、蔣伯潛的《文體論纂要》等，或詳或略，說法容有出入，但都能上紹先秦，下及當代，窮原竟委，爲文章分體之研究厚植基礎。

從創作方面言：歷代文話對修辭技巧都十分講求。如劉勰《文心雕龍》，自《神思》至《總術》，用四卷十九篇專門討論「剖情析采」問題，以爲創作雖然要「取鎔經旨」，更須「自鑄傳辭」，後世論文章修辭而法理兼備者，當以此爲嚆失。陳騤撰《文則》，爲文章修辭方面的首要著作；尤其對修辭的原則、方法，無不歸納古籍，析理詳備，足資後人借鑒。李塗《文章精義》，主張「文貴起句見意」，「文章長短繫乎體之廣狹」。陳善《捫虱新話》，論文貴「長短間行」「首尾相應」「題外立意」與「奪胎換骨」之法。宋濂《文原》論文章的「四瑕」「八冥」「九蠹」。

高琦《文章一貫》，主張為文首重「立意」，次為「氣象」，次言「篇法」，又次言「章法」「句法」「字法」以及「起端」「叙事」「議論」「引用」「譬喻」「含蓄」「形容」「過接」等。各家或規矩前賢，或獨抒己見，皆能由近及遠，自卑而高，示例淺顯，取捨得法，實乃創作的津梁，析采的南鍼。

中國文話的性質，囊括百家，光耀翰林；其內容的博大，門類的繁多，析理的深切著明；有時雖寥寥數語，但一經咀嚼，便覺情韻綿綿，蘊藉無窮。它的確是中國文論中取之不盡，用之不竭的寶藏。尤其當詩話、詞話、曲話經過學者的研究，而大量投入實際的創作後，我們想要進一步提升文學理論的質量，對文話——這股靈泉活水的抓緊研究，恐怕是重要途徑了。

## 三、文話的發展

往古論文之語，散見經籍，如《尚書·舜典》：「詩言志，歌永言，聲依永，律和聲。」《禮記·表記》：「情欲信，辭欲巧。」《論語·為政》：「子曰：詩三百，一言以蔽之，曰思無邪。」同書〈八佾〉：「關睢樂而不淫，哀而不傷」等，皆中國文學理論的權輿，雖屬零縑碎玉，但言簡意賅，對後世論文有深遠的影響。

兩漢「文」與「學」分，文體日繁，而評論之學也日趨精密。如衛宏〈詩序〉之論風、雅、頌，司馬遷《史記》之評〈離騷〉，桓譚之著《新論》，王充之作《論衡》，規模粗具，惜終非專爲論文而設。

建安以還，才士輩出，論文之風始盛。如曹丕的《典論·論文》，曹植的〈與楊德祖書〉、應瑒的〈文質論〉、陸機的〈文賦〉，摯虞的〈流別論〉、李充的〈翰林論〉等馳騁衢路，策勛文苑，已具有文論方面獨立的價值。

南北朝評文風氣益加蓬勃，尤其是南朝，不僅大家蜂出，就是作品內容也多方兼顧。在當時廣大的文論園地裡，卻出現了三顆震古鑠今的彗星：那就是劉勰的《文心雕龍》，鍾嶸的《詩品》和蕭統的《昭明文選》。他們不僅爲南北朝以前的文學理論做出總結，同時，更爲唐宋以後的文學理論，標誌著三條發展的主流。

唐代論文之說，大多見於《晉書》、《梁書》、《陳書》、《南史》、《北史》、《隋書》的文苑傳或文學傳。其間成書雖有，但大多史留空目，看不到原作。如孫郃的《文格》、馮鑒的《修文要訣》、王諭的《文旨》、王志範的《文章龜鑒》、張仲樞的《賦樞》、范傳正的《賦訣》、浩虛舟的《賦門》、白行簡的《賦要》、紇干俞的《賦格》等是其例。

降至兩宋，文體尤繁，散文方面姑且置而不論，在駢散兩體之外，更有平話、語錄、章回小說等，皆應運而生。文體既多，批評方式也改弦易轍。此時，不惟詩話、詞話各成大國，就是散文、駢文也成對峙之局。如唐庚《子西文錄》、陳善《捫虱新話》、陳騤《文則》、王正德《餘師錄》等，或評論得失，以較優劣，或分別工拙，以見高下，於質於量皆超越前世。

元代文論承襲唐宋諸賢，其專門著述有《文說》、《修辭鑒衡》，或爲制藝而作，或擷取文集、說部而成，內容蕪雜，精義不多。

明清兩代文派紛紜，由於八股取士的影響，論文風氣較之前古尤加密備。一時評文之士如明之宋濂、王文祿、朱荃宰、高琦、李叔元、陳懋仁、王世貞、吳訥、徐師曾等；淸之侯朝宗、魏禧、邵長衡、方苞、姚鼐、劉大櫆、曾國藩等。皆義嚴法密，各樹一幟。

鴉片戰爭後，帝國主義打開了我們閉關自守的封域。由於船堅礮利的淫威，摧毀了我們的民族自信心，傳統學術既日漸式微，遂引起了中西新故之爭。近代文話也由古質雅潔而趨於平淺曉暢。如劉師培、吳曾祺、姚永樸、林紓、陳衍等，其論文之作，更因受西方治學方法的影響而發生了根本上的變化。

綜觀我國文話發展，由草昧而文明，由簡易而繁複，研究我國古代文學理論者，藉此可上觀千世，下察來葉，舉凡文學思想、文學體裁、文學創作、文學批評，其承襲因革，創新變化之跡，都可以在文話中體現他們的脈動和訊息。

## 四、解開《文心》的包袱

劉勰《文心雕龍》誠爲中國古代文學理論的結晶，但不能代表中國古代文學理論的全部，關於這一點兒，我們可以提出三點理由來說明。首先，從時間上說：《文心雕龍》出現於齊梁之際，西元五〇一年前後。先秦兩漢以迄魏晉，凡經典古籍中有關文學理論的精言奧義而切合時用者，均被劉勰取精用弘，分別揀擇，收羅在他的作品中。迄今雖歷時一千五百年，而研究者只要想探討中國古代文論眞象，如果不問津劉氏之門，幾乎等於經斷港絕潢而蘄至於海，根本是自絕生路。但隋唐以下，經宋元，歷明淸，所謂：「時運交移，質文代變」，若唐詩、若宋詞、若元曲、若明淸小說與戲劇，均爲劉勰所未見。《文心雕龍》的內容，固然博大精深，籠罩群言，但千年以前又何能爲千年以後的作品，預立論評乎？所以《文心雕龍》在中國文論的長河裡，自有不容否認的局限性。

其次，從文化上說：文學發展和學術文化息息相通，魏晉以前，是純中國文化時期的中國文學，隋唐至淸代道光年間，爲中印文化交流時期的中國文學。鴉片戰爭以後，中國藩籬盡撤，西方文化挾船堅礮利的淫威，沛然東來，此時又邁入了中西文化交流時期的中國文學。劉勰《文心雕龍》剛好出現在魏晉和隋唐之間，換言之，也就是純中國文化時期和中印文化交流時期，這個大開大闔的交會點上。他雖然具有承先啓後，繼往開來的能量和影響，但中印文化交流後，對中國文學思想上、體裁上、創作上、修辭上、批評上，所發生的種種新變；尤其中西文化交流期間，我國文學思想的流變，作品的多樣，加上政治、社會、經濟、教育、工商業等各方面錯綜複雜的影響，「文變染乎世情，興廢繫乎時序」，雖然劉勰說：「原始以要終，雖百世可知」，可是上述的種種文學現象，都是他始料所不及。爲此，研究中國古代文學理論，如獨抱《文心雕龍》，便以爲可以登泰岳而小天下，勿需外求，那不但昧於現實，更徒增自蔽。

又其次，從研究上說：數十年來，由於學術界的努力，已使原本遭受冷落的《文心雕龍》，逐漸躍升於世界文壇之林而成當代「顯學」。目前華人聚集地區的漢學家，自然是無人不知「龍學」，就是遠在歐美的英國、美國、蘇俄、比利時、法國、德國，近在東方的日本、韓國、朝鮮，凡留心漢學的也都承認劉勰《文心雕龍》的重要性，並多有論著發表。《文心雕龍》不僅是中國文學理論的寶典，其內容的充實、結構的嚴緊、措辭的雅潔、形式的整練，眞是篇篇淸警，字字珠璣，如同黃金美玉，光芒四射。所以它本身就是一部高水準的文學傑作。綜理手邊可見的千數篇的研究論文中，各從不同的角度、不同的層面，向深處挖掘它的菁華。如作者問題、時代背景問題、思想體系問題、板本刊刻問題、文字譯注問題、慣用術語問題、作品比較問題、對後世影響問題，以及其重要理論的闡發，所謂風骨論、體性論、通變論、定勢論、聲律論、修辭論、養氣論等，任何一項，都有專家學者們從事研究。近年，更有人從《文心雕龍》的美學、美學思想、審美標準，和配合當前世界上流行的社會主義、三民主義、資本主義，並運用西方的治學方法，來研究劉勰的唯心論、唯物論、世界觀等；又有人想突破傳統格局，別開生面，從人類文化學的觀點看《文心雕龍》，從玄學談本體論與《文心雕龍》。思路越走越窄，問題越來越複雜，文章也越寫越難懂，好像《文心雕龍》是一部萬寶全書，和甚麼學科都能扯上關係。事實上，這些勉強牽合的作法，證明了《文心雕龍》的研究，的確到了它的極限。

當今日《文心雕龍》的研究已如黃昏落日，逐漸走入歷史盡頭的時刻；我們要拿出面對現實的勇氣，下定決心，在劉勰《文心雕龍》的宏觀架構下，如何爲中國古代文學理論，開創新的局面，注入新的活力呢？這才是我們當前應該正視的課題。

## 五、汲取文話活水

文話之於文章，猶規矩之於工匠。它不僅爲當時文學理論的反映，且能彰顯作者立說的思想，剖析文章的體裁，開示爲文的方法，闡揚作品的精義，標誌文論的途徑，尤其當「龍學」研究面臨山窮水盡之時，擷取唐宋以下後出的文話，做爲我們中國古代文論的靈泉活水，使它再現生機。而汲取文話的方法，首先是做通盤的整理，其次，是分別研究其內容。

在通盤整理方面：唐宋以下至近代的文話，可分散文話、四六話、辭賦話，以及小說話。專門著作之多，難可指數。台灣文化大學博士陳邦禎，著《兩宋文話初探》，收得散文話六種，四六話四種，如唐庚的《子西文錄》，陳善的《捫風新話》、陳騤的《文則》、王正德《餘師錄》、吳子良的《荊溪林下偶談》、李塗的《文章精義》、王銍的《四六話》、謝伋的《四六談麈》、洪邁的《容齋四六叢談》、楊囦道的《雲莊四六餘話》等。又台灣文化大學碩士薛瑩瑩，研究元代文話，著有《陳繹曾先生之生平及其文論》，收錄元人陳繹曾的《文說》、《文荃》及《古文矜式》等三種，皆屬散文話。台灣東吳大學碩士王妙櫻，著有《王構修辭鑒衡研究》，書中分詩話、說部集部二類，爲韻文中的詩話和散文中散文話的綜合作品。台灣文化大學碩士李四珍，著有《明清文話叙錄》，書中收得的散文話，於明有王文祿的《文脈》、朱荃宰的《文通》、宋濂的《文原》、高琦的《文章一貫》、李叔元的《新鍥諸名家前後場肄業精訣》、王世貞的《文評》等六種；於清人有張次仲的《瀾堂夕話》、王夫之的《夕堂永日緒論外編》、劉青雲的《續錦機》、張秉直的《文談》、梁章鉅的《退庵論文》、丁晏的《文彀》、曾國藩的《鳴原堂論文》、薛福成的《論文集要》、阮福的《文筆考》、黃宗羲的《金石例》、顧炎武的《救文格論》、魏際瑞的《伯子論文》、魏禧的《日錄論文》、汪瀇的《掄元匯考》、黃與堅的《論學三說》、馬榮祖的《文頌》、田同之的《西圃文說》、劉大櫆的《論文偶記》、路德的《仁在堂論文》、李元春的《四書文法摘要》、方宗誠的《論文章本原》、朱景昭的《論文芻說》、方以智的《文章薪火》、呂留良的《呂子評語餘編》、楊繩武的《論文四則》、范泰恆的《經書巵言》、吳德旋的《初月樓古文緒論》、方宗誠的《讀文雜記》、劉熙載的《文概》等二十九種。四六話於清人有陳維崧的《四六金鍼》、李兆洛的《駢體文鈔》、孫梅的《四六叢話》等三種，合計三十八種。台灣東吳大學碩士林妙芬著《中國近代文話敘錄》，於清人有包世臣的《藝舟雙楫論文》、唐才常的《論文連珠》、陳康黼的《古今文脈略述》等三種，於民國有林紓的《畏廬論文》、吳曾祺的《涵芬樓文談》、劉師培的《論文雜記》、《文說》、章廷華的《論文瑣言》、胡懷琛的《文則》、徐昂的《益修文談》、馬敘倫的《修辭九論》等八種。辭賦話方面，於清人有魏謙升的《賦品》、劉熙載的《賦概》、浦銑的《復小齊賦話》。綜理上述，加以統計，散文話得五十五種，四六話得六種，辭賦話得六種，共六十七種。

實際上，根據我手邊的資料，來檢查上開陳邦禎、薛瑩瑩、王妙櫻、李時珍、林妙芬等五位在專題研究著作中所搜得的文話加以對比，遺漏的相當多。例如宋王應麟的《辭學指南》、樓昉的《崇古文訣》；元倪士毅的《作義要訣》、陳秀明的《東坡文談錄》、潘昂霄《金石例》；明談遷的《棗林藝簣》、邵經邦的《藝苑玄機》、王世貞的《文章九命》、楊邦的《藝苑玄機》、王世貞的《文章九命》、楊愼的《升菴論文》、薛敬軒的《讀書錄》；淸唐彪的《讀書作文譜》、《父師善誘法》、趙吉士的《萬靑閣文訓》、張履祥的《讀諸文偶記》、王兆芳的《文章釋》、王源的《文章練要》、朱宗洛的《古文一隅》、申頲的《耐俗軒課兒文訓》、吳蔭培的《文徵》、葉元塏的《葉氏睿吾樓文話》、吳鋌的《文翼》、胡韞玉的《歷代文章論略》、《論文雜記》、《餘墨》、《讀漢文記》、夏力恕的《菜根堂論文》；近代謝愼修的《作文法》、李鏮鏜的《修辭舉隅》、張一鵬的《文話便覽》、陳衍的《石遺室論文》等三十種。

又日本國學者也有文話著作，內容可觀，值得借鏡。如齊齋滕謙的《拙堂文話》、海保漁村的《漁村文話》、《漁村文化續編》、山本信有的《作文志彀》、《作文率》、《文用例證》、伊滕長胤的《作文眞訣》、服元喬的《文筌小言》、太宰純的《文論》等九種。

通計前開五位學者已收和未收，連同日本學者的作品在內，中外共得一百零六種之多。這還僅限於專門著作而爲個人收藏可知者，如果廣事搜求，再加上單篇文論的話，其資料之多，眞可謂恆河沙數。多年以來，我就想編一套《中國歷代文話叢刊》，供同好或後來者作爲擴大文學理論研究範疇，和提升文學理論研究質量的參考，終因個人時間有限，兼顧乏力，至今尙停留在準備階段。

在分別研究方面：文話既經取得，則分別根據各書的性質、內容的偏重，做進一步研究，是有必要的。首先研究的是各書分類問題：判定該書是屬於選本類呢？或評點類呢？或論文類呢？在論文類中，是散文話呢？是四六話呢？是辭賦話呢？是小說話呢？

大類既分，繼而研究細目，現在以散文話中的唐庚《子西文錄》爲例：第一步要研究作者生平行事，其次是版本流布情形，第三是內容的剖析。尤其在內容剖析方面，更不可或缺。以下仍以唐庚《子西文錄》爲例，說明深入分析的必要性。

《文錄》全書不過三十五條，根據餘杭強幼安的說法，以爲本書是唐氏生前和好友關子東在宣和元年己亥（西元一一一九年），於景德僧舍相與論文之語。時幼安所記，僅得數紙，後因兵災火劫，舊日所記多不復存，至紹興八年戊午（西元一一三八），才復由強氏追記而成。自己亥至戊午，其間相距二十年，正因時隔久遠，再加衰老多病，故今日所見的《文錄》，還不及原來所記的一半。且書中言詩者多，言文者少，故前人常把它列入詩話；其實，它言文處雖少，但每條均擲地有聲。所以不能因其少而見廢。像這樣名曰《文錄》，卻詩多文少的情形，光是顧名思義，又何能得其眞象？

再以林紓的《文微》爲例：林氏此書，民國十三年（西元一九二四年）木刻本，由林氏口授，門弟子朱羲冑纂述，共分十章，二百八十條，知林氏有此書的不少，但眞正讀過的人並不多，此書現藏北京圖書館北海分館，爲普通線裝善本。書前有羅田王葆心的序，蘄春黃侃的題辭。黃氏對此書頗爲推崇，曾說：「自彥和已後，世非無談文之專書，而統緒不明，倫類不析；如是書之籠圈條貫，蓋亦稀矣！」像這樣一部可與《文心雕龍》並論的文話名著，如不深入研究，豈非望前賢而顏汗！

## 六、結語

任何學術研究的本身，都具有其獨特的承襲性和開創性，中國古代文學理論爲學術文化的一環，更應該注意這種通變的規律。《文心雕龍》雖不是甚麼萬應靈丹，但它那「陶冶萬匯，組織千秋」的宏規遠模，和「體大慮周，籠罩群言」的博學廣識，確實是我國文論的祖傳密方，永久不朽的典範。

本文提出欲開拓中國古代文論的新局，必須汲取文話中的靈泉活水，目的是希望我們能踏著「龍學」一方面已有的研究成果，融合唐宋以下，後出的詩話、詞話、曲話、散文話、四六話、辭賦話、小說話，以及評點、選本等各方面的資料，融其精醇，汰其糟粕，然後再陶鈞提煉，繼劉勰之後，完成一部劃時代、劃歷史的「新文心雕龍」，只有如此，當我們上對億萬世之祖宗，下對億萬世之後代的時候，才能面無羞赧之色。

文中對文話的性質、文話的發展，和如何汲取文話的養分等，多屬發凡起例，不能算是成熟的意見。且內容所述，大致平淺通俗，卑之無高。讀者既可望文知義，文末自勿需附注。希望知音君子，不吝教我。

中華民國八十二年（西元一九九三年）七月七日完稿於台灣師範大學

後刊於民國八十四年一月第一期《文藝理論雙月刊》

# 古典散文藝術的真實性

散文是一種藝術，而任何藝術總離不開情感的掌握、表現的具體和動人的美感。三者如果能圓滿結合，才可以稱之爲藝術的整體，令人爲之欣然而喜、淒然而悲、躍然而興、頹然而喪；甚或發憤忘食，樂以忘憂，達到愛不忍釋的境界。散文，就是這種以文字爲媒介的文學藝術。

觀古今著作，自《尚書·堯舜》之典，經殷商甲骨、兩周金文，以迄現在的語體，在三千多年的歷史長河裡，散文作品之多，可說是汗牛充棟。就拿篇章的多寡來說：以四庫全書爲準，除經部中的《詩經》和集部中有韻的詩、詞、曲、文以外，其他全都是用散文體裁寫成的；再以現行高中、國中標準本國文教科書而言，在總計兩百多篇選文裡，有韻的詩、詞佔極少數，百分之九十左右仍是散文。可見散文篇章之多，是其他文體不能相提並論的。再從文字數量來說：散文的文字數量固然不容易拿出確實可靠的數字，但是如果用「恆河沙數」來比方，應該不算過分，古人所謂「皓首窮經」、所謂「書破萬卷」、所謂「一部二十五史，不知從何說起」，大部分是指散文而言，所以散文文字數量之驚人，更是令人言之咋舌。再拿實用價值而言：散文可以叙事、可以抒情、可以說理、可以狀物；除了詩、詞、曲文之外，後起的小說、戲曲，看起來規模宏富，花樣別出；但是如果沒有散文作骨架，它們就像拆散了的七寶樓臺，根本不可能成立。至於人際關係中往來的公文，溝通情意的書信，凡日常生活需要的片言隻字，沒有一樣不需要散文，作爲彼此聯絡的工具。所以從篇章的多寡、文字的數量、實用的價值三方面來看，散文在我國文學中都有不容忽視的地位。

一般人對散文的看法，認爲只是一種形散神聚的作品，所謂「形散」，指它題材廣泛，結構靈活；所謂「神聚」，指它主題集中，思理一貫。我們既然將散文視爲文學藝術，則藝術除了前面說的三點共同特質之外，散文自必有它個別的特質。如形象性、眞實性、多樣性、散體性、音樂性、整體性等，現在筆者只揀其中的一種，那就是「眞實性」。來向各位讀者談一談散文。

散文所以能感人，因爲它是最接近現實生活的文學體裁；當多采多姿的客觀事物觸動了作者，或作者感懷身世，觸物傷情，而如鯁在喉，不吐不快時，於是記人敘事、狀物寫景、表情達意，均有感而發，有爲而作，從肺腑中自然流出。只有眞情實性的作品，才能動人心弦；使讀者爲之神魂顚倒，悠然陶醉而不自覺。然則何謂「眞實」？過去《莊子·漁父》曾記載著這樣一個故事：

孔子愀然曰：請問何謂眞？客曰：眞者，精誠之至也。不精不誠，不能動人。故強哭者雖悲不哀，強怒者雖嚴不威，強親者雖笑不和；眞悲無聲而哀，眞怒未發而威，眞親未笑而和；眞在內者，神動於外，是所以貴眞也。……眞者所以受於天也，自然不可易也。故聖人法天貴眞，不拘於俗。

可見眞乃精誠之至，不精不誠，不能動人。而眞情來之天性，非人力得以勉強。世界上也只有一種情意眞誠的作品，方能使悲者因哭而哀，怒者因嚴而威，親者因笑而和。散文的抒情、敘事、說理、狀物，均直接記敘和發抒作者生活中的所見、所聞、所思、所憶。以下就按照這個程序，來體認散文的眞實性。

現在先講抒情散文的眞實性：抒情散文，多半以含蓄蘊藉爲主，全不說破，一切由讀者自己去體會，就像那彈琴的弦外之音，幽澗的潺溪流水，喫橄欖時的那點回味兒。表面上看去，似無甚動人之處，但仔細玩索，每一個字眼，卻又情深似海，眞實感人。例如方苞的〈左忠毅公軼事〉這是一篇記傳體的散文。內容在敘述左忠毅公和史可法之間的師門情誼，誠摯感人。尤其第一、二段以記敘的方式表達左光斗有卓越的眼光，能識別、選拔史可法於衆人之中，以及自己身陷牢獄，受盡酷刑後，還能堅貞自持的風骨。文章不雕不琢，簡潔平實，筆甜墨飽，十分細緻。譬如寫風雪嚴寒中「解貂覆生」「爲掩戶」，等到考試唱名，與史可法見面，在那「瞿然注視」的剎那間，不僅處處活生生地描繪出左光斗的愛才、求才的神態，尤其是「解貂覆生」的「解」字，「爲掩戶」的「爲」字，雖然只是兩個小小的動作，卻蘊育著萬斛情感。眞叫讀者爲之動容！接著寫史可法化裝入獄探視的情況，左公忿怒地對他說：

庸奴！此何地也，而汝來前！國家之事，糜爛至此，老夫已矣！汝復輕身而昧大義，天下事誰可支柱者?不速去,無俟姦人構陷,吾今即撲殺汝!因摸地上刑械,作投擊勢。

左光斗雖然身陷牢獄,但基於爲國惜才的一片忠忱,遂勉強壓抑著自己盈眶的熱淚,怒斥史可法,說他應以國事爲重,切不可以一己的私愛,忽視了國家民族的危難,如果輕身而昧大義,普天之下還有誰來支撐這個局面呢?遂摸地上刑具,作投擊狀,目的是趕他速速離去,以免受奸人陷害。這種語重心長,忠貞不二,臨難不苟的情操,如果我們閉目沈思當時他們師生相會的往事,相信沒有不怦然心動的。以爲史可法每當想到這件事,就情不自禁地讚嘆說:

吾師肺肝,皆鐵石所鑄造也。

這是史可法的稱頌,也是作者的稱頌。文章寫到此處,把左光斗對史可法由愛護而怒斥的兩種不同的感情,在不同的背景下,不同的場合下,作了鮮明對比;使他們師生的情誼,借著乾淨俐落的文字,充分宣染,達到懇摯感人的藝術效果。

講到散文抒情的眞實,站在文學欣賞的立場,我們只講「情眞」仍然不夠,還要進一步探究表達「情眞」的作法,才是入手的重要關鍵。探究散文作法,重點就是要研究作品的構思和運筆的技巧。看它如何抒情,如何選材,如何布局,如何修辭,如何虛實相生,賓主對待,如何抑揚頓挫和前後呼應等。現在我們再拿一篇情與境偕,旨趣豐富的作品——蘇軾〈記承天寺夜遊〉爲例,來比對說明。

〈記承天寺夜遊〉僅僅八十三個字,可是蘇軾那種「文理自然,姿態橫生」的筆鋒下,卻將自己眼中所見、心中所想，融叙事、抒情、寫景於一爐，勾勒出一幅優美的月色夜景圖。而在這幅夜景圖中，貯滿情思，情與景會，不但文字清麗可貴，且躍動著作者內心淡淡的哀傷。

文章一開始從「月色入戶」寫起，勾起「欣然起行」的情思。然後至承天寺邀友賞月，遂「相步於中庭」。思路自然熨貼，毫無斧鑿痕跡。而融情入景，叙事見情的筆致，更是輕靈可掬，宛然如在目前。以上接著便用具象化的積水、藻、荇來烘托抽象的月色。所謂「積水空明」寫的是月色的澄清。竹柏的投影，如水草交橫，寫的是月色朗照的動態美，玲瓏剔透，新穎別緻；只寥寥數筆，恰與前面作者欣然起行之情吻合。「何夜無月？何夜無竹柏？」文情一挫，頓然萌生無人欣賞，「如此良夜何」的哀傷！「但少閑人如吾兩人耳。」一方面和前面邀友賞月之事呼應，另一方面表現了作者在官場失意後，那種擁抱自然和曠懷得失的心情。全文情景交融的韻味，在細心玩賞之餘，相信一定會讓你有餘音繞樑的感覺。這也是有眞性情，才有眞文章的具體明證。

其次，再來欣賞說理散文的眞實性：如《左傳·僖公》五年（西元前六五五年）〈宮之奇諫假道〉一文。清朝劉熙載在他的《藝概·文概》裡說：「喜用密。」其實，本文以說理爲主，記叙爲輔，在記叙中，作者造語簡煉精密，如第一段僅十個字，所謂：

**晉侯復假道於虞以伐虢。**

開門見山的，便把事情發生的背景交待得清清楚楚，並點明晉國、虞國、虢國三個國家在這一事件各自所處的地位。中間用個「復」字，更表示假道之事，已不止一次。從這裡可以看出作者所用的語言，無一字無作用，眞是少一字則意闕，多一字則文複，多麼的簡潔精煉。至於以下宮之奇向虞國國君陳說虞、虢相依爲命，不可允許晉國假道，而自取滅亡時說：

虢，虞之表也。虢亡，虞必從之。晉不可啓，寇不可翫。一之爲甚，其可再乎？諺所謂「輔車相依，唇亡齒寒」者，其虞、虢之謂也。……

宮之奇的諫辭共二百餘字，其中引用了民間諺語一條，《周書》中的格言三條，又列舉歷史事實一則，歷史教訓一則。整個諫辭爲當政者提供了大量的重要信息。他先論虞、虢二國相存的勢，繼而論虞、虢與晉皆同姓相親，晉既滅虢，又何愛於虞？再論治國理民，惟德是依，鬼神不可信賴。前後層次井然有序，激昂慷慨，淋漓盡致，處處閃耀著智慧的火花。雖苦口極諫，但虞君終因不聽而國亡身滅。尤其文中所引的諺語，如：

輔車相依，唇亡齒寒。

鬼神非人實親，惟德是依。

這些史實和諺語，因爲說來眞切生動，包羅宏富，久已家喻戶曉，成了耐人尋味的口頭禪了。又《戰國策·秦策》載有〈蘇秦以連橫說秦惠王〉一文。前面寫蘇秦的困頓，後頭叙蘇秦的顯達。寫他失意歸來的地方，何等淒涼！寫他飛黃騰達的地方，又是何等熱鬧！一個人的生平，兩種不同的際遇，明顯看出人情的冷暖。其中寫蘇秦困頓的一段文字，最是感人。他說：

蘇秦說秦王書十上，而說不行。黑貂之裘敝，黃金百斤盡，資用乏絕，去秦而歸。羸縢履蹻，負書擔囊，面目黧黑，狀有愧色。歸至家，妻不下紝，嫂不爲炊，父母不與言。蘇秦喟然嘆曰：妻不以我夫，嫂不以我叔，父母不以我爲子，是皆秦之罪也。

是說蘇秦到秦國游說秦王在那裡住了一段很長的時間，他爲了爭取光宗耀祖，一登龍門，身價百倍的機會，雖然「說秦王書十上」，可是他的意見，始終沒有被秦惠王採納。身邊的旅費花光了，不得不離開秦國。那種境況眞是狼狽不堪。你看他打著綁腿，穿著草鞋，背著書箱，挑著行李，滿臉污垢，兩眼失神，垂頭喪氣地回到家裡。滿想落魄歸來，得到一點兒家庭的溫暖，萬萬沒想到，妻子看到他不下織布機，嫂嫂看到他不給他煮飯，父母看到他一聲也不吭，不禁使蘇秦喟然長嘆，暗暗的對自己說：「妻不以我爲夫，嫂不以我爲叔，父母不以我爲子，皆秦之罪也。」相信任何人讀到這裡，除非鐵石心腸，無不被蘇秦到家時遭遇的難堪處境，而淚下沾衣的，足見眞情實事感人之深！短短百十字，就勾勒出一個嫌貧愛富的時代背景，刻畫了一個有個性、有特色的人物，其中有叙述、有想像、有傷感、有激憤，不過三言兩語，就把他們的神態、心情、動向，寫得十分逼眞而傳神。黃宗羲〈論文管見〉說：

文以理爲主，然而情不至，則亦理之郛廓耳。廬陵之志交友，無不嗚咽；子厚之言身世，莫不悽愴。古今自有一種文章不可磨滅，眞是「天若有情天亦老」者。

天下之至文，未有情盛而理不至者，觀黃氏的說法拿古今不可磨滅的作品，乃今尙留存於天地間的，又何止乎廬陵、子厚；就以東晉時代的陶淵明爲例來說吧，他可以稱得上是一位行文眞能悱惻動人的作者，宋朝蘇軾評陶淵明的作品說：

陶淵明欲仕則仕，不以求之爲嫌；欲隱則隱，不以去之爲高。飢則叩門而乞食，飽則雞黍以迎客。古今賢之，貴其眞也。

今觀陶集中的「五柳先生傳」，實際上是陶淵明藉「五柳先生傳」來寫自己寄情詩、酒，樂道安貧的情懷。根據蕭統〈陶淵明傳〉說：

淵明少有高趣，嘗著〈五柳先生傳〉以自況。

所以五柳先生的生活情趣，正是淵明棄官歸隱後人生態度的反映。首句「先生不知何許人也？」飄然而來，接著寫讀書、寫飲酒、寫衣食住的狀況、寫以文章自娛，忘懷得失，最後引黔婁爲知己，自比於遠古之民。通篇不作開闔、不作波瀾、不用典故、不假藻飾，文筆舒展，自主爽然。以寥寥一百六十一字，娓娓道來，把一位高尚之士，寄情詩酒，安貧樂道的高風亮節，寫得眞摯動人。清朝林雲銘《古文析義》評此文說：

此乃陶公實錄也，看來此老胸中，浩浩落落，總無一點粘著，既好讀書亦不知有章句，嗜飲酒亦不知有主客。毋論富貴貧賤，非得孔、顏樂處，豈易語此乎？

又陶淵明的〈與子儼等疏〉，更是陶公平生實錄，全副學問。對窮達壽夭，既一眼覷破，至於夫妻、父子、人倫大義、生死交關，都能觸處任眞，流露至情。這篇散文的中段曾經說：

少學琴書，偶愛閒靜，開卷有得，便欣然忘食。見樹木交蔭，時鳥變聲，亦復歡然有喜，常言五六月中，北窗下臥，遇涼風暫至，自謂羲皇上人。

在短短五十五字中，他把自己所學、所愛、所得、所喜、所志，作了充份的刻畫。他學的只是琴書，所愛的惟有閒靜，所得的是開卷，所喜的乃樹木時鳥，所志的更是羲皇上人，世俗的功名利祿，如同浮雲一般，和他毫無關係。清方宗誠《陶詩眞詮》說：「〈與子儼等疏〉『開卷有得』二句，與古爲徒也：『見樹木交蔭，時鳥變聲，亦復歡然有喜』，與天爲徒也：『自謂是羲皇之人』，淵明平生自期待者如此。統觀淵明性情，大約介於狂狷之間；而其篤信好學，守死善道，危邦不入，亂邦不居，天下有道則見，無道則隱，眞是聖賢之學。」這就是陶淵明的性情本色。所以我們讀他這段文字時，直接地感覺到好像有一股眞氣盤旋紙上，緬懷他那種高風亮節，淡泊名利的志趣，眞令人久久不能掩卷！

不過眞實的散文，並不一定純指敘事、說理、抒情，就是狀物之作，亦復如此。如唐代韓愈的〈畫記〉，這一幅長卷，場面極爲壯觀，筆觸生動細緻；然而韓愈僅以四百餘字的短文，就將這一瑣細複雜的畫面，作逼眞的描繪，其作法是先將畫中五百多人和物，分爲人、馬、禽獸與雜器物四類，然後再分門別類的加以介紹。比如寫人，先寫男人，後寫婦孺；男人中又先記騎馬者，後寫不騎馬者。四大類之間，也有詳有略，如人與馬，一一列舉各種動態；禽獸與器物，則僅概舉名稱。寫人時，對每一個同動作者，皆標出數目；寫鳥時，則不點明具體數目。由於作者的觀察敏銳，分析力強，又能綱舉目張地加以組織，故將這幅內容龐雜的遊獵圖長卷，寫得主從分明，千姿百態。

不僅使讀者實地體現了畫面的風景事物，同時，由於語言的生動活潑，更引人無限遐思！

方苞以爲自周代《考工記》以來，再也找不出像韓愈這樣有功力的作家。歐陽修自認爲作不出來，儲欣說韓愈筆力善變，無施不可。後來有不少的散文作家，想和韓愈爭勝，例如像明末黃淳耀寫的〈李龍眠畫羅漢記〉，清代魏學洢的〈核舟記〉，一個是記畫中羅漢渡江的艱辛之狀，一個是寫在一寸大小的桃核上雕刻的蘇軾赤壁泛舟情景。都是運用簡練之筆，狀靜物實象的散文名篇。描摹傳神，令人如見其形，如聞其聲。不過如果拿來和韓愈的「畫記」相較，無論是寫人、狀物、章法、布局，尤其在系統分析方面，行文下字的精準方面，簡直是判若天壤，根本不能相提並論的。

散文藝術的層面很多，眞實性不過是其中之一而已。欣賞散文之美，就像欣賞一幅名畫、一塊美玉，名畫、美玉雖然其本身已具備了欣賞的條件，但「世有伯樂，然後有千里馬」，如果沒有遇上明眼的伯樂，再有名畫、美玉或名篇佳作，一定會和草木同凋，糞土同朽，突顯不出它與衆不同的價值來。所以散文鑑賞，就像音樂家，必須有操練千種以上歌曲的素養，就像骨董家，必須曾把玩千種以上寶器的經驗，同時，欣賞不止是感官上的「看」，更是一種十分複雜的思辨活動。對於一篇散文如果僅知道它的作者是誰？內容爲何？形式爲何？這樣還談不上欣賞。眞正的欣賞，必須由作品之外，走進作品之內，由外在形式，走入內在情意；換言之，就是透過作品的形式，來觀察作者的感情世界。這樣才如撥雲見日，看到作者的眞面目、眞性情。本文的寫作，不過是古典散文藝術欣賞的一部分而已！

本文見載於中華民國八十四年（西元一九九五年）十二月教育部人文及社會學科教育指導委員會編印的《國語文教育研究》

# 《三民主義》文藝創作原理初探

## 一、前言

凡獨立而有系統的學問，無不有其超越時空，固定不移的原理，作他持論的依據，或構思運作的大經大法。根據此一邏輯，我們便可以推論，只要《三民主義》思想不變，那麼我們的文藝創作原理自亦不變。

文藝創作的範圍十分廣泛，就拿「藝」的內涵而論，其中就可分「文藝」和「武藝」兩大類，回溯春秋時代，孔夫子教授生徒，當時的學科內容就有「禮、樂、射、御、書、數」六藝，目的在使學生文武兼修，術德並重。居今而言，單是文藝就包括的有散文、小說、詩、詞、戲曲、電影、美術、工藝、塑雕等，幾乎關係人類精神文明的一切活動，可說包羅殆盡。而人類生活不外物質和精神。精神文明於人類生活的關係，如飢之思食、渴之思飲、勞之思息，不可須臾或離，像這樣重要的活動，勢必有其基本的原理，作爲共同發展的軸心。

尤其中國文化與西方文化不同，有人說中國文化屬於「內傾型」，特別重視政治和道德，視四海爲一家，天下爲一人，沒有向外征服的野心。例如唐太宗詩云：「雪恥酬百王，除凶報千古」，王維詩：「九天閶闔開宮殿，萬國衣冠拜冕旒」。細玩詩意，完全是一種濟世道德的實踐，而非窮兵黷武的侵略，是國際和諧，萬邦悅服的表現，而非天下畏威，以力服人的霸權。從《詩經》三百篇的「思無邪」，迄今兩千多年來，雖「時運交移，質文代變」，但「溫柔敦厚」的詩教，卻充塞於我國所有作品之中。

二、志在匡復的高尚節操。

李白在〈古風〉首章裡，縷述自己生平抱負時，還可以看出他對傳統文化，付出的那份堅貞不二，志在匡復的高尚節操。詩云：

**大雅久不作，吾衰竟誰陳。王風委蔓草，戰國多荆榛。龍虎相啖食，兵戈逮狂秦。正聲何微芒，哀怨起騷人。揚馬激頹波，開流蕩無垠。廢興雖萬變，憲章亦已淪。自從建安來，綺麗不足珍。**

晚年佞佛的王維，著新樂府〈老將行〉〈桃源行〉〈洛陽女兒行〉，或描述戎馬餘生，雄心未死的壯懷；或憧憬名山勝水，隱含靈性的超脫；或吟詠女子驕貴，反襯西施微賤，暗寄無限的感慨。一方面寫人生的際遇，另一方面又蘊藉著無限的關愛，即今思之，還讓後人對他們的曠達和忘我的情懷，興起無限嚮往之意。至於歷代散文家如韓、柳、歐、蘇、曾、王，更重視明道、見道、貫道、載道之精神。在他們的作品中，特別致力於禮樂教化的闡揚，所謂「行之乎仁義之途，游之乎《詩》《書》之源」，「本之《書》以求其質，本之《詩》以求其恆，本之《禮》以求其宜，本之《春秋》以求其斷，本之《易》以求其動，此吾所以取道之源也」。我國小說，自六朝志怪、唐代傳奇，久已醞釀成充實的內容和優美的形式。一直到宋人平話，小說的演進漸趨通俗，至明清章回之制興而登峰造極，至於戲曲，北曲關、鄭、馬、白的作品，南曲「荆、劉、拜、殺」四大傳奇，無一不是宣揚忠孝，獎勵節義，反映出人與神、人與人、人與物的自然和諧，讀之令人興起一種「民胞物與」的認同感。

類似這種明並日月的氣象，和推己及人的襟抱，就作家本身的興象，及其寫作的心態言，必定有一個具體而微的原理原則，作他命筆爲文時的南鍼。本人即秉持此一信念，對「《三民主義》文藝創作原理」，作深入而廣泛的探討。

## 二、《三民主義》與文藝創作的關係

《三民主義》和「文藝創作」二者之間，有無關係？或關係如何？此乃研究本論題首當理解之事。蓋《三民主義》爲中華文化的結晶，由中華文化凝聚而成的《三民主義》，可以說是文藝創作的根幹，文藝創作乃《三民主義》的花朵。這也就是說，當前我們所需要的文藝，必須植根於《三民主義》的土壤裡，然後才可以一方面汲取歷史文化的滋養，發皇中華文化傳統的精神；一方面才能經得起歐美文化的衝擊，和現實生活的考驗。不然，如果我們的文藝創作，喪失了中華固有文化的本根，則其既無國界，又無民族風格，徒具文藝作品的形式，自然便毫無生命價值可言。再就國家民族文化之進步與發揚來說，也必須是具有表現我國家民族傳統精神的文藝作品，始能融鑄成光輝燦爛、亘古不朽的詩篇。

由此可知，《三民主義》思想需要文藝創作的闡揚，而文藝創作更需要《三民主義》思想的指導。兩者的關係，十分密切，所以在尚未說明「《三民主義》文藝創作原理」之前，必須對此等關鍵性問題，先作詳細的闡述。

## ㈠《三民主義》需要文藝創作

誠如以上所言，《三民主義》與文藝創作，除了本末源流的關係之外，彼此更有相依相輔的必要，關於此點，我們可以根據「中華民國憲法」總綱第一條覓得證明。原文云：

**中華民國基於《三民主義》為民有、民治、民享之民主共和國。**

《三民主義》是我們當前建國的最高指導原則。一切建國的工作，無不接受他的指導。而《三民主義》是總攝心理、倫理、社會、政治、經濟五大建設，以完成國家整體建設的大經大法。其間一切的文物制度，行政措施，學術思想，無一不需要緊密結合，相互為用，然後方可達成建國的理想目標。

「文藝」特學術文化的一環，自不可游離於《三民主義》指導原則之外。況且「中華民國憲法」基本國策教育文化第一百六十二條，一百六十三條，一百六十四條，一百六十五條，都做過有關的規定。尤其是第一百五十八條條文，對教育文化記載得特別具體詳備。如云：

**教育文化應發展國民之民族精神、自治精神、國民道德、健全體格、科學及生活智能。**

如果把本條各項加以歸類，所謂「民族精神」「國民道德」，屬民族主義；「自治精神」屬民權主義；「科學及生活智能」屬民生主義。那麼教育文化顯然完全納入了《三民主義》的範圍。文藝既是教育文化的一部分，則做為基本國策的《三民主義》，自然需要文藝創作，來充實光大建國的成果。

其次，《三民主義》建國的方略，首在使全體國民認識民族地位的危機，對內加強民族團結，恢復固有道德，重視固有智能，汲取歐美科學之所長，然後再聯合世界上以平等待我之民族共同奮鬥，這可以說是一個自救救人，自救救國的宏規遠略，與全體軍民同胞的生死存亡息息相關。所以必須全體民衆共同參與，而預期全民之共同參與，則又必須喚起民衆，使人人均能知道「國家興亡，匹夫有責」的歷史史命。但要想做到這一點，便必須在每一個國民的意識上、心理上、行爲上、觀念上，做澈底的改變和適應。讓人人了解《三民主義》不但是救國主義，而且更富有救濟全世界人類的無尙莊嚴。所以《三民主義》建國過程上的宣傳工作，顯然十分重要。宣傳的方式固然很多，但文藝創作活動，可說是最徹底、最便捷、最普徧、最深入，最爲適當的工具。所以《三民主義》的偉大思想，需要文藝創作去弘揚，然後才能使他普及於全國，光大於世界。

再則，《三民主義》文藝工作者的努力方向，必須使民族文化與時代精神結合起來，把握「務本」和「創新」的原則。增加其承先啓後，繼往開來的責任。因此想要促進文藝與武藝的結合，必須使其確實擔當起爲三民主義政治作戰，和心理作戰的先鋒。

記得民國十三年，　國父逝世後，當時軍閥割據，天下鼎沸，戴季陶先生目睹人心渙散，國將不國，乃鋌身而出，從闡揚　國父偉大思想，與《三民主義》入手，在上海薩坡路慈安里設立「季陶辦事處」，閉戶著作。十四年十二月先生致書先總統　蔣公說：

確知今後欲救吾黨，惟有決定一根本方針，合全黨同志之力以赴之。惟此乃可謀黨政之鞏固。此方針爲何？則總理之思想與主張之全部，爲本黨不易之信仰是也。

隨即發表了他有名的〈民生哲學系統表〉、《孫文主義之哲學的基礎》。尤其後者，純粹是先生就　國父五種重要著作──《民權初步》、《孫文學說》、《軍人精神教育》、《三民主義》、《實業計劃》，由思想系統上加以整理、確認　國父的思想完全是中國正統思想。先生鄭重聲明：

馬克斯唯物史觀，不足以說明各階級聯合的國民革命，唯有民生哲學，方爲國民革命的理論基礎，故從事革命之鬥士，非信仰民生哲學不可。

從這件革命過程中的往事，可以知道《三民主義》思想的博大精深，及其需要仁人志士著文闡揚的重要了。先總統　蔣公說：

文藝是宣揚國策的前驅，爲攻心戰爭的利器，我文藝工作者應本其神聖職責，運用各種不同形式之文藝創作，伸張正義，掃蕩妖氛。

觀乎此，則《三民主義》之需要文藝創作，作各種不同形式的闡發，便不言可喻了。

## ㈡文藝創作需要《三民主義》

文藝創作活動是人類最高層次的精神修養，我國歷代均十分重視。譬如孔夫子於一車兩馬周遊列國之後，自衛返魯，講學洙泗之上，用六藝教授生徒。他又把從陳蔡歸來的門人高第；當時還追隨左右的，分爲「德行」「言語」「政事」「文學」四科。且將「文學」與德行、言語、政事並列。文藝是「文學」範疇的一部分，可見在距今兩千五百年前，文藝就受到學術界的重視了。

至於孔夫子本人，更因平生不試而多才多藝，根據《論語》上記載，他在教學期間，曾擊磬於衛、語樂於魯、聞韶於齊，以及評《詩》三百、評《關雎》、評禮、評樂等。從他興趣的廣泛，和教學內容的充實，在在可以看出文藝活動，在孔夫子授徒講學的時候，已紮下了穩固的基礎。

其次，我們從歷史文化上探討，我國文學蓋發原於自然、徵驗於聖人、體察於經典。此即劉彥和《文心雕龍》上說的「本乎道、師乎聖、體乎經」者是也。他所說的「道」就是自然，「聖」是聖人，「文」指經典。經典既是聖人「明道」的法門，所以在思想上、體裁上、創作上、批評上，無不和文學發生血肉相連的關係。而常人每每僅視經典爲修身治事的典範，殊不知它還是我們智慧的寶庫，文學的淵藪。既然如此，文藝必須具有民族的特性，充實的內容，才能擔負起歷史的使命，和化民成俗的責任。但民族的特性與充實的內容，均由思想而來。則文藝創作之不能離開思想，尤其中華文化的傳統思想，以倫理爲誠正修齊之本，以民主爲理國淑世之則，以科學爲正德、利用、厚生之資。則吾人從事文藝工作，所賴以發揮民族精神，充實其內容者，其思想更應本乎此。

回顧七十多年來，我國文藝的發展，最令人感覺痛心的有兩點：在作家方面是心理上的矛盾，在作品方面是商業化的感染。從心理上的矛盾來說：是在文藝創作的園地裡，辛勤耕植的園丁們，雖然鍥而不捨地努力，但他們卻始終陷於新舊矛盾，中西衝突的漩渦中，搖擺不定。結果在思想上造成彼此尖銳的對立，失去了取長補短，和傳統與現代結合的活力。視作品爲取悅讀者，從事私鬥的工具，以怪異的寫作技巧，發驚世駭俗的論調。從商業化的感染來說：由於國內經濟的快速成長，國民生活水準的普遍提高，文藝活動雖然多采多姿，極度頻繁，但究其內容，卻異常貧乏，空有其表，甚而俚俗淺薄，缺乏深廣的層面，尤其被金錢勢力所驅遣，作爲促銷圖利的手段。

過去的文藝病狀是「亂」，現的文藝病狀是「貧」，追究其所以既「亂」且「貧」的原因，蓋由於「不學」，由「不學」而產生「不知」，由「不知」而造成「是非不明」，更由於「是非不明」，而迷失了「自我」，以至重形式而輕內容，重西洋而忽視傳統。試想，在這樣一個曚昧無知的時代背景下，當然就呈現了七十多年來，我們文藝創作上的空泛和虛浮。幾乎使文藝作品汩沒了自己的民族性，傳統性，絕對無法成爲偉大的、撼人心弦的傑作。

文藝是時代的尖兵，民族的脈動，最能發揮鼓作士氣，振奮民心，改善社會，重整道德的作用。它就像園中的百卉，依時吐露著沁人心房的奇葩異采；又如東升旭日，激射出耀眼的精光霞輝，假若文藝沒有思想作其主導，則文藝將成時代的糟粕；文藝如有思想作其中心，則文藝即具有不朽的價值。國父早在民國七年民報發刊辭上就說：「二十世紀不得不為民生主義擅揚的時代。」先總統　蔣公更講得明白，他說：

不論國際政治潮流如何在衝擊，人權理念如何被戕賊，科學文明如何被濫用，在在都只為更加證明二十世紀乃《三民主義》的世紀。惟有《三民主義》才能提供徹底有效的解決方案，也惟有《三民主義》才能撥亂反正，以重建人類福祉的社會，所以二十世紀不得不為《三民主義》之擅揚的世紀。

放眼世界局勢，由於科學技術的發達，物質文明固然有了長足的進步，而精神文明反而相形墮落，人類於飽食暖衣之餘，追求的不是人格道德的提升，有益身心健康的活動，而是犬馬聲色，敗壞性靈的消遣。

我們想要使民族性的創作抬頭，則惟有將《三民主義》思想，植根於文藝作品之中。藉以改善作品的本質、充實作品的內涵、表現民族的特性、顯示地域的風格。這樣才能讓讀者大眾發生潛移默化，達到陶治性靈，調節身心，與宣揚文化的功能。

由此觀之，以《三民主義》為思想的文藝創作，不僅是精神建設的當前急務，更為世界人類締造和平福祉的千秋大業。曹丕《典論》云：「文章乃經國之大業，不朽之盛事」，所以文藝創作之需要《三民主義》思想，作為矯訛翻淺的憑藉，導引前進的指標，居今而言，尤適切而必要。

## 三、我國文藝發展的幾個特點

想要明瞭《三民主義》文藝創作原理的眞象，首先應知道我國文藝發展的史實，綜覽我國文藝的發展，如上從唐堯開始，下迄民國肇造爲止，少說也有四千年左右的歷史。其間作家之多、作品之富、方面之廣、成就之大、枝條之紛繁、流派之糅雜，不僅是開天地未曾有之奇，更由於其間史實之錯綜，年代之久遠，較之一部二十五史並不多讓。至於他發展的特點，有可得而言者，縷析如下：

### ㈠我國文藝古來就在自己的領域內充實壯碩，有別具一格的特點

根據劉勰《文心雕龍·原道》篇上的說法，我國人文發展，從伏犧氏畫八卦開始，到孔子刪述，完成《六經》止。其間他把這一個漫長的時間，分成沒有文字以前，和既有文字以後，兩個階段。在沒有文字以前，曾經有「河圖」「洛書」的出現，「玉版」「丹文」的傳說。既有文字以後，則用文字取代結繩記事，於是三皇時代的事跡，五帝時代的制度，都逐漸有了比較完備的記載。給中華民族的活動，烙下了永遠不能磨滅的印記。經夏歷商，由商而周，學術文化益加發達，《詩經》三百篇以及殷墟甲骨卜辭，留下了他們生活的實錄，同時也是我們文藝作品中的寶貴遺產。

文王囚羑演《周易》，周公制禮作樂，《論語》有「郁郁乎文哉，吾從周」。正見當時文風昌

茂的勝景。孔子繼志承烈，剛述古聖先王的作品而成《六經》，所謂「皇世《三墳》，帝代《五典》，重以《八索》，申以《九丘》，歲歷綿曖，條流粉糅。自夫子刪述，而大寶啓耀」者是也。於是「《易》張十翼，《書》標七觀，《詩》列四始，《禮》正五經，《春秋》五例」，此不僅集我國上古文化的大成，同時也給藝文活動的開展，奠定了根深蒂固的基礎，對後世發生了無可估計的影響力。

由此可證我國的藝文活動，在列祖列宗的辛勤耕耘下，自始至終都在自家的園地裡，有充實其內涵，光大其形式的特點。

## ㈡我國文藝是學術文化的一環，有不可脫離學術文化的範疇，而單獨存在的特點

蓋學術的發展，有類乎細胞分裂，細胞分裂固有賴於其自身的原形質，但如沒有外攝的養分，提供所需的熱量，也絕無從完成其生生不息的任務。我國文藝是學術文化的一環。諦觀以往四千年來文藝活動的走向，其變化大別有三：

第一，是純中國文化時期的「文藝」。這個時期可上溯邃古，下迄兩漢，是爲我民族本其自身的創造力，由原始部落而建設國家。此一時期，在文藝發展上最顯著的績效，即北方文學的《詩經》，與南方文學的《楚辭》，經吸收而融合、而擴大、而創新，到了兩漢的辭賦，無論在思想上、精神上、辭藻上，多能別開生面。詩文之外，若音樂，漢武帝始立樂府，博採中外，獎勵創作。命李延年爲協律都尉，司馬相如論其律呂，務期脗合八音之調。至於繪畫，兩漢名家有太常卿

趙岐、高陽鄉侯蔡邕、河間王相張衡、他們的作品多偏重於人物，如宣帝時圖功臣像於麒麟閣，成帝時畫趙充國像於甘泉宮，後漢光武帝更增功臣像於凌煙閣，可知當時人物壁畫盛行的一斑。建築與工藝，觀周禮冬官考工記，所述古代工藝之法，講到分工之細、度數之精、雕刻之美、名稱之多，更是登峰造極，叫人歎爲觀止。

第二，是中印文化交流時的「文藝」。這可以從魏晉算起，到清朝道光年間爲止。爲印度佛教文化輸入我國，與我國固有文化由牴牾而融合的時期。這個時代幾乎長達兩千年。其間經過五胡亂華的巨變，五代十國的分裂，以後又一亡於蒙元，再亡於滿清，整個局勢陷於亂多治少的情況，農村經濟當然大受影響，社會基層組織起了根本變化，於是外來的佛教思想便乘亂而入，支配了全國人心。在這種狀況下的文藝發展，其作品逐漸掙脫傳統的軌道，感染佛教精神和色彩。例如在文學方面，六朝文以後而唐詩，而宋詞，而元曲，而明清戲劇和小說，產生了很多新興的文體，更因爲新思潮、新材料、新方法的加入，充實並豐富了創作的生命，至於音樂、美術、雕塑、工藝各方面，只要到外雙溪故宮博物院細心瀏覽，以及將敦煌石窟的壁畫、卷軸、塑像的拓本加以過目，就知道我國傳統文化受佛教學術思想的影響爲如何了。我國文藝經過此一空前未有的衝擊，雖然去腐生新，得到長養的契機，但也付出了無與倫比的代價。

第三，是中印兩種文化均將就衰，西方物質文明挾其船堅礮利以俱來，經過相激相盪而漸次合流時期的「文藝」。這一時期應該從清朝道光二十二年（西元一八四二年），中英訂立江寧條約起，迄今適爲一百四十年。其間問題的複雜、蛻變的劇烈、國勢的淩夷，眞可謂三千年來一大變局。而究其尤要者，於洪楊之役後，繼之以自強運動，海防運動，百日維新，當此一切均宣告成了夢幻泡影之餘，國父始領導革命，推翻滿清，繼而先總統　蔣公率軍北伐，八年抗戰。我國文藝發展，在這內憂外患交迫下，國人心理，始而仇外，繼而懼外，終而媚外，甚而以媚外爲榮、爲時髦、爲新潮，以傳統爲糟粕、爲敝屣、爲落伍。於是無論是詩、散文、小說、美術、音樂、工藝、影劇、雕塑等，一切作品，究其內涵，也無不經由此等心理加以表出，充分顯示了西洋文化的影響。並在此中西新故對立矛盾中，很多人都失去了定力，於滔滔洪流裡，迷失了努力的方向，而不知何去何從？回念七十多年來，我們工作的成果，除了推翻滿清的帝制以外，由於對三民主義的不能徹底奉行，不僅在科學上沒有生根，民主仍在起步，就連以倫理爲基礎的家庭制度，由於工商業的升級，目前也發生了動搖。至於講到此一時期的文藝創作成就，尹雪曼先生編纂的「中華民國文藝史」，曾將當前文藝界，呈現的空虛迷亂，無所適所的現象，說得淋漓盡緻，可供覆按。

**㈢我國文藝以「經典」為根本，有吐故納新，作自我凝聚的特點**

《禮記·禮器》云：「無本不立，無文不行」，韓愈〈答李翊書〉也說：「根之茂者其實遂，膏之沃者其光曄，仁義之人，其言藹如也」，古今鴻篇巨製，永垂不朽，端在乎從根本中來，我國文藝思想的本原是「經典」。觀歷來在文藝上卓然有成的人士，無一不於此下精究工夫，清代姚瑩〈復楊君論時文書〉，曾說過這樣的話：

文章莫大於《六經》，風雅典謨既昭然矣，說者謂善學者得其道，不善學者獵其文。吾以爲不得其道，即文亦烏可得哉？夫文者，將以明天地之心，闡事物之理，君臣得之以定，父子賴之以親，夫婦朋友賴之以敘其情而正其義，此文之昭如日月者，《六經》所以不廢。爲文苟求其不廢，舍斯道無由也。……得斯道者，才與造物通，氣與天地塞。故夫《六經》者，海也；觀於《六經》，才斯大矣。詩文者；藝也；所以爲之善者，道也；道與藝合；氣斯盛矣。

姚氏的這段話，把文藝與經典之關係，作了三點闡發：第一點、是文章莫大於《六經》，第二點、是爲文苟求不廢，舍《六經》之道無由也，第三點、是《六經》，道也；詩文，藝也；道與藝合、氣斯盛矣。他又歷舉古之善爲詩文者，若賈誼、司馬遷、曹子建、杜甫、韓愈、蘇軾等，以爲他們的文章，非特恃才使氣，各領風騷之盛，最重要的是得乎《六經》之道。尤其他把「道」「藝」分別看待，認爲「道」如與「藝」合，詩文的才氣始盛，這個觀念正說明了「經典」在我國文藝發展中，所扮演的角色。

如果我們以自然界的事物來看「經典」能量的話，「經典」在文藝發展上，就像「原子核」，當它一旦受到中子的撞擊而分裂時，即可產生大量之熱能，用以改善原有的組織，而面目爲之煥然。比如《詩經》之與《楚辭》，經過接觸、消化、更新、成長，這些漫長的催生工作後，時至兩漢，辭賦便成了新生的寵兒，受到朝野的重視，一時佳篇，若雨後春筍。東漢中葉以後，佛教流入中土，由於梵唄吟唱的影響，五言詩遂如東升的旭日，取四言地位而代之，盛況空前。所以劉勰《文心雕龍·時序》篇說：「時運交移，質文代變」，又說：「文變染乎世情，興廢繫乎時序，原始要終，雖百世可知也。」我們從時代背景，默察中國文藝蛻變的軌跡，無一不以「經典」為運轉的軸心，造成每一個時代不同的特色。

民國以來，學者常拿西洋的名詞，亂在我國文藝發展上貼標籤。例如將春秋戰國時代的文藝，命名為「南方浪漫思潮底發達」，中唐至北宋時期的文藝，稱之為「唯美主義的高潮」，元明兩代稱為「古典浪漫主義」，明清時代名為「浪漫主義」，清代以來稱之為「寫實主義」，這種不顧民族文化的特色，強與西洋文藝思潮相牽合的現象，可說愈演愈烈。

蓋西洋文藝的走向，由於受到文藝復興，和近代科學精神的影響，有所謂「古典主義」、「浪漫主義」、「自然主義」、「新浪漫主義」、「新理想主義」、「新寫實主義」、「存在主義」等，可謂一時代有一時代的主義，而每一個主義的背後，又有每一個主義指導下的文藝作品。所以文藝是跟著主義走的。但是我國的文藝是跟著「經典」走的。「經典」由於時代背景的變遷，政治制度的轉化，生活型態的不同。而有新的詮釋，因而量變質不變，雖然一時代有一時代的文藝，但並非一時代有一時代的經典。所以我國的文藝。自古及今均以「經典」為圓心，時代作半徑，在固定的周期上作適度的擴張。既無所謂新舊，也無所謂優劣。

**㈣我國文藝有高潮與低潮，起伏情形與國勢強弱成正比的特點**

過去歐陽修作《新唐書·藝文志序》云：「王者跡熄而《詩》亡，《離騷》作而文辭之士興。歷代盛衰，文章與時高下，然其變態百出，不可窮極，何其多也。」其所謂「與時高下」，按之史實，正是我國文藝發展的另一特點，近人郭象升《文學研究法》，對此一理論頗有闡發，他說：

三代以下，秦之國勢最強，故秦文最爲雄傑。漢之東西皆稱盛世，而對外之勢有異，故西京之文雄，東京之文雅。三國六朝以還，四夷交侵，小雅盡喪，漢族偏安江左，雖人知自責，而文章之聲容氣勢，卒不能振。唐有天下，北臣突厥，南下交趾，國勢比隆秦漢，而文亦應之，語言之士雖有工拙，要之皆發揚蹈厲之詞也。五季州域割據，武人爲於大君，無可道者。宋之混一，而燕雲越在化外，西夏復負固不賓，視漢唐疆域殺矣，武力又不競焉。逮乎靖康。黃河流域全隸完顏，文章易趨於流易。而金自大定、明昌之後，學士踵起，元好問諸人蔑視南朝，有「未便吳儂得錦袍」之誚。夫宋雖衰弱，故家文獻，猶有存者，何渠不若河朔。然金文觕淺，其聲甚雄，宋文安雅，其聲雌矣。此則係乎國勢，不可爲諱者也。胡元入主，領土之廣，兵力之雄，於古無兩，然於漢族無與。是時稱北人爲漢人，南人爲南人，南人仕不得至貴顯，故士多自放於文章。處境既窮，故其言多溫文自飭，否則謔浪笑傲，比於倡優廝養。而北方文章家，如姚燧、元明喜、宋本、馬祖常輩，則發揚蹈厲，氣像迥然不侔。明代國勢似漢唐而微不及，其文章欲追古人，遂多僞，然氣則亢矣。清之國勢似元，元於文章之士無所優崇，亦無所傷剝。清代文字獄屢起，志節之士匿跡不出，而能爲佞媚之詞者，聯翩以登上位。會諸地右文，儒效益著，然修述之業，前代莫與比隆，文章則蔑焉。

以上所述，為我國兩千多年來文藝發展的狀況，其中有可喜，亦有可悲，有高潮，亦有低潮，但與國勢強弱的關係十分密切，此又是我國文藝演進中的另一特點。

## 四、《三民主義》文藝創作原理

### ㈠《三民主義》文藝創作原理是「仁愛」

國父承堯舜禹湯文武周公孔子的一貫道統，發明《三民主義》，故其「民生史觀」的論點，即植根於我傳統文化之中，也就是以「仁愛」為本的孔孟思想上。先總統 蔣公於民國二十四年九月，在峨嵋軍官訓練團演講，研究 總理遺教的結論說：「 總理全部遺教，係以『民生』為中心，和『仁愛』為基點」《三民主義》第一講，開宗明義便說：「主義就是一種思想，一種信仰和一種力量。」又說：「大凡人類對於一件事情，研究其中的道理，最初發生思想，思想貫通以後，便起了信仰，有了信仰，便生出力量。」根據以上各點，我們要徹底明瞭《三民主義》的文藝創作原理，必先尋覓 國父思想的出發點，換言之，就是要尋出《三民主義》的「原理」；《三民主義》的「原理」亦即文藝創作的「原理」。那麼什麼是《三民主義》的「原理」呢？我認為《三民主義》的原理就是「仁愛」。

過去戴季陶先生著《孫文主義之哲學的基礎》，文中認為 國父是最熱烈主張中國文化復興的人。國父以爲中國古代的倫理哲學和政治哲學，是全世界文明史上最有價值的人類精神文明的結晶。要求人類眞正的解放，必須要以中國固有的仁愛思想爲道德基礎，把一切科學文明，都建設在這一種仁愛的道德基礎上面，然後世界人類，才能得到眞正的和平；而文明的進化，也才有眞實的意義。在思想方面，國父的民族主義，同時就是大同主義的基礎。國父認爲中國民族應該爲世界大同而努力，而達到目的方法，第一步就是恢復中國民族固有之道德文化，因爲這一個道德文化，是人類精神的產物，要把這一個道德文化的精神恢復起來，以之救國，並且要把這來統一全世界的基礎，才是完成了中國人在全世界人類中的使命。「民生是歷史的中心，仁愛是民生的基礎。」可見「仁愛」是三民主義的原理，更是《三民主義》文藝創作的原理。

《三民主義》文藝創作原理既是「仁愛」，則仁愛的理論本乎《周易》，所謂「天地之大德曰生」。行仁的方法，亦本乎《周易》，所謂「立人之道，曰仁與義」，朱熹云：「仁之爲道，乃天地生物之心，體而從之，則衆善之源，百物之本，莫不在此。」仁愛的解釋，本乎《論語》，《論語》有以仁愛就是忠恕者，如「出門如見大賓，使民如承大祭，己所不欲，勿施於人。」有以仁愛就是恭敬與忠實者，如「居處恭、執事敬，與人忠，雖之夷狄，不可棄也。」有以仁愛就是剛毅木訥者。如「剛毅木訥，近仁。」有以仁愛就是恭寬信敏惠者，如「恭則不侮，寬則得衆，信則人任焉，敏則有恭，惠則足以使人。」仁愛之道大，故爲之也難，全在學者自己去身體力行，至於先總統　蔣公所謂「生活之目的，在增進全體人類之生活；生命之意義，在創造宇宙繼起之生命」，更是把仁愛的意義發揮到極致。

㈡仁愛的具體表徵是「倫理、民主與科學」、

《三民主義》文藝創作原理既是「仁愛」，則其具體表徵有三，即「倫理」、「民主」、「科學」是也。先總統　蔣公於民國五十一年七月七日向全國參加夏令營的同志們，曾以此三者剖析「《三民主義》的本質」，所言中肯而深切，足以看出《三民主義》的精蘊。如云：

倫理應該如何解釋呢？這在我二十八年所講的「政治的道理」裡面，有過如下的解釋：「倫理照中國文字的本義說，『倫』就是紋理，引申為一切有條貫，有脈絡可尋的條理，是說明人對人的關係。這中間包括分子對群體的關係，分子與分子間相互的關係。亦即是個人對於家庭、鄰里、社會、國家和世界人類應該怎樣闡明他各種關係上正當的態度，訴之於人的理性而定出行為的標準。倫理與法制不同，就是倫理是從人類本性上啓發人的自覺的。同時也指出在中國政治哲學上很明顯可以看出大部分就是倫理哲學。從一個人的修身推到親親，再從親親推到睦姻任卹，推到仁民愛物。」……可知倫理確是民族主義的立足點。而實行民族主義也正是倫理高度發揚的極致的表現。

民主的基本精神是甚麼呢？我以為民主的基本精神，就是自由與獨立，亦是權利與義務。我們要自由就先要能夠自強，然後才享有自由；而且自由是有範圍的，更不是只享權利而不盡義務的自由。　總理說：「一個人的自由，以不侵犯他人之自由為範圍，才是眞自由，如果

侵犯他人的自由，便不是自由，」……其次再講獨立，這也是與自由相通的。我們要獨立就必先要自立，這正和我前面所說的我們自由必先要自強一樣。至於說盡義務的涵義，簡單的說，就是要守紀律、負責任，惟有能守紀律負責任的國民，然後他的國家才能自立自強，惟有自立自強的國民，然後他的國家才能眞正自由獨立，只要你的國家能夠自由獨立，那麼你做國民的自然亦能自由獨立，就沒有人敢來壓迫欺侮你了。

爲甚麼說民生主義的涵義是科學呢？因爲民生主義就是全要用科學的方法和科學的精神，來促進民生主義實行的各種措施。總理說：「說到民生主義，因這裡千頭萬緒，成爲一種科學，不是十分研究，不得清楚的。」……可知總理所定的民生主義，不是單憑學理，而是根據事實做材料。來訂定這個民生主義。必要用科學的方法才能成功。……由此可知民生主義不能離開科學，如果離開了科學，而談民生主義，就無從實現。所以說科學就是民生主義的本質，也可以說民生主義是科學的。

先總統　蔣公解釋民族主義的本質是倫理，民權主義的本質是民主，民生主義的本質是科學，其立言之精闢透徹，實爲過去闡揚《三民主義》的理論體系所未曾有。是具有劃時代的價值。

㈢「倫理、民主與科學」是中華文化的基礎

「倫理」、「民主」與「科學」非但爲《三民主義》的本質，亦是我中華文化的基礎。蓋中華民族文化，垂二千五百有餘歲，至孔子始集其大成，而此堯、舜、禹、湯、文、武、周公、孔子聖聖相傳之道統，屢爲邪說誣民者所毀傷，幸我　國父有《三民主義》之發明，此不惟使我中華民族，於長夜漫漫中，啓明復旦，亦使人類履道坦坦，共躋於《三民主義》之新時代也。先總統　蔣公在「中山樓中華文化堂落成紀念文」中云：

> 中華文化之基礎，一爲倫理；故曰『孝弟也者，其爲仁之本與』。其始也，固在『人人親其親，長其長』；其終也，則『不獨親其親，不獨子其子』；且使『老有所終，壯有所用，幼有所長，鰥寡孤獨廢疾者皆有所養』矣。二爲民主，故曰『民爲貴』，又曰『民爲邦本，本固邦寧』，是以聖人之於內也，則選賢與能，講信修睦；於外則繼絕舉廢，治亂持危；且以爲『天下遠近、大小、若一』，乃曰『大道之行也，天下爲公』。三爲科學：此即正德、利用、厚生之道。故孔子以爲政之急者，莫大於使民富且壽。而致富且壽之道，則在均無貧、和無寡、安無傾耳。語其極致，斯『貨惡其棄於地也，不必藏於己；力惡其不出於身也，不必爲己』，『衣養萬物而不爲主』者也。國父發明《三民主義》，以繼承中華民族之道統爲己任，乃使我民族文化歷久而彌新。蓋我中華文化之精華，盡擷於此也。

### (四)當前文藝發展的現象

《三民主義》文藝創作原理既是「仁愛」，它的具體表徵爲「倫理、民主、科學」，此三者是三民主義的本質，亦爲中華文化的基礎。《三民主義》的文藝創作，勢必以「中華文化」爲基礎。以「仁愛」爲出發點，配合「倫理、民主、科學」的本質，發揮文藝創作的功能。這樣才能適乎潮流、應乎需要，使新中國的文藝作品，達到《三民主義》的要求水準。但細加檢討在已往七十年來的文藝發展，其狀況又是如何呢？先總統　蔣公在「民生主義育樂兩篇補述」中，關於我國文藝發展方面，曾有過剴切的指示。以下我們分文學、音樂、美術雕刻、電影廣播四方面來觀察。以見其成敗得失之大端。

文學方面：中國是一個偉大的國家，又有悠久的歷史，各地域、各宗教、各階層，對於文學都有他的貢獻。但在舊來的農業社會裡，一般特權階級之士大夫，往往獨佔文壇，玩弄其煩瑣的格局，保守其僵化的形式，民間文學反而埋沒。這是舊社會的文學問題。今日工商城市的文學問題又與此不同。今日的文學問題是甚麼呢？就是文學的商業化。工商城市是靠收入的，文學作家的收入從那裡來呢？他們的收入多半來自書賈。書賈爲了把握文學作品的銷場，只有迎合一般群衆的胃口，便阻礙了文學走上眞摯和優美的道路。

音樂方面：今日的音樂，更是讓那些組織娛樂以營利的市儈們來主辦。戲劇和電影裡的音樂歌曲支配著社會流行的音樂和歌曲。我們也知道，國家制定的音樂與歌曲，以國歌爲首，受到國民的愛戴。各學校的校歌和軍隊裡的軍歌，都有重大影響。但是我們仍不能不承認一般國民的娛樂中，商業化的戲劇電影之類，還有極大的影響。這是國民身心健康上的一個危機。我們要知道音樂足以表現民族盛衰與國家興亡。古人說：「亡國之音哀以思」，陳將亡就有「玉樹後庭花」，齊將亡就有「伴侶曲」，都是亡國之音，可使我們引以爲鑑戒的。

美術雕刻方面：今日中國美術與音樂同陷入嚴重的危機。宏偉的建築受到戰火的威脅和破壞，這還是有形的損失。陶磁、織造、雕塑、鎔鑄，這一類的工藝，隨手工業的沒落，乃有不可挽救的頹勢。在工商城市中，也有美術，但和文學與音樂一樣，不過是市場上的貨物。一般美術品爲了爭取顧客，力求吸引群衆的視線，刺激群衆的情感，光怪陸離，把中國固有的超逸幽深而崇高博大的特性，是喪失殆盡了。我們中華民族立國於東亞大陸，屢經喪亂，終必復興，這樣「質勝於文」的精神，自有其不可磨滅的貢獻。今日我們的社會要向工業化的道路前進，機器工業還沒有順利發展，商業市儈的風習已經侵蝕文化的領域，而教育文化界對於音樂美術的衰落，並不感覺其危機的嚴重，那我們就不能不浩然興歎了。

電影廣播方面：就電影來說，本來要有優美的文學和戲劇，才有完備的電影，但在我們中國，事情卻不是這樣的。自電影從外國輸入以後，中國文學和戲劇反而受了電影的影響。外國電影是商業外的娛樂品，我們的文學與戲劇便在這商業化的影響之下，走向墮落的道路。再就廣播來說，在人口向城市集中，而城市生活又是日趨於群衆化了的今日，廣播有齊一群衆心志的影響。如果收音機能夠普及市鎭和鄉村，可使一般國民節省讀小說和看戲劇的時間。工作之餘，只要有一段閒暇，便可藉以消除疲勞。但是廣播如果商業化，其所傳佈的商業新聞和廣告，削弱一般消費者對於商品的選擇能力，並助長獨佔資本的氣勢。廣播如果市儈化，更將迎合一般群衆的低級趣味，傳佈頹廢墮落的音樂和歌曲。那損害國民的心理健康的影響更大了。

《民生主義育樂兩篇補述》一文，發表於民國四十二年（西元一九五三），去今已有三十年的歷史，當時之所謂「商業化」「市儈化」的文藝是否有所改善？以及改善的情況如何？這只要打開民國六十四年（西元一九七五年）六月出版的「中華民國文藝史」第一章「導論」，便可略窺端倪。執筆者一再鄭重申明「今天我國的文藝思想其所以『空虛迷亂』，自然是因爲『中心無主』。其所以『中心無主』，是因爲大家忽視了文藝的民族性；以爲文藝是沒有國界的。」所謂「中心無主」，換言之，就是沒有中心思想，因爲沒有中心思想，大家才忽視文藝的民族性，甚而誤以爲文藝沒有國界，這一連串的惡性循環，完全起因於沒有中心思想的反應。試問影響群衆身心健康的文藝創作，竟然失去了中心思想，迷亂了正確方向，盲人瞎馬，胡打莽撞，其前途之危險，較之三十年前，不但毫無改善之跡象，反而更變其本而加厲焉。

現在又邁入第七十二年（一九八三）的春天了，此去「中華民國文藝史」出版的時間，忽忽又相隔八年之久，青陽逼歲除，時光催人老，八年以來，原所謂「中心無主」「空虛迷亂」者又如何乎？民國七十一年（一九八二）九月三十日，由行政院文化建設委員會與中央日報聯合舉辦「文藝座談會」，會中曾箋邀學者專家以及文藝工作者二十多位參加。這一份會議紀錄，命名爲「文藝活動的新取向」，經由中央日報七十一年十月一日的「晨鐘」發表。其中朱炎先生曾對近年國內的文藝發展情形，作過扼要的檢討。他說：

近年來，由於國內經濟的快速成長，促成了異常的繁榮；暴發户如雨後春筍般地崛起在社會上的每一個角落。因此，暴發户的行爲和文明模式，在各處顯現。低鄙粗俗的心態，嚴重地影響了各種藝術的品格，污染了文藝創作。影視界和許多報章雜誌的版面，因而產生了一些心靈的垃圾，而這些心靈的垃圾則又普遍地污染了青少年男女的心靈。於是眞假不分，是非不清，價值顚倒，社會風氣日漸糜爛，爭奇鬥怪的各型犯罪案件，層出不窮。很多憂時憂國之士，在不斷地尋究大衆心靈越來沈淪，社會秩序越來越惡化的原因。有的説那是美式文明所帶來的惡果，有的説那是由於傳統家庭倫理制度的式微。但是，照個人看來，原因雖多，罪魁禍首卻只是一個，那就是暴發户文明所促成的文藝商業化！

假如民國七十一年代的文藝發展像朱炎先生所肯定的一樣，則文藝作品成了文藝垃圾，文藝作家成了暴發戶御用的工具，文藝作家的創作活動，其目的不是在傳遞藝術的薪火，提升讀者的性靈，而是迎合低級趣味，製造賺大錢的垃圾，去污染社會大衆，這不僅是作家的悲哀，更是文藝的末路。以之持較四十年和六十年代，前面所指陳的所謂「商業化」，「市儈化」，「空虛迷亂」，「心中無主」的情況，眞是「每下愈況」，令人搖頭歎息，不知所云了。《易經·賁卦》云：「觀乎天文以察時變，觀乎人文以化成天下」，劉禹錫也曾說：「八音與政通，而文章與時高下」，文藝與時代的脈搏相應和，與國運的隆替相表裡，如今自然找到了三十多年文藝活動的病根。勢必不能再讓它像脫韁的野馬，背道而馳了。應當按照文藝創作原理，以「仁愛」爲出發點，以「中華文化」爲基礎，以「倫理、民主、科學」爲本質，在《三民主義》的導引下，開拓文藝創作的領域、充實文藝作品的內涵。

## 五、《三民主義》文藝創作原理的多面性

三民主義是以「民生史觀」為整個體系的中心。它認為社會的組織和變化，歷史的本身和發展，文化的產生和進步，都是經由「民生」來決定的。國父說：「民生就是人民的生活、社會的生存、國民的生計、群衆的生命。」這種由小我的充實，則大我之發揚，其間一貫開展之歷程，若與文藝相結合，必然導致文藝創作的素材，擺脫個人主義的色彩，走向廣大的群衆；創作的內涵，更可揚棄無病呻吟的雕琢，落實到寫實的領域。

文藝既然與「民生」不能分離，則「民生」勢必以家庭為基點，以父慈子孝、夫唱婦隨、兄友弟恭的倫常為內容，如是，才能培養作家的優美情操，達到文藝淑世的效果。我們秉持以「仁愛」為中心的三民主義，去充實文藝作品的內涵，樹立文藝作家的性靈，文藝才能在傳統文化中，得到不竭的源泉，而精實壯大。

至於運用日常慣用的語法，表達民族的至情，亦極重要。詳觀　國父發明的《三民主義》，固不專為文藝而設，但文藝的特質，卻自然涵蘊其中。如單從其修辭技巧上來說，他無論是旁徵博引，或平實叙述，無不飽涵人生哲理，運詞若不經意，卻自能生動感人。尤其全書文字，絕無佶屈聱牙，詞語歐化，或故意搬弄，立異鳴高的地方。以如此流暢的文字，講明救國的道理，不要說它

是建國的寶典，就是從文學的角度上看，也應該尊爲曠世傑作。這種實際範例所給我們的啓發，證明文藝創作，必須合乎民族慣用的語法。

綜上以觀，則《三民主義》的文藝創作，爲了表達「仁愛」爲中心的大本大原外，尙有多種層面的寫作特色，做爲我們當前創作的指標。

㈠民族性：運用民族情感

中華文化綿延五千年，由此一文化發展凝結而成的民族，自有它獨特的情感和表達方式。《禮記·中庸》云：「孔子曰：君臣也、父子也、夫婦也、兄弟也、朋友之交也，此五者，天下之達道也；智仁勇三者，天下之達德也，所以行之者一也。一者何？誠也。」「達道」屬於人倫，「達德」屬於道德，人倫道德，互相配合，交互運用，並以「誠」字作爲精神動力，使人類社會彌綸於尊重人倫，崇尙道德之氣氛中，歷久不變，無遠弗屆。此即《尙書·堯典》上說的：「克明俊德，以親九族，九族既睦，平章百姓，百姓昭明，協和萬邦，黎民於變時雍。」這種感情發自天性，出乎內心，即令是地老天荒，仍然萬古常新，永遠不能變革的。

一部中國文學史，可以說就是一部民族情感的表達史。如《尙書》的佶屈、《春秋》的謹嚴、《左氏》的浮夸、《易》奇而法、《詩》正而葩、《莊子》的高曠、〈騷經〉的麗雅，雖然他們各具特色，但均以相同的文字，表達民族的心聲。中國文字者，民族情感之符號也。吾國數萬里之疆域，同文無阻，數千年的文化，源流可考，此實由中國文字形音並用的特殊構造所致。所以用中國文字組合而成的民族情感，非特形式優美，音節協暢，且無患意之不達，情之不盡。然而民國以來，西洋作品大量湧現，文人好奇，筆墨之間，往往受其污染而不自覺，於是逐奇失正，文體遂弊。

梁啓超在《中國韻文裡頭所表現的情感》一書中說：「情感教育最大的利器就是藝術。音樂、美術、文學這三件法寶，把情感秘密的鑰匙都掌握住了。藝術的權威，是把那霎時間便過去的情感，捉住他，令他隨時可以再現。希望諸君把我所講的做基礎，拿來和西洋文學比較，看看我們的感情，比人家誰豐富、誰寒儉、誰濃摯、誰淺薄、誰高遠、誰卑近。我們文學家表示情感的方法，缺乏是那幾種，先要知道自己民族的短處去補救他，才能說發揮民族的長處。」梁氏所言僅限於中國的韻文，如果加上他沒有涉及的「散文」「駢文」兩大類，相信中國文學家對於民族情感的表達方式，絕不局限乎此。所以今後我們如何運用純正的中國語文，表達民族的脈動，提振文藝淑世的價值，這是我們談《三民主義》文藝創作原理，亟當留意之事。

㈡傳統性：與學術相融通

文藝創作是我國學術文化的一環，有不可脫離學術文化而單獨存在的特點，此種情形，類乎父母之與子女，天下既然沒有無父母之人，則文藝創作又焉能脫離傳統而自存乎？所以傳統文化的演進，就像滔滔不絕的流水，逝者如斯，不舍晝夜，可是誰也不能抽刀斷流，文化的傳承也是此起彼伏，新陳代謝的。文藝創作必須以傳統爲維繫的紐帶，才有它繼續展延的基點。所以《禮記·中庸》云：「文武之政，布在方策」，又說：「博學之、審問之、愼思之、明辨之、篤行之」，以及「溫故而知新，敦厚以崇禮」，所謂「君子之道本諸身，徵諸庶民，考諸三王而不繆，建諸天地而不悖，質諸鬼神而無疑，百世以俟聖人而不惑」，其中由博學審問、而愼思明辨、而溫故知新，由知己、而知人、而知天，又那一樣不是從「積學」與「博見」中來，所以哀公問政，孔子開宗明義便答以「布在衣策」，道理就在乎此。

國父說：「革命的基礎，在高深的學問」，又說：「革命是非常的事業，非常的事業，不可以平常的道理而論」。《易經·大畜·象辭》云：「君子多識前言往行，以畜其德」，所以《文心雕龍·事類》篇說：「文章由學、能在天資」，〈知音〉篇亦云：「圓照之象，務先博觀」。而博觀之重點，在於「宗經」和「治史」。蓋文藝之能事，務在積理，而理之精者，莫過於經典。且其文詞之美，如鐘鼎彝器，古色爛然，任人模擬，終不可及。至於我國歷史，上自三皇，下迄民國，一部二十五史，眞是上下包羅數千年，縱擴掩蓋數萬里，舉凡人才之盛衰、政教之得失、風俗之厚薄、國勢之強弱、民生之利病，可說巨細靡遺，應有盡有。更可況史書兼有文學的生花妙筆，如我們於史書茫然不知，又如何參與文藝創作之事？

觀漢之董仲舒、司馬遷、劉向、揚雄、班固；唐之李白、杜甫、韓愈、柳宗元；宋之范仲淹、歐陽修、蘇東坡、黃庭堅；淸之顧炎武、黃宗羲、王船山、顏夫之，甚而民國以來，如國父　孫中山先生，逆考彼等生平所學，或從政，或從學，或治軍，或治事，雖然取材多方，但於經典、史實卻均有會心之得。故一旦發爲言論，見諸行事，常能高瞻遠矚，振聾發聵，此皆由平時蘊蓄而來。何況群經諸史爲我傳統文化所繫，如果我們拋棄中國人文薈萃的經史，去從事文藝創作的話，那就像誤入斷港絕潢的扁舟，絕難打開古今文藝傳承的管道，創發寫作的生機。

㈢群衆性：和全民相結合

世界上任何事物都有它生命之所託，如人之託身於天地，魚之託身於流水，木之託身土壤，一旦天地失序，水旱土焦，則人靡孑遺，魚爛木枯矣。文藝創作之與群衆，其關係亦復如是。國父〈心理建設自序〉云：「夫國者，人之積也；人者，心之器也；而國事者，一人群心理之現象也。是故政治之隆污，繫乎人心之振靡。吾心信其可行，則移心塡海之難，終有成功之日；吾心信其不可行，則反掌折枝之易，亦無收效之期也。」文藝亦國事之一，旣是國事，自有反映人群心理現象之責任與義務，能善盡反映人群心理現象之責任與義務，則文藝始能發揮鼓動風潮，造成時勢之功效。「夫如是，乃能萬衆一心，急起直追，以我五千年文明優秀之民族，應世界日益進步之潮流，而建設一政治最修明，人民最安樂之國家，爲民所有，爲民所治，爲民所享也。」

中華自古以文立國，歷代盛衰、風俗厚薄，雖變態百出，不可窮極，究其大要，皆與群衆心理有關。《文心雕龍·時序》篇云：「昔在陶唐，德盛化鈞，野老吐〈何力〉之談，郊童含〈不識〉之歌。有虞繼作，政阜民暇，〈薰風〉詩於元后，〈爛雲〉歌於列臣。盡其美者何，乃心樂而聲泰也。至大禹敷土，九序詠功，成湯聖敬，猗歟作頌。姬文之德盛，〈周南〉勤而不怨，大王之化淳，〈邠風〉樂而不淫，幽厲昏而〈板蕩〉怒，平王微而〈黍離〉哀。故知歌謠文理，與世推移，風動於上，而波震於下者。」所謂「歌謠文理，與世推移」，即在說明文藝是社會的寫眞，是群衆的靈魂。孔子評《詩》：「詩可以與、可以觀、可以群、可以怨，邇之事父，遠之事君，可識於鳥」獸草木之名」，依照朱注：「興，感發志氣；觀，考見得失；群，和而不流；怨，怨而不怒；事父事君，人倫之道無不備；鳥獸草木，其緒餘又足以資多識」，由作者內心以至外物，由成敗得失到性行修爲，由人倫之道至萬物並育，這種天地與我爲一，萬物與我並生，與天地合其德，與萬物合其吉凶的態度，正是文藝創作與群衆結合的最高境界。

白居易〈與元九書〉云：「洎周衰秦興，採詩官廢，上不以詩補察時政，下不以歌洩導人情，乃至於諂成之風動，救失之道缺，于時六義始刓矣。……自登朝來，年齒漸長，閱事漸多，每與人言，多詢時務；每誦書史，多求理道。始知文章合爲時而著，歌詩合爲事而作。」白氏被近代文學史家奉爲現實主義的戰士，人道主義的詩人，新樂府有力的倡導者，其實於其說他是現實主義和人道主義者，不如說他是「社會詩人」，比較切乎眞象。因爲凡古今成名之作家或作品，無不寫實，無不人道。惟白氏特注意社會群衆之生老病苦，因而樹立了他在唐詩中特有之風格。群衆如流水和土壤，作家的靈感，作品的生命，無不因群衆的培養，而鳶飛魚躍，而生機活潑，所以文藝創作必須面對群衆，服務群衆，並進而影響群衆。使文藝創作拋開吟風月，弄花草，沽聲名，釣利祿，孤芳自賞的樊籠。作家藉著作品的火花，去照亮讀者；讀者藉著正確的批評，傳送自己的脈動。

如此，讓作品眞正成爲架設在作者與讀者之間的一座心橋，如園中百卉，依時吐露其奇葩異豔，如白日當空，激射其萬道霞光，這樣方算圓滿達成文藝與全民結合的目標。

## (四)寫實性：發揚人性光揮

古今文章以情辭相稱而言，可分兩大類：第一是爲情造文，第二是爲文造情。所以文生情，情生文，無眞實之情，不能作至妙之文，亦必以眞實之情爲內涵，然後不求工而自工，此則又存乎才學器識之外，而爲天下之至文也。故陸機云：「每自屬文，尤見其情」，劉勰云：「情者文之經，辭者理之緯，經正而後緯成，理定而後辭暢，此立文之本源也」，魏際瑞也曾說：「詩文不外情事景三者，情爲本」。蓋文藝創作之目的，在能感化人，然必作者爲用情極爲眞摯之人，其作品始有至情流露而使人讀之，生低迴流連之思。

晉王褒讀詩，至「哀哀父母，生我劬勞」，必三復流涕，門人受業者，至爲之廢〈蓼莪〉之詩。又東坡謫惠州時，作〈蝶戀花〉一詞，曰：

> 花褪殘紅青杏小。燕子飛時，綠水人家遶。枝上柳綿吹又少。天涯何處無芳草。牆裡鞦韆牆外道。牆外行人，牆裡佳人笑。笑漸不聞聲漸杳。多情卻被無情惱。

侍兒朝雲唱至第三句，淚滿衣襟。東坡詰其故。答道：「我所不能歌者『枝上柳綿吹又少，天涯何處無芳草』也。」東坡曰：「我正悲秋，汝又傷春矣。」由此觀之，文章之美者，雖門生侍兒，皆能生感。雖其所感之事，未必定與作者相同，然作者之情悲，而感者之情亦悲也。

過去司馬遷作《史記》，雖然全書分〈本紀〉、〈世家〉、〈列傳〉、〈八書〉等五十二萬餘言。但眞正令讀者悠然神往者，不過屈原、伯夷、貨殖、游俠諸傳而已。蓋有感而發，不覺音節爲之一變。至於諸葛武侯之〈出師表〉，一再叮嚀親賢遠佞，故始以「開張聖聽」起，末以「察納雅言」結，篇中稱引先帝者十三，意氣勤懇，皆根極至誠之言。李令伯〈陳情表〉，更無一字虛言雕飾，惟其情眞，則其言痛切。是皆渾然一片至情至性之語，充分流露，所以雖不見其慘澹經營之跡，應手拈來，遂爲千古絕唱。近代若 國父孫中山先生的〈上李鴻章書〉、〈臨時大總統就職宣言〉、〈民報發刊詞〉、〈黃花岡烈士事略序〉，皆能符合文化傳統、秉持國家立場、發揚人性尊嚴。從而收到激越人心，鼓勵士氣的效果。

社會有光明面也有黑暗面，作家有窮通也有利達，情感有喜怒也有哀樂。作家如何以古聖今賢爲法，努力發揚人性的光輝，實爲當急之務。抑又有說焉：大凡造物之於人，其視千秋不朽之業，與視王侯卿相，殆有過之而無不及，而二者之中，豐於此者嗇於彼，其不足有餘之數，蓋常相劑而不能兼有也。故古人賤尺壁而重寸陰。懼乎時之過已！王維詩：「君問窮通理，漁歌入浦深」，是以〈擊壤〉之歌，〈康衢〉之謠，則發於堯世；〈卿雲〉之唱，〈爛雲〉之和，則盛於漢廷；憫故宮之禾黍，而箕子有〈麥秀〉之嘆；傷天下之鼎革，而夷齊有〈采薇〉之吟。言爲心聲，書爲心畫，當國事如麻之今日，吾人亦應抱定人能弘道、非道弘人的決心，捕捉時代的眞象，寫下歷史的詩篇。

## (五)地域性：具有地域色彩

個人的思想情意，受兩種影響很大：第一是先天的遺傳，第二是後天的環境。而文藝創作活動也往往受到環境的支配而色彩互歧。譬如俄羅斯的文藝作品，不同於德意志、法蘭西、英吉利；農業國家的文藝作品，不同於工商業國家；島國的文藝創作，更不同於大陸地區，此何故？受地理環境所影響也。

地理環境影響文藝作品，以我國爲例，大而言之，有南北之不同，小而言之，有地區之差異。在南北不同方面，在山嶺交錯，溪谷旁申，莽莽大河，渺無涯涘的生存空間裡，南方因受揚子江的流澤，生活繁榮，饒有餘裕，民性柔和，富於感情，故文藝作品多傾向於理想。北方依傍黃河流域，水害頻仍，風景荒寒，遠海多山，物產貧瘠，故文藝作品多傾向於實用。在地區差異方面，《詩經》三百篇。有〈周南〉、〈召南〉、〈邶風〉、〈鄘風〉、〈衛風〉、〈王風〉、〈鄭風〉、〈齊風〉、〈魏風〉、〈唐風〉、〈秦風〉、〈陳風〉、〈檜風〉、〈曹風〉、〈豳風〉，此十五國風，各有其本國之地理環境，由其生活的領域，發而爲詩篇，便產生各不相同之風格。漢匡衡云：「〈國風〉之詩，〈周南〉〈召南〉、被聖賢之化深，故篤於行而廉於色。」《詩集傳》引張子云：「衛國地濱大河，其地土薄，故其人氣輕浮。其地平下，故其人質柔弱。其地肥饒，故其人心怠惰。其人情性如此，則其聲音亦淫靡。故聞其樂，使人懈慢，而有邪僻之心也」。唐在〈禹貢〉冀州之域，太行恆山之西，太原太岳之野。其地土瘠民貧，勤儉質樸，憂深思遠，有堯之遺風。其他各國，亦莫不因所處地域之不同，而發生吟詠之別。至於魏際瑞評曲云：「南曲而自然者，如美人淡妝素服，文士羽扇綸巾；北曲自然者，如老僧世情物價，老農晴雨桑麻；南曲情聯，北曲勢斷；南曲則滑，北曲勁澀；南曲柳顫花搖，北曲水落石出；南曲如珠落玉盤，北曲如金戈鐵馬。」據此可知地理環境之影響文藝作品之大，而文藝創作亦應富有地域色彩，實乃不可避免之事。

文藝受地域之影響，在中國如此，推論西洋，亦無不然也。昔日本學者廚川白村，著《近代文學十講》，於其第四講中對此言之甚詳，如云：「南方諸邦，由於地處地中海沿岸，景色優美，氣候溫和，天清氣朗，爲山川明媚之國土。反之，北方特別於瑞典、挪威、俄羅斯等地，寂寥陰鬱，氣溫低，霧氣重，海山被冰雪常年封鎖，爲灰色空氣包圍的黑暗國家。……假定南方是理想的叙情詩，那麼北方便是現實的哲學了。」又〈歐洲文藝史導言〉亦云：「北歐野，南歐文，北歐霧深，外界之輪廓不明瞭，印象之變化多，故人心傾向於外界，感覺之刺激烈而官能銳，故富於音樂詩歌性。」則北歐雄健悲壯，南歐瀟灑自然；北歐沉鬱眞摯，南歐情感熱烈，由文藝作品上較論，更可顯見地域之特色。

我中國居亞洲屋脊帕米爾高原以東，如果以帕米爾爲定點，北路沿天山、阿爾泰山以至外興安嶺，中路沿崑崙山以至東南平原、南路沿喜馬拉雅山以至中南半島。在這三大山系之間，北有黑龍江、松花江，中有黃河，淮河、長江，南有粵江。江河貫穿，分注入海。又有廣大的平原，無際的沙漠，浩瀚的湖泊，豐富的物產，衆多的人口，及一脈相承的文化。其中無論一草一木，一土一石，飛禽走獸，風霜雨露，人情物事，高山流水，無一不是我人生存所必須，亦無一不是我人染翰的材料。我們以生花妙筆，點綴中國的風土人物，民情習俗，使讀之者望文能知其人、知其地、知其事、知其情。非中國作家不能寫出中國之作品，如此，方具有地域之特殊色彩，表現中國文化之風格。

㈥藝術性：有動人的美感

文藝創作爲藝術之一，藝術者，應人類精神之要求而成立。人類有求眞之要求，於是有哲學；有求善之要求，於是有倫理；有求美之要求，於是有藝術。眞善美之於人類也，實同圓而異其中心。人類之精神如一圓球，哲學家執眞爲其中心，而不可廢善與美。倫理學執善爲其中心，而不可廢眞與美。藝術家執美爲其中心，而不可廢眞與善。

文藝創作既爲藝術，當然執美爲其中心，文藝必如何始美？要須有兩大條件，第一在能自感，第二在能感人。能自感未必專屬於文藝作家；能感人，則屬作家之專責。因爲自感者，觀察之功也；感人者，表現之事也。觀察必須藉助於對人情物態之了悟，是非善惡之判斷，蘊蓄於心，鬱鬱勃勃，爲時旣久，然後發洩於外。表現即是將胸中所蘊蓄而欲發洩者，綜合表露之。前者屬於內美，後者屬於外美。內美必藉外美而彰，外美必資內美而成。兩者實一體之兩面，不容偏廢。故作者如徒工練字鑄句不足謂文，徒有思想情感亦不足爲文。所謂文者，必須內外同符，表裡相發而後可。所以《文心雕龍·體性》篇云：「情動而言形，理發而文見，蓋沿隱以至顯，因內而符外者也。」惟自感愈深，則感人愈強，觀察愈密，則表現愈難，以妙心運其密，以巧技御其難，自能成天下至美之文。亦即劉勰所稱「爲情造文」的作品了。

文藝作品究應如何表現，始有動人之美感，以發揮其藝術特質乎？大別言之，不外三事：一曰材料，二曰體製，三曰修辭。先言材料，語云：「長袖善舞，多財善賈」是故丹青不具，雖善畫者不能爲無色之采；油鹽不陳，雖巧婦難作無米之炊，文藝創作亦然，如作者懶不讀書，腹中枵然無物，一旦振翰操紙，便搜括枯腸，旁皇四顧，如飢者之求食，渴者之思飲，神志蕭索，毫無生氣，及至文成以後，如非枯寂無聊，即是罅漏百出，此即韓愈教人「作文不可無學」者，職是故也。而材料必須儲備於平日，不可取之於臨時。故《文心雕龍·神思》篇云：「積學以儲寶、酌理以富才」，〈事類〉篇云：「屬意立文，心與筆謀，才爲盟主，學爲輔佐，主佐合德，文采必霸」。所以古來能文之士都認爲「非學無以廣才」，於是力破萬卷，博極群書，下筆之時，會詞切理，而發生神來的功效。

儲材不易，取材尤難，蓋文藝貴創造，具有獨立之精神；貴變化，要辭必己出，不可因仍舊說，屋下架屋、床上施床，陸機〈文賦〉云：「謝朝華之已披，啓文秀於未振」，良有以也。昔雍門周欲以琴諷孟嘗君，必先歷叙勞人思婦，孤臣孽子之事，歷數貴賤生死變幻無常之理，而後使孟嘗君一聞琴聲，即凄然泣下，如亡國破家之人，故《文心雕龍·事類》篇云：「綜學在博，取事貴約，校練務精，捃摭須覈，衆美輻輳，表裡發揮」，作品之美，於是乎見。

次言體製，體製者，安置材料之器具也。材料如水，體製如器，器方則水方，器圓則水圓，各適其宜，則水與器無傷，水與器無傷，始能循體而成勢，隨變而立功。昔顏之推《家訓》，譏當時文人作文，不知體製，喜用典故，謂博士買驢，書劵三紙，未見驢字，以爲可笑。此安置材料不得適當之體，致令作品減色之例。明人方一智著《文章薪火》。引秦少游謂〈醉翁亭記〉用賦體，尹師魯謂〈岳陽樓記〉用傳體。然細加翫味，原文尚未大謬。至如魏冰叔論蘇老泉〈上田樞密書〉，開口便說「天下之所以予我者，豈偶然哉」，竟類似議論，古來書札中不見有此，此卻是不易之論，雖今老泉復起，不能爲之辭也。可見體製運用不當，影響作品之美否很大。

其次言修辭。工於修辭者，在材料已得，體製已定，而功用有限的文字，往往使人有不敷應用之苦，於是產生了修辭之法。修辭之法：在質而不枯、華而不縟、深而不晦、淺而不俗、輕而不浮、重而不滯、巧而不纖、拙而不鈍、博而不雜、簡而不陋、奇而不詭、正而不腐，此其大較也。過去孔子講修辭，曰「辭達而已」，劉勰講修辭，在「理圓事密，聯壁其章，迭用奇偶，節以雜佩」。柳宗元〈答韋中立論師道書〉，講他的修辭技巧，尤加具體。所謂「未嘗敢以輕心掉之，未嘗敢以怠心易之，未嘗敢以昏氣出之，未嘗敢以矜氣作之」，又「抑之、揚之、疏之、廉之、激而發之，固而存之」，又所謂「厲其氣、暢其支、肆其端、博其趣、致其幽、著其潔」，旁推交通，而以爲之文。於此正見辭達之難，以及由於辭之難達，所以文藝創作者更要講求修辭之功，使少字可以表多意，常字可以言深情。一切可喜可愕之景，可歌可泣之事，皆可纖毫不遺，躍然紙端。

今人多束書不觀，腹儉之士又往往好奇失正，一篇之內，材料既屬空泛，體製尤不講求，興之所之，或中文、或西語、或長吁、或短歎、或引吭而歌、或幽咽欲泣、或粗俗不雅、或雜亂無章，甚而忽高、忽低、忽分、忽合，令人展卷一觀，有臨文涕泣，不知所云之歎，此皆不講求修辭害之也。故文藝創作必須有動人之美感；動人之美感，又必須材料、體製、修辭三者完密接合而後始有可觀。

## 六、結論

人之所以爲人，其聲音、氣息、肌肉、皮膚、骨骼架構、精神思想，必須樣樣俱全，然後始可尊之爲萬物之靈。同是一個人，而有姸媸肥瘦，才智愚劣，同是一篇作品，而有長短多寡，貧贍剛柔。人之所以希聖希賢，因爲可由涵養而致；文章所以爲善爲美，也可以藉修辭完成。所以古來討文之士，無不把思想視爲作品的生命靈魂。一篇沒有思想內容的作品，等於失去生命靈魂的軀殼，縱使五官俱全，不過行屍走肉而已。

從整個中國文藝史來看，中國的文藝是跟著學術思想變遷，當學術思想變遷時，文藝即隨之變遷，所以顧炎武日知錄說：「《三百篇》之不能不降而《楚辭》，《楚辭》之不能不降而漢魏，漢魏之不能不降而六朝，六朝之不能不降而唐也，勢也。」顧文所謂的「勢」，指的正是時代背景和學術思想演變的趨勢。所以在純中國文化時期的中國文藝，與中印文化交流時期的中國文藝，以及中西文化交流時期的中國文藝，如果循著學術思想的線索觀察，即可發現各期文藝展現之特色。因此，中國是一時代有一時代之文藝，並非一時代有一時代之主義。中國文藝永遠跟著學術思想走，而不是跟著甚麼主義走。近人以為「中華民國文藝發展，雖然波瀾壯闊，變化無窮，但始終有民族主義和人文主義作潮流」，這完全是借用歐洲文藝復興之名詞，來詮釋我國當前文藝之事。須知中國立國東亞五千年，自有其一貫之學術思想與文化體系，文藝發展亦自有其演化的歷程，拿西洋的唾餘，亂中國的陣腳，是不切實際的。

國父《三民主義》是承繼堯、舜、禹、湯、文、武、周、孔之道統，又一次集中國文化之大成。所以「《三民主義》的文藝創作原理」，也就是「中華文化傳統的文藝創作原理」。我們只有把《三民主義》與中華傳統文化結合，才能在汪洋浩瀚的中國藝術之宮裡，領會　國父「集中外菁華，防一切流弊」，那種「為天地立心，為生民立民，為往聖繼絕學，為萬世開太平」的偉大思想和事功。

三民主義以「仁愛」為中心，則「仁愛」即中華文化思想之根源，也就是當前的我們的「文藝創作原理」，中國幾千年來，無論是《詩經》、《楚辭》、漢賦、駢文、唐詩、宋詞、元曲、明人戲劇、清代小說、以及音樂、舞蹈、書法、繪畫、雕塑、建築、工藝等，莫不表現在「仁愛」的規範中。有仁愛，必有同情心；有仁愛，必能互助；有仁愛，必可厚利。故親親仁民，內華外夷，為民族倫理的特色。亦即中國傳統的民族精神所有。天下爲公，選賢與能，爲民主政治的特色，亦即民權主義之精神所在；厚生利用，均貧安傾，爲安定民生的科學方法，亦即民生主義的精神所在。所以倫理、民主、科學是《三民主義》的本質，也是中華文化的結晶。

今後中國的文藝創作，應依據以「仁愛」爲中心的創作原理，從民族性、傳統性、群衆性、寫實性、地域性、藝術性等六方面，去表達民族風格、傳統精神、全民意志、人性光輝、地域色彩、動人美感。使文藝作品透過作家的藝術手法，敏銳的眼光，純正的思想，以及對人生透徹了解的態度，落實到陶冶人性、提振心魂、鼓舞群倫，追求眞、善、美、聖的境界。

本文登載於中華民國七十二年（西元一九八三年）十月《幼獅雜誌》第十七卷四期

# 論學校教育社會教育家庭教育的連環性

時人談教育，往往都撇不開學校，固執成見，而忽略了主觀事實的影響。一個人，無論是如何萬能，是絕對脫離不了社會環境，而能獨立存在的，像魯賓遜的荒島逸事，那不過是一個荒謬遁世的想像，並非確有其事，民國十年前後，平民主義教育學說東漸，當時一般獻身教育的人，雖然披荆斬棘，苦心孤詣的爲教育來努力，但他們的骨子裡，還抛不開世傳的作風，認爲學校是有閒階級訓練的場所，普通庶人子弟是無能問津的，所以「學校重地，閒人免進」的招牌，眞是家常便飯，比比皆是，遂致學校與社會脫節，更和學生的家庭無法取得連繫。惟其如此，畢業的自畢業，失業的自失業，往往形成社會上種種病態。家庭中，造成了不事生產，游手好閒的敗家子。由於社會基礎的動搖，國家亦直接受到影響。教育爲樹人的百年大計，人是組成國家的份子，家庭是社會的基礎，我們不可使學校流於個人主義和孤僻狹窄的道路上去，與實際生活環境發生裂痕。

凡國民教育、中等教育、大專教育，均是學校教育的一部份，自然我國對教育方面的認識，良莠不齊，發生了許多流弊，今天我們來談這個問題，不必引古證今，廣敲旁測，只老老實實地由我們本身說起，以目前情形爲出發點，我覺得更爲必要而迫切。以本人服務教育界數載的心得，來作一個學理上的分析，來說明學校、家庭、社會的縱橫不可分離的關係。國民教育爲基本教育，對一個人的影響最爲重要，現在我權以國民教育爲討論的主體，俾更切合事實的需要。

兒童六歲由小學一年級讀起，到二十一歲大學畢業止，在這十七年中，整個時間，都在受著學校教育的栽培，根據每天日課三八制來算，由早到晚，每天在校至多不過十小時，若再添上星期日例假、寒暑假期，或臨時的特殊病假，那麼學生在家庭中的時間顯然比在學校爲多，如果從人的出生到老死來算，按我國一般人的壽命，多在五十歲與六十歲之間，即令人人都能完成大學畢業，也不過在校十七年，其餘三十多年，都是和社會接觸，何況我國由於農村經濟的衰落，天災人禍的影響，畢生能入學的或入學後而又失學失業的，充斥社會，故吾人從事教育工作者，不可太重視學校教育的功能，亦不必由於教育範圍的遼闊，教育工作的艱鉅，便索然灰心。

凡是研究過教育的人，都知道人類在原始時代，穴居野處，當時沒有定型的學校，作爲施教的場所，一般兒童青年，只是隨著家庭長輩，學習些生活技能，和適應團體的習俗，後來社會的發展，日益趨於複雜，既往的教育方式，不足以應付環境的需要，於是才產生了學校制度，把教育委託於有些專長的人，來擔任教育下一代國民的責任。後來從事教學的人，又太過分重視書本，遂逐漸與人民生活、環境脫了節，成爲少數人的專利品，大多數的人都沒有進學校受教育的機會，知識份子儼然成了特殊階級。這種現象，直至近年各國推行社教工作後，已日趨於改變之勢，在學校教育所製備的特殊環境中，不能充分發展學生的個性，尤其是在基礎教育的階段，更是不可漠視的事實。在臺灣全是包班制，一班五、六十位學生，一位老師，實無法全面顧及學生們的全面生活，如應對、進退、起居、飲食，這些與實際生活有關的節目，普通都是在教室，有計劃的進行各種基本知識的傳授，而這些最普通的學科，是否學生們都能一一領悟，逐步貫通，單靠考試的方法，決不能武斷的確定。如老師告訴學生，吃飯要有定量，不可過飽；打架鬥毆，做惡戲，是壞行爲，我們不可做；但他們放學後，離開了學校，都像野馬出柵似的瘋狂起來，什麼吃飯、打架、老師的囑咐，統統抛到九霄雲外，忘得無影無蹤。由於在兒童的思想中，有他的小天地，他有他幼稚的看法，主要的是他們無論看到什麼事、物，都感覺奇怪，看見鄰家的孩子做惡戲、擲骰子，他的心就完全被吸引去，對於課本，反覺得毫不關心，如此習性既深，再謀改變，自相當困難。雖然他每天都到學校聽講，但總是心不在焉，視而不見，聽而不聞，時刻在回味著他遊戲的節目，功課無疑問地一天一天的下降，一年不如一年，這對他將來的影響，是不難推測的。其次，孩子們在家庭中玩耍，忽然見了神案上的大肚彌陀佛，當時也並不知道什麼神、鬼、妖、怪；只覺得可愛、新奇，遂馬上拿到手裡玩，等到他的媽媽以驚惶失措的姿態，告訴他說，這是神，是不可胡亂褻瀆的，他能保佑我們四季平安，到春秋節氣還有盛大的祭禮來拜拜的，你快乖乖的放到神案上，這時候孩子聽了，只是莫名其妙，但印像尙膚淺，到了家家膜拜，戶戶拈香的時候，媽媽再告訴他，你看這就是如何如何，迨後他經常看見鄰家或路人，點燭放炮，一而再的詢問原因，家裡的人，再故意向他宣染這種社會的流習，此時他不僅對於神有不平凡的信仰，就是神案前供的香爐、蠟、香、紙、鞭炮，一舉一動他都認爲是神聖的，是對的，以後到學校裡，老師無論如何給他解釋，皀君是張保，神像是鐵打的、石刻的、泥捏的，都不容易改變他原有的定型。再就年齡大一點的孩子們來說，往往父母不想到孩子們能否勝任，就讓他們參加家庭的生產活動，不去做的時候，就打罵、苛責，不給他們飯吃，到了學校，自不能用功讀書，又常受先生的處罰、同學的譏笑，以致搞得神志恍惚，頭腦不清，有一個極其聰明伶俐的孩子，現在顯得呆若木雞，這不但戕賊了他的健康，妨害了他身心的發育，而且對他的將來，有不可思議的後果。像這上面的事實，在我國社會上、家庭中，實在比比皆是。家庭父母文化水準的低下，不只是家庭問題，且是一個很嚴重的社會問題，因此，學校教育也無法達到充分的效能，收到預期的效果。所以我們不能忽視了這種社會問題的癥結，和消弭癥結的方法，則在乎教育的普及。使每一位社會份子，都成爲有知識、有技能、有道德的人。

教育普及，就家庭、就社會兩方面來說，當學生們小的時候，對於一切事物，都發生疑問，聽到暴風雨將來時的雷聲，電燈爲什麼發光？水管爲什麼能出水？飛機怎麼能飛到天上去？用什麼東西做的？輪船爲甚麼會在水上走而不沉下去？鄰家的孩子，被騙子拐去了，騙子是怎樣的人？拐到那裡去了？學生在學校裡，對於老師的看法，往往不同於在家庭對父母的一樣，所以有很多問題，由於老師的尊嚴，都不敢向老師提出，在家庭裡，譬如孩子們對於飛機有了疑問，做父母的人，不但要把飛機怎樣會飛的道理，一一說出來，就是飛機是誰發明的，和有關發明家幼小的奮鬥歷史，也應該藉談話的機會，講給他們聽。此外如清潔習慣的養成，起、居、進、退、飲、食等生活上的認識與適應，沒有一樣不是受家庭的教育和栽培，如學生洗面要用自己的手帕，免得傳染砂眼，如由於父母的溺愛，或由於家庭經濟來源的不充裕，大家共用一條手帕，早、晚，洗面、洗澡都是它，這就會直接影響學生的健康，所以我們如談好的家庭教育，就必須先注意家庭的環境，和父母受教育知識水準的高低。現在我們對家庭教育的希望，還不能過分的樂觀，就本省近年推行教育的成績來說，雖有相當可觀，但村莊地方，已逾學齡而未受基本教育的，或受過不充分教育的人，仍爲數不少，有時父母爲了生活、爲了工作，每天開門七件事就搞得焦頭爛額，那還有空閒時間給予自己的孩子們種種指導。由於社會問題的嚴重，普及教育，已刻不容緩，不過家庭教育和社會教育是並行而不相背的；至於學校教育，也絕對不能脫離社會或家庭，可以超然獨存。所以教師的責任，普通都認爲教書而已，其實是肩荷著教育與再教育的雙重任務。

我們自然明白了學校、家庭、社會在教育上有不可分離的關係以後，再回觀目前本省的教育，自光復以來，國民學校逐年增多，就我所知道的來說，目前全省國校已達一千二百所了，學生總數不下百萬，就學率達百分之八十以上；至於中等學校、大專學校，設立得更形普遍，不過學校是社會的縮圖和反映，學校教育不過是社會的一種形式，所以一些先知先覺者，針對既往教育方面的流弊，倡導了「學校生活化」、「教育社會化」、「教育機會均等」的口號，這說明了學校教育已漸趨於以社會爲本位的實際生活的教育，也就是社會教育新的方向，有一個教育家說：「社會教育，才是正式的教育」，這並不過分誇張，因爲學生時代的生活，不足以應付複雜的社會環境，教育自有深入基層的必要。現代的社會教育，是不分男、女、老、幼、貧、富、貴、賤的，只要你是沒有進過學校的，或是已在學校畢業踏入社會從事工作的人，就必須給予一種補習的教育，使他們更能適應社會的需要，以期增進社會的生機，促進社會的進步。不過社會教育，不像學校裡的學生，有年齡的限制，施教工具，亦不僅是書本，還利用音樂、圖書、電影、戲劇、廣播等用以來擴大社會教育的功能，教學內容，亦不像學校逐類分科，局限一隅，凡是有價值，有效用的知識、技能，都一一傳授給一般男女，教育方式，亦不同於學校裡的報名註冊，手續麻煩，只要你願意受教，來者不拒。不但如此，我們更應當把教育送上門去，民衆覽閱圖書，必須到公立圖書館借閱，按目前本省情形，交通便利，市區繁盛的地區，還勉強可以，但窮鄉僻壤的地方，就不是簡而易辦了。況且家庭職業的忙碌，實在沒有時間，來做這種活動，當局遂組織巡迴圖書館，按期巡迴，借還便利，如此對於教育普及收效至宏。次如以學校爲中心，設立民衆夜校，強迫入學，配合目前反共抗俄的國策，和管、教、養、衛的四種基本認識，施以生活必須的訓練，養成其謀生的基本技能，加強其對民族國家的正確觀念，藉以提高其捨命保命，捨產保產，敵愾同仇的決心。並且學校爲了明瞭學生生活的狀況，必須與家長取得密切聯絡，也可以藉其家庭父母、兄長夜間補習的機會，直接把在學校所考查學生的成績、勤惰、報告給家長，再詢問其對子女的希望，然後學校組織觀摩會、懇親會、父兄會，令學生家長作定期的參觀，彼此相互觀摩，或藉開會來傳達家庭教育良好的意見，或提供學校作爲訓練學生的參考、討論，如促進學校家庭的合作，來管訓子女，學校要配合家庭教育來實施教學方針，所以民衆夜間部、補習學校，各種文化宣傳的機構的設置，不單是在推行社會教育，其實是在提高家庭父母知識水準，補充學校教育的不足。前面我已經講過，因爲父、母、子、女是構成家庭的份子，家庭是組成社會的基礎，教育是社會進化的結晶，學校、家庭、社會名目不同，實爲一體，不過無論何種教育方式、內容，與實際生活，現實環境，均不能脫離關係；否則，教育決不會發生任何力量，任何作用。

現在學校教育，漸爲社會教育取而代之，現在各國的強迫入學的條例，與延長補習教育的年限，這些都顯示著社會教育在現階段的重要性，不過學校教育一天存在，則家庭教育也一天不能被人忽視，如果要說學校教育重要，我們就不可把學生的基礎打壞，使他與社會群衆發生隔閡。我們希望學生在學校中，做一個好學生，回到家裡，做一個好孩子，將來到社會上做一個好公民。要使其切合理想的發展，就需要學校教育和家庭教育、社會教育配合起來，學校要有切合理想的發展，使其對學生的個性、生活、興趣、學習更加深一層的認識，從而施以合理的管教，這中間不只是學生獲益良多，就家庭的幸福、國家的富強，社會的進步，其將來收效之大，也是我用筆墨所不能形容的。（本文係民國四十年（西元一九五一年）十一月宜蘭縣教育論文比賽第一名作品，登載於台北女師國教季刊第五期，當時筆者任宜蘭縣南安國民小學教師）

# 我對於民族精神教育的看法

教育是延續國族歷史，培育民族文化的根本。由於社會傳統與生活領域的迥異，其由經驗所累積的文化，亦相互殊途：如英國的實用主義、美國的民主主義、蘇俄的唯物主義、德國的軍國主義。所以各國教育，均有其哲學基礎爲依據。我國新教育的發展，六七十年來，先抄日本、後襲歐美。自「五四」運動以後，若干教育學者，竟倡全盤西化之議，此等削足適履短視的教育家，無疑的是將中國不血刃而假手外人，是以學制常改，教育政策與中國社會需要相抵觸；而在學校畢業的學生，不務實際，只說留洋，甚而目空一切，高調唱得鎮天價響，要他寫一封信，則謬誤絕倫。所以此次大陸淪陷，而有武將怕死，文人投靠的亡國現象。事實如此，足證國民革命的失敗，教育實爲主因。我們受過了慘敗的歷史教訓，明白了既往教育與實際生活脫節的眞象，勢不能不改絃更張，興廢除弊，救亡圖存。古人云：「操之在我則存，操之在人則亡」，民族精神教育的加強，正是適乎其時，明乎需要，具有劃時代的意義，也就是所謂「操之在我」的生命泉源。

我國古來即創「天人合一」的宇宙觀，政治目的與教育目的一貫。惟其政教合一，故能充分發揮教育效能；惟其觀點廣闊，故能兼容並重，博大精深。講到「仁」，即知「民胞物與」、「博施濟衆」；講到「義」，即知「見義勇爲」、「當仁不讓」、「殺身成仁」、「厚往而薄來」；講到「禮」，即知「非禮勿視，非禮勿聽，非禮勿言、非禮勿動」；講到「智」，即知「明辨是非，篤學力行」；講到「信」，即知「守約、養廉」。至於「和平」，「忠孝」，更是我國修齊治平的一貫大道，維繫民族歷史於億萬世而不墜的基石。我國古之寓政於教，化民成俗，即是將教育哲學與倫理思想合而爲一，天人合一，同化萬物。所以民族精神教育，旨在以「天理」與「人性」融通的宇宙觀，作爲實際生活的指導原則。以人類至高至上的理性，消滅共匪唯物鬥爭的獸性，亦即以「理性對獸慾」，以「公理對強權」，以「扶植對摧殘」，以「和善對兇暴」。因此民族精神教育，自有其歷史背景，和民族特性的依據。即就目前在對內求發展，對外求和平；反侵略，反集權的號召下，不但合於時代要求，尤其適乎人類需要！

教育改造與民族精神教育的實施，不是徒托空言，妄加針砭，而必須以實際生活爲範疇，與全體社會需要相貫通，從實踐中求眞理，在生活上來改造；這樣才是切實中肯的革命，徹頭徹尾的更新。於此，爰書數端一得之愚，幸爲指正：

一、推行民族精神教育，必須有力行精神——無論創興大小事業，總是於始爲艱。但是，我們不能見異思遷，須立定「順我則生，逆我則亡」的決心，建立革命的人生觀，不怕難，不懼苦，與道義共存亡，充分建立社會的楷模。因爲教育是一個持久的事業，惟其有恆，方可持久。出乎至誠，本乎大公，以精神與事業共生共守，如天地運行，如日月代明。或作社會宣傳、或用文化展覽、或以具體事實，用科學方法，組織分析，打進民衆實際生活規範之中，完成民族的自信心，恢復群衆的團結意志，達到反共抗俄，敵愾同仇的新活力。這必須靠青年的社會導師們，有勇氣、有熱血、愈折愈勇、愈挫愈強的精神和不屈不撓的毅力。

二、推行民族精神教育，必先以身作則——既往教育之窳敗，已是事理昭彰，我們已身嘗大陸慘敗的教訓，如不痛革前非，勢必再蹈前轍。尤其肩負教育職責的教師們，不但要在學校做兒童們的良好保姆，且要爲社會建立風範。所謂「責人自責」，「身教重於言教，」「已身正，不令而行，已身不正，雖令不從」。這充分說明欲推行民族精神教育，必須注重人格的感化，總統在元旦文告中，明白詔示說：「四大改造，是以學校爲核心，以教師爲推行改造的動力」。我們恭聆　領袖忠懇訓示，清晰自己的責任，更百千倍於往昔。自當舉一反三，以天下興亡爲己任。率社會群趨於崇禮尙義，勤儉節約之一途，其功業比之於衝鋒陷陣的前方將士，當有過之而無不及。

三、推行民族精神育，必由實際生活上做起——教育脫離了生活，那只是徒具形骸，名存實亡了。我們對於既往腐敗的隔離教育，實不敢寄予厚望。所以四維八德的民族精神教育，勢必在生活上體驗，在經驗上捉摸，才會得到眞切意義。譬如「禮」就是規規矩矩的態度，「義」就是正正當當的行爲，「廉」是淸淸白白的辨別，「恥」是切切實實的覺悟；這是知其當然。至於爲什麼規規矩矩的態度就是「禮」，正正當當的行爲就是「義」……。而必須在禮的實際生活領域內，才能領悟禮的眞諦；必須在不義不仁的行爲上，才會體察到義的至理。例如空氣是生活上不可或缺之物，因爲它不像其他物品的時有缺盡，所以人們不會體驗到空氣的重要；一旦窒息片刻，立即感到不堪忍受，始能領略空氣的可貴。質言之，禮義廉恥亦是俯拾即是，人人也因之而無所感覺，我們必須誘導青年學生、社會人士，在生活上覺悟精神的價値，使其養成守禮則公而忘私，取義則生死不渝的習慣，如此才是眞正的精神改造。

綜上所論，民族精神教育的徹底實踐，是挽危救亡的法寶，我們不否認過去的失敗是因爲喪失了國家的靈魂，所以我們要建立反共復國的教育，恢復民族固有的精神。化人類的獸性爲理性，來破除匪共欺詐、哄騙、慘殺、鬥爭的悲劇。　總統曾說「今天的教育家應該自認衝堅折銳的前線戰士、應該自認爲移風易俗的社會導師、應該自認爲篳路藍褸的開國先驅、應該自認爲存亡繼絕的堅實豪傑。今天我們決不能再附和過去誤解了多時的教育獨立的口號，使教育者自居於國家法令和國家所賦予的責任之外，……」這種大責重任，已放在我們雙肩，我們要採擷歐美所長，斟酌國情，再創發明，而凌駕乎歐美之上。當前民族精神教育的推行，是否能卓著功效，當以我等之努力程度以爲斷。

（中華民國四十一年（西元一九五二年）台北區國民學校教師暑期講習會論文比賽第一名，以後本文登載在台北師範《校友通訊》，當時筆者任宜蘭縣南安國民小學教導主任）

# 讀書劄記類

# 孫詒讓與《契文舉例》

## 一、孫氏生平概述

孫詒讓氏字仲容，號籀廎，浙江省瑞安縣集善鄉演下村人，生於清道光二十八年（西元一八四八年）八月十四日，卒於光緒三十四年（西元一九〇八年）五月二十二日，享年六十一歲。其父名衣言，曾佐曾國藩平定洪楊之亂，擔任過江寧布政使。仲容先生自謙稟性迂拙，不善酬應，八九歲受四子書，略識文義，年十六七讀江子屏《漢學師承記》、阮文達公集刊的經解，才稍知清儒研究經史小學的家法。同治六年（西元一八六七年）二十歲舉浙江補甲子科的鄉試，二十八歲授刑部主事，不久託病返鄉，閉門著述。以後雖屢經瞿鴻禨、陳寶箴、張百熙、唐景崧、張之洞等人的推薦，他都辭不受命；獨與好友獨山莫友芝、德清戴子高、海寧唐仁壽、儀徵劉壽曾、寶應劉恭冕等往還討論，切磋問難。尤其在光緒二十九年（西元一九〇三年），八國聯軍進北京，日俄宣戰前後，他目睹海疆多故，國難之嚴重深切，每與人論時局，就憂憤填膺，扼腕不已。以爲外敵環伺，國威不振之由，在於人才的衰竭；而人才的衰竭，又種因於學藝之不講；於是糾合鄉里同志，興學儲材。在學術上，始終堅守正統學派的壁壘；思想方面，又志切排滿興復之大計。梁任公《中國近三百年學術史》說他「巋然爲有清三百年學術之殿」，就是這個道理。屈指算來，他謝世已經六十七年。在這萬方多難的時刻，我們緬懷像他這樣一位國學界的泰斗，新思想的彗星，對他生前的成就，作一個合理的探討，應該是無可旁貸的職責。他的論著如：《古籀拾遺》、《墨子閒詁》、《周禮正義》、《古籀餘論》、《名原》、《札迻》、《重定毛公鼎釋文》、《溫州經籍志》、《尚書駢枝》、《籀廎述林》等，皇皇巨典計有三十五種，三百九十六卷之多。其中任何一種書，對今後學術界都有無比深遠的影響力。不過，這些我都暫時略而不談，所談的只是他晚年速成的《契文舉例》一書。因爲畢竟是我國近百年來研究甲骨的開宗，上古史裡一部石破天驚的新著作。

## 二、《契文舉例》成書經過

《契文舉例》既是甲骨文研究的開宗，爲中國史學界闢一新領域，那麼談到它成書的經過，就不能不先講劉鶚的《鐵雲藏龜》。原來在清光緒二十五年（西元一八九九年），仲容五十二歲的時候，甲骨初出土於河南省安陽縣小屯村濱洹河的農田中；當時人們都誤把它看成刀瘡藥，論斤兜

老殘遊記的作者劉鶚遺像

孫詒讓（1848—1908）遺像

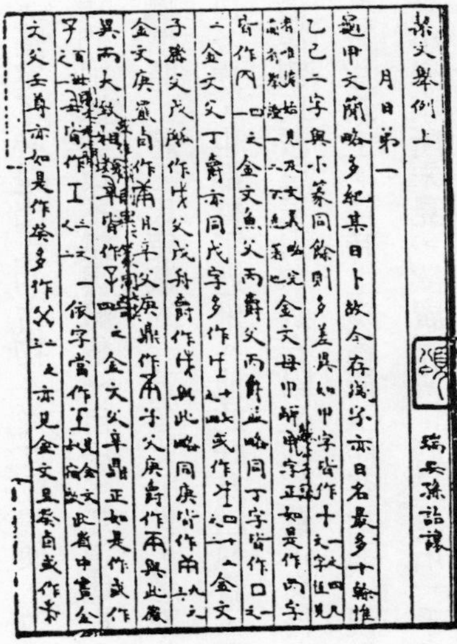
契文舉例上

月日第一　瑞安孫詒讓

龜甲文簡略多紀其日卜故今存者字亦日名最多十餘



原稿首頁跨邊欄有「仲頌」篆刻一枚

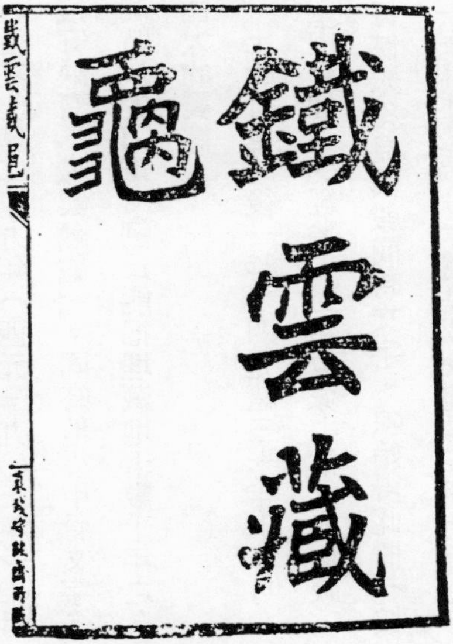


石印本抱殘守缺齋鐵雲藏龜首頁

售。湊巧江蘇丹徒縣的劉鶚，號叫老殘的這位遊屐北京的江湖隱士，竟無意中和好友王懿榮發現了甲骨上的篆刻文字，憑著他們平常對金石器物的修養，斷定了必是出土的古物。從此劉鶚便一改遊方郎中賣藥算命的姿態，專門從事蒐集甲骨的工作。我們根據劉氏《鐵雲藏龜》自序，知道他在光緒二十八年，懿榮之子王翰甫出售家藏的古器物清償夙債時，將王氏庋藏的一千多片甲骨，悉數收購。接著又把定海方藥雨、濰縣商人范維卿所藏的三百多片，也都買了過來。他的好友趙執齋，更爲他奔走於山東、河南各地，前後也收得三千多片。最後劉氏派三子大紳到安陽坐地購買，又得一千餘片。總計劉鶚收藏的龜版，最保守的估計，要在五千片以上。這時上虞羅振玉作客劉宅，親見甲骨墨本，其中文字和傳世的古文或異，驚爲兩漢以來小學家所未見，欲廣流傳；於是摹拓一千多片而去。以後劉氏爲了應付各方人士的需索，不得已，在光緒二十九年（西元一九〇三年）十月，精拓了一千零五十八片付諸石印。這就是有名的抱殘守缺齋《鐵雲藏龜》。同時他從甲骨文字多象形，稱謂用干支，與說文篆籀迥然不同，斷定是殷商時代的刀筆。劉氏能把埋藏地下數千年之久的甲骨碎片著錄成書，的確給當時蔽塞的學術界帶來極大的震憾！

孫詒讓著《契文舉例》，事在劉鶚《鐵雲藏龜》出版行世的後一年，即光緒三十年十一月。仲容靠自己「研究古文大篆四十年，及所見彝器款識逾兩千種」的經驗，對類似塚中枯骨的龜版，撫髀雀躍，愛不忍釋。他在《契文舉例》叙上說：「每憾未獲見眞殷商時文字，頃始得此冊（按指《鐵雲藏龜》），不意衰年睹此奇跡，愛翫不已！」結果他認爲：「遠古契刻遺文，藉存辜較，朽骼畸零，更三四千年竟未漫滅，爲足寶耳。」於是他別無依傍，「就所通者，略事甄述，用補有商一代書名之佚，兼以尋究倉後籀前文字流變之跡。」當時他不啻盲人瞎馬，在榛莽霾塞的荒徑上摸索前進，最後竟「竆兩月之力校讀之，以前後復重者，參互審繹，廼略通其文字。」《契文舉例》連同序文共一百九十一頁，內分：月日、貞卜、卜事、鬼神、卜人、官氏、方國、典禮、文字、雜例，共十目；可以說仲容由甲骨的研究，已初步替殷商社會制度鉤勒了一個雛型。可是當時由於中西新舊的嚴重爭執，雖然他有空前的創見，也不敢輕以示人。他給俞曲園的信說：「前年得見河南湯陰新出龜甲文數千名，內有象形字十餘而苦無釋文，不易讀；偶以意推索，依上下文誼尋繹，略通一二。新學盛行，此事恐爲時賢姍笑，不敢出以示人。」他致章太炎先生的函件也有同樣的感傷。他說：「頃從金文龜甲文（丹徒劉氏橅本）獲十餘名，皆塙實可信者。舊學淪廢，無可就正。謹略陳一二，以當面質。」想他開始面對這些空前未有的地下史料時，內心是如何的狂熱，情感是如何的激動。可是事後看到舊學淪廢，新學盛行，自己辛勤考證所得，缺乏質疑問難的知音時，他的心情又有點像陳子昂的登幽州臺：「念天地之悠悠，獨愴然而涕下」了！

仲容先生卒於光緒三十四年，在此以前，他曾將《契文舉例》的原稿寄給羅振玉，又曾寄劉鐵雲和端方。據傳端方因政繁路遙，一直沒有把原稿璧還；根據朱芳圃的《孫詒讓年譜》，仲容先生在病重彌留時，還連連向他的門下客說：「《契文舉例》前以原稿寄示端午橋方制軍，家藏副本，篆文不完，皆非我手定不可。老病催人，奈何！」由此可證，《契文舉例》確流落端方之手。後來武昌首義，端氏遇難四川，家藏散佚，先生手稿更不知所終。《國學論叢》一卷三期有趙萬里《王靜安先生年譜》，說在民國六年丙辰冬，「王國維得《契文舉例》稿本於滬肆，因寄羅氏，印於《吉石庵叢書》中。」王氏評述：「此書雖謬誤居十之八九，然篳路椎輪，不得不推此矣。」王氏寫給羅振玉的信說：「孫仲頌《契文舉例》當即寄上，惟此書數近百頁，印費不少，而其書卻無可採，不如《古籀拾遺》遠甚，即欲摘其佳者，亦無從下手，因其是與誤者嘗併在一條中也。」羅振玉《丙辰日記》十二月十一日記：「靜安寄孫徵君《契文舉例》至，精讀一過，得者十一而失者十九，蓋此事之難，非徵君之疏。」十二月十三日記：「以《契文舉例》付印。」所以儘管王氏不贊成印行此書，而羅氏仍然於收到後三日爲之精裝影印。陳夢家《殷虛卜辭綜述》第二章第一節載羅氏於民國十七年將家藏的部分書籍售於燕京大學，孫氏原稿就在其中。這個在光緒三十一年（西元一九〇五年）寄給端方，民國十七年（西元一九二八年）經羅振玉轉售於燕京大學的《契文舉例》，其間失而復得，得而求售，歷時二十三年，才使仲容手澤又重現於天地之間。其經過可說是相當的離奇曲折。

目前此書在台傳本有二：一是民國五十二年四月台灣藝文印書館印行的《孫籀廎先生集》，將之收入該集第一冊，附在《古籀餘論》之後，《名原》之前，首頁有「彥堂」戳記，想必是我鄉賢董作賓先生的珍藏。一是民國五十九年文華出版公司籌印的《羅雪堂全集》，曾收於全集初編第十五冊內，敘下首行有「籀廎」篆刻一方，書首頁卷上第一行跨邊欄有「仲頌」，卷下第一行跨邊欄有「經微室」印章各一枚，確實是《吉石庵叢書》所藏的原稿。今天我們身在海嶠，於各種研究條件缺乏的情況下，還能有這兩個傳本，做爲我們研究考評的依據，實在是相當難能了。

## 三、《契文舉例》的新評價

我國的學術研究，到了淸代，可說是個大開大合的時期；不僅對舊學做了一次大結合大整理，也給新學開啓了新途徑新機運。仲容先生最後出，其用力最勤，貢獻也最多。譬如《周禮正義》，因爲賈公彥《周禮疏》有隱晦不詳的毛病，後世學者又往往以今文師說，尊後鄭而仇王肅，於是仲容一切依照古文彈正，宣究子春、少贛、仲師的說法，發鄭玄、賈公彥之覆數十百事。所以黃季剛的《禮學略說》認爲：「此經於古義靡不蒐羅，後之考周官者，未有能舍是者也。」再如《墨子閒詁》十五卷，因墨書多古字古言，〈經〉上下、〈經說〉上下、〈大小取〉六篇尤不易讀；仲容覃思十年，集畢、顧、王、俞、蘇、洪各家之說，而下以自己的判斷，整紛剔蠹，衇摘無遺；可說是自墨學廢二千年以來，儒術孤行，至此才大顯於世。梁任公的《中國近三百年學術史》說：「自此書出，《墨子》人人可讀，現代墨學復活，全由此書導之。古今治墨學者，固莫能過此書，而仲容一生著述，亦以此書爲第一也。」至於《古籀拾遺》、《古籀餘論》，對推進金文研究的方法，更具有卓越的貢獻。而《契文舉例》的價值，固然不能與《周禮正義》及《墨子閒詁》相提並論，可是也不至於如羅振玉、王國維兩家所評的「不無武斷」、「絕無條理」。所以今天我們來談孫詒讓與《契文舉例》，既不容輕忽前人的批判，但也不能不對它作重新的評價。

須知仲容先生所見的甲骨，僅局限於《鐵雲藏龜》，而《藏龜》傳拓於光緒二十九年（西元一九〇三年），距離甲骨出土之時才五個年頭，且因石印墨版欠精，以至發生誤倒、僞刻、失拓、模糊，四種錯誤。（參看嚴一萍先生〈鐵雲藏龜跋〉和拙作〈劉鶚與鐵雲藏龜〉）至於藏龜所容的拓片只有一千零五十八，此數比劉鶚私藏的五千多版，還不及五分之一。如與董彥堂《甲骨學六十年》上所載的十萬片，已經著錄的三萬一千一百三十九片相較，則藏龜不過是它十萬片中的百分之一，占已著錄中的三十分之一。如果依照胡厚宣於民國四十年三月作的〈五十年甲骨文發現的總結〉一文統計，五十年之間出土的甲骨共十六萬九百八十九片，研究甲骨而又有專著行世的學者共二百八十九位，著作共八百七十六種。那麼藏龜的一千零五十八片，爲數更是微不足道了。仲容先生僅憑他個人研究古文大篆的經驗，推求二周以前的刀筆，又不曾接觸過實際的龜版，所以在審形辨體、考釋文字方面，自然會發生不可避免的錯誤。

總計《鐵雲藏龜》千餘片，六百多個單字內，經仲容說解的約佔五分之三；說解迄今仍確不可易的有一百八十七字，猶待商榷的有三十字左右，完全誤釋的有百字以上，闕疑待攷的占二十分之一。說解正確的一百八十七字，實在都是甲骨文裡最基本的單字；後人如羅振玉《殷虛書契考釋》，王國維《戩壽堂所藏殷虛文字考釋》，郭沫若《卜辭通纂》，朱芳圃《甲骨學文字篇》，葉玉森《殷虛書契前後編集釋》，唐蘭《天壤閣甲骨文存附考釋》，孫海波《甲骨文編》，李孝定

《甲骨文字集釋》，多徵引其說。所以，我們要想對仲容先生的《契文舉例》做重新的評價，便不能不撇開羅、王兩家的輕率，改從該書價值最高和影響最深遠的下卷「文字」「雜例」兩部份去留意。我想摘錄仲容說解文字的幾個實例，也許可以藉著這個鼎嘗一臠的指引，使讀者更容易了解本書的內容，以及仲容在古文字學上絕倫的造詣，和精審的判斷力。

我在三年前寫過一篇論文，叫做〈孫詒讓的甲骨學〉。當時我把仲容先生對龜甲文字的考釋，做了一次通盤的研究，他審釋正確的一百八十七個單字，按照性之所近，區分成六類：「一是契刻與金文合者，二是契刻與說文小篆合者，三是契刻與說文古籀合者，四是契刻與金文小篆兩合者，五是契刻與金文篆籀均不合而說解允當者，六是契刻一望便知，故而有釋無說者。現在姑且挑出幾個單字來看。

在《契文舉例》下卷如第二十六頁釋「帚」字，第三頁釋「出」字，第十三頁釋「率」字，都是甲骨和金文偏旁相合，字例相通，結果得到正確的解釋。至於契刻和《說文》小篆相合的，如第二頁釋「武」字，仲容云：「為止戈會意，《說文》戈部从楚莊王說，是比。」案《說文》戈部「武」字下引楚莊王說：「定功戢兵，故止戈為武。」甲骨和小篆同。《鐵雲藏龜》六七之四片卜辭作「卜出貞今日⿱魚武唐允口」，僅此一見，仲容就援為解說的資料，眞是膽大心細，見微知著。又如第三頁釋「步」字，仲容云：「反正重累則為步。《說文》步部：步，行也，相背。此文正同。从兩止不相背，文偶變易，不為義例。」這兩個都是契刻和《說文》小篆相合的例子。再如第二頁釋「亘」字，第三十一頁釋「西」字，都是契刻與《說文》古籀相同的實例。其他還有與金文小篆兩合的，和金文篆籀均不合而說解允當的，以及契刻一望便知，有釋無說的，因限於篇幅，恕不一一列舉。可說仲容研究甲骨的菁華都可以從這本書裡別擇出來。

時至今日，甲骨文的研究已是百家競鳴，異說蠭起，成了當代顯學。我們如根據李孝定教授《甲骨文字集釋》上顯示，一字的說解就不下十數家。如果再運用文字的通讀，去進一步深入探索殷商時代的曆法天象、方國地理、政治區畫、先公先王、廟號親屬、農產狀況、宗教信仰，更是各有根據，各有說辭。例如甲骨文中有個字，仲容於《契文舉例》釋爲「省」字，羅振玉《增訂殷虛書契考釋》收此作「相」，商承祚《殷契佚存》以爲是「省」的本字，象省察時目光四射之形。郭沫若《殷契粹編考釋》承認相字，但他以爲是「相貌」字的初構，蓋象「眉目」之形。葉玉森《殷虛書契前編集釋》從仲容之說作「省」。陳邦懷《鐵雲藏龜拾遺釋文》釋爲省田之「省」，楊樹達的〈甲文說〉以爲「省當讀爲獮」，意思如《爾雅．釋詁》：「獮，殺也。」之訓。再如仲容的《契文舉例》上卷，就有「官氏」「鬼神」兩節，而羅振玉在宣統二年（西元一九一〇年）著《殷商貞卜文字考》也列有殷帝王之名謚。民國五年日本內藤虎次郎作〈王亥〉一文，民國六年王國維著《殷卜辭中所見先公先王考》一卷、《續考》一卷，同年十二月又著〈殷先公先王考附注〉，民國九年羅振玉連續發了〈與林浩卿博士論卜辭王賓書〉以及〈與王靜安徵君論卜辭上甲書〉，都涉及到卜辭中所見先公先王的問題。民國十年，日本內藤虎次朗又作〈續王亥〉一文，民國二十二年十二月吳其昌著〈殷卜辭所見先公先王三續考〉，這些都是沿著同一個問題，去追尋可能發生的答案。民國以來，人們對《契文舉例》的內容能指其謬誤並提出具體檢討者，如民國二十五年三月南京金陵大學的曾昭燏作〈讀契文舉例〉，最近白玉錚在《中國文字》連載了他作的〈契文舉例校讀〉，可以說都是甲骨的功臣，仲容的諍友。至於我個人對仲容《契文舉例》說解正誤的取舍，一切都以衆所公認的爲準，不敢以私臆定是非。相信以這樣的態度來給《契文舉例》重新評價，也許更能看出這部甲骨學上早期著作的眞面目。

## 四、仲容認識甲骨的途徑

仲容研究甲骨，不若治古文大篆之綿密而富條理，這是事實。不過也正由於他精通古籀，才能上溯契刻，而考倉後籀前文字演變的軌跡。他在〈契文舉例叙〉中自言審繹龜甲文字的經過說：「大致與金文相近，篆畫尤簡，形聲多不具。且甲片又率爛闕，文義斷續不屬，一甲數段，縱橫反正交錯，糾互無定例。」再加上前無所承，時乏切磋，故凡所說辭，都以自爲法。由推驗比勘而得。他在行文中，常以「文字漫闕，不易辨認」，「文多殘闕，全無文義可尋」，甚而「字畫不可識，亦未能定其爲何字」，「重複錯互，莫能明其義例」；那種迫切期待的心情，我們可以充分體會到。大凡名家著述，即令是遊戲筆墨，也必有義例可尋；更何況仲容積四十年治古文大篆的心得，於兩月內一氣呵成之作？如果我們觀瀾索源，一定可以分析出來他校讀《藏龜》的體例。就個人研讀所得，發現仲容識字的途徑，約有四端即：斠諸金石，推勘說文，諦審偏旁，通校諸文，然後再酌加一己的判斷。至於他乘說解之便，溝通古今文字的脈絡，牽涉諸子百家的言論，引群經以說字，訂許書的訛謬，對充實我國上古史的內容，導引鑽研古學的方向，無一不有實質上的貢獻。所以特再分述如下：

**㈠斠諸金石**：仲容生於金石學大盛的時期，得接聞乾嘉大師的緒論，遂以稽古爲職志。他在《古籀拾遺》序上說：「學者欲窺三代遺跡，舍金文奚取哉！」因此於宋薛尚功《鐘鼎款識法帖》、清阮文達《積古齋鐘鼎彝器款識》、吳榮光《筠清館金文》、吳子苾《攈古錄金文》、參互比勘，獨有心得，曾著《古籀拾遺》、《古籀餘論》、《毛公鼎釋文》、《宋政和禮器文字考》以及《後出彝器的考跋》。散見於《籀廎述林》的有數十篇，他都能貫穿證發，推陳出新。前述他所認識的一百八十七個甲骨文字中，得契刻和金文合的，就有一百零四字之多。足徵拿契刻與金石文字互斠，乃認識甲骨刻辭的重要途徑。

金石文字自然和契刻篆畫多類似，但殷代尚質，二周崇文。尚質則筆畫簡約，尚文則體勢繁縟。何況戰國時代王綱不振，列國分治，書不同文，所以我們要想用後起的金石文字，強索甲骨卜辭的奧義，有時難免不被人譏爲向壁虛造。於是仲容在運用金石文字考釋甲骨而不能收效時，往往更進一步拿它和許氏《說文》相推勘，用文字、聲韻、訓詁，收溝通契刻的準據。

**㈡推勘《說文》**：清盧文弨〈段氏說文解字注後叙〉說：「《說文》者，明文字之本形、本音、本義之書也。」許叔重自己也講：「今叙篆文，合以古籀，博采通人，至於小大，信而有徵，稽譔其說，將以理群類，解謬誤，曉學者，達神旨，分別部居，不相雜廁也。」殷商甲文多假借，假借的情形特別複雜。這樣以來，許氏《說文》便自然的成了我們研究古文字的橋梁。其目的在讓我們先了解文字的本形、本音、本義。本義明，然後餘義明，引申之義亦明，假借之義亦明。如此以形爲經，以聲爲緯，那麼龜甲文字的確便不難得知了。

仲容在《契文舉例》中引《說文》以推龜甲之處很多。如綜理區分，有以義求之，以形攷之，以聲類推之三類。他利用「形、音、義」推考甲骨文的實例。三者之中，形最重要。所以仲容引古籀、秦篆的偏旁，來比較契刻的結體大概。

㈢諦審偏旁：因爲契刻多象形，筆畫省簡沒有一定成規，雖然粗具輪廓，卻是後世文字孳乳的根本。故仲容釋字，當諦審古今篆勢，尋繹偏旁的同異，或由似形，或緣聲近。凡形似的一定要錙銖脗合，聲近的必窮搜冥索，直到無聲字而後止。

這就是以古金篆籀偏旁互較，去探討甲骨文本形本義的眞象。龜甲文字省簡變化，既沒有一定成例，而繁衍重累，又大多難以索解。如果學者專門依賴形聲偏旁去推敲原始造字的初規，恐怕不僅不能得到它的眞詮，反而會發生郢書燕說、牽強附會的流弊。譬如仲容誤「王」爲「立」，誤「翌」爲「獵」，誤「旬亡禍」爲「它父卜」，造成學壇上的笑柄，可以說都是刻舟求劍、誤入歧途的例證。

㈣通校諸文：仲容也覺得「諦審偏旁」的不可完全信賴，所以他又發明了「通校諸文」的辦法以作補救。所謂「通校諸文」，就是因爲甲骨文字形體奇詭，必須通校相關各條卜辭，才能得到它的確解。他在《古籀拾遺》中卷〈虢叔大林鐘釋文〉說：「古金文字茫昧，非合衆器互校之，不能得也。」又《古籀餘論》上〈楚公鐘釋文〉云：「古文奇詭，隨意增省，或展轉流變，與正字迥異，非通校衆器，不能得其達詁。而舊釋皆望文臆定，齟齬百出，其不可憑明矣。」所以他就根據這個經驗，把考釋金文的辦法，移爲研契的一助。以下我略舉《契文舉例》上卷第三十三頁的釋文，可以稍窺他對這個方法運用的一斑。他說：「其云伐昌方者，卜出師征討之也。云昌方若，或云弗若，或云服昌方者，卜其順服我不也，云我其受者，謂受其順服，云受之又者，又疑讀爲有，謂受而有之爲屬也。云不我其受者，謂不能服之，蓋服我則受之，不服則不受也。參觀各條，其情事可知。」因爲仲容釋字多誤，而又以誤釋的字通讀卜辭，當然便有滿目荆棘，一無是處的感覺了。正如王國維與羅振玉書上說的「正者與誤者常錯綜於同條之中」，致瑜爲瑕掩，良可惋惜！

## 五、追思與開來

仲容先生的《契文舉例》，後世羅振玉、王國維、董彥堂等，多能從各種角度，指出該書的缺點。關於這方面，本文前面已有引述，不再辭贅。惟丹徒的葉玉森在〈殷虛書契前編集釋序〉中說：「自劉氏《鐵雲藏龜》行世，瑞安孫氏仲容以著《契文舉例》、《名原》兩書，析文剖辭，時有創解；惜取材未博，立說綦難，然篳縷之功，不可沒也。」時賢屈翼鵬先生序李孝定先生《甲骨文字集釋》，對此也有相當持平的看法。吾師高仲華先生在他的《中國文獻學研究》講稿中，更條分縷析，很具體的說明仲容著《契文舉例》的成說。不過，老實說，在那個洹水出龜的初期，儘管仲容在古金文字上有深厚的學養，可是面對這二周以前的刀筆，他識字的水平還是有限的。例如他處理金文時，在字形偏旁的分析以外，尚注意到所分析的字在句子中的位置和作用，並經常與其他金文或文獻辭句作比較；但在《契文舉例》中卻缺乏充分的發揮。因此，他雖然努力分析字形，由於他不曾反復推求所釋是否確當，就常不免發生錯誤，現在就拿誤釋的單字而論，如以「王」爲「立」、以「貞」爲「貝」、以「往」爲「臺」、以「吉」爲「言」、以「獸」爲「獲」、以「止」爲「正」，或「母女」不能通用，「旬亡禍」讀作「它父卜」，把辰巳的「巳」認成子丑的「子」等等，凡此若果細與金文核對，還是可以辨認出來的。尤其令人萬分遺憾的，就是因爲他不認識「王」字，故不知卜辭爲殷商王朝的檔案，所以在《契文舉例》上卷鬼神一節裡，列了祖乙、祖丁、祖辛、祖甲、祖庚、大甲、大丁、大戊、羌甲、南庚的名號，反以爲這不一定是《史記·殷本紀》中的祖乙、祖辛、祖丁，而可能是殷代諸侯臣民的稱呼。假使仲容當時能識得「王」字，並與《史記·殷本紀》詳加比勘，那麼以他在國學上的素養，一定會有石破天驚的新發現，就不煩後來的王國維、吳其昌、內藤虎次郎，對先公先王一考再考了。前修未密，後學轉精，從光緒三十年（西元一九〇四年）《契文舉例》成書，到民國六十四年（西元一九七五年）爲止，回顧已往這七十年來的甲骨學界，無論是研究的範圍，參與的學者，出版的專著，可以說都有長足的發展。今天我們在這個風雨如晦、中興在望的寶島臺灣，追思仲容先生，這位甲骨學的前驅，瞻念中國古代史的領域，還存有許多重大的問題，正期待我們本著承先啓後的精神，去辛勤探討，積極耕耘哩！

本文刊載於民國六十五年（西元一九七六年）三月二十日《國語日報・書和人》第二八三期

# 李曰剛先生及其《文心雕龍斠詮》

嗟夫，身與時舛，志共道申，標心於萬古之上，而送懷於千載之下，金石靡矣，聲其銷乎！

——引自劉勰《文心雕龍·諸子》篇——

李曰剛先生是台灣研究《文心雕龍》而卓然有成的學者之一。他字健光，民國紀元前五年（西元一九〇六年）出生於江蘇省的鹽城縣，國立中央大學畢業後，曾任教於江蘇省立揚州中學，在此期間，與浙江杭縣，前清翰林院大學士陸懋德的次女，上海大廈大學教育系畢業的高材生陸莊小姐，緣定三生，結下共期白首之約。接著抗戰軍興，日寇大舉入侵，長江突遭封鎖，學校奉令解散，先生遂跋山涉水，偕眷到當時的大後方——陝西、四川各地，從此浪跡天涯，飈如蓬轉，爲他的人生旅程，譜出一段大時代兒女的交響曲。

先生秉性剛正，不習慣於官場應酬，但行政工作卻和他常相左右，結下不解之緣。民國二十六年（西元一九三七年）夏，先生剛從烽火漫天的江蘇，千里迢迢到了陝西，行裝甫定，即經人介紹出任陝西省教育廳編審室主任，兼西京日報社主筆。次年元月又應國立第二中學校長周星北電邀，東裝東下，取道洛陽、漢口而買舟西上，直抵重慶，然後浮嘉陵江而至白碚，先生被聘為高中部主任。民國二十九年（西元一九四〇年）當蘇、浙、閩、皖、贛方面軍，和日寇形成相持不下的拉鋸戰時，李壽雍出掌第三戰區政治部主任，因為鄉親與私誼的多種關係，堅邀先生往赴前線，參與直接對敵作戰。於是又立即從四川出發，經貴陽轉道廣西、湖南而至江西上饒，出任第三戰區政治部上校專員，主辦對敵紙彈作戰業務。民國三十二年（西元一九四三年）因為政治上的需要，轉任江蘇省政府江南行署秘書，兼江南日報社社長，次年，改任中國國民黨江蘇省黨部宣傳組長，兼中國民報的總主筆。抗日勝利後，復員返鄉，先生又先後奉派為江蘇省金山、丹陽兩縣縣長，直到民國三十八年（西元一九四九年）大陸形勢惡化，東渡台灣後，回首前塵，如夢似幻，於是才使他堅決擺脫掉案牘勞形的行政工作，重新實現作育英才的心願。

先生眞正從事學術研究是到台灣以後的三十多年中，尤其是到師範大學任教以後，他才充分利用早年治學的潛力，發揮天賦的才華。再加上多年從事行政工作與生活體驗，使他很快的在學術界嶄露頭角而為衆人矚目。在此之前，先生曾擔任省立台北工專教授，後經程發軔先生的推薦，被師範大學聘為國文系教授，並兼中國文化學院中文系主任。民國五十四年（西元一九六五年）八月應新加坡義安書院中文系之邀到南洋講學，兩年後，也就是民國五十六年（西元一九六七年）載譽返台。此時程發軔主任屆齡退休，先生接掌國文系，兼國文研究所教授，這個差事一直到民國六十二年（西元一九七三年）七月，才因任期屆滿而卸下仔肩。

民國六十六年（西元一九七七年），先生年逾古稀，依法退休後，越明年，有夫人陸莊女士因肝腫癌病逝美國之痛，先生爲作行述，其輓聯有「悵此際，怎堪夕陽無限，天國遽召；到如今，落得黃卷千編，清風兩袖。」辭婉意悲，文澤情切，足見伉儷之篤。以後，先生雖然曾多次赴美探視子女，但大部分的時間都住在國內台北縣的土城鄉下，室內一床一桌一爐一碗，與數架積書而已。每次到師大來上課，都是搭公車，吃粗飯，敝衣破囊，書卷之外。別無長物。有兒不靠，有女不依，不求人憐，自甘寂寞。他那種隨緣的晚年生活，是時代的反諷呢？或是已經超脫世俗，達到物我無礙的化境了呢？我百思不得其解。民國七十四年（西元一九八五年）四月十二日晨六時，先生再也挺不下去了，終因腦血管意外昏迷症送進了台北榮民總醫院，十七日早上零時三十九分在急救無效的情況下，走完了他「身與時舛，志共道申」的人生旅途，而與世長辭了。

先生在治學方面，淹通博貫，精勤奮勵，筆耕墨耘，始終不懈。其平生著述甚多，但經公開發表者，計有專門性論著：《先秦文彙》、《國學概論》、《中國文學史》、《論孟釋義》、《中國辭賦流變史》、《作文技巧與範例》、《斠讎目錄學》、《文心雕龍斠詮》等九種。編輯性作品：有《國民中學國文》六冊、《中國文化基本教材》二冊、《華國專科國文》六冊、香港用《高中國文》六冊、中國文化學院《國文講義》一冊、《師大散文精讀》一冊、幼獅版《大學國文選》一冊等七種。我曾經在先生辭世後的當年六月，應《文訊月刊》社之邀，在該雜誌第十八期發表過「我所認識的李曰剛先生」一文，在那裡我用了「儉」「堅」「鑒」三個字，從生活瑣細方面，來講明先生一生修身治學，和他的全部人格。

先生的著作很多，但在學術上眞正具有代表性，而又是研究最勤、用力最多、貢獻最大，全神貫注，數十年如一日的，還是他交由台灣國立編譯館，列入中華叢書出版的《文心雕龍斠詮》，此書雖不是衆美畢備，但從先生治學的歷程來看，說它是先生平生精力盡萃乎此，亦不爲過。《禮記·學記》云：「善歌者使人繼其聲，善教者使人繼其志」，長善救失是先生治學的精神，也是先生對讀者的期待。

先生在書前〈序言〉裡，曾自述研究《文心雕龍》的心路及其出版經過時說：

早歲就讀中央大學時，即選讀此書於蘄春黃季剛先生，並入其滋味，醰醰沁脾，欲罷不能。嗣後復尋章摘句，不斷鑽研，陸續搜集有關資料，盈箱累架；加之近十數年開此課於台灣師範大學，初授諸生選修，繼而指導碩士專研，逐篇編選講義，日積月累，不禁裝訂六大厚冊。從遊屢請付梓，今承國立編譯館爲中華叢書徵稿，僅願以一己寢饋斯業數十年之得，就正同好。期能披沙揀金，借石攻錯。

從這段話的辭意裡，可以體會出先生研究《文心雕龍》的基點、過程、用心以及受到蘄春黃先生影響的情形。接著他繼而說明《文心雕龍斠詮》的出版，就是希望達到「眞善美」的理想境界。他說：

所謂「眞」，指文字斠訂精確，文章繹解信達，而求其實質之本眞；所謂「善」，指題旨闡發透闢，詞義詮釋詳明，而求其體用之完善；所謂「美」，指辭說鋪敘雅麗，關節排比清新，而求其形式之優美。必也三者俱備，則《雕龍》之董治，乃可謂有成；而斠詮之譔著，亦可告不虛矣。此筆者區區之微志，不憚劌目鉥心，呵寒熏暑，累歲如一日，所寤寐以求者也。

先生所謂「實質的本眞」，是指文字校勘精確，文意詮譯信達。所謂「體用的完善」，是指透闢的闡發題旨，詳明的注解詞義。所謂「形式的優美」，是指鋪敘的雅麗，排比的清晰。這三點理想固然是先生「不憚劌目鉥心，呵寒熏暑，累歲如一日，寤寐以求」的目標。不過，當《文心雕龍斠詮》出版問世第八個年頭以後，再重新翻檢這部皇皇巨典，默察其字裡行間的要義微言，發覺除了先生自述的「眞」「善」「美」確實爲本書的三大特色外，至少我們還可以從全書的結構、內容、選材、態度等四個層面，來抉微闡幽，以見先生研究《文心雕龍》的貢獻，並彰顯其閎識孤懷的治學精神。

在結構方面，規模恢廓，有創新氣象：《文心雕龍》是我國文論的祕寶，藝苑的奇葩，內容雖僅有十卷五十篇三萬七千多字，然其內容門類的廣大，可說是凡有關文學之事無不兼收兼蓄，涵蓋無遺。自來研究《文心雕龍》的學者，或考徵其典實、或詮釋其旨義、或講明其思想、或分析其作法，要皆各有專門，很少有籠圈條貫，熔一爐而冶之的。今觀《文心雕龍斠詮》，此書集先生孜孜矻矻，二十年皓首點校的結晶，始成此一部皇皇巨製，就單憑這一點兒，對今天急功近利的台灣學術界而言，已經是震聾發聵，讓人引以爲美談的了。如再從宏觀的立場，來看此書的結構規模，除書前〈序言〉、〈例略〉、〈原校姓氏〉、〈斠勘據本〉外，在書後附錄中還附有劉勰著作二篇、楊明照〈梁書劉勰傳箋注〉、劉毓崧〈書文心雕龍疏證〉、〈劉彥和身世考略〉、〈劉彥和世系年譜〉、〈文心雕龍板本考略〉與〈引用書目〉，全書雖然是依照《文心雕龍》原式分爲上下兩編；但其恢廓格局，別立新詮，擴而充之，成二千五百八〇頁，一百六十多萬言。衡諸當代各家「文心雕龍學」方面的專門著作，其氣象的宏偉，尚未有出乎其右者。所以結構的龐大，規模的宏闊，是先生此書的重大特點之一。

在內容方面，體備多方，有實用價值：《文心雕龍》之所以向稱奧衍難讀者，不外四點：一、是每篇均以二字標題，詞簡義繁，望文難知其所指。二、是古奧，劉勰用六朝通行的麗辭行文，引經據典，精義堅深，展卷相對，如入五里霧中。三、是錯訛，《文心雕龍》之流傳迄今已將近一千五百年，經過唐鈔、宋槧、元刻以至近代的鉛字排印，其文字的譌誤、錯簡、衍奪、壞字，指不勝屈，魯魚亥豕，令人莫所適從。四、是段落，《文心》全書五十篇，每篇自首至尾，短者數百字，長者千五百餘言，皆一氣呵成，不分段落，讀之如入荒山，荊榛塞途，有不知何去何從之感。今觀《文心雕龍斠詮》，每篇寫作程序，均分爲〈題述〉〈文解〉兩大部門。〈題述〉所以訓釋篇題的名義，闡明旨要，指陳體用，辨證得失，提供學者學習的重點，最後並檢點結構段落，俾學者能藉此掌握全文的大綱要目與重點所在。至於〈文解〉，又包括〈直解〉和〈斠勘〉兩部分。〈直解〉

是就文心原文逐句逐節以清新顯豁的散文，作直截了當的解說。〈斠勘〉則是將原文字句的訛誤、衍奪、顚倒、錯亂者，分別摘出，並利用對校、本校、他校和理校等法，反復推考，然後是是非非，詳爲釐訂。最後是〈注釋〉，凡原文辭語隱奧，典故艱深的地方，就其先後次第分別採摘，並衣照先綜述全句涵義，再指證來源出處，然後申釋其生詞難語的原則，加以說明。讀者展卷披閱，馬上會有綱領昭晰，朗若列眉之感，爲《文心雕龍》的研究開一新紀元。所以內容的充實完備，是先生此書的重大特點之二。

在選材方面，籠照今古，有豐富資料：《文心雕龍》爲我國文學理論中的經典之作。研究《文心》者，明清以前多屬板本翻刻，自黃叔琳輯注出，始博採前賢音注，重新校釋，然後才能通讀全文，了無掛礙。民國以後，黃季剛爲作《札記》，范文瀾別製新疏，將「文心雕龍學」推向另一個嶄新的領域。尤其自民國三十八年（西元一九四九年）迄今，四十多年來，中外學術界人士研究《文心雕龍》而有論文或專門著作發表者不計其數，類似此等資料，想要搜集、整理，已有望洋興歎，不知如何措手之難；如再經由選用、剪裁，取其精醇，去其糟粕，從而提出推陳出新的見地，更十分不易，而先生的《文心雕龍斠詮》，就其在斠勘方面所根據的版本、校本言，自「敦煌唐寫殘卷」到「日本斯波六郎范注補正」，通計唐代一種、元代一種、明代二十一種、清代十九種、民國十三種、日本三種，共五十八種，至於在其寫作過程中引用的書目，計經部方面二十八種、小學部八種、史部三十二種、子部四十一種、集部二十三種、類書九十九種、書志三十六種、近人著作四十種。如果將斠勘所據的板本，校本與引用的書目兩方面合併計算，其援用和消化的資料之多，更高達三百六十五種。古籍今作，熔一爐而冶之，既成其博大，茲不僅便利初學，就專門從事研究的學者而言，更有一卷在手，快然自足的方便。所以資料的豐贍多樣，是先生此書的重大特點之三。

在態度方面，折衷各家，有客觀立場：態度的是否客觀對學術研究的成敗，有決定性的影響。因爲學術研究的目的在提昇精神領域，解決實際問題，研究者如果深拒固蔽，一意孤行，此不但不能達到目的，反而橫生枝節，遺無窮之患。尤其《文心雕龍》，面對古今中外的研究成果，其中小自一詞的涵義，大而整體的思想，往往是非兩可，學者如不能以客觀的態度加以甄擇，想要無偏無黨，實爲不易。今觀《文心雕龍斠詮》，先生多能博採衆說，折衷一是，如篇目的編排方面，先生將〈雜文〉與〈諧讔〉兩篇對調，〈養氣〉、〈附會〉、〈聲律〉等篇作全盤調整，〈物色〉篇由卷十移到卷九〈隱秀〉篇後，〈時序〉置於卷十的第一篇，其所以如此，或斟酌劉勰行文體例、或依據〈序志〉篇本文、或採擇時人成說、或審度義脈連貫，凡所調整，皆有依據。至於每篇正文前面的〈題述〉亦復如此。如〈原道〉篇題述，首引許愼《說文解字》、徐諧《說文繫傳》、《說文解字·段注》、《易繫》下、《漢書·薛宣傳》、《管子·戒篇》、徐師曾《文體明辨》各家之說，詮釋「原道」名義，繼而探討古來文壇以「原」命篇的作品，並舉《逸周書》的〈原命〉、《呂氏春秋》的〈原亂〉、《淮南子》的〈原道〉、韓愈的〈原道〉、章學誠的〈原道〉等，無不窮源索流，參互比較，見出事實眞象。其他如文字的斠勘、典故的注釋，莫不參綜博考，求其至當。所以態度的客觀公正，是先生此書重大特點之四。

《文心雕龍》義深文隱，再加上我國文字的一字多義，有時即令同爲一詞或同爲一事，往往有解說不一的現象，先生於此經常繪製圖表，既可補文字說解上的不足。又能收執兩用中的實效。這更是本書的另一特點。

先生少小離家，萍蹤萬里，踏遍了中國的大江南北，嘗盡了世間的悲歡離合。最後終於由絢爛歸於平淡，從事他醉心已久的教育學術事業。雖然到頭來祇落得淸風兩袖，客死異鄉；但黃卷千編，著作等身，也足以告慰平生了。《文心雕龍·諸子》篇不是說過嗎？「身與時舛，志共道申，標心於萬古之上，而送懷於千載之下，金石靡矣，聲其銷乎！」當此寒風吹窗，萬籟俱寂之時，握管染翰，緬懷先生一生忠藎國事之餘，尙手不釋卷，皓首點校，留下這部垂千載而不朽的皇皇巨典——《文心雕龍斠詮》，茲不僅俯仰無愧，爲劉勰的功臣；更可以傲岸榮悴，作當前「文心雕龍學」的先驅了。

本文見載於中華民國七十九年（西元一九九〇年）《師大文風》第五十期，後又收入中華民國八十四年（西元一九九五年）由上海書店出版社發行的《文心雕龍學綜覽》

# 讀「白話資治通鑑」雜識

近二十年來國內從事大規模古籍今譯的，除文復會、國立編譯館與台灣商務印書館三個公私立機構，合作出版的今註今譯外，其他學術機關團體從事這方面工作的並不多見。而國立台灣師範大學國文系主任黃錦鋐，和所屬教授二十五位聯合編譯的《白話資治通鑑》，由台北文化圖書公司於民國七十三年（西元一九八四年）三月出版，豪華精裝十二鉅冊。確可以說是純粹由私人籌資，結合學者的心智，給中國寂寞的學術界，一份不可多得的獻禮。

資治通鑑是專評歷代治亂興亡的編年史，它上起戰國周威烈王廿三年（西元前四〇三年），下終五代周世宗顯德六年（西元九五九年），總計一千三百六十二年間的史實。主編人司馬光於宋英宗治平三年（西元一〇六六年）受詔始稿，到宋神宗元豐七年（西元一〇八四年）完成，中間經過十九個年頭，才使這部卷帙浩繁的鉅著殺青面世。

講到資治通鑑，當知此書不是雜湊成編的產物，而是在通儒碩學范祖禹、劉恕、劉攽三位的襄助下，並經過嚴格的選材、排比、整理、長編，然後再刪繁節要的傑作。其中無論是寫史、考史、評史，均能洞見事理的細微，深得政治演變的眞象，尊重歷史的事實。所以書中名物訓詁，浩博奧衍，實非涉獵不精者所能勝任。

「白話資治通鑑」是由國立臺灣師範大學國文系主任黃錦鋐及其系中的二十五位教授，在學術研究之前提下，合力以白話文編譯而成，等於對這本古籍提供了新的生命，實非一般今註今譯的作品所能相提並論。筆者覺得這一本書至少具有下列四項特點：

第一、忠於原著：資治通鑑不是街談巷議的小說，也不是天方夜譚的神話，而是記載由戰國到五代一千三百六十二年之間，我列祖列宗最珍貴的活動記錄。具有「關國家盛衰，繫生民休戚，善可爲法，惡可爲戒」的價値，更須忠實於原著，我想「白話資治通鑑」的譯者已經做到了這一點。

第二、校正謬誤：世界上沒有一本保證無誤的書，所以我國古來均有「校書如掃落葉，邊掃邊生」的名言。類似資治通鑑這樣一部網羅百態的鉅著，時跨千餘年，資料數百種，再加上前後時代的不同，華夷文字的差異，政體官制的變革，姓氏稱謂的歧互；翻譯古書本來就難，翻譯通鑑，更難。「白話資治通鑑」的譯者，對原書的錯誤，如原文的刊刻、人名、官名、稱謂、官制，都根據原始史料，比對校正；至於明知有誤，而又無書可據的，一律付之闕疑，這種態度無疑地提高了它的可信度。

第三、標點清晰：讀我國古書最困難的地方，就是沒有標點符號。沒有標點符號的古書，難以通讀，尤其行文語氣，更難了解，例如何句是肯定？何句是疑問？何句是驚歎？何句是反詰？有些專門名詞究竟是地名，還是人名？有時眞令人如丈八金剛——摸不著腦袋。如果我們不是對古人的時代、史實和文字極有研究的學者，便很難望文知義。有時即令是素有研究的學者，只要一不小心，也很難保證不會陷入文字障，而毫無閃失。所以標點符號的適當運用，頗有助於讀者對正文的了解。「白話資治通鑑」的譯者，爲了避免語意的模稜，特別加注標點符號，無論是句逗、地名、人名和各種行文語氣，展卷閱讀，一切都眉清目爽。其功能當不在正文翻譯之下。

第四、時間考訂：古人記時多用干戈，通鑑歷時一千三百六十二年，其間每一個朝代，都有不同的帝王，每一個帝王，各有不同的年號，每一個年號，又不是固定不變。再加上帝王的稱謂，有稱宗的、稱諡的，也有稱廟號、徽號、陵號的；至於互相呑併，興替無常的，僭國竊權的，弄得人滿頭霧水，有時候讀到這些地方，眞有不知置身何時何世之感！「白話資治通鑑」的譯者，根據曆法家的推算，在每一個干支下，注明西元，如有問題，更附加說明，克服了干支記時的困擾，替讀者掃除了時間上的障礙。

國立台灣師範大學國文系的二十六位教授們，集體編譯的「白話資治通鑑」，雖然具有上述的種種優點，並爲好學深思之士，解決了名著在手，難以通讀的問題；但從參與教授們的彼此學養不同，和主客觀條件又難以配合的情況看，無論是對原典的認知、譯筆的技巧、全書的編排，其中千慮一失的地方，不是絕對沒有。不過，這些都是白璧微瑕，相信不會影響「白話資治通鑑」的整體價值。

# 讀王編「中國歷代思想家」

著述之所以不朽，在於前人尚未及就，後人之所必須。過去孔子約魯史以修《春秋》，寓褒貶，別善惡，亂臣賊子因是而懼。司馬遷據《左氏》、《國語》、《世本》、《戰國策》、《楚漢春秋》，作《史記》一百三十篇，善善惡惡，賢賢賤不肖，開後代紀傳體的先河。六朝劉勰於釋老並興，儒學消沈之會，高擎徵聖、宗經的大纛，作《文心雕龍》五十篇，百代之菁華，粲然密備。唐劉知幾感悕於史道凌替，思欲辨其得失，乃紬繹《法言》以迄《文心》的理論，撰《史通》以見志。此皆採獲古今，貫穿百氏，與日月爭光的傑作也。

近讀國家博士王壽南先生主編，經中華文化復興委員會與中山文化基金會贊助，由商務印書館於民國六十六年（西元一九七七年）十一月出版的《中國歷代思想家》，其成書過程之艱苦、動員學人之衆多、經營擘劃之精密、推陳出新的創意，皆前人尚未及就，後人所必須者。書中優點，除設計新穎、校勘精審、印刷美觀、售價低廉，讀者一望可知者不計外，其他約爲五端，分述如下：

## 一、貫通今古，體大慮周

史之難寫者爲通史，識之難養者爲通識，才之難得者爲通才。居今欲辨章學術，考鏡源流，著中國學術思想之史，盱衡古今，浩浩渺渺，五千年光輝璀璨的歷史文化中，想要整紛理蠹，取精用弘，尤須具有通才的修養、通識的襟抱、通史的特色，然後始能冶古今於一爐，融百慮於一致。本書所選代表人物計周秦十二位、兩漢十位、魏晉十位、南北朝二位、隋唐八位、五代一位、宋遼金十八位、元二位、明四位、清十九位、民國以來十四位。嗚呼！中國歷代思想家，舉其對當世之貢獻，與後世之影響昭著者，何止百數！而本書編者竟能撇開個人的好惡，不避儒道俗之異同，中外文化之差距，凡對中國學術思想有獨創發明者，舉而納諸網羅之中，這種貫穿古今中外，破除門戶成見的表現，是何等眼光！何等魄力！若非通才卓識，斷不及此。

## 二、取材謹嚴，資料宏富

著作的內容，取決於資料的多寡，而資料的甄擇，又決定於著作的才識。昔孔子能言夏禮，杞不足徵，能言殷禮，宋不足徵，可見文獻不足，聖人所難。左丘明授經立傳，廣包列國，蓋當時聚周志、晉乘、鄭書、楚杌而編之，成《春秋內外傳》，故能取信於一時，擅名於千載。居今欲述先哲的偉業，作來者的借鑑，由於古今路阻，視聽壤隔，所以資料的搜集難。或誤僞以爲眞，或積非以成是，涇渭混淆，莫之能辨，此又資料的甄擇難。本書上起西周，下迄民國，凡入選成家者，一經考訂，其生平行事之跡，或見正史的記載，或垂專著於後世，皆信而有徵，確鑿不刊。書既顏其額曰「思想家」，則別如經學家、小學家、史學家、文學家、藏書家、校勘學家、金石學家、以及宗教慈善家，自然一律割愛。所以周秦不錄左丘明，兩漢不錄司馬遷，魏晉南北朝不錄陶潛、顏之推，唐宋不取杜佑、歐陽修、王應麟，明清不取李時珍、姚際恆、王念孫。本此原則，推出這一百位領袖思想界的彗星。然後於正文之外，復影印其畫像、書法、珍版、圖片、地圖，末附參考書目。讀時圖文對照，如見其人，如聞其聲，洋洋乎，坐化春風之中矣。所以取材謹嚴，資料宏富，是本書一大特色。

## 三、守常通變，復舊創新

學術思想之可貴，在有常有變。而學術思想家之所以卓絕，在知常守變。至於研究學術思想者，最忌知今而不知古，或知古而不知今；只知有己，而不知有人，或只知有人，而不知有己，以至深拒固蔽，守一先生之言，而姝姝自悅。所以守常通變，復舊創新，為當前知識份子應有的認識。過去孔夫子一車兩馬，周遊列國，去魯遲遲吾行，至衛往見南子，於宋發天喪斯文之嘆，在陳有君子固窮之節。因而孟子讚他是聖之時者。今當政府以復興中華文化為天下倡，我們要想達到涵養舊學，陶冶新知的目的，厥以學術的整合是賴。而學術的整合，又胥視知識份子，能否守其故常，通權達變爲先務。本書殆本此理想，在復舊創新的基礎上，將一百位思想家們的傳略、時代背景、重要思想和作品，用深入淺出的筆法，呈現於讀者的面前。這種因應變局，恪守原則，用古人而不爲古人所役的作法，不僅替學術整合的工作，樹立了良好規模，同時也代表知識份子，邁出了學術報國的腳步。

## 四、合作研究，開創風氣

狐腋非一皮能溫，雞蹠必數十而飽。況文章乃經國之大業，不朽的盛事呢！《漢書》武帝以前，班氏多襲《史記》舊聞，太初以後，爲父彪所撰定，而〈八表〉及〈天文志〉，又出乎其妹班昭的手筆。昭以後，復經馬融之兄補修。以後張衡條上《漢書》不合者十餘事，當時盧植、馬日殫、楊彪等正校書東觀，更加續補，始稱盡善。梁昭明太子蕭統編《文選》，而直接參與其事的，計有劉孝綽、王筠、殷芸、到洽、陸倕、明山賓、張率等十九人。由梁武帝普通三年到七年，前後幾乎花費了五年的時光。可見一部高水準作品的完成，多半事經多人之手，時更漫長的歲月，其間積聚經營的苦心，實非外人所可想像。本書自民國六十三年九月約稿，到六十六年十月收齊，時間長達三年零兩個月。而實際撰稿的學者，包括了全國各大專院校的教師，達七十九位之多。而禮聘的審查委員，也數在三十四人以上。全書三百餘萬言，印刷費不計，光稿酬就用掉了六十萬元左右的鉅款。這種人力、物力、時間與智慧的結合，一時之間，也許看不出它所產生的功效；但經久醞釀，在合作研究的前途上，相信必會給學術界帶來無比的影響力。

## 五、學術通俗化，通俗學術化

文章最忌的是「俗」，「俗」易流於鄙野，所以《論語》上說：「質勝文則野，文勝質則史；文質彬彬，然後君子。」然而民國以來，提倡「我手寫我口」，文字只注意可讀性，大有作品的可讀性愈高，其價值也愈高的趨勢。殊不知此說求之三十年前，因爲當時教育尚未普及，容或有相當眞理；如今義務教育，早已跨過了小學的界閾，一般人最起碼都具備了中學以上的程度，此時此地如果再不把作品的素質，作適當昇華，還仍堅持可讀性爲重要條件，則學術將難發揮其領導社會的功能。所以今天我們對作品的要求，是靡而不失其典，俗而不掩其雅，務期雅俗共賞，寓教於文。所謂「斟酌乎質文之間，隱括乎雅俗之際」，才是我們當前持論立說的準繩。本書在「學術通俗化」的原則下，故意化開學術的濃度，希望人人能讀；但又在「通俗學術化」的理想中，儘量保持學術的水平，希望人人願讀。突破了「雅」「俗」之間的瓶頸，讓人人在深接玩味中，收到潛移默化的功效。古人云：「化民成俗，其必由學。」讀此書可以得到印證。所以我認爲本書實在是給「學術通俗化」「通俗學術化」，作了一次成功的嘗試。

學術研究之爲用，在開發人類的智慧、充實生命的內涵、提振精神的領域，承先啓後，繼往開來，放之可彌六合，卷之可藏於密。它的影響力，平時或不容易估計，如一旦爆發，實有甚於核子分裂，可謂至小無內，至大無外。所以研究風氣的培養，素受國家社會所重視。尤其當我們處於社會不安，民心望治之秋，無論是國內或國際，自然科學或社會科學，傳統的或現代的，無量數的問題，都在迫切期待我們共謀解決之道，如果我們今天不去解決這些問題，明天這些問題就可能來解決我們。所以學術研究，並非少數人單打獨鬥的事。現在這部「中國歷代思想家」的出版，經以上各方面的分析，可說是給我們作了一次合作研究的範例，筆者很希望以這個經驗爲起點，引起政府，或有膽識的人士注意，再擴而大之，由思想家而經學家、而史學家、而文學家、而軍事家、而政治家、甚而由此再拓展到中國商業史、農業史、工業史、科技史等，把中華文化從根救起，將學術研究推向高峰。

凡著述不能無瑕瑜，只要瑕不掩瑜，仍不失其學術上的地位。雖然編者於自序中，對思想家選列的標準，和行文體例不盡劃一，如喉中之鯁，頗不愜意，不過這正表示主編人忠於學術，既可愛又執著的地方。單憑此點，讀者不僅可以諒解他的苦心，而本書的價值將更不言可喻。

本文連載於中華民國六十七年（西元一九七八年）十一月二十八日、二十九日《中央日報》副刊

# 《中華文化百科全書》讀後

《中華文化百科全書》，高明總編輯，蕭贊育監修，中華文化基金會與台北黎明文化事業公司聯合出版，一九八二年八月發行第一册、一九八九年十月出齊，全部精裝十五鉅册，除書前序文、凡例、總目、編輯工作人員名錄和書後跋語外，內容共分六編四十章，正文頁次三一六六二頁。

在監修蕭贊育和總編輯高明的前言、序文、凡例與跋語中，已將本書編輯經過、編輯要點、中華文化的定義、範圍、價值和當前編印本書的重要性，以及資料的搜集、剪裁、行文、插圖，甚而標點符號的使用等，都作了極其詳盡的說明。不過，綜覽全書，條別大凡，我認爲本書有以下幾點重要特色，值得向讀者一提。

一般性的所謂百科全書，大多採取辭典、類書的方式，以辭頭爲主，分條列舉，沒有完整的思想體系。而本書卻以中華文化爲範疇，分全書爲思想的發展、社會的形成、自然的探究、民生的需求、情志的溝通、政教的措施六編，每編又別爲若干章，章下分節，節有下目。在一個主題之下，分別就其性質、史實、人物、著述展開鋪陳，如衣挈領，如網舉綱，體系十分完整。這種綱舉目張的編輯體例，可說突破了百科全書的傳統方式，而爲本書的空前創舉，這是值得提的第一點。

全書雖然採用敘述的筆法，但爲了節省篇幅，概用淺明的文言行文。凡引用前人成說或其他材料時，除涉及禮儀、職官、名物、制度等專門性術語，不予更動外，如果是艱澀古奧的文言，或佶屈冗贅的語體，便一律改爲淺近明快的文字。措詞雅潔，文體統一，乾淨俐落，毫無拖泥帶水之弊。祇要具有中學以上文化水平的人，都可翻檢自如，一目了然，可讀性極高。這是值得提的第二點。

書中取材：清朝以前多取之於歷代類書、政書、及前賢的著作；民國以後，取之於官書、年鑑和各種百科全書，以及現代具有代表性的私人作品。但經部中的《十三經注疏》、《通志堂經解》、《皇清經解正續編》；子部中的《諸子集成》；史部中的《二十五史》、《二十五史補編》；集部中的各主要總集、別集和詩文評方面的作品，均兼收並蓄，略無遺珠。一書在手，萬事畢羅，極具參考價值。這是值得提的第三點。

本書由於包羅宏富，資料繁多，門類複雜，想要一切面面俱到，勢有所不可能；爲了裨補闕漏，於是不得不製作大量的插圖表格，來紓解行文之窮。這些圖表，或爲版畫，或爲照片，或爲手描，或爲摹印，彩色黑白，風格互有不同。這不僅可收執簡馭繁的效果，同時，展卷閱覽，版面有圖文並茂，生動活潑之感。這是值得提的第四點。

根據書前凡例，知道在籌編之初，準備爲本書編製一套索引，今全書十五冊既已出齊，則董理編印事宜的人士，應當立即將書中的人名、地名、書名、史實等，有計劃的編出索引，隨書發行。如此，一方面可使讀者節省翻檢之勞，另一方面更能擴大本書的實用價值。

這是一部空前未有的百科全書，更是特色獨具的一部百科全書。中華文化的博大精深，久已引起國內外學術界的重視，甚而民國以來，有識之士多能言之鑿鑿；但是，眞正在這方面有計劃、有膽識，而又加以投注心力的，無論是官方或私人，均如鳳毛麟角，難得一見。此次中華文化基金會在蕭贊育監修，國學大師高明總編輯的主持下，延攬了十五位文學博士擔任編輯委員，二十九位文學碩士擔任助理編輯，以及久享盛譽的學者專家二十八位擔任編審委員。以三年的時光，十年的籌印，終於完成了這陶冶萬彙，組織千秋的鉅製，這眞是中華文化的駿業鴻績。相信由於本書的公開發行，定能爲中華文化的精確化、科學化、普及化、通俗化，紮下不拔的基業。

# 雜文類

## 雜文類

# 師大夜讀鴻憶錄

### 一、客心惜別離、校慶念舊遊

我是師大夜間部國文系第一屆畢業生，民國四十七年九月入學，五十二年七月畢業，前後整整五年的時光，我們便由師大邁向社會，也突破了大學教育的傳統，成爲中國教育史上空前未有的第一屆大學夜間部畢業生。這五年的工讀生活，幫我掙脫了世俗睥睨的目光，從孤獨、壓抑、徬徨，與淒涼無助中，挺拔特立，恢復了我繼續奮鬥的信心。所以它不僅是我生命史上的轉捩點，更是我餐風宿露，憂樂參半，終生難忘的日子。五年的時光，這一千八百個寒暑，從我工作研究中，像風馳電掣般的蹓了過去，到現在已經十三個年頭了。當時的如坐春風，如沐時雨，共翦窗燭，巴山夜話，趕搭火車，枵腹上課。這一切的一切，都給了我太多的依戀或感觸。今天欣逢我校三十週年校慶，夜間部成立二十年（連補習班時期合併計算）的輝煌歷史，而我個人又一直蒙母校師長作育了十八年，緬懷這種深恩厚澤，眞有寸草春暉，永難圖報的感覺！至於往日的總角舊遊，雖已風流雲散，但大家在不同的崗位，獻心獻力，爲我們多災多難的祖國，去編寫歷史的美夢。「相見時難別亦難」在這個時刻，恐怕我就是能借來三江之流水，也寫不完自己相思的情意啊！

## 二、夙夜匪懈、為民前鋒

「夙夜匪懈，爲民前鋒」，是夜間部於民國四十八年六月五日，發行校慶紀念特刊時杜校長元載的題詞。這個題詞，很能符合我們師大夜間部創辦的精神。因爲「學而優則仕，仕而優則學」，另如一般軍公教人員，公餘之暇，接受夜間部教育，一方面可以滿足求知的欲望，加強辦事能力，一方面也可以排除不良嗜好，謀身心健全發展，智德雙修，對社會風氣之影響，莫此爲甚。再則，人群愈進步，教育愈發達；教育愈發達，對師資的要求也愈強烈。一個學校辦理得好壞，師資第一，設備次之。設備想充實，祇要經費充裕，馬上就可以辦到，但優良師資的培養，非十年廿年不爲功。夜間部學生以自費修習師範教育，其「夙夜匪懈，爲民前鋒」的精神，最可嘉尙。猶記夜間部第一屆學生開學典禮，也就是所謂「新生訓練」，在民國四十七年九月二十六、二十七晚間進行。第一天，校長和訓導長訓話，除了闡釋校訓「誠正勤樸」的眞諦外，並談及本校的歷史和設備，勉勵我們做一位標準的師範生。部主任程旨雲老師，於第二天，以兩個小時的時間，告訴我們

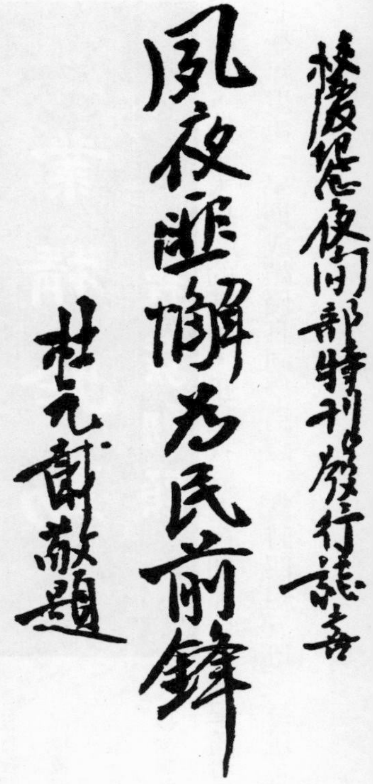


民國四十八年六月五日夜間部校慶特刊杜校長的題詞訓勉

夜間部創立的經過和宗旨。希望我們在工作中不忘進修，於進修中努力工作。十月十二日，前校長劉眞廳長，在杜校長陪同下，補行開學典禮，典禮中劉廳長很感喟的說：「不僅要以教育負責當局的代表身分，來勉勵在座同學，並要向各位爲國家未來的教育工作者致謝意」。又希望「在夜間部求學的同學，能開創一種新的學習風氣，蓬勃的教育氣象」當時這些師長們的訓詞，對我們初受師範教育洗禮的學生說來，無疑地是一次極大的衝擊，和無比的力量。我們立志要以「夙夜匪懈」的毅力，去完成「爲民前鋒」的使命。

## 三、夜以繼日、業精於勤

程旨雲老師是師大夜間部的褓姆，第一任主任。他勉勵我們要「夜以繼日，業精於勤」，民國四十七年繼補習班而後，開始招收三年制師資專修科，根據資料上顯示，其間波折很大：於民國四十五年四月，劉前廳長先雲，劉前校長眞，邀約我們國文系程主任發軔，商討師大創辦夜間部事。四十六年春，辦理第一期補習班招生。四十七年五月，經教育部核准開辦師資專修科，修業三年，當時僅設國文、英語、史地、數學四組五班，學生共二百二十八人，連同補習班學生合併計算，約八百人之譜。補習班與師資科合班上課，據統計：學生中年齡最長者五十八歲，最幼者十八歲，經常出現父子一校，夫婦同班的現象。寒暑假中，有子女爲父母探聽考試成績者，一見名列甲等，立即飛報捷音，爲闔家帶來莫大歡快。又在民國四十六年七月十五日夜，溫尼颱風過境，當時正值學期考試進行之時，風雨交加，電燈忽明忽滅。師生均在場應試及監考，電燈滅時寂然不動，電燈明時趕寫答案，秩序有條不紊。以後電燈全滅，乃每人發蠟燭一支，在燭光熒熒下，完成考試任務，

民國四十八年六月五日夜間部校慶特刊程主任題詞訓勉

這種「夜以繼日，勤苦求學」的精神，正是我師大夜間部全體同學讀書的特色。另外我們還可以從民國四十七學年度第一學期成績優良同學爲證，當時四組五班，每班各取三名，國文組第一名王更

生，英語組方志祥，史地組黃春成，數學組甲班劉家銓，乙班尤秀如，這是各班成績第一名的同學。根據顧煒寫的〈師資專修科一年來的大事記〉中載，王更生，全國性普考、高考及格，現任中學教師。方志祥，是現役少將，主持聯勤財務工作多年。黃春成，畢業台中師範，服務小學教育界很久。劉家銓，曾擔任過警察，又轉業電信局報務員。尤秀如，幼因父歿失學，參加就業考試及格，曾在屏東醫院做護理，後到台北泰北女中執教。他們沒有一位不是過五關、斬六將，由重重困境中，打開一條出路的，這些都是我們夜間部同學的美德，又從來沒有人以這樣的美德去向人炫耀過，他們就像那熠熠的明星，閃爍著耀眼的金光，讓無數寂寞的行旅，來分享他們的溫暖。

## 四、朝乾夕惕、自強不息

程師旨雲創辦夜間部，因爲慘澹經營，艱苦備嘗，一年以後，體衰多病，辭卸了夜間部主任的差事，接替他這份重擔的，就是「望之儼然，即之也溫」的章老夫子銳初。這位出身京師大學堂的恩師，浙江諸暨人，不但學有根柢，而識見卓越，胸襟弘偉，對青年後進的提拔，不遺餘力。不過，因爲諸暨人鄉音不容易懂，所以同學們很少有人親近他，民國四十九年元旦，發行師大夜間部特刊，章主任曾賜題「朝乾夕惕，自強不息」八個字來勉勵我們。時光易過，眼看就邁入了五十年，師資專修科第一屆學生已面臨陽關三唱，灞橋折柳的時候了。這時候最忙碌的要算章主任。他爲了完成夜間部學生的大學教育，在杜校長的支持下，以他那衰朽殘年，冒著隆冬的嚴寒，三伏的

民國四十九年元旦夜間部發行特刊時章主任題詞訓勉

酷熱，坐在一輛破舊的三輪車上，忽而教育部、忽而立法院、忽而故舊親朋、忽而長官屬僚，只要同師大夜間部改制有關者，他都不避風雨，請託關說，可是他從來沒有向我們表白過自己辛勤耕耘的功勞，每當他週會講話，總離不開「爲學與做人」那一套堂堂皇皇的大道理，講起來都沒個結尾，當時大家都很討厭他，說他嚕嗦。現在，我們於畢業十三個年頭以後，年齡最少說也已邁向四十大關，而筆者本人都是快五十歲的人了，銳初師在前年也已溘然與世長辭。居今，我們再想找一位像他這樣嚴父慈母般的師表，來耳提面命，諄諄告誡，恐怕是空留悵惘，可望而不可求了。三年後，也就是民國五十年，快到期終考試了，夜間部正式公告，願意三年結業的，學校頒發師資專修科畢業證明書，否則，可以繼續進修兩年，完成學士學位。雖然大多數的同學都歡聲雷動，但就我們國文組說吧，仍有好幾位男女同學，因爲環境關係，不得不中途黯然離去，我們衷心感念章主任的恩德，但是誰也沒採取過具體的行動去表答；我們更不忍心和同窗三載的好友執手道別，可是每一個人又都是凝眸無語，現在想起來，當時爲甚麼那樣傻？

## 五、以文會友、以友輔仁

在民國四十八年六月五日夜間部校慶特刊，發刊詞中有這樣的幾句話：

「我們自從走進了師大，在師長們的熱心教導和同學們切磋敦勉下，過著快樂的讀書生活，得到了寬廣深厚的情誼。使我們深深體念出古人所謂『以文會友，以友輔仁』的眞義，我們同學中，多半是半工半讀的，還有不少是兒女繞膝，身負家計的，也有在事業和職位上已有成就的。因此，求學的旨趣，較一般大學學生的情形略有不同。也正因爲有這些因素，我們師生間更爲坦誠；我們上課將更爲專心，我們在學業上更能各展所長。」又民國五十一年三月廿九日，夜間部創辦行健月刊，創刊詞云：「本刊籌印之初，首先揭櫫創辦緣起與夜校精神，而夜校精神亦即是同學們實踐力行的嚆矢。其次，我們要打破傳統的社會觀念，確認工業社會不同於農業社會的根本所在，是人類理性的更新，由靜態轉變爲動態，在動態的社會中，人生亦如行於波濤洶湧的海洋，必

民國四十八年六月五日夜間部發行校慶特刊時宗老師篆書的一幅對聯

須有同舟一命的決心，來開拓全體生活的領域，如果我們具備了這種崇高的理想，雖有焚膏繼晷之勞，亦足以忘卻簞食瓢飲之苦了」。

從這兩篇發刊詞，可以略窺當時夜間部同學心聲的一斑。一方面是會友輔仁，一方面是同舟共濟，就拿們國文組而言，同學們除了修習校內規定的課程外，對課外書籍更是廣泛的涉獵，大家競向參加社會上舉辦的各種學術性活動，而於郊遊、跳舞、烤肉、露營等，這些純粹娛樂的玩藝兒，普遍不受重視。例如李邦彥同學，一位多產的文藝作者，他在三年級的時候，就出了本叫做「親情」的文集。顧大我同學，參加中國語文學會舉辦的教育論文比賽，得到優勝第一名，游猛堅同學參加獅子吼雜誌舉辦的論文比賽得第三名。李薦宏同學，有美工設計的專長，師大早期很多紀念章的圖樣，都出自他的傑作。洪敦達同學，男高音，在台北市中山堂舉辦過獨唱會。至於筆者本人，白天工作，晚上進修，也充分運用時間，前後兩次參加孔孟學說論文比賽得獎，在公教智識月刊、台灣省教育會通訊，以及校內的師大青年、人文學報，文風等刊物上，經常發表文章。每一位同學都寸陰是競，敦品勵學，確乎達到了會友輔仁的目的。

## 六、士不可以不弘毅、任重而道遠

夜間部主任章銳初師，不勝繁劇，在完成師資專修科改制爲夜間大學部以後，他好像一位凱旋歸來的沙場老將，覺得正是解甲退隱的時候了，一點也不吝情去留，差事交代以後，三輪車伕情願謁誠向主任效最後一次勞的時候，他卻一口拒絕，覺得既不在其位，就不應享有以車代步的特權，這種一絲不苟，是非分明的風骨，眞乃經師人師，永遠是我們爲人處世的典範。繼之擔任主任的是關輔德師。關主任原爲教育系的教授，對我們的關心和栽培，更無微不至。不過，我們由於畢業在即，夜間部的行政措施，好像雲山相隔幾萬重，已經引不起我們的注意力了。行健月刊發行五十二年元旦特刊時，關主任還特意給我們題了「士不可以不弘毅，任重而道遠」兩句話。他是一位沈默寡言的長者，能施捨給我們這兩句話，也就足夠我們受用終身了。

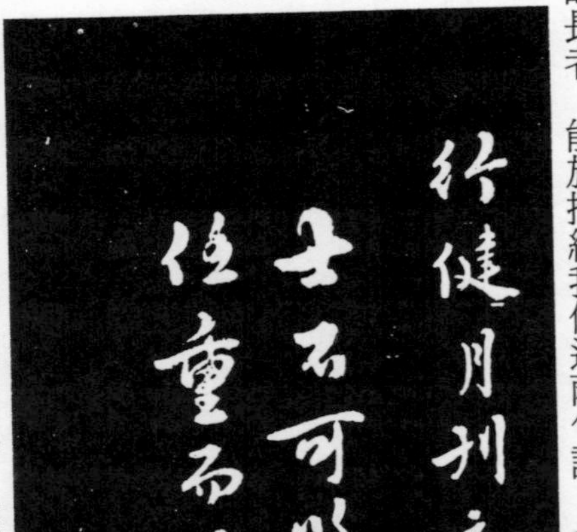

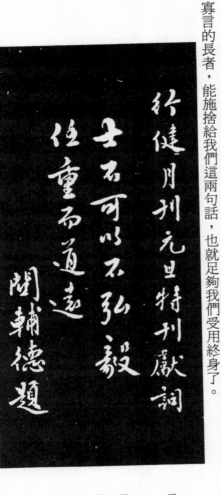


民國五十二年夜間部行健月刊發行元旦特刊關主任題詞訓勉

部主任以下，與我們相處最久，最照顧我們這一群半工半讀學生的，就是韓副主任芳、鄭副主任奮鵬，以及訓教兩處借調到夜間部服務的一些先生小姐們。每當我們因事麻煩他們的時候，只要走到辦公桌前，深深地一鞠躬，他們就忙著爲我們解憂分勞。有時候遲到了，曠課了、請假了、甚而家裡小孩生病了、太太分娩了，他們只要一聽說，馬上就給你無限的同情和鼓勵，總覺得我們第一屆的學生與他們處得最有緣份。所以畢業後，無論我到那裡工作，或不管做甚麼工作，我始終忘不了這份師生的情誼。

畢業後，同學們分散各地，就拿我們第一屆國文系的同學來說吧，經過十三年的磨煉，如徐駿德、杜留章二位榮任了中學校長，黃有爲、藍彩謙，都分別擔任高、國中教務主任、訓導主任很多年。至於像游猛堅、賴俊雄二位，可以說是另立爐灶，在台灣商場上，殺出一條血路，做了公司的董事長或總經理，爲了貿易上的需要，經常往來中東、南洋各地。還有像張鴻皋、陳炯松、蕭福當等幾位，在政府機關，做到了局長、會長或單位人事主管。顧大我、顏元貞這對賢伉儷，在台北市某專科學校執教。李薦宏是美工設計的奇材，原先被明志工專厚禮羅致，近年連續出版了幾本專著，結果台北工專又用重金把他請去了。其他同學也多半服務教育界，都能適學適用，爲國家作育英才，沒有辜負母校恩師的栽培。只是平時公、私兩忙，連繫不易。這對我來說，正應著杜甫的詩句：「同學少年多不賤，五陵裘馬自輕肥」了。

十年多來，夜間部又由侯主任而現在的李主任，尤其師大自張校長到任以後，對夜間部學生成績的考核、品德的培養、就業的輔導、課外活動的加強、優良師資的敦聘，確實給夜間部帶來了新的活力，新的飛躍。我身爲夜間部畢業生，而目前又仍在師大服務，欣逢校慶、部慶，回想既往種種，的確給了我太多美好的回憶，而現在的種種，更令我由衷的忌妒和羡慕，因爲比較起來，眼前的一切都是那麼理想！本文登載於中華民國六十五年（西元一九七六年）六月《師大夜間部校慶特刊》

# 我第一次參加同鄉會獎助學金審議會

元月十三日午後二時，參加了在台北市重慶南路舉行的國家博士聯誼會，二時四十分我向主席先行告退後，便匆匆搭車趕赴河南同鄉會會館；因爲奉楊理事長的箋邀，於下午三時審議同鄉會大專學生申請獎助學金資格，這可以說是我第一次正式參加純粹由同鄉會舉辦的青年活動。

車到光復路口，時間適當三點，車子轉過幾個弄巷，設在八德路四段的同鄉會會館，已巍然在目了。我實在是以一個遊子還鄉的心情，步下坐車；仰視著陰霾的天際，入冬慘慄的寒風，掠過我的面頰，身下的衣角，也隨即撩動了幾下；周遭的街道，顯得十分窄小而冷清；火車遠揚著它的汽笛，飛馳而去，餘音隆隆，歷久不絕，算得是此地最佳配音。我膽怯地拾級而上，拐了一個樓梯口，便是會館辦公室的大門了。

我帶著幾分陌生，也是新奇，更加上一股莫名的鄉愁，回到了這個海外唯一的大家庭，室內除了一排會議桌外，靠邊有七八張沙發，圍著一方橫條的茶几，茶几的左頭近門處，是一列資料櫃，右頭轉彎處，有一扇小門，近門平行的一個套間，是盥洗間。臨街窗下是一張辦公桌，頂桌沿牆放了一張長凳，在淡青色的四壁上，有意安排的懸掛了幾幅標語，地面倒也整潔。但就台北地區數約四萬名同鄉來說，這一座聚珍形的會館，著實不夠恢弘的氣度。

由於饒先生的介紹，我認識了久仰大名的楊理事長——一位慈祥忠厚的長者。以及青年輔導會的各位委員——有些是享譽政壇的領袖、有些是名榮學界的先驅，更有些是商場上的鉅子。尤以理監事主管婦工事務的陳嘉雲女士，是我最熟稔而又素所欽敬的一位卓越婦工幹部，她不僅擅長辭令，對河南地方戲曲的造詣，也精妙絕倫。大概是三點半左右，當會議桌的周圍坐滿了出席的理監事與委員們時，獎助學金審議會，便正式的揭開了序幕。

按照會議程序，主席是楊理事長，首先由他報告會務，與今天討論的主要課題，其間還特別把我介紹給與會的理監事和各位委員，理事長對我二十年來艱苦奮鬥的小成，雖備加勗勉；但面對著年高德劭的前輩們，我眞是慚愧得無以自容，接著我們在理事長的領導下，很審愼地對六十一年度獎助學金案交換意見。

從同鄉會送來的資料上顯示，此一獎學金的設置，陳義極高，粗分大類，共有兩種：一是獎學金，旨在獎勵在學而績優的鄉里子弟，一是助學貸金，旨在幫助在學而家境清寒的人士；前者無償給與，後者將來限期歸還。其中獎學金又分兩組；即大專甲丙爲一組，乙丁爲另一組。至於參加申請的學生，由大學到五專，從公立到私立，幾乎包括了全國公私立各大專院校在內，應有盡有；足徵申請人士的普遍性，和同鄉會會務發展的深入性，以及同鄉青年們的向心力。以下以就讀學校爲單位，合併兩種獎金的申請人，作一個簡單統計：台大八位、師大九位、政大五位、中興五位、高雄師院與國立藝專各一位、輔大九位、東吳二位、中原理工二位、文化學院八位、逢甲學院一位、實踐家專二位、德明行政專校與德育護專各一位，共五十六位。在以上五十六位申請人中，公立大專與私立大專各佔二分之一。再由就讀的科系上看：甲、丙組十五名，乙、丁組四十一名。由性別上加以分析：女生三十有七，男生僅十九名，又幾乎是全部女生人數的二分之一。

審查會在十分嚴謹的氣氛中緩慢進行。從申請人的同鄉身份、學業操行成績、同校申請人數、措詞所用的字眼，以及獎學金的來源等，無一不小心求證，細加甄別。會中爭執最烈的，恐怕還在申請資格方面，於此可分三點：第一必須身爲同鄉會會員，才有資格接受獎助，第二學行成績未達規定標準者一概剔除。第三凡申請人必須取具縣市政府的清寒證明。至於留給我印象最深刻地，是理事長闡釋獎助學金的來源，完全仰賴熱心人士的捐助。但是捐錢的人，往往本身沒有錢；而錢既經捐出，希望請各位公平審議，能授予哪些應該獎助的人……」這是如何真摯的一番話語！尤其對我說來，緬懷過去十四年的艱苦而漫長的歲月，有誰一伸援手，來同情那天涯淪落孤軍奮戰的遊子。今天在理事長的熱心照顧下，親眼目睹到如此衆多的獎助學金得主，不管獎金數目的多寡或是得來如何不易，就憑這份雪中送炭的鄉情，各位接受獎助的鄉里子弟們，也應該體念鄉親的期待，努力自勉。

時間已是五點三十分，斗室的溫馨，擋不住窗外的寒意。我們躬逢盛會的青輔會委員，輕輕地挪開身下的坐椅，紛紛向理事長告別。臨行，我還特別走到主席台前向理事長及其他理監事們致最虔誠的謝意。當跨出會館的門口時，猶頻頻回頭對繼續議事的諸公，投下依馳的目光。無情的時光，已邁入了六十一年的殘冬，故國山河，現在該是瑞雪雕琢的銀妝世界吧！由今天這份海外的溫情，不禁鼓起了我們早日躍馬中原的北國兒女的豪氣。**本文登載於中華民國六十二年（西元一九七三年）二月印行的《中原文獻》**

# 籌設中原文獻館緣起初稿

中原者，古之豫州也。地跨兩河，交通縱橫，西部萬山綿亘，東南一片平曠，極目遠眺，綠野無垠，物產豐饒，民俗淳樸；物華天寶，人傑地靈，誠為陶冶民族精神，孕育中華文化之搖籃，蓋不獨為古代帝王國都之所在，及兵家必爭之勝地已也。

溯自黃帝畫野，豫州肇開新局；倉頡作書，中國始有書契。大禹定鼎，周公營洛，南國漸被文王之化，《詩經》明著〈汝墳〉之篇。而王道跡熄，列國紛爭，於是兩河之間，遂成列國諸侯角逐之場所，中華文化交流之要衝。「周雖舊邦，其命維新」，古代所謂洪水橫流之豫州，至此遂一躍而成為文化燦爛之重心矣。

默察我中華五千年歷史文化之演進，由於政治上之治亂相循，故以兩河為基礎之中原文化，遂因融合而擴大。如春秋戰國五百餘年之兵連禍結，至秦漢之大一統，造成蠻夷華夏之融和。東漢以後，漸啓匈奴窺邊之釁，時至西晉，五胡亂華，衣冠南渡，文化亦隨之轉進；至李唐繼統，復總結前此三百八十四年之亂局，而開貞觀之盛世。中原文化亦因而衣被江南，有顯著之拓展，元世祖忽必烈，挾成吉思汗之餘威，力懾中亞，宋主蒙塵，厓山之陷，宗社以屋，朱元璋以草莽之身，出而光復故土，重振大漢聲威，中原文化亦因與蒙古之接觸，而恢復其新生之契機。滿清入關，以夷制華，顧、黃、王、顏倡民族大義，力挽明社，而延平郡王鄭成功，抱節渡海，開府三臺，中原文化，遂又經閩越而東渡臺澎，以成海外中興之弘規。

民國十七年北伐完成以後，倭寇伺我國基未固之際，舉兵入侵；八年抗戰，中共坐大，復乘國人積喘未定之時，陷中原於板蕩，墮民生於塗炭。近年復變本加厲，發動所謂文化大革命，妄欲消滅我固有文化，以遂其顛覆國魂之美夢。總統　蔣公於民國五十五年，　國父一百晉一誕辰之會，在中山樓〈中華文化堂落成紀念文〉中，乃有「隔水西望，滿目瘡痍，渡頭落日，青山一髮，莫非中原」之昭示，悲天憫人，其言也痛！

今國難當前，凡我中原來臺人士，莫不志切匡復；而海嶠歲月，瞬將一世。舉目老成凋謝，令人愴懷，仰體我祖先創業之艱辛，彌感承先啓後之責重，風雨晨昏，何克寧處？爰有籌設中原文獻館之議。務期我數千年薈萃之中原文物，得以集中收藏，俾收發揚宏效；即我父老鄉耆，亦得一操危慮深，策勵中興之地。睹文物而興起，霑德澤而奮迅，使中原文化光耀環宇，並日月而常輝。桑梓碩彥，鄉邑忠信，所在多有，衆志成城，又何患乎不濟！

**民國六十五年四月「中原文獻社」李士賢先生，邀余撰〈籌設中原文獻館緣起〉一文，時身染感冒，又忙於整理行裝，準備率師大畢業生外埠參觀教學，故以三小時內完成此稿。刊於同年**

十二月出版之《中國文獻學術年刊》第一期。

（現代散文）

# 哲人其萎，我心傷悲！

## ——為旨雲師周年忌辰寫——

民國四十七年九月，我考取師大夜間部師資專修科，當時只有國文、史地、英語、數學、四班，人數不到兩百人。夜間部的辦公室在現在行政大樓進門右轉第一間，　旨雲師擔任夜間部主任，入學註冊的第一天，每班分組口試，剛好我被分到　旨雲師這一組，大概是星期天上午八點半鐘，在國文系辦公室裡，我晉謁了這位和藹可親的國學大師，也是近十幾年來一直鼓勵提攜我的恩師。

師大夜間部師資專修科的創立，是開我國教育史上的新紀元。它的前身爲夜間補習班，當時劉白如先生任師大校長，　旨雲師擔任班主任，他們目睹失學或有志進修的青年之多，於是經過數度研究、奔走，才呈請教育部將原補習班改制爲夜間部，正式招收專科學生，前年有一次，我曾以

「當時創辦夜間部的動機」，向 旨雲師請示，他看看我這位被他一手栽培畢業的夜間部學生，不禁喜形於色的說：「教育之門要向社會敞開，學術研究應該大力推廣，我當時就是基於此一信念，才不避艱辛，創設夜間部。現在全國各大專院校均相繼成立了夜間部，十幾年來，爲國家作育人才無算，足證原始的構想，是切乎潮流，合乎時勢的」。今天我們師大夜間部，單就國文一系來說吧，已由原先的一班，而增爲兩班，再由兩班，到目前的四班，畢業生由民國五十二年的第一屆，到六十四年的第十二屆，爲數不下數千人之譜。大家頭戴著方帽子，都興高采烈的離開了這座培養師資的搖藍，邁向自己理想的前程，可是有誰還想到當初那雙推動搖籃的手，就是我敬愛的 旨雲夫子。

我到師大夜間部師資科讀書，應該引爲平生最大的榮幸。當時教我們的老師，國文是 唐士毅師，國學概論是 旨雲師，訓詁學是 景伊師，文字學是 笏之師，《昭明文選》是 遠堯師，《尚書》是 實先師，文法是 士英師，《學》《庸》是 泮藻師，《史記》是 培之師，甲骨文是 鐵凡師，教材教法是 銳初師，這些老師，可以說都是學界山斗，士林雅望。每位老師都乘白日課暇，不辭夜黑難行之苦，到夜校來教我們這一班從四面八方拚湊而來的頑徒。我記得高笏之師的文字學，由於聽講的學生多，由原普通教室改在行三一五大教室上，當時三一五教室的桌椅都是平放的，有一天上課，我一進門就坐在中間靠前的座位，準備聽寫筆記方便。記得那一次剛好講到象形字中的鳳凰的「鳳」字，笏之師是久負盛名的文字學家，隨講就隨在黑板上畫出「鳳」字的原始初文，並依次寫出它篆、隸、楷書各種體式，然後標明英文讀法。他把「鳳」字的本義、引申義、假借義講得繁簡得中，十分透闢。這時，四座鴉雀無聲，我不知道當時爲甚麼事，猛一回頭，看見　旨雲師正坐在我的後排座位上，聚精會神的凝聽　笏之師的精妙解析，（以後凡上文字學的課，他老人家總是在座。）我當時大吃一驚，直覺的認爲像他這樣一位經綸古今的大學者，還來認眞聽課，這種虛懷若谷的治學精神，是美德，更是修養。所以以後旨雲師以他卓異的學術成就，飲譽中國學術界，不是偶然的。

旨雲師教我們《四書》、國學概論和《左傳》，幾乎每年都有他的課。夜間部的公務再忙，卻從不請假，那時候，他有點風濕，好像行走不太方便；當時我也不敢問，只是覺得他步履蹣跚，表情有點吃力的樣子，可是，在沒課的時候，他總喜歡站在夜間部辦公室門口，看著來往穿梭的學生，很喜歡給學生打招呼，問家常。我記得有一天上課，我到的很早，從夜間部門口經過，一眼就看出來以中山裝爲標記，體態矮胖的　旨雲師。當時　旨雲師問我白天有沒有工作？在那兒工作？家中人口？以及目前讀書的感想？我在恭謹小心的向他老人家作答以後，　旨雲師知道了我艱苦的處境，特別勉勵我這個廿八歲高齡的老學生，一再叮嚀地說：「讀書不易，要把握時光，努力用功」，這雖然是寥寥幾句話，可是誠摯的語調，加上他那迫切渴望的目光，正像嚴冬的熙日，溫暖了我這個孤苦無依的遊子的心靈，也增加了我摸索前進的勇氣！當時眞想大哭一場，想著在這個世態炎涼的社會上，舉目無親，有誰眞正的關懷過我？

旨雲師喜歡講故事，但並不認眞講，也許是因爲道德學問高，化絢爛爲平淡的關係，有些同班同學上課不專心，聽不出他在講故事，有的聽出來的同學，可能感覺沒啥意思，不過，我卻對他老人家這種借幽默故事進行說教的方式，獨有鍾愛。例如講《四書》某章，牽涉到「鏡子」的問題，再加上當時蘇俄發射了「史潑尼克」首顆衛星，他便大發議論，說：「鏡子在中國應用最早，而以玻璃做鏡子，卻是近幾十年的事。過去我們都拿銅鏡來化妝，可是西洋的伽利略在十八世紀，卻利用鏡子，揭開了天空的秘密。從而給天文學以新的估價，並帶動了近代的微生物學、太空學，以及醫療學、病理學上的大革新。所以我們不要以爲一片玻璃鏡子是小玩意，但它卻給中、西兩方面的科學發展，劃出了進步和落後的顯著界線」。這個故事穿插在字裡行間，因爲當時佔據的時間並不長，而他又並不認眞的講，所以很多同學都忽略了故事本身的啓發性和教育意義。很幸運的，我有「處處留心皆學問」的執著，直到現在，我很多觀念和對人對事的看法、做法，無一不受旨雲師的感召。遺憾的是，我不能把他當時和以後借題發揮的名言讜論一一記述出來，不然的話，一部類似《朱子語錄》的「旨雲夫子語錄」，應該可以產生的。

我是一個「窮」而「可憐」的學生，但是我從不要求別人同情或賙濟。我曾經做過幼稚園的老師，小學的教導主任，代理過國民學校的校長。我也當過臨時雇員，一個月賺六十塊錢，住在大戶人家的屋簷下，一天吃一頓飯的日子，我都過過。生活像隻魔手，把我從父母慈祥的懷抱裡搶走，漂泊到中國的西北，又淪落到大海的東南，有時候，在饑寒交迫，尤其是冷不成眠的冬夜，矯首海天相隔的爸爸媽媽，他們又何嘗不在思念著自己天涯淪落的愛兒！民國四十七年八月，我辭退了台北縣樹林中學的教職，到遙遠的瑞芳服務，我太太帶著一個三歲的小孩住在宜蘭。從瑞芳到台北師大夜間部上課，這個來回數小時的路程，對我眞是一個嚴重的負擔。不但在精力方面是嚴重的負擔，就是每學期註冊所需的學雜費用，我當時也負擔不起。尤其是第一學期開學，一註冊就要九百多塊錢，我那有這樣一筆龐大的預算呢？最後還是開了借條，一再向校長赧顏央求，在百般請求下才借來的。時光易過，寒假以後，接著又要註冊了，還是個九百多塊，當時我眞是山窮水盡，走投無路了，不得已，函請夜間部准假兩週，以便等待月頭發薪吧！可是　旨雲師就在我哭天天不應的時候，給我回了封限時信，大意是說：「接信後，知你因註冊費一時籌措不及，擬請假兩週，延緩註冊，自當照准。不過經查你上一學期的學期成績，是全班第一名，按照夜間部學生學業獎勵辦法上的規定，你可以得到五百元的獎學金，這去註冊費九百多元，還差四百元左右，不足之數，由本人先行墊繳，希望你能按時來校，不可耽誤課業」云云。我當時讀了這封如同及時之雨的信件，兩眼的熱淚，不禁奪眶而出。「啊！老師！偉大的老師！」尤其　旨雲夫子在並不太瞭解我這個窮學生的情況下，能伸出慈祥的援手，給了我這世界上無可倫比的溫情，當時，我喜悅混合著感激，情感的激動，就像決了口的黃河流水，澎湃萬里，一發不可收拾。

旨雲師喜歡成人之美，他往往在人漫不經心處去鼓勵你奮進。例如民國五十八年五月，我因爲平時聽士毅師講大一國文，很有點心得，當時大一國文選係採用《國語日報》《古今文選》合訂本，由於《古今文選》的註譯，在資料的選擇，行文措辭各方面，難免沒有大醇小疵的地方，所以我根據讀過的篇目，摘錄出若干值得商量的註釋，做一點問難質疑的工作。記得當時寫了篇五千字左右的稿子，可能是投到《師大人文學報》，當時我也沒想到《人文學報》會不會登，更沒有考慮到這篇文章登出以後的結果，可以說是不知天高地厚，只知道有話就說。以後怎麼搞的，這篇稿子，如石沉大海，好久都不見消息。大概到了快放暑期了，有一天上國文課，士毅師突然把我叫出去，很委婉的告訴我，說：「前天晚上，程主任交給他一篇我的文章，立論極好，考訂還算精確，不過有若干措辭語氣需要修正，現在我把這篇文章轉交給你，你再詳細的看一看，如果需要登載，程主任一定會選用的。」我當夜坐在由台北回瑞芳的火車上，乘著昏黃的車燈，重讀一個多月以前的作品，發覺文中用字遣詞，設篇立意，沒有一個地方不是滿目荊棘。心裡既慚且悔，難過的直掉眼淚。同時往深處一想，旨雲師是怕我遭遇退稿的打擊，卻又很想栽培我成材，所以不惜奔波轉折，請　士毅師轉交給我，想想他那種心存忠厚，推誠待下的苦心，眞叫我一輩子也忘不了。

有一次師大開學註冊，註冊向來是排長龍的，由於我時常覺得自己是個窮而可憐的苦學生，和人家不能在一塊兒比，所以無論作什麼事，我總是因爲自卑感作祟，喜歡單槍匹馬的去闖。所以我讀師大夜間部，在前後五年的時間裡，有不少同學家有喜事，或生日宴會，年節跳舞，甚而開音樂演奏會，邀我參加捧場，有時禮到人不到，有的根本是相應不理。事隔十多年了，半年前有一位同班同學在電話上以諧趣的口吻告訴我，說我「在校讀書時，態度傲慢，目空一切。」天哪！我不相信這就是我給人家的印象，如果他說的是事實，那只好解釋是自卑感作祟了。那一次註冊，我仍然是排在一大群同學的後面，手續辦得很快，就輪到我繳費了。當時向我收費的老先生，修長的身材，微胖，面色紅潤，年在六十光景，做事老成持重，顯得一點也不馬虎的樣子。看了看我的繳費單，很快的抬頭對我狠狠的瞧了幾眼，然後一面收款，一面咧開嘴巴笑著問，「你就是王更生啊！」「是啊！老師，請老師多教導。」我像一個虔誠的小學生，很禮貌向對方搭訕。同時心裡一肚子悶氣，自忖並不認識這位老先生，幹嗎如此注意我？「啊！聽你們程主任說，你的功課最好，年齡這麼大了，還能讀出這麼好的成績，眞不容易！」「那裡！老師誇獎！」我一疊連聲的應著。尤其面對著身後一字長蛇陣的同學們，眞不好意思，又暗自喜悅，覺得這個世界充滿了人情味，自己並不孤獨，由於　旨雲夫子的關懷，氣候陡然變得溫暖了起來。

去年四月　總統　蔣公崩殂不久，一個星期五的上午，我上了國三甲班A組的散文選，剛坐在教師休息室裡休息，　旨雲夫子拖著蹣跚的步伐，推門而入。我照例的是向他老人家深深地鞠了個躬，他順勢就靠著裡間左首第一張沙發上坐了下來，面帶悽喪，語氣沉重的向我提起過去　蔣公手著的《科學與學庸》一書，由於陽明先生對「物有本末，事有終始」兩句話的道理說解得不夠精闢，頗有値得商量的地方，所以　總統還曾經派政府某要員，特別的移樽就教，這種優禮學者的態度，古今中外的國家元首，並不多見。他一面說著，一面唏噓感傷，覺得人生無常，他內心的哀痛，我當時可以很明顯的感覺出來，可是當時我也不知道用什麼話去安慰他好，萬萬想不到，他老人家的話，在我腦海裡還正當盤旋未去的時候，就傳出 旨雲師溘然仙逝的消息。這對我說來，突然極了，也難過極了。

民國六十四年，眞是一個國家慘遭不幸的一年，上天不僅接走了我們親愛的總統 蔣公，同時也帶去了我的恩師 旨雲夫子的寶貴生命。回想在以往十五年的漫長時光裡，程門立雪，親炙教益，不知道老師爲我操了多少心，而我更惹老師生了不少的氣，老師的博學廣識，愛人以德，成全別人，燃燒自己的高風亮節，永久是我立身治學的典範，而今而後，我要抹乾自己悲傷的淚水，肩起 旨雲師對我的期望，向著百年樹人的大道，去散播教育的火花！

中華民國六十五年（西元一九七六年） 旨雲師周年忌辰敬寫

又六十四年五月一日，湖北大治程師旨雲遽歸道山，同門諸友，悲痛逾恆。翌年四月，師大國文系爲程師逝世周年紀念哀思錄徵文，余因程師愛我良深，特著此文，以誌哀思。行文之時，回念程師爲我墊付學費之種種，熱淚盈眶，不禁失聲痛哭也。（更生又記）

# 一年之計在於春

風塵天外飛沙，
日月窗前過馬，
風俗掃地傷王化，
誰正人倫大雅。

——錄自《太平樂府》吳弘道〈醉高歌〉——

日月正像窗前過馬，眨眼之間，歲晚律回，民國六十六年的新正又款款而來；無邊光景，令人耳目爲之煥然一新。當此春宵千金的時刻，回想已往這三百六十五個日子，正如「長於春夢幾多時，散似秋雲無覓處」，細算浮生，眞是家事、國事、天下事，事事詳加檢討以後，春風得意者固多，黯然神傷者也不少；可謂千頭萬緒，難以筆墨形容啊！每逢此時，西方學者照例的教人要有「良好的開始」，我們的先哲也鼓勵大家應「立志」「務本」。反正生活於苦難中的人，沒有悲觀的權利。要緊的是，在這一年容易又新春的時節，我們能不能記取過去的教訓，把握現在的時刻，迎接未來的考驗。

「生活就是戰鬥」，祇有在不斷的戰鬥裡，具備臨深履薄的定力，才能體會出青天白日的節義，和旋乾轉坤的經綸，而日新其業。首先以個人而言：社會是最現實的，也是最公平的。祇要你肯奮發向上，苦心耕耘，社會必給你應得的報償；絕對沒有不勞而獲，或勞而不獲，坐享其成的。譬如句踐之所以能雪恥復國，正因爲他十年生聚，十年教訓，臥薪嘗膽，刻苦自勵的結果。孔子所以被後人奉爲至聖先師，是由於他刪《詩書》，訂《禮樂》，贊《周易》，修《春秋》；所以唐庚《文錄》上載：「天不生仲尼，萬古如長夜。」秦始皇之所以速亡，因爲他焚《詩》《書》，坑儒生，嚴刑罰，修馳道；所以漢初賈誼，〈過秦論〉上說：「仁義不施；而政守之勢異。」一分耕耘，一分收穫，揆諸吏乘，絲毫不爽。假使人人都抱著懲前毖後的態度，視責任、榮譽爲前提，以「躬自厚而薄責於人」的胸襟，來端正自己今後爲人處世的方向，相信在這一元復始的春天，鑑往察來，實在有很多應興應革的事情，都在等著我們每一個人去細加思量，辛勤播種的。

國家是我們生命求延續、歷史求發達的屏障。沒有國家，就沒有身家；欲有身家，必先保障我們的國家。所以「國家興亡，匹夫有責。」在已往的這一年，是我們國運由剝而復的轉捩點；因爲自總統　蔣公崩殂後，全國軍民在政府的領導下，秉承　遺訓，化悲痛爲力量，向著建設臺灣的目標，穩健邁進。諸如十大建設工程進度的超前，全省稻作的普遍豐收，尤其今年歸國歡渡十月慶典的華僑，數逾兩萬人以上的盛況，這一切具體的事實，無不象徵著我國族命運的遠景，是朝氣蓬勃，一片光明。然而放眼今日社會，卻有部分人士，不知惜福，假借經濟繁榮的口號，過著醉生夢死的生活。固然我們操危慮患的心情絲毫未減，但驕奢淫佚的風氣似日見增高；所以當此全體國民都在夙夜匪懈，自厲自勉的前夕，我們決不容許少數人來痲痺我們的鬥志，分散我的力量。岳飛說：「退山中之賊易，卻胸中之賊難」；當此萬象更新的大好時光，我們應如何居安思危，滌蕩此一胸中的大敵，使我們的社會更健康，國家更光明。一年之中的大計，沒有比這端正世風，加強心理建設，更迫切重要的了。

我們靜觀世變，毫無疑問地，今後仍然是以美、蘇爲首的東西兩大集團的對壘。至如其他中東和戰的問題，南非黑白問題，歐洲共同市場問題，以及石油漲價問題。每一個問題背後，都潛伏著錯綜複雜的國際關係。尤其近年因爲交通工具的日益便捷，大衆傳播媒介的迅速而廣遠，使全球一百四十餘國，不啻比鄰共處，風雨同舟了。所以居今而言一國的安危，實與整個世界相休戚。過去我們中國人講內聖外王的政治哲學，總喜歡說修身、齊家、治國、平天下；而當時之所謂「天下」，僅限於中國本土，現在的天下，卻要涵蓋到整個世界。我們既然是世界上自由獨立國家的成員之一，在今後國際事務中，應如何去突破目前低盪的基調，加強與國之間關係，爭取友邦人士的支持，我想當此爆竹除舊，春風送暖的時刻，一定要有一個新的構想，和新的超越。

《周易》有隨《卦》，《彖辭》以爲「隨，大亨貞无咎，而天下隨時，隨時之義大矣哉！」《尚書·堯典》，首命羲和：「欽若昊天，時敬授人事。」《穀梁傳》開宗明義就說：「孔子作

《春秋》，雖無事，必舉春王正月者，謹始也。」《大學》之道，始於明明德，終乎止於至善，可見天時人事，息息相關，密不可分。過去劉玄德三顧諸葛亮於草廬之中，而孔明未出即知天下三分；漢光武中興復國的大志，始見於披閱地圖於信都城樓上，和鄧禹論天下大計之時。這更是把握時間，洞燭機先的最好例證。所以自古以來，凡成大功立大業的人，沒有一位不是乘時得勢，始終不渝的。講到一年之計在於春，實在給我們太多的感觸。它代表了昨日的反省，今日的鼓勵，和明天的希望。

說實在的，天下事既然不能盡如人意，我們便沒有理由，爲過去的三百六十五個日子搖頭嘆息。然而，時乎時乎不再來！緬懷祖先寶貴的文化遺產，以及國族歷史的前途命運，無論如何，我們都要在這個黃金時刻，立志爲天下第一等人，做天下第一等事，負起挽狂扶傾的使命，迎接未來的考驗。

本文載於中華民國六十六年（西元一九七七年）三月《中央月刊》第九卷三期

# 風義高標的鄭董事長

蓄素以弸中，散采以彪外，楩柟其質，豫章其幹，
摛文必在緯軍國，負重必在任棟梁。
——劉勰《文心雕龍·程器》篇語——

民國五十五年七月，我獲得師大國文研究所文學碩士後，即受聘爲德明商專副教授兼訓導主任，六十一年五月復調升教授兼校長。綜計德明商專自民國五十四年以「行政管理專科學校」之名創校，在以後的十六個年頭中，我差不多有一半時間，和它休戚與共。如今德明已成國內專科學校中的翹楚。回顧以往在流光飛逝的歲月裡，雖然說德明的一草一木，都與我有濃厚的情感，但眞正令我永難忘懷的，卻是擔任該校第一屆董事長的鄭彥棻先生，他那種光風霽月，淸曠高遠的襟抱，不禁可度今賢，更足以媲美前哲。

十年前，台灣的經濟不若現在繁榮，對一個初出校門的學生來說，想謀一適當職業，並非易事。我得文學碩士的那一年，適逢德明創校不久，於是透過所長林師景伊的推介，遵照預先約定的

時間，面謁先生於龍泉街住所。當日上午十點，正是溽暑逼人的盛夏，一切都懶洋洋的。我跨進大門，先由譚秘書棟材親切接待，繼而先生面帶微笑的由客廳中緩步迎出。

寒暄過後，先生便根據我寫的學經歷，一一垂詢，譬如：何時在小學任教？又何時轉任中學教員和訓導主任？以及由大陸來臺後，繼續求學的經過，和家庭目前之生活狀況等，態度認眞而仔細。正當此時，突有訪客求見，先生乃命家人一方面讓來客入座，一方面囑我到書房繼續談話，而重點卻轉移到訓導工作。

訓導工作是先生特長，且素具卓見。所以在他那溫文的態度，與親切的辭氣裡，透露出過人的智慧，和堅毅的志節，讓我眞有「望之儼然，即之也溫」的感受。兩個小時長談結束後，遂做了去德明擔任訓導主任的決定。而我與先生非有同鄉之誼，親戚之情，僅憑先生推誠相待之雅愛，竟慧眼特識，畀以重任，這對我而言，又豈是「聽君一席話，勝讀十年書」所可比擬！

內子服務於北投復興中學，住在開明街六號，房子剛好面對幼稚園，背依大馬路，可謂蝸居斗室，湫隘囂塵。某星期日，正值午餐時刻，桌上僅炒米粉一盤，豆腐湯一碗，兒女團坐進食，共相笑樂之際，先生輕車簡從，賁臨寒舍，兒女不及走避，桌面零亂，不勝收拾，而先生亦不以儉素爲陋，慰問懃懃，其平易近人也如此。

五十六年貸款建國民住宅一棟，從此始不賃屋而居。次年，我復入師大國文研究所續讀博士學位，先生更時蒞舍下。是一個乍暖還寒的四月天氣，某日，大雨如注，泥濘滿途，入夜十時，陋巷益加沈寂，忽聞扣門聲甚急，內子開門視之，先生已在雨中鵠候多時矣。當天我因事外出未歸，後知其如此，尙深感失迎而自責無已也。

夫「士為知己者用」，六十一年五月接先生聘，任德明商專校長，事前以一年為約，用觀其效。時光如窗前過馬，眨眼間，就到了次年七月，我因醉心學術研究，急欲擺脫案牘之勞，返師範大學執教，適先生病體未復，家居調養。先生知我去意甚堅，雖百般慰留，終不願勉我所難，於是在無可如何的心情下，批准了我的辭呈。先生生於革命策源地，早年親聆　國父孫中山先生之緒論，及長又深得先總統　蔣公之信賴，最後入贊中樞，參與機要，以如此崇高之地位，而前後七蒞寒舍，其謙沖自牧之風義，將垂千百世而不朽也。

先生平生工作範圍廣泛，接觸層面甚多，他的名言讜論，足以廉頑立懦者，實不可以指數，諸如在中山大學法學院、在廣東省政府、在三民主義青年團、在中央黨部、在僑務委員會、在司法行政部、在總統府。凡臨大事，決大計，無不謀定於前，功成於後。又往往能在衆說紛紜中，經一言以提撕，即可化敵為友，化逆為助，發生震撼人心的力量。

先生決不輕言他人是非；而他人有所建議時，卻有察納之雅量，從不與人計較得失。他是性情中人，不是名利中人，有儒家的仁厚，也有法家的剛勁，所以令人仰止嚮往，不能自已。「諸葛一生惟謹慎，伊川大事不糊塗。」「惟大英雄能本色，是眞名士自風流。」先生一生成就和品節，均可借用這兩幅聯語加以映照。

在我擔任德明商專訓導主任時，先生精力充沛，常來校巡視，當時因為創校伊始，設備雖略具規模，但因學生人數日增，操場、校具、教具、周圍排水管道，有些是供不應求，有些是準備不足。先生辦事，從來是大處著眼，小處下手的，加上訓導工作是他的當行本色，統計、合作學方面，在國內又是有數的專家，所以只要他把全校走上一遍，根本不需要隨員動手記錄，就能口說指畫，條分縷析。使聽者為之動容，發生不勉而行的效果。他叮嚀我「把小事當作大事看，凡事馬虎不得」，一語透宗，給我留下久久不能平息的迴響。試想，人若都能把小事當作大事去踐履篤行的話，則天下雖大，又何事不可為，何苦不可吃，何敵不可克呢！這種辦事的方法、謹慎的態度，不僅是他個人治學、從政的要訣，更是人人工作的典範。我今天如果說在教學與研究方面，還有值得向別人稱道的話，都要歸功於先生的訓誨。

在我擔任校長任內，當時五專基礎未立，社會觀念未變，招生往往不能足額。德明商專是私立學校，雖然創辦人不以贏利為目的，但以校養校，可以說是最合理的要求。當時我之答應先生接長校務，雖不是「受任於敗軍之際」，卻是「奉命於危難之間」。所以到任後的首要任務，就是如何使招生足額。

五專錄取新生之分發登記，一向是在台北工專公開辦理，登記之前三天幾乎全是公立專科學校的天下，學生與家長都一窩蜂似的向台北工專、台北商專、省立護專這些學校擠，私立學校大多是「門前冷落車馬稀」，乏人問津。我深知其中不可強求之理，於是一開始，便派教務處幹員到台北工專負責登記業務，另外再動員幹練的學生，作有計劃的宣傳，以增加本校的知名度。我們坐鎮校長室靜候各方消息。

先生雖與我地位不同，而心情卻無二致。所以在迫不及待的情況下，先生每隔數分鐘或數十分鐘，即以電話垂詢，而我已如蟻在熱鍋，五內如焚，經此催促，更感不安，於是嚴詞回稟，大意是「請先生不必以招生爲念，既聘我擔任校長，自當不負所託」云云。先生以我勇於負責，從此即不再爲招生來電。而當年幸虧招生滿額，否則，我亦不知該如何向先生作妥善交代！

先生不但不以我言爲忤，甚而更加信賴。以後我記得又爲學生住宿問題、教師任免問題、待遇調整問題、特別教室問題，意見往往不同，甚至發生極端相反的爭議，先生雖面有不豫，但事後從不計較。試問，這是何等胸襟！何等修養！對部屬又是何等信任！

人一生宦海浮沈，能保持書生本色，而又好學不厭，著述等身的，可謂鳳毛麟角。宋歐陽文忠公，自謂藏書一萬卷，所輯集古錄一千卷、琴一張、棋一局、酒一壺、與己一老翁，號曰「六一居士」。蘇軾說他「論道似韓愈，論事似陸贄，記事似司馬遷，詩賦似李白。」清曾文正公，戡定洪楊，開府兩江，文章繼方姚，詩喜黃山谷，見道精博，文無瑕累。薛福成說他是「一代偉人，以理學經濟發爲文章，閱歷親切，迥出諸先生上。」歐、曾二公均官居卿相，筆參造化，但究其所以，或師友同好之吹瑩、或因幕府賓僚之薰染，故事業學問均臻極境。而先生丁革命四起，民國初造，歷經北伐抗戰，戡亂剿匪，可謂寄身鋒刃，無一夕寧處；然公餘稍暇，或振釆寄傲，或臨流賦詩，閱覽之勤、著述之富，衡諸歐、曾二公，並不多讓；而環境遭際之艱難險巇，猶有過之。

先生有時假北投友人處稍事休憩，此地依山旁壑，古木環植，好花當籬，具山林泉石之勝，間中邀我作半日盤桓。每當我緩步入門，輒見先生左手執簡，右手握筆，作默思沈吟狀。不然，即一卷在手，口中不時若有所語。那種與書俱化，悠然神往的情態，眞叫人懷疑到底他是仕、是隱、是忙、是閒，是依山老松，還是傍水的野鶴呢？

先生胸羅萬卷，著作特多，文章近年越作越多，越作越有見地，越作越見出至情至性，所謂「文章老更成」者是也。法學方面的論著，我不敢贊一辭。至於先生的散文，多半彙輯在《往事憶述》、《景光集》、《師友風義》三書中。《往事憶述》是記述七十年來我國政治、社會、教育演變的痕跡，以及先生個人求學、做人、處事的經過，其中包括六個短篇。《景光集》因蘇武詩「願君崇令德，隨時愛景光」得名，具有紀念慈親和恩師雙重意義的作品，書中有二十一個短篇。《師友風義》是六十七年十一月印行的，除前言外，由二十篇文章組成。李義山〈哭劉蕡詩〉云：「生平風義兼師友，不敢同君哭寢門」，可見這是本記述師友風範道義，和嘉言懿行的集子。

先生爲文，慣以平易的文字，攄深長的感情，尤其對人物的刻劃，事情的描述，看似脫口而出，毫不經意，實際上，即令一字之微，也都下過精雕細琢工夫。所以他的作品，詩家讀來，像一首情韻不匱的詩歌；文家讀來，像一篇血淚交迸的文章；史家讀來，像一部浩氣干雲的史傳。裡面交織著時代的脈膊，感激的淚珠，與一片深思而夾著回味的獨白，給傳記文學烙上了嶄新的腳印。

如果讀慣了先生法學論著，再乍看其散體小品，說不定你會驀然一驚，不相信是文出一人之手。其實這正是先生以委婉之筆，寄高潔之情，才思過人的地方。

先生自改任國策顧問後，在文化大學三民主義研究所博士班，講授法學課程，並指導論文寫作，時間更多、事情更忙、寫作更勤，而體力更健、精神更旺。學生素仰先生才高學博，為一代人傑，經常追隨聆訓。這些年來，我雖然忙於教學研究，疏於請益，但從德明商專諸友好處，尚不時得知先生近況。

上（十一）月十一日下午，中文大學李教授棪自香江來臺，先生於碧海山莊東海廳為之洗塵，曾箋邀筆者作陪，我傍先生坐，席間殷勤致意，一片至情，全從肺腑中流出，尙為之心動泣零不自禁也。我嘗說：「非先生不足以知我，非先生不足以用我，非先生尤不足以諒我也。」

先生一生苦學奮鬥之經過，以及只知有黨國，不知有身家，只知有人，不知有己的犧牲奉獻精神，世皆耳熟能詳，不容煩贅。特述其日常瑣事。或別人不經見常聞者，錄而呈之，相信以此短文，來彰顯先生之平生德業，自屬不夠；但如果能用以對先生八褰嵩慶，略盡恭賀之忱，也許能表達我寸心於萬一吧！

民國七十年（西元一九八一年）十一月三十日書於台北退思齋，後刊載於《傳記文學叢刊》編輯的《鄭彥棻八十年》

# 我所認識的李曰剛先生

先生於今（七十四）年四月十三日晨六時，因腦血管昏迷症住進榮民總醫院，十七日上午零時三十九分長與世辭，總共不到四天的時間，上天就奪走了這位學不厭教不倦的學者，他就是我的恩師──李曰剛先生。

李先生，江蘇省鹽城縣人，民國前五年（西元一九〇六年）生，國立中央大學教育系輔中文系畢業。師母陸莊女士，字于凡，逝江杭縣人，前清翰林院大學士陸懋德的次女。六十八年（西元一九七九年）三月二十九日因肝腫瘤，病逝美國，先生輓聯曾有「悵此際，怎麼堪夕陽無限，天國遽召；到如今，只落得黃卷千編，清風兩袖」的句子，辭婉而意悲，文澤而情切，蒼涼沈古，足見伉儷之篤。

我最早認識先生，是民國四十九年讀師範大學夜間部國文系三年級的時候。先生講授《文心雕龍》，因爲他教書操著濃重的蘇北口音，很惹同學們注意。記得當時由於傳本有限，得書不易，每講一篇，凡段落大意，字詞注釋，先生均手自抄寫，往往兩個小時的課程，板書就佔了一半。加以他眼明手快，寫起字來，運筆如飛，拍拍作響，使得下面聽課的同學，精神爲之振奮。

先生於民國五十四年應新加坡義安學院中文系之聘，到南洋講學，五十六年返國後，由於程師旨雲的推薦，榮任師範大學國文系主任，這時，已經是我獲得碩士學位的後一年。其間，由於兩地遙隔，見面的機會有限，向老師請益的時候不多。

五十七年八月，我再入師大國文研究所攻讀博士學位，也是先生擔任系主任的第二年，先生講授「《文心雕龍》研究」於研究所。當時，第一研究室十分窄狹，加上靠牆的書架，和幾張寬大的條桌，把室內的空間塡得滿滿的，每次上課，都坐無虛席，而先生口述指畫，氣飛采動，令人爲之神往。最記得的是他那《文心雕龍斠詮》講義，隨講隨印，隨印隨發，一學期下來，光講義就充箱照軫，車不勝載了。

●李曰剛先生與夫人陸莊女士攝於民國四十年。

我和先生眞正有進一步的接觸，是民國六十年，當時我是博士班四年級的研究生，一個五月的天氣、期中考過後不久，先生突然因喉腔癌住進台大醫院，必須動切除手術，由於事出偶然，先生原授課程來不及作妥善安排，但又不能停課不上，在不得已的情況下，先生將他在大學部講授的《文心雕龍》，專函邀我暫代，暑假，先生的病痊癒了，身體比已往尤加健朗。秋後，又是新學年的開始，先生由於對我的代課還算滿意，就聘我做兼任講師，正式接替了先生《文心雕龍》的課程。

先生從此在大學部便專開《左傳》和「中國文學史」，《文心雕龍》完全由我擔任。從六十年九月起，到今年五月止，算起來，也有十三個年頭了，回想十三年前，蒙先生慧眼特識把他自己卓有心得的課程，交給我來講授，今天先生結束了他學術研究的全部生涯，溘然棄我而去，撫今追昔，我不但隱含著幽明永隔的悲哀，更引起了我無限的懷念，無限的感傷！如果不是先生有過人的膽識，破格的提拔，我絕沒有機會問津劉勰之門，打開《文心雕龍》的寶藏，邁入中國傳統文論的堂奧。所謂「春風化雨偏厚我，耳提面命更何人。」興念及此，我不禁泫然涕下。

先生的道德文章，凡是和他常相往來的門生故舊，大多耳熟能詳，不需我在此故作宣染，以下我用三個字，來講明先生的一些生活瑣細，見微知著，說不定可以從這些小地方，看出先生修身治學的全部人格。

一、**是儉**：我們中國人無論是修身、齊家、治國，「儉」是第一要義。所謂「儉以養廉，勤以補拙」，「儉以益勤之有餘，勤以補儉之不足」，自古以來，凡成功立業，被人歌誦的，沒有人不是以有餘補不足，從「儉」字上入手的。先生的晚年生活，確實「儉」得可愛。自他由美歸國，先借住於和平東路師大第一宿舍張正男先生府，後買得板橋四川路一處公寓，以後又幾經折騰，買了現在土城一棟四層樓國民住宅。據他自己說，是鄉下僻靜，實際上是鄉居生活，開銷簡單。他的課是「斠讎學」和「中國文學史」，前者是星期四晚上六時半上，後者是星期六上午八時上，巧的是星期四晚上我也有課，每次上課前，先生都是坐在休息室沙發上看書，從不在外晚飯，說是回去吃舒服。先生住處單純，一床、一桌、一爐、一碗而已。過去歐陽文忠公晚號六一，寄情託意，常令人為之嚮往。而先生的「儉」，恐怕只有弘一大師李叔同的出家生活，才能跟他媲美。可是先生不以為苦，終生栖栖皇皇，搭公車、吃粗飯、敝衣破

●李曰剛先生演講時神情。

囊，書籍以外，別無長物。有兒不靠，有女不依，不求人憐，自甘寂寞，所謂「名豈文章著，官應老病休」？先生晚年的隨緣生活，已經超脫世俗，到達物我無礙的境界了，「儉」，不過是他的行藏而已。

二、是堅：一個人成功立業的要素很多，「堅」字，恐怕是「百尺竿頭，更進一步」的重要秘訣。所謂「以堅貞之操，違俗失衆」，「學者不患才不及，而患志不堅」。綜觀先生一生，其志節，操持忠恕；其治學，淹通博貫，無一不從「堅」字中來。先生自幼博涉典籍，潛心國學，無論是在軍中從事宣傳，在報社撰寫新聞，在政壇興利除弊，他都堅持自己的興趣，工作不忘讀書。來台後，歷任大專院校教授、系主任，更以讀書爲樂，以寫作爲事。我看過有很多學界名流，傑出文士，當他還是講師、副教授的時候，著書立說之辛勤，可稱古今無倆；等到做了教授之後，自以爲已望重士林，不可一世，從此便息影黌宮，無聲無臭了。更有些學者，在未擔任系主任，院長以前，著述之富，發表之勤，令人望風仰慕，逸步難追，既做了行政工作之後，便俗務羈絆，分身乏術，當年干雲的銳氣，成了強弩之末，力不從心矣！而先生從事系主任多年，又出國講學，爲國立編譯館撰寫教科書，縱然是應接不暇，卻仍然勤於寫作。我們看他的遺著，如《國學概論》、《論語釋義》、《中國辭賦史》、《中國詩歌史》、《作文技巧與範例》，那一樣不是成書於工作煩忙之際。尤其難能的是書中資料之豐富，文字之流暢，幾乎使人不敢相信，他哪裡有那麼多的時間！充沛的精力！試想，如果他不是「堅此百忍」，這些成功的碩果，是不會天外飛來的。

謝君希古振藻揚葩明清墨寶珍藏滿車
隸篆真草百數十家麟麟炳炳易絹籠紗
銀鉤鐵畫虎踞龍拏端莊流麗剛健婀娜
眾美畢備藝苑菁華公展同好賞福無涯
弘揚國粹締世浮槎神州秦火碩果堪誇
謝鴻軒兄為慶祝開國七十年元旦
展出其家藏明清名賢墨蹟凡百三
十家琳琅滿目歎觀止矣爰題俚詞
十韵藉誌心賞而留紀念

●李曰剛先生手稿——謝鴻軒先生展出名賢墨蹟四言頌詞。

三、是鑒：鑒眞別僞，鑒往察來，既是讀書的要領，也是治學的南鍼。所謂「明鏡以察形，往古以知今」，「讀書不具隻眼，埋沒古人苦心」。先生於書無不窺，尤其是《文心雕龍》，更是他以血汗澆灌，二十年如一日的研究對象。就拿最近先生因病住院以前的事來說吧：有一天，是早上八點鐘，突接先生來電，說他要改寫〈文心雕龍斠詮序言〉，想知道「江郎才盡」的典故始末。我因爲藏書較豐，先生經常來電相詢，不過這一次問的是「江郎才盡」，當時頗感納悶；再說先生的〈序言〉早已斟酌至再，無懈可擊了，爲什麼要追問這個掌故呢？最後我還是告訴了他事出《南史·江淹傳》，說「江淹爲宣城太守時罷歸，夜夢一人自稱張景陽，謂曰，前以一匹錦相寄，今可見還。……又嘗宿於冶亭，夢一丈夫自稱郭璞，謂淹曰，吾有筆在卿處多年，可以見還。」從此江淹文思枯竭，爲詩絕無美句，詩人謂之「江郎才盡」。現在想起來，與先生之發病，也許有某些巧合，但從這件典故的考訂上，可以看出先生的治學態度，和一絲不苟的精神，要不是先生別具慧眼，有鑒往察來的素養，絕不會鍥而不捨，對學術這樣的熱愛，這樣的執著！

先生去世了，我再一次翻檢先生在十年前送給我的《文心雕龍斠詮講義》，紅皮精裝三巨冊，師大出版組手抄油印本，這是先生早年案頭常備的一部，書中夾了許多紙條，上面寫滿了補充考訂的文字，細如蠅頭，密密麻麻，足見先生畢生精力，盡萃於斯矣。而先生爲了勉勵我，竟然將自己備用的文稿相贈，對我來說這是何等的鼓舞！何等的欣慰！而先生又是何等胸襟！何等雅量！求之於當今學術界，又有幾人乎？

十多年來，我站在講授《文心雕龍》的最前哨，擔任著中國傳統文論的尖兵，戰戰兢兢，臨深履薄，幸未辜負先生一片栽培的苦心。《禮記》云：「善歌者使人繼其聲，善教者使人繼其志」，長善救失，是先生的精神。也是先生對我的教誨。安息吧，我永遠懷念的恩師！

**文訊月刊十八期（74年6月出版）**

## 李曰剛先生重要著作一覽表

| 書名 | 出版 |
|---|---|
| 先秦文彙（上下冊） | 中華叢書委員會 |
| 國學概論（一冊） | 白雲書屋 |
| 中國文學史（一冊） | 白雲書屋 |
| 論孟釋義（一冊） | 白雲書屋 |
| 中國辭賦流變史（二冊） | 白雲書屋 |
| 中國詩歌流變史（三冊） | 白雲書屋 |
| 作文技巧與範例（一冊） | 白雲書屋 |

| | |
|---|---|
| 春秋導論（一冊） | 師大出版組 |
| 史記導讀（一冊） | 師大出版組 |
| 韓非子引耑（一冊） | 師大出版組 |
| 斠讎目錄學（一冊） | 明文書局 |
| 文心雕龍斠詮（上下冊） | 國立編譯館 |

## 李曰剛先生編撰之教本

| | |
|---|---|
| 國民中學國文（一套六冊） | 國立編譯館 |
| 中國文化基本教材（一套三冊） | 國立編譯館 |
| 華國專科國文（一套六冊） | 華國出版社 |
| 香港高中國文（一套六冊） | |
| 中國文化大學國文講義（一冊） | 華岡出版社 |
| 師大散文精讀（一冊） | 師大出版組 |
| 幼師大學國文選（一冊） | 幼師出版社 |

# 給浸會一群志同道合的朋友

——爲將心曲酬知己，願作不眠徹夜彈。——

我像天邊的流雲，風是我的腳。十三歲的時候，因不堪日寇的壓迫，它把我吹向中國遙遠的西北；一九四九年，大陸易手的前夕，它那潑辣的裙帶，又把我帶到大海的東南；三十六年以後，藉著飛機的銀翼，跨海西征，這一片天邊的流雲，再飄向香江，落腳於東方的明珠。

——時間雖然只有一年，可是在那三百六十個日子裡，我幾乎沉醉在您們的溫馨、關懷、呵護、鼓勵，以及聲氣交感的熱愛中。天邊的他！如同回到久別的故鄉——白雲故鄉，一片祥和。

南國的洋紫荆，剛開遍山野，鳳凰樹枝頭的紅花，已經迫不及待的綻放著她的嬌豔，而明媚動人。六月的香江，是您們最繁忙的季節。可曾想到，朋友！當您們爲學業、爲工作、爲婚姻、爲前途，忙得不可開交的時候，我卻正悄悄地、黯傷地，收拾這年來的流光，去日的情懷，低吟著「時不可兮驟得」的悲歌。……

這天邊的流雲，行將隨著高唱的蟬聲與鬢影，回到那號稱婆娑之洋，美麗之島——福爾摩莎。

我到底有甚麼依戀呢？是二十四樓牀前的月光，還是城門河邊花木掩映的甬徑？是流浮山海面的斜陽餘暉，還是九廣線火車通過時的鳴笛？鶯啼燕語，抵不上您們的笑靨；滄海艷陽，比不上您們的熱情；風聲雨聲，更不如您們的琅琅書聲。還有烏溪沙、太平山、敦煌酒樓、潮州半島，以及三聯書店斜對街的速食小吃店，到處都留下了我們歡樂的音符，這雖然是過往而卻十分優美的聲情，令我終生難忘！

我們都是教育園地裏的一分子，慶幸得很，我們獨得上帝的恩眷，生而爲人，生而爲多災多難的中國人，回首望去，秦皇、漢武雖然早成了歷史的陳迹；但是古聖先賢的風範，隨著時代巨輪的磨礪，正含光隱耀，成我們腳前的明燈。

地球遼遠嗎？哥倫布還可以環繞一周；月宮高不勝寒嗎？阿姆斯壯爲人類邁出了第一步；可是舉目學海的無涯，著述的衆多，以及知識界的日新月異，眞令人發「非一人之腹所能盡飲」的浩嘆！我們固不願學追日的夸父，勞而無功；難道您不覺得移山的愚公，天眞得可愛嗎？

求人不如求己，自己的前途自己開，自己的國家自己救。您能今天犧牲享受，您就能明天享受犧牲。祇要天不變、地不變，此心亦不變，人類沒有做不到的事。「三十功名塵與土」，不必緬懷過去；「山窮水盡疑無路」，不要恐懼未來。我最擔心的，是聰明的朋友，您告訴我，在這「前不見古人，後不見來者」，獨立蒼茫的時刻裏，您何去何從？

天上的彩虹，有時五彩繽紛，有時黯然無光。我們不羨慕那瀰漫黃山的山嵐，卻懷想山嵐瀰漫中的黃山；不羨慕丹霞的雲海奇觀，卻思念雲收霧散後的丹霞。因爲我就是我，是現在的我，也是昨日的我。「何昔日之芳草兮，今直爲此蕭艾也」？蠟像館的彫塑，固然栩栩如生，但是它畢竟非血肉之軀！「採菊東籬下，悠然見南山」，南山有何好見？你不是知道看山不是山嗎？「衣霑不足惜，但使願無違」，陶徵君的「願」又是甚麼呢？有誰曾仔細想過。您呢？我志同道合的朋友。……願我們不是迷失的一代。

我像天邊的流雲，帶著希望來，再帶著希望去，雖然當這篇短文刊出的時候，我們因爲學業、工作、婚姻、前途而勞燕分飛了，但是您我間的互相關愛，將如隧道頂端的獅子，永久屹立不搖。山不轉人轉，有一天，假如我們都化成一片流雲，隨著風的訊息，伴著聖賢的腳步，在那茫茫神州，遨遊於萬仞的懸圃之上，到時，您仍是您，我仍是我。從此，我便不再唱——

人生到處知何似？應似飛鴻踏雪泥。
泥上偶爾留指爪，鴻飛那復計東西。

我期望那一個時刻的到來，讓鳳凰樹枝頭的紅花，做我們的見證吧！

本人於民國七十四年（西元一九八五年），至民國七十五年（西元一九八六年）間，任香港浸會大學中文系客座教授，在任滿返台前夕，應該校教學發展中心之邀，而寫的勵志之言。刊載於《學習備忘》創刊號。

# 立身以力學為先，力學以讀書為本

生而爲人，要面對現實，接受時代的考驗。試想在我們從生到死，匆匆數十寒暑的歲月裡，回顧自己走過的旅途，由於家庭的背景、時代的激盪、工作的變化、個人的理想，往往是風雨飄搖，酸甜苦辣，徧嘗人事的滄桑，而淚眼中掛著幾絲微笑，留下無奈的惋惜！

不過，儘管人生像過客，光陰如走馬，一個人在來去匆匆中，能卓然自立於大地，仰不愧於天，俯不怍於人，造福社會，光明磊落，把遺憾還諸上帝，將美滿留給人間，這樣，也就不虛此生了。

一個人如何跨過時代的考驗，建功立業，使美名令譽傳貽來葉？自古以來，方式儘管不一致，但以有限的生命，追求永恆的不朽，其目的並無不同。像孔子的學生顏回，「不遷怒，不貳過」，「在陋巷，人不堪其憂，回也不改其樂。」他那種嚴以律己的高尙情操，給後人留下進德修業的楷模。孔子稱顏回好學，即令是在簞食瓢飲，物質生活條件極差的情況下，他還不改讀書的樂趣，終於成就了自己完美的德行。

東晉名將祖逖，少有壯志，常夜半聞雞鳴而起舞，最後官拜鎮西將軍，爲國家立下不少戰功。根據史書上記載，祖逖雖是一代名將，但他卻是博覽群書，涉獵古今典籍的人。尤其他那「聞雞起舞」的故事，自勉自勵，勤學苦練，不僅樹立了自己的功業，同時，千百年來，給無數立志報國者莫大鼓舞。

宋濂是明代初年的文學家，我們讀他的〈送東陽馬生序〉後，知道他因爲家庭貧寒，無力買書閱讀，竟然步行百里以外，拜師求學。結果，使他留下等身的著作，成爲明初文學界臺閣派的開山。由於他的作品內容醇厚，辭藻優美，受到後人高度的評價。宋氏之所以能立言不朽，實際上是得力於他一生未嘗一日去書的力學精神。

世界上永遠沒有一帆風順的事，只要你堅定力學讀書的決心，得意時不要忘形，失意時不要悲觀，你距離立德、立功、立言的理想，就爲期不遠了。過去有人請歐陽修自述讀書的秘訣，他謙虛地說：「我平生爲文構思多在馬上、枕上、廁上。」你想成功立業嗎？我想唯一的辦法，不是天才，而是把別人喝咖啡的時間，都拿來用在讀書上吧！

作者於民國八十三年（西元一九九四年）六月，應香港浸會大學邀，爲該校「讀書種子獎勵計劃」頒獎貴賓，赴港前，特撰此文，刊載於該「計劃」的報告書中。

# 台灣的文化貧血病

我們的社會病了，這個病不是普通的傷風感冒，傷風感冒請醫生診治，吃點發汗退燒的藥，或了不起打上兩瓶點滴，再多喝些開水，到床上躺上個七八天，充分休息後，自然可以霍然痊癒。現在咱們社會的病，表面上看不出來，但骨子裡已經病入膏肓，如不設法治療，恐怕就是再高明的醫生，也只有宣布回春乏術了。這個是什麼病呢？是「文化貧血病」。

台灣是我們賴以生存的空間，在三萬六千平方公里的土地上，住了世界上密度最高的人口，經濟繁榮得躍居亞洲四小龍之首。生活的富足，不但城開不夜，我們的五臟廟，一年之中吃掉一條高速公路，台南鹽水鎮的蜂炮，一夜之間爆破上億元的新台幣。像來來大飯店的滿漢全席、凱悅大酒店的總統套房，一擲萬金的闊佬，更是多到不可以數計，像這樣驚人的消費額，要說它得了文化貧血病，除了傻瓜以外，沒人會相信。

其實，這也不足爲怪。因爲文化貧血病很難辨認，它不能從正面看，不能用望遠鏡看，更不能請達官貴人或有錢的闊佬們看，現在讓我們以冷眼熱腸的態度，戴上顯微鏡，從家庭制度、崇洋心理、語文教學三方面來透視以下這個**文化貧血病的特徵**。

**家庭制度破產**，是文化貧血病的特徵之一：我國文化向來都是以家庭爲基礎，家庭制度一旦遭到破壞，則中華文化即失去依附的憑藉，所以《詩經》三百篇以〈關雎〉冠於首篇，明示文化由一夫一婦開始的要義。《大學》首章，齊家列於治國之前，爲三綱領八條目的重要環節。朱柏廬的〈治家格言〉，開宗明義就是「黎明即起，灑掃庭除」。孫中山先生倡導的《三民主義》，也以恢復家族主義來號召天下。數千年來，我國在政治上儘管朝易代更，有所不同；但在家庭制度方面，卻始終如泰山磐石之安。不稍有動搖。所以家庭的妻賢子孝、兄友弟恭，給中華文化找到了生生不息，安身立命的溫床。

觀台灣當前的社會，在經濟掛帥的前提下，由於工商業的急遽發展、人民物質生活雖迅速提升，但精神生活卻每下愈況，**經貿的巨人，文化的侏儒**，正是台灣當前的寫照。加上交通的混亂，傳播的誤導，思想的紛歧，人口的集中，大廈的林立，以及功利主義的瀰漫，使人與人之間，父母子女之間，親朋友故舊之間，尤其夫婦之間，產生了疏離、迷惘、失落和不信任感，造成家庭的嚴重脫序。所以家庭在本質上，已成了單身貴族的旅館，鎖匙兒童的冰窟。

尤其離婚率的節節升高，婚外情的日形嚴重，以及未婚先試的流行，換妻俱樂部的滋生暗長，午夜牛郎的公開召募，每一項傷風敗俗的事例，都像有毒的黴菌，在台灣社會的各個角落，腐蝕著每個家庭或人心。文化之與家庭，就像嬰兒之與母親，嬰兒斷了母奶，和文化脫離了家庭，都同樣的如無根之木、無源之水，終將淪爲因貧血而乾癟的餓莩。

家庭制度的破產，不僅使社會基礎發生動搖，更令我優秀的傳統文化患上了嚴重的貧血病。

崇洋心理作祟，是文化貧血病的特徵之二：國人之崇洋媚外有歷史紀錄可查的，首見於南北潮顏之推作的「顏氏家訓」，其次是南宋鄭所南所寫的「鐵函心史」，和王世貞的「四部稿」了。不過，他們的記載多屬國亡家破，所謂：「人在屋簷下，不得不低頭」，多少還給人有點兒事非得已，情有可憫的無奈！

現在我們號稱是世界上獨立自主之國，有五千年悠久歷史，聖聖相傳的高尚文化，外匯存底高達八百億元美金，正應當揚眉吐氣，雄視天下。可是，反觀我們的國民心壇，其崇洋媚外之甚，更百倍於往昔。

清朝末年，我們因爲技不如人，於是張文襄公首倡「中學爲體，西學爲用」以自救，民國初年，一些學者名流，又認爲制度不如人，於是改而提倡「科學」與「民主」以自救。現在台灣朝野上下，更覺得一切都不如人，轉而變本加厲，盡棄其所學而學焉。譬如辦教育，採取美國制度；談法治，以美國馬首是瞻；作生意，美國更是我們的衣食父母；談電腦，講科技，只有美國才是我們的老闆靠山；學美語，幼稚園開始還不夠，乾脆從小就把他（她）送到美國留學。這種唯恐學洋人學的不徹底的醜態，較之顏之推、鄭所南、王世貞書上說的，不知道要超過多少倍！

每一個人的衣、食、住、行、育、樂，最能代表一個民族文化的結晶，看看我們台灣在這方面的具體表現吧，說起來更是糟到不能再糟。除了嘴巴上講的是中國話以外，其他吃的、穿的、住的、玩的、眼睛看的電視，耳中聽的音樂，那一樣不是美國的翻版，而且還是美國次文化的翻版。近年有些純爲國人經營，進出的消費者也都是同胞，但商號招牌卻完全或夾雜外文；更有些產銷皆在本省的貨品，包裝、說明卻全用外文，眞有不知置身何地之悲！言念及此，我不禁爲中國文化的前途而內心流血！

「讀聖賢書，所學何事？」看到這些令人作嘔的糗事，眞是愧對列祖列宗，以及後代的子孫。尤其叫我憂心忡忡的，從國人在崇洋媚外的心態下，所呈露的那份對歷史文化的毫無責任，信心落寞、徬徨、絕望、悲觀，和暴發戶財大氣粗的背後，隱藏的那份恬不知恥的虛驕和傲氣，要說這不是患上了嚴重的文化貧血病，又該怎麼講呢？！

**忽視本國語文教學**，是文化貧血病的特徵之三：教育文化是立國之本，而國語文教學更是教育之本。教育如果不重視本國語文，那無疑的捨本逐末而數典忘祖。

自我始祖黃帝開國迄今，五千年來，經過列祖列宗們的苦心經營，造成國家一統、文化一統、雄峙東亞，這是每一位中國人應當引以自豪的所在。

民國開元後，施行新學制，外國語文和本國母語並列於課程表。在強調英語是世界語言，要想學洋人之長，必先學洋人的語言文字的情形下，英語教學早就一枝獨秀了。不料近三十多年來，更由於科技掛帥，經貿第一的號召，國語文教學的鐘點日形減少。內容也越來越縮水，但是外國語文教材內容卻越來越加重。搞得在校的學生誤以爲不讀國語文沒關係，不讀外國語文才是終身憾事。所以現在學生的語文程度，英文比中文好，外國史地比中國史地好。教育上出現了這種反常現象，有些人還不拿來詳加檢討，引爲戒惕，竟然大作文章，說「此乃世界觀的擴大」，又說：「世界將走向統一，我們要迎合大勢所趨。」試問如果台灣不變成美國的一州，美國會和台灣講世界觀嗎？台灣不變成美國的一州，美國會停止使用所謂「人權法案」「三〇一法案」來整台灣嗎？說這種話的人，如果不是無知，便是打腫臉充胖子的欺世狂徒！

目前專科學校和職業學校的國文鐘點已經減少，繼之而來的是大學一年級的國文鐘點，已由原來的四學分改爲三學分，據說將來還可能改爲選修。國父思想一科雖然還在爭執，但由名變到質變到量變，已經是不可避免的命運，至於四書的教學，早就送上斷頭台，弄得在學校裡跡近消失了。

追究國人學習外國語文的原因，蓋本於富國強兵的一念，可是英文已經學了八十年，台灣是富了，而兵呢？科技呢？依然落後還不說，愛國的思想沒有了，立國的精神淪喪了，倫理道德丟掉了。人們只知道好逸惡勞，坐享暴利，於是人心日趨險惡，社會日趨混亂，金錢的遊戲，官商的掛勾，尤其爲了幾個資本家個人的利益，犧牲了台灣全民的碧水藍天，眞叫人言之痛心。

在這個一切以升學爲導向的教育制度下，主管當局對中國教育最大的貢獻，是成立世界上獨多的大專院校，五步一座，十步一所，教授、副教授更是多的滿街飛。講到大專畢業生的就業問題，更叫人痛心，開計程車的比比皆是，也有做收垃圾的清道夫，擺地攤的小販，這些還算是比較高尚點兒的職業；等而下之如餐廳的侍應生，歌台舞榭的舞伴，業餘打工的午夜牛郎，至於殺人越貨，販賣安公子，詐財騙色的更所在多有。大專院校成立的越多，畢業後失業的越多，失業的越多，社會的問題也越多，如滾雪球，越滾越大。**如果現在有關當局還不懸崖勒馬，改弦易轍的話，將來埋葬台灣的就是教育。**

民國四十一年，先總統　蔣公發表「整理文化遺產與改進民族習性」時指出：「經書是民族文化的精髓，民族精神、德藝、哲理之所寄託。」又說：「民主與科學爲革命建國必須的口號，但應以民族文化爲其基礎。」　蔣公高瞻睿智，言如洪鐘；但教育上的重視外國語文的學習，已由大專而中學而小學而幼兒，行見揠苗助長之害，必定動搖國本，國將不國。這樣看來台灣所患的不僅是文化貧血病，而是比貧血更嚴重的血癌啊！

最近行政院的郝內閣，從星加坡回來後，除了自己有獨到的心得外，更大聲疾呼地希望台灣要學星加坡。郝院長見多識廣，可是他的獨到心得，卻一直缺乏系統性的發表。在此我們不禁要問，學星加坡的什麼呢？那絕不是單純的三代同堂的住屋政策，或一塵不染的寬廣馬路，而是要從深度、廣度上，去看問題的焦點。我認爲星加坡的所以值得學習，最重要的是他有一種精神，三面策略。這一種精神，就是以中國傳統文化做爲立國精神。三面政策：一是儒家思想，二是法家手段，三是西方制度。以這種精神和策略，再配合第一流的政治家和第一流的智慧，才能產生傲視全球的星加坡。如果我們不從這些地方去自我檢討，虛心學習，光是表面敷衍，粉飾太平，台灣永久不能成事。

在這個列強競存，弱肉強食的時代，我最爲在台灣的中國人感到悲憤塡膺，戒愼恐懼的地方，不是社會的混亂，不是經濟的蕭條，不是風氣的敗壞，不是政治的低迷，更不是教育的缺少章法，而是中國人忘掉了賴以生存的文化。因爲社會混亂可以設法治理，經濟不景氣大家可以勒緊褲帶，風氣敗壞了可以重新塑造，政治不上軌道可以徹底改革，教育缺乏章法可以修定制度，唯有忘掉了自己的文化，其後果的嚴重，正如盲人騎瞎馬，黑夜過斷橋，今後要歸宿何處？要走向何方呢？面對著台灣空前未有的文化危機，我不僅爲此悲，我更爲此而懼！

本文刊載於民國八十年（西元一九九一年）四月，由「新學識文教出版中心」發行的《兩岸合論文化建設》一書中。

# 文學的人生　人生的文學

文學不能脫離人生，人生不能脫離文學，只有文學不脫離人生，文學才能站在人生的第一線，眞實的反映生活，把資料、事實、意見，和瞬息萬變的情狀，用敏銳、快捷、犀利而醇練的筆觸來傳送給社會大衆。使社會大衆，見之可悅、聞之可感、味之可玩、察之可覺；憂樂人間，隨文學的脈動而生機活潑，這就是文學的大衆化、生活化，和它的親和力、感染力。

孔子說：「詩可以興、可以觀、可以群、可以怨，邇之事父，遠之事君，多識於鳥獸草木之名。」這雖然專門論「詩」；實際上，散文、小說、戲劇一切文學作品的活動，亦無不包括在內。所以文學的人生，是生活藝術化；人生的文學，是文學的生活化，文學是精神的洗禮，是生活的源泉。

人不能脫離文學，就像人不能脫離自然一樣。自然界的風晴雨露，寒冷暑熱，無一不是自然而來，自然而去，一朵小花，一片綠葉，一線風絲，一個浪花，都有它們各自的世界，各自的生命；所謂：「萬物靜觀皆自得，四時佳興與人同。」但是緬懷現在的人們，生活在自然裡，除了飢而食，渴而飲，上班下班，熙來攘往，名韁利鎖，奔走終日以外；有誰知道「楊柳枯了，有再綠的時候，桃花榭了，有再開的時候，燕子去了，有再來的時候呢？」又有誰知道楊柳何以枯？桃花何以謝？燕子何以去？甚至去了再來，謝了再開，枯了再綠，是誰在主使它呢？只好任憑它花開花落，春去、秋來；至於楊柳的依依，燕子的呢喃，微風的召喚，人生活在自然的懷抱裡，卻不知道自然的可愛！

人生活在文學中也是這樣，或因商場失利而垂頭喪氣，或因學業負擔而長吁短歎，或聽一支動人的樂曲而歡欣鼓舞，或徜徉於青山秀水間而流連忘返。為什麼是這樣呢？我並不懂得文學，但文學的氣氛，就像母親溫暖的雙手，團團包圍著您。使您盡情享受著她的慈愛而不自覺。這就像孟子說的：「行之而不著焉，習矣而不察焉，終身由之而不知其道者衆矣。」

人生在世，如果以目前台灣的男女壽命計算，女的七十歲，男的六十八歲，作為標準來看，十歲以前是童年生活，尚處於懵懂無知的時代，十二歲以後，為了應付升學考試，又忙於補習、升學，既不知道少年的歡笑，也不了解青年的責任，二十五歲以後，軍訓結束了，正是做夢的年齡，「為賦新詞強說愁」吧！又踏入了社會，為事業、婚姻、家庭、子女、朋友，而陷於重重拖累，總是苦惱日多，歡笑極少。青春愉快的日子，就這樣從我們的身邊、床上、吃飯的時候，悄悄地溜走了，帶去了我們的童年、少年、青年、壯年，忽至「頭有幾莖白髮」，心情邁入了半百之年。五十歲以後，身體健康還好；不然的話，又要三天兩頭看醫生，病榻纏綿，給自己帶來感傷，爲別人增加拖累。所謂「人生在世，不如意事十常八九。」在這悲歡離合的人生中，我們有很多時候都和文學結下不解之緣。

咼去楚霸王項羽，沈舟救趙，火焚阿房，氣焰萬丈，不可一世。可是當他率領江東子弟八千人，兵敗九里山，矢盡道絕，自刎烏江的前夕，眼看半生掙下來的江山，將要拱手送給那位不學無術的劉邦時，不僅義憤塡膺，悲從中來，脫口唱出自己的心聲〈垓下歌〉：

**力拔山兮氣蓋世，時不利兮騅不逝，騅不逝兮可奈何！虞兮虞兮奈若何！**

把一個兒女情長，英雄氣短，和窮途末路，孤立無援的情緒，活生生的表現出來，眞是「悲歌可以當哭」。當我們讀它的時候，就如同看到項羽舉劍自刎的雕像。另一位是志得意滿的劉邦。當他逼死項羽，席捲天下，衣錦還鄉，和家鄉父老子弟故交好友在一塊兒狂歡縱酒，一時之間酒酣耳熱，於是劉邦擊筑，令兒童一百二十人跟著他唱〈大風歌〉：

**大風起兮雲飛揚，威加海內兮歸故鄉，安得猛士兮守四方。**

慷慨傷懷，不覺喜極而泣。至於歌詞的豪邁，意氣的感人，更是傳誦不朽，叫人讀來，爲之心動。不管他們是「人生得意須盡歡」也好，或是「出師未捷身先死」也好，總而言之，他們把自己的悲歡，化作亮麗的詩句，使人生的境界，昇華到另一個層次，這就是文學的人生；人生的文學。還有爲國家的存亡，公而忘私，國而忘家；寧可抛頭顱，灑熱血，奉獻自己寶貴生命，也不願坐視國族的淪亡；於是發而爲金石之聲，驚天地、泣鬼神。如三國諸葛亮的〈前、後出師表〉，眞是一字一淚，一淚一泣。南宋岳飛的〈滿江紅〉，滿腔忠義，不啻白虹貫日，光照寰宇。宋末文天祥的〈正氣歌〉，他那富貴不能淫，貧賤不能移，威武不能屈的大丈夫氣慨，更是「風簷展書讀，古道照顏色。」革命先烈林覺民的〈與妻訣別書〉，文筆細膩，柔中帶剛，念念不忘國仇，字字刻畫決心，血淚交織。尼采說：「一切文學，余愛以血書寫」，正指這些作品而言。戰國時代的荆軻，當他準備西入強秦，刺殺秦王嬴政，走到易水之上，親朋好友爲他祖道餞別，以壯行色；高漸離擊筑，荆軻唱〈易水歌〉相和，更是箇中顯例：

風蕭蕭兮易水寒，壯士一去兮不復還！

愴涼沈古，聲音淒清悲壯，使送行人的個個聞聲瞋目，怒髮上衝，熱淚濕透衣襟。可見文學就是人類眞性至情的描摹，它不僅自感，更可感人。而感人又須先能自感也。

生離死別對人生來說，是最不可免，也不能免，所謂「天下沒有不散之筵席」，先從活人別活人來說吧，如唐代的詩聖杜甫〈贈衛八處士〉：

人生不相見，動如參與商。今夕復何夕，共此燈燭光。少壯能幾時，鬢髮各已蒼。……主稱會面難，一舉累十觴。十觴亦不醉，感子故意長。明日隔山岳，世事兩茫茫！

詩中講到人生聚散無常，離別多年，一旦相逢，把酒道故，覺得分外親暱；但暫聚忽別，又感到世事變化，如同滄海桑田，叫人不禁悲從中來。所以杜甫這首詩，活生生替我們說出了別愁離緒的感傷。至於王勃〈送杜少府之任蜀州〉，所謂「海內存知己，天涯若比鄰。」李白的〈別友人〉，所謂「浮雲游子意，落日故人情」，王維的〈渭城曲〉更是說「勸君更進一杯酒，西出陽關無故人」。每一首詩讀來都叫人不勝唏噓。眞有點「相見時難別亦難」的感覺。

而且活人別死人，所謂「死別一呑聲，生別常惻惻。」呑聲一別，天人永隔，替天下的英雄豪傑灑下莫可奈何的熱淚。蘇東坡最是性情中人，他的〈江城子〉是一首追悼亡妻的作品，太太已經過世十年了，有一天夜裡，東坡夢見妻子自外歸來，醒後，方知原是幻夢泡影，不覺悲從中來，遂寫下這首千古流傳的名句：

十年生死兩茫茫，不思量，自難忘，千里孤墳，無處話淒涼。縱使相逢應不識，塵滿面，鬢如霜。夜來幽夢忽還鄉，小軒窗，正梳妝，相顧無言，惟有淚千行。料得年年腸斷處，明月夜，短松崗。

其他還有像韓愈的〈祭十二郎文〉，是叔侄永別，袁子才的〈祭妹文〉，是兄妹相別，蘇東坡的祭〈歐陽文忠之公〉，是朋友的永別，無論那一篇詩文，莫不文情激越，盪氣迴腸，這就是文學，同時這也是人生。

有些人更是抱著菩薩心腸，做入世的事，把自己平日所見、所聞、所思、所感，一切都形之於筆端，著爲詩文歌詞，這不僅淨化了自己的人生，也淨化了讀者的人生；不僅淨化了當世的人生，也淨化了後代的人生。所以世界的善惡是非，貧富貴賤，聖賢愚劣，在文學的領域裡一切都是眞、都是善、都是美，都是純潔無瑕，一律平等的。這就是我前面所說的文學的大衆化、生活化、凝聚力、親和力。例如當我們讀到李白在〈將進酒〉中的名句：

君不見黃河之水天上來，奔流到海不復回，君不見高堂明鏡悲白髮，朝如青絲暮成雪。人生得意須盡歡，莫使金樽空對月。天生我才必有用，千金散盡還復來。……

您會情不自禁地爲李白——這位天上的謫仙的任性、豪放、純眞、自然甚而至於懷才不遇，而興發無限感想，這時的〈將進酒〉是解嘲、是慰藉、是鼓舞，總而言之，它已經不再是李白的專利品了，是屬於整個讀者。同時，他的生命力，更不拘限於唐玄宗天寶年間，擔任供奉翰林的時候，而是名垂青史，千年萬世，永遠不朽的文化遺產了。

有時候，自己不一定是文學家，更不一定懂得文學，但文學永久是人類的伴侶，如同身之與影，是沒法分得開的。只是我們和文學闊別太久、太遠了，好像我們離開自然太久、太遠一樣。有母親的孩子是幸福的，有文學素養的人們也是幸福的。

人是自然的產物，但是我們過的是社會生活，是社會中機械式的生活，只知道天冷了加衣服，天熱了減衣服，朝九晚五，上班下班；至於朝霞晚暉，春花秋月，我們早就把它們拋到九霄雲外去了。似乎那些純屬騷人墨客的事。可曾知道人也是文學的產物，但是我們過的是物質生活，對於精神生活中的詩情畫意，閒情逸致，眞的就像：

自在飛花輕似夢，無邊絲雨細如愁！

把它輕輕地如夢似幻般的淡忘了。留下的只是忙忙碌碌，而不知道抖一抖失落的日子，來個

「忙中偷閒學少年」，知道的盡是飲食男女，可是在飲食男女的背後，也是「別有天地非人間」的哩！

各位！當您覺得人生乏味的時候，何不回頭想一想，有很多人正在「黃蓮樹下彈琴」，苦中作樂呢！他到底是苦？是樂呢？佛語說的好，「如人飲水，冷暖自知。」這就是「文學的人生」。明白了這一點，您才會化消極爲積極，擦乾眼淚，重新出發，唱著「大江東去，浪淘盡千古風流人物」，向著理想的目標，勇往直前，這就是「人生的文學」。

師大港澳同學近因出版刊物，向我徵稿，我就把原在民國七十六年（西元一九八七年）三月十四日於「空中大學宜蘭中心」的講演稿，重加整理修改，交予付排。對畢業返港的同學來說，本文聊表送別的賀禮，對仍然在校就讀的同學而言，更希望藉著它，來溝通我們彼此的心靈吧！

更生記於五月十五日
師大國文系

# 序跋類

# 序跋類

## 《中國文化概論》自序

中國文化者，係以倫理爲基礎，以家庭爲單位，合七億衆多之人民，於一千一百萬平方公里之土地上，慘澹經營，匯成此一曠世之傑構；至其山川之壯麗，物產之豐饒，揆諸並世，尤罕與匹。惟我自古以農立國，安土重遷與勤儉耐勞，已鎔爲民族之獨特之種性；故知足常樂，能忍自安，正其誼不謀其利，明其道不計其功。一言立身，則格致誠正，一言及人，則修齊治平；於經濟則富而後教、於政治民胞物與、於學術則經明行修、於社會則敦親睦姻，是以其重人事而輕物理之現象，較諸西方唯物個人主義者，迥然不同。吾嘗言：「國者人之積，人者心之器，國家乃我人生之所託，文化實民族精神之所繫，國雖有時或亡，如文化一息尚存，則猶有剝而後復之可能，否則，文化蕩軼，國脈斬絕，將永無否極泰來之一日。是以國可滅，而民族文化決不可滅。」昔猶太絕祀兩千年，印度滅國百餘載，二次大戰後，均能卓然獨立，各成自主之國；至如我中華五千年來，亦一亡於元，再覆於清，卒能危而後安，亡而復存者，推其主因，良由我民族文化之精深博大，故能奮累世之遺烈，撥亂世而反之正。

顧我國自清朝咸同迄今已踰百歲；百歲之間，先有列強之鯨吞蠶食，繼而倭寇之棄好崇讎，致中原板蕩，國將不國，尤有甚者，敵人乘我強弱異勢之時，其西方之物質文明，挾船堅礮利之淫威，沛然東來，此不僅中西文化，因而發生了正面之衝突，更由於文化衝突之影響，令我民心陷溺，廉恥道喪。當此之際，幸天降　國父，縱其神睿，繼往聖之絕學，啓民族之新運，興中華，建民國，擷長補短，獨創發明，成此一部三民主義之建國寶典。不臆大陸中共，在我八年浴血抗戰之後，乘國人積喘未定之時，藉蘇俄之援助，假馬列之教條，以欺騙爲手段，用分化爲能事。陷神州於陸沈，墮生民於塗炭。近年尤變本加厲，發動所謂「文化大革命」，摧殘我固有文化，圖塡其無饜之慾壑，至此其虺蜴爲心，實昭然若揭。凡吾國民，居此國勢阽危之秋，莫不拊膺切齒，以救亡圖存爲己任。

總統洞燭機先，於民國五十五年　國父一百晉一誕辰之時，發表〈中山樓中華文化堂落成紀念文〉，同時應全國學術文化界之請，明定每年之十一月十二日爲中華文化復興節，從而闡述　國父之三民主義實乃集中華文化之大成，爲當前復興中華之榘矱。振臂一呼，如響斯應，於是全國上下，互切互磋，共信共行，以劍及履及之決心，獻身於復興文化之大業。惟我文化體大思精，今後若不合古今，治中外，由點及面，興復互用，實難收切膚之效，而建永世之功。

夫欲救中國，必先正人心，欲正人心，必先息邪說，欲息邪說，必先復興國故之學，而國故之學，總以孔孟思想爲依歸。本人辱忝士林，初任斯課，即本此信念，編訂教材，信我文化徹底復興之日，亦即建國工程全面完成之時，嗚呼！倘促寶島，奄忽念載，欣見文化復興之有期，鳳集河淸之可待，旣快然能爲中興之鼓吹，故於本編草稿甫定之初，特爲序以記之。竊愧編次倉卒，罣漏不免，盼海內賢達，幸以教我。

王更生序於臺灣新北投杏林寓廬

中華民國五十七年（西元一九六八年）元旦

# 黃著《文心雕龍之創作論》序

創作論是《文心雕龍》中價值最高的一部分，過去黃季剛先生曾拿它當「文章作法」，向北大學生講授，一時之間，轟動遐邇。從此大家才知道，這部藝苑祕寶，和實際的文學創作，有這樣重大的關聯性。自後，研究《文心》的學者，多半集中精力於此；並前後發表若干專論名世。他們有的旁徵博引，與西洋文學理論相印證，有的取精用弘，從《文心雕龍》本身去發揮，可說是爭光鬻采，各具特色。吾友黃君春貴，好學敏求，不慕榮利，於就讀師大國文研究所期間，深獲仲華、景伊二位夫子的獎掖，復親炙鹽城健光先生之門，並盡得其講授《文心雕龍》之精蘊。後由李師悉心指導，且經其本人三年的苦心經營，成《文心雕龍之創作論》，都十餘萬言。如果我們從《文心雕龍》現有的研究著述上來比較，黃氏的這本論著，雖然不是一部空前的鉅製，要亦為系統完備的力作。

我向來認為研究《文心雕龍》，最不容易有成的部分是創作論，而最容易有成的也是創作論。原因就在那些易懂易知的字裡行間，涵藏了許多「思表纖旨」，使望文生義的人，常常會忽略它那弦外之音。可是如果你一旦發其大凡，明其科條的時候，又馬上能升堂入室，看到他那「宮室之美，百官之富。」譬如劉彥和論文章構成的要素，是「萬趣會文，不離辭情」，所謂「辭情」指的就是內容和形式。文章除了內容和形式以外，可以說就一無所有了。而《文心雕龍》創作論二十篇，依照劉彥和的自爲法，是按照「剖情析采」去講的，但是那幾篇屬於剖情？那幾篇屬於析采？又那幾篇屬於剖情兼析采？不僅古今少有此說，即令是有，也難成令人心折的定論。似此，我們連最起碼的「剖情析采」，已不易此疆彼界，劃分淸楚，還想再進一步去「因情立體」，「結采爲文」，勢必如治棼絲，如理亂麻，千頭萬緒，無所措手了，這可以說是硏究創作論之一難。

其次，彥和於創作論十九篇的寫作層次，據他自己說，不同於文體論。文體論固屬體大思精，但還設有「原始以表末、釋名以章義、選文以定篇、敷理以舉統」，四大條例加以控制，使全部文字，由〈明詩〉到〈書記〉，雜而不越，溢而不流。硏究者得之，不啻遇燈塔於遠洋，得甘泉於荒漠，按圖索驥，知所津逮。而創作論則不然，他改採「籠圈條貫」的方式進行。籠圈者，籠罩內容與形式以圈守範圍；條貫者，條列創作的理則而貫通變化。但如何圈守文學創作的表裡，和如何條達聯辭結采的變化，彥和並沒有進一步的說明。至於「摛神性、圖風勢、苞會通、閱聲字」，也不過就此項內容粗舉大要而已，如總其綱領，尙不及全創作論篇目的二分之一，是很難從這裡抉發大義，得其環中的。所以我們不談《文心雕龍》創作論則已，如談創作論，首先要問的問題，便是何者爲其體？何者爲其用？只要一講到這個本末體用，我們便如登峻阪而臨歧途，四顧徬徨，莫所適從了。此可謂第二難。

《文心雕龍》論文，是從通變的觀點出發的。所以劉彥和折衷群籍，出入百家，有同乎舊談者，有異乎前論者。原一魁〈兩京遺編序〉，說他「陶冶萬彙，組織千秋」，王惟儉《訓故》稱其「由〈碑〉、〈賦〉之巨篇，暨〈箴〉、〈贊〉之短什，網羅千秋，鑽〈神思〉於奧窔，牢籠群彥」，劉彥和自己也毫不掩飾的說：「按轡文雅之場，環絡藻繪之府，亦幾乎備矣」，這是他學有所得的話，而紀曉嵐竟然評他「自負不淺」，當是不解彥和為人。然而「文律運周，日新其業」，劉彥和既總萃我國古代文論，成此一部歷久彌新的巨著，則六朝以後，經唐宋、歷明清，前有八家，後有七子，益以有清桐城、陽湖之說，近世文言、白話之爭，無論是批評理論，創作技巧，無一不是百花競艷，異說蠭起。而當今研究之者，如何本《文心雕龍》窮變通久之原則，去牢籠萬有，檃栝雅俗，冶千載於一爐，融新舊於一體，這更是戛戛尤難。

觀黃君《文心雕龍之創作論》，除〈緒論〉與〈結論〉外，全文共四章十六節六十四目。其第一章〈論文章之組織〉，下分〈謀篇〉、〈裁章〉、〈造句〉、〈用字〉。第二章〈論文章之修辭〉，下分〈比興〉、〈夸飾〉、〈用典〉、〈隱秀〉。第三章〈論文章之內質〉，下分〈思想〉、〈情感〉、〈想像〉、〈氣力〉。第四章〈論文章之外象〉，下分〈聲律〉、〈辭采〉、〈對偶〉、〈風格〉。而每節之下，又以兩句八字，對文成目。如〈謀篇〉一節，設有壹、聚束文理、統貫首尾。貳、意主辭副、先後有定。參、附辭會義、務總綱領。肆、草創鴻筆、先標三準。

以此類推，前後十六節六十四目，無一例外。作者從文章的組織、修辭、內質、外象四部分，去貫通情釆，條分縷析，括盡創作論十九篇的精義。解決了剖情析釆方面的若干困擾，足見其舉重若輕，有獨具的匠心。

又本文敘事發議，皆極有層次，大別說來，各章皆先言當目主題的界說或重要性，然後再從正反兩方面闡明主題，最後申述寫作的理則。例如第二章第一節〈比興〉，壹、獨物圓覽，比顯興隱：歷引〈比興〉篇、《周禮·春官·大師》先〈鄭注〉、鍾嶸〈詩品序〉、皎然《詩式》、朱熹《毛詩集傳》、王應麟《困學記聞》、日人仁井田陽《毛詩補傳》、兒島獻吉郎《中國文學通論》，明定比興二體的涵義。貳、附意切事，取類不常：此節專言「比」在文學創作中的特色。參、明而未融、發注後見：此節專講「興」在文學創作中的特色。肆、自漢以來，重比忘興：此節旨在申述「比興」二體此消彼長的實際情況。作者於此，可以說是化繁就簡，從體用兼備的觀念出發，把複雜的創作體系，做重點性的突破。然後再觸類旁伸，加以說明。深符彥和「會通合數」的要旨。

本文尤難能而可貴者，是作者以《文心雕龍》創作論爲根據，而又絲毫不受《文心雕龍》創作論的局限，頗能援引唐、宋以下，以迄晚近中、西各家的成說，爲其持論的依據。正像幾何上的圖形，從點的闡發到線的系聯，把古今中外的創作理論，在《文心雕龍》創作論的基礎上，做了一次全面的大結合，這實在是一個開創性的手法。如第三章〈論文章之內質〉，第一節〈思想〉中，除引《文心·原道》、〈神思〉篇文，作立說的基準外，另舉美國思想家兼文學家愛默生（Ral ph Waldo Emerson 1803～1882）《散文集》和《論文集》上的話，陶淵明的〈五柳先生傳〉、〈與子儼等疏〉，杜甫〈茅屋爲秋風所破歌〉，王通《中說》，眞德秀的《文章正宗》，方東樹的《昭昧詹言》，張文潛的《答李推官書》，管同的〈與某書〉。至於同章第二節〈情感〉中，更引奧國心理學家佛洛伊德（Slgmund　Frud 1956～1939）《夢之解釋》，日本廚川白村的《苦悶之象徵》，羅根澤的《續詩品》，與梁繩禕的《文學批評家劉彥和評傳》；所謂「明事引乎成辭，舉義徵乎人事」，作者既不放棄《文心雕龍》論文的原則，又能融古今學者的卓見，其多識前言往行，與毋意毋必的態度，從本文的可讀性上來說，勢必提高了它的參考價值。

《文心雕龍》是劉彥和精心撰述的鉅著，不僅六朝以前不曾有，就是六朝以後也未之見。民國以來，國人運用西方治學的方法，分文原論、文體論、文術論、文評論、緒論五大門類去解析研究，而世界各學術性雜誌，相繼就此等有關問題，討論發表的專文，更月積年累，使人目不暇接。然而《文心》體大慮周，涵蓋無窮，即令我們縱意漁獵，也不見得就能超邁它的範圍。誠如黃君〈結論〉所言。「時」至今日，著述甚繁，加以西學東漸，有關文學創作理論之精湛，或可譽爲空前。然即以爲舍人之作，年歲已久，無可聽采，則徒爲有識者所嗤耳。」又說：「人類文化之發展，莫不由淺入深，由簡而繁。今日之深而繁者，異日則人將以爲淺簡。後之視今，亦猶今之視昔，惡能傲古人而貽笑來者耶？」更何況《文心雕龍》一書，無論是就內容理論，或行文辭藻各方面來說，確乎是「驚采絕艷，難與並能」的不朽之作呢！

近年我忙於到師大授課，北投、臺北，兩地奔勞，很少與黃君往還討論，不過讀他在中央日報副刊和大華晚報上，迭次發表的文章，得知他平時苦讀潛修，勤奮寫作，無論於學於識，較諸已往，都突飛猛進。今黃君想出其舊作，公之於世，問序於我，我因爲一方面和他有師友之誼，知之最深，樂意爲文推薦外，而另一方面，也是由於在《文心雕龍》創作論十九篇極端難寫的情況下，他竟能淹貫古今中外的學理，印證劉彥和一千五百年前的文學心路，這種大膽的嘗試，我當然更願意替他介紹給同道諸君。希望今後由此一研究方法的轉變，能使《文心雕龍》的文論境界，邁向一個理想的高峰。至於作者在行文時，對《文心雕龍》原文的失校，成說與誤引，以及引文時，間或不明出處，尤其以《文心雕龍之創作論》爲標目，而未將《文心雕龍》創作論十九篇前後的布局安排，照應聯絡的關係，在〈緒論〉中加以詮釋；又〈緒論〉中，列〈序志篇〉入文評論，皆屬白璧微玷。不過以黃君的謙沖治學，和既往的努力所得而言，相信這些均屬無心之過，對論文本身的價值，是毫無貶損的。

中華民國六十六年（西元一九七七年）十二月

王更生序於新北投寓廬

# 沈著《文心雕龍批評論發微》序

《文心雕龍》是天下奇書，劉勰是學界奇人，有奇人而後有奇書，有奇書而後成此一段奇事。前人讚《文心雕龍》是文壇奇葩，藝苑祕寶。殊不知此奇人奇書奇事之所以爲奇葩，爲秘寶者，現在就讓我藉著序沈謙君《文心雕龍批評論發微》的機會，發此一段學術奇案之覆吧！

《文心雕龍》成書於南齊和帝中興元、二年（西元五〇一左右）之間，當時的學術界，顯然是受了印度佛教的影響，從兩漢的經學，過渡到魏晉的淸談，再由淸談而產生遊仙詩與山水文學。時至齊梁，又出現「宮體」的色情文學。作品唯美是尙，重形式而輕內容。所謂「競一韻之奇，爭一字之巧」，「止乎衽席之間，思極閨閣之內」，文章之變，亦云極矣！劉勰集往古文論之大成，上自群經諸子，下及魏晉百家，凡有關文學理論者，雖吉光片羽，靡不畢羅，以成此一部體大慮周，籠罩群言的著述，眞是見眞識切，可稱一奇。綜觀秦漢諸子，這些入道見志之作，以孟、荀最稱淵雅，老、莊最爲閎肆，墨子文辭質樸，韓非最具條貫，《呂覽》、《鴻烈》駁雜有餘，而醇練不足。其行文措詞，或駢或散，一任自然，故能如新硎之刃，暢言無阻。而《文心雕龍》以六朝通行的儷文寫成，說理則理到優華，論事則事皆鱗次，如行雲流水，如天馬行空，妙才鴻筆，天下無雙，眞是膽大藝高，此乃書之一奇。書命名《文心雕龍》，令人擧目震驚。所謂「文心」，指作者爲文時之如何運用心思。「雕龍」，謂古來文章，修飾辭藻，如雕鏤龍文。顧其名而思其義，頗與言而有文，可行久遠的目標吻合。所以自來學者都認爲它是我古典文學批評的大宗；而事實上，劉勰是假借文學批評的外衣，闡發他一己的思想，爲學術研究開示新境界，這又是此書的一奇。據考劉勰因家貧不能維生，在二十三歲時，助上定林寺釋僧祐抄撮佛經。並先後替僧祐完成了《出三藏記集》、《法苑記》、《世界記》、《釋迦譜》、《弘明集》等重要著述。且自造〈滅惑論〉，來反駁道教徒的詆譭佛教。同時《梁書》本傳說他和僧祐居處十幾年，博通經論。而《文心雕龍》五十篇，三萬七千餘言，僅言及「般若」一詞。我們從這裡也可以看出他那高風亮節，這更是此書最大的一奇。

孔子憂道不行，一車兩馬，周遊列國，老而息影洙泗之上，授徒講學。久而久之，在心身交疲的情況下，他向學生們說：「甚矣，吾衰也；久矣，吾不復夢見周公！」由孔夫子的不復夢見周公，到了後來，便有謝靈運夢見謝惠連，即成佳句；江淹的夢見張載索錦，郭璞索筆，而才思涸竭的文壇佳話。劉勰在《文心雕龍·序志》篇裡，講到自己七歲夢見攀採天空的雲霞，二十以後又夢見手捧禮器，隨仲尼而南行。於是感夢述作，以繼承聖學自居，其遭遇可謂一奇。任何一位學者，其著書立說，既不能突破時代的局限，更須受傳統治學方法的影響。雖然說兩漢今古文經之爭甚烈，到了魏、晉以後，受到清談的影響，已經沖淡了他們僵持的濃度。可是名物訓詁的研究方式，卻一直佔有學術思想界的重要地位。劉勰作《文心雕龍》，竟勇敢掙脫了馬融、鄭玄的束縛，獨從文學理論上去別闢蹊徑，你看他這種橫絕一代的膽識、魄力，當然算是另一奇。歷數古今功成名就的學者名流，平步青雲的固然大有人在，而經過艱苦奮鬥，大器晚成的，也所在多有。太史公司馬遷《史記·自序》云：「西伯拘羑里演《周易》，孔子厄陳蔡作《春秋》，屈原放逐著〈離騷〉，左兵失明厥有《國語》，孫子臏腳而論《兵法》，不韋遷蜀世傳《呂覽》，韓非囚秦〈說難〉、〈孤憤〉，以及《詩》三百篇大抵聖賢發憤之所為作也」，這正是「文窮而後工」的先例。劉勰原本世家大族，一門顯宦，對南朝政壇有舉足輕重之勢，他三歲喪父，二十歲喪母，貧不能立錐，而三族無見恤者。最後託命桑門，終於成就了他的一生事業，這種不平凡的際遇，也足稱一奇。名韁利鎖，不知顛倒多少芸芸衆生，為它憂勞永世，不得解脫。劉勰既與上定林寺釋僧祐居處十幾年，又幫他整理了許多佛教文獻，雖然《梁書》本傳上，沒說明當時他對佛教信仰到什麼程度，可是從他作的〈滅惑論〉，對道教徒義正辭嚴的攻擊上看來，我們也不能斷然排斥他，對佛教沒有堅定的理解。然而在他三十八歲，完成《文心雕龍》以後，竟不惜偽裝書賈，求沈約的賞識，這種干名求售的個性，眞是異乎尋常，也不能說不是又一奇。

梁武帝天監二年（西元五〇二年），他果然因沈約的推薦，擔任了奉朝請的職務。次年兼中軍臨川王宏記室，又遷車騎倉曹參軍。天監七年（西元五〇八年）出任太末縣令，十六年（西元五一七年）兼東宮通事舍人，並爲昭明太子所愛接。正是一帆風順，前途無限的時候，普通二年（西元五二一年）奉敕到上定林寺續校經藏，次年校經功畢，他出乎意料的燔髮自誓，請求出家，並改名慧地。一顆學術界的彗星，如日中天的達宦，從此便無聲無息地消失在金磬古佛之中了。弄得後來研究《文心雕龍》的人，既不知他生於何年，也不知他卒於何載。到手的名山事業，最後又棄如敝屣，這眞是天下的一大奇事。就因爲他書奇、人奇、事奇，所以由奇生怪，後人便覺得《文心雕龍》像一部天書，莫名其中之妙了。

《文心雕龍》全書的結構是嚴整有序的，按照〈序志〉篇劉勰自己的說法，我們可以將五十篇不同的內容，歸納成爲以下五類。即：第一類概論，第二類文學本原論，第三類文學體裁論，第四類文學創作論，第五類文學批評論。五類之中，以原道、徵聖、宗經、正緯、辨騷五篇爲樞紐。五篇又有正有反，有破有立，而綜其大用，在乎「宗經」。我們如果拿「宗經」去解析全書的話，正像一字長蛇陣，擊首則尾應，擊尾則首應，牽一髮而全身動的。

民國以來，學者研究《文心雕龍》而公開發表過的論文，到現在爲止，至少有二百二十篇以上，單行的著作，也將近三十種。在這麼多論文著述中，加以分類比較，則研究《文心雕龍》批評論而又著書名世的，沈謙君的《文心雕龍批評論發微》，可說是前所未有。本書的布局，除開書前作者的自序外，共分五章十一節：第一章〈緒論〉，第二章〈批評基礎〉，第三章〈批評原理〉，第四章〈批評實例〉，第五章〈結論〉，末附重要參考書目七十八種。全書一百九十七面，約八萬言。這比之某些數十萬言的皇皇巨著來說，雖然不夠壯觀；可是語多醇美，用切實際。尤其在目前以民族文化爲背景的批評理論，萬分缺乏的情況下，沈君此作適應運而生，足以看出他言不苟合，義不苟同的高尚情操，也可以稱得上，是繼《文心雕龍》後，又一不平凡的奇書了。

沈君治學沉潛篤實，早經蜚聲上庠，譽滿朋儕。於經、史、子、集無不鑽研，而獨對中西文學批評有會心之得。近數年迭在各報紙副刊、學術性雜誌，發表文學理論方面的專著，對時代文風的激揚，頗具影響力。根據本書〈序言〉，他是想「綜輯《文心》全書，條舉綱領，闡發義蘊，期使彥和之文論，重光於今日，以爲現代文學批評之明鏡」。他這種斟酌時代需要，發先賢的幽光，膽識兩皆絕倫，也可以說是學問中的奇人。

通觀全書，由彥和的生平傳略，而批評基礎，批評原理與批評實例；四則之中，又以批評原理爲統攝諸章的核心。就此核心，沈君將《文心雕龍》的文學批評，用分析、比較、歸納的手法，條述大凡，列舉門類，令愛好文學批評的讀者，有一卷在手，萬事畢羅之快。尤其是批評方法一節，羅列了英人聖次白雷（G. E. B. Saintsbury）和李師辰冬二家所謂之「文學批評方法」三十五種，並認爲凡重要者，皆爲《文心雕龍》所囊括。譬如歸納的批評、演繹的批評、科學的批評、判斷的批評、歷史的批評、考證的批評、比較的批評、印象的批評、修辭的批評、文體的批評等，均能鎔鑄中西學理於《文心雕龍》之中。這雖然不是千秋定論，要亦由此可以看出沈君變通適會的匠心，爲以後言中國文學理論者，創發以國族文化爲背景的新機運。最後沈君在〈結論〉中，復以現時代爲立足點，檢視《文心雕龍》全書，認爲其主要成就有七，缺失有四，所說亦多爲持平之論。

我與沈君相識不能算久，但相識之後，基於學有同癖，往還討論，時常過從。緬懷劉勰《文心雕龍》這部一千四百年的奇書、奇人、奇事，我們今後不談文學批評則已，如果要談中國文學批評，則繼往開來，承先啓後的工作，還有很多都在等著我們去做。我佩服沈君高潔的情操，更佩服他鍥而不捨，爲理想奮鬥的勇氣。相信這一部與《文心雕龍》前後輝映的奇書，基於他多年辛苦的耕耘，一定會受到學術界重視的。

中華民國六十五年（西元一九七六年）教師節書於新北投斗室。

後登載於《中華文化復興月刊》第十卷第六期

# 重修增訂《文心雕龍研究》序

民國六十六年（西元一九七七年）三月，拙作《文心雕龍研究》問世後，立即發覺許多不容掩飾的缺點。時因梓行可觀，欲改莫遑。事後雖作了種種補救，但內心的歉疚，卻使我終難釋懷。兩年來，我忙著重修增訂的工作，直到去年（六十七）九月，才算大致完成，重新交排。半載以還，眼看《文心雕龍研究》，又將以嶄新的姿態，呈現於讀者面前的時候；回想已往這七百多個瀝辭鐫思的日子，使我不得不把這前後兩版不同的地方，向諸君作個詳盡的交代。

書的布局架構，亦如人的身體脈絡，必須四肢百骸，配合得當；否則，一物攜貳，莫不解體。原書分爲十四章，其中第三章〈文心雕龍史志著錄得失平議〉，性屬資料的著錄，和《文心雕龍研究》的主題，似未吻合。第五章〈文心雕龍之美學〉，因當時倉猝成稿，於《文心雕龍》行文造境之美，亦未盡得環中。第十章〈文心雕龍風格論〉、十一章〈文心雕龍風骨論〉、十二章〈文心雕龍聲律論〉，從劉彥和文學創作的整體上來看，此三章無疑是別題單行；他如運思養氣問題、情采配合問題、裁章謀篇問題、比興夸飾問題，以及隱秀、鎔裁、事類、指瑕等，諸般必備的要目，均待詳加闡釋。僅此，勢難見其文學創作的全貌。所以趁著此次修訂之便，皆刪去重作。

原書各章，係結集由民國五十八年（西元一九六九年），至六十四（西元一九七五年）年之間，《中山文化集刊》、《德明學報》、《師大國文學報》、《教育與文化》、《中華文化復興月刊》、《暢流半月刊》、《師大學報》，以及《國立中央圖書館館刊》，迭次發表的論文而成。由於前後懸隔六載，其間行文措辭，難期劃一。如第一章〈緒論〉，第七章〈文心雕龍之史學〉，第八章〈文心雕龍之子學〉，第九章〈文心雕龍文體論〉，以及第十三章〈文心雕龍批評論〉，均有這種現象。此次修訂，對上列各章文字的潤飾，都作了相當的彌縫。至於命意、取材，由於作者的見解和資料的營聚，經常隨著讀者、閱歷、年齡，而歲有不同。因此，筆者對這方面特別審慎研究，並將視爲不妥的某種觀點，也作了適度的修正。

本次增訂，將原書第六章〈文心雕龍之經學〉，改爲〈文心雕龍文原論〉，並移於〈史學〉、〈子學〉之後，以正本清源。原書第十、十一、十二各章經刪除後，另作〈文心雕龍文術論〉輔之，以綜述劉彥和文學創作之理論體系與實際，使前此之所謂別題單行，疏略不備者，舉而納諸本文之中，期能理圓事密，了無遺珠。

至如第五章〈文心雕龍之美學〉，經全部改寫後，不僅條理分明，更使原文的內容，由七千字增加到三萬五千字。第八章〈文心雕龍文體論〉，除敘事說理，較原文倍增外，又附列〈文心雕龍文體分類一覽表〉，計二十篇一百七十九類，可謂承上啓下，集我國文類之大成。第四章〈文心雕龍板本考〉，前曾考得手鈔本九種，單刻本十八種，評註本十三種，校本二十種，今續廣事搜求，輯得選本十二種。補足原作後，則《文心雕龍》板本之居今可知者，要不外乎此矣。

綜上所論，則重修增訂後的《文心雕龍研究》，較原本十四章之數少三章。其中除第二章〈梁劉彥和先生年譜〉，十一章〈結論〉（《文心雕龍》在「中國文學史」上之地位），完全保有原作面目，很少更動外；其他九章，均作了徹底而大幅度的調整，並甚而完全改寫者亦有之。重修增訂本《文心雕龍研究》的最大特色，是掌握了《文心雕龍》「為文用心」的精神。把「文原論」「文體論」「文術論」「文評論」，像四支擎天的玉柱，先架設在全書的主體部位，構成研究的中堅。然後前乎此者，是《文心雕龍》之「美學」「史學」「子學」。藉著「美學」的認知，可以逆推作者劉彥和文藝哲學的眞象，藉著「史學」和「子學」的關係，可以略窺劉彥和納「史」「子」以入文學領域的胸襟與膽識。後乎此者，是〈結論〉，專言「《文心雕龍》在中國文學史上之地位」，特列舉民國開元迄今，五十多位中國文學史的作者，以通史的眼光，對《文心雕龍》所做的重新估價。他們騁辭辯說的理論，自如明珠萬斛，令人為之目眩。至於第二、三章，〈梁劉彥和先生年譜〉、〈文心雕龍板本考〉，一重其書，一重其人。夫學者欲讀其書而不知傳世的板本，或欲知其人而不明其世系生平者，皆如無根之木，無源之水。所以備列於本書之前，以示為學次第。

《文心雕龍學》的研究發展亦如其他任何學術，有低潮期，也有高潮期。時至近代，由於西洋文論思想的大量引進，《文心雕龍》遂如初昇的旭日，受到學術界的普遍重視。七十年來，國內外從事研究，而有論著發表的專家學者，已指不勝屈，單篇論文尤不下二三百種。在這個東西學術極端交綏的時代，我們如何掌握機先，拓展研究的管道，把《文心雕龍》的理論與實際，和現代「三民主義」的文藝政策相結合，作爲創作民族文學的張本，這實在是值得我們反覆思考的事。本書第一章〈緒論〉，專談「《文心雕龍》研究的回顧與前瞻」，其內容一方面是逆溯一千五百年來，《文心雕龍》演進的軌跡；另一方面對未來的發展，提出具體可行的研究方向。雖然這不是千秋定論，但對於關心《文心雕龍學》的同好而言，也許具有投石問路的參考價值。

關於「《文心雕龍》重要板本書影」十二幀，原書在順序的排列上，因年代的未盡配合，曾發生誤值的現象。例如王惟儉《訓故本》，與日本享保十六年岡白駒《校正句讀本》，由於原照不清，年前經由學生張盛凱倩人將原書影印郵寄來台，持較原照版面，映像之眞，不啻天壤。所以藉著重修增訂的機會，把這兩個如鯁在喉的缺點，也一併刊正。至於〈徵引各家著述簡表〉中漏列或重出的地方，這次也作了部分的更動，讀者對照可知，恕不辭費。

書中涉及人、時、事、地、物的專門名詞甚多，讀時不愼，極易致誤。因此爲了方便閱讀，顯豁文義起見，於標點之外，更加注符號。務期展卷無阻，朗若列眉。說到這裡，我必須感激文史哲出版社負責人彭正雄先生，由於他熱心學術，不計近利，使拙作在發行短短的兩年之後，重付鉛槧。這不僅圓滿完成了我重修增訂的志願，更表達了我對讀者久難釋懷的歉意。

《文心雕龍》傳世迄今一千四百多年了，經過唐鈔、宋槧、明刻、清注以外，其中別風淮雨，魯魚亥豕者，為數不少。故今人若楊明照、若劉永濟、若王利器等，皆參綜博考，詳加讐校。由於他們點勘之勤、方法之新，頗收整紛理蠹之效。今茲撢研，凡引文與原書不同者，皆折衷各家，酌取至當，但亦不敢立異以鳴高。

《文心雕龍》體大慮周，籠罩群言。所謂「體大」，指全書五十篇，由文原論，而文體論，而文術論，而文評論，而緒論。舉凡一切關涉文學之事，他都能深入淺出，提要鉤玄的加以說明。所謂「慮周」，言彥和立說有本，叙事有元，「述先哲之誥，益後生之慮」。他竭力掙脫兩漢經生的瓶頸，運用傳統的成規，別開文學的新運，從而寫下了這部牢籠百代的巨典。所謂「籠罩群言」，因《文心雕龍》創局弘富，廓基峻爽，自群經諸子以迄魏晉六朝的詩文總集，都是彥和搦筆染翰的資料。他將蔚映十代的文學，辭采九變的大勢，利用直叙、側叙、逆叙、追叙，種種不同的表現手法，如滾雪球、如金鏐鐵、如朝暾、如晚暉，即是片言隻字，無不豔采四溢，壯麗千古。夫「為大匠斲，必傷其手」，以「文心雕龍學」的博大精深，研究資料的恆河沙數，更生雖然繼先賢長者之後，螢窗十載，稿草屢更；但欲求珠璣無遺，亦良難矣。故以本文作為對這位中國偉大思想家劉彥和的禮讚，也許尚嫌不夠；但如作為個人平時，構思博考之一得，質諸博雅，未知有當否也。

王更生，於中華民國六十八年（西元一九七九年）青年節序於台北退思齋

# 《國文教學新論》出版後記

我國古無「國文教學」之名，洎乎近代，海疆大開，傳統學術由綜合而分工，學校由私塾而學堂，「國文」遂與公民、歷史、地理、英語、數學、物理、化學、音樂、勞作、美術諸科並駕齊驅。因事涉多門，學尚專精，集一人有限之才智，難勝任各科不同之需求，於是分工合作，化育多士，殆成必然之趨向。《禮記》云：「未有學養子而後嫁者也」，此在當時或以為「心誠求之，雖不中亦不遠」，但就今日學校教育的角度言，便有「以寬緩之政，治急世之民」，不切實際之嫌。何況家政系科早經單獨設校，「學養子而後嫁」已衆所公認，視爲當然乎！舉此類推，則「國文教學」之理論與實務，教師不僅應有先期了解之必要，更負有踐履篤行之使命。此不可不知者一也。

生爲中國人，不可不學習本國語文，學習本國語文，尤不可不知學習之法，而學習之法，端賴學校國文教師之存養與誘導。韓愈云：「古之學者必有師，師者所以傳道、受業、解惑也。人非生而知之者，孰能無惑？惑而不從師，其爲惑也終不解矣。」爲師之道，既以傳道、受業、解惑爲能事，則如何傳道？如何受業？如何解惑？以及所傳何道？所受何業？所解何惑？然後始傳所當傳，受所當受，解所當解，獲致事半功倍之教學效益。其間道理至密，方法至夥。教師如不能熟知此理此法而隨機變化，甚或誤以此爲雕蟲小技而剛愎自用，此不僅惑不足解，業不足受，甚而道亦不足傳，師尤不足尊矣。此不可不知者二也。

回溯古之教者，由於學深養到，時裕勢緩，故能容其獨具匠心，巧運慧思，作育英才，成一代大師。孔子上承三聖，下開萬世，授徒講學，表率群倫，推爲至聖先師，姑且勿論矣。論自先秦者，若孟軻、荀卿；兩漢者若馬融、鄭玄；於唐有韓、柳；宋有朱熹、陸九淵；明有王陽明、湛若水；清之顧、黃、顏、王、四家，桐城之方苞、姚鼐，湘鄉之曾國藩等，他們那種光風霽月之人格，才高學飽之修養，臨大節不可奪之情操，學不厭敎不倦之精神，不僅可師範當代，更足影響來葉。然而古今不同，時異備變，吾人既不可執古以定今，亦不可是今以非古，總需因人而設，隨地而施。此不可不知者三也。

作者基於以上三點認識，本乎「人能弘道，非道弘人」之彝訓，特發憤著述，成「國文教學新論」一書。究其「內容」、「精神」，有可得而言者，厥爲以下數事：

首先就形式與內容言，本書共十一章七十二節，節下又別分細目，首章〈緒論〉，旨在使學者認識「國文教學」之內涵，爲以下實際教學預留地步。次依國高中課程標準，分「國文教學」爲四大類，即「範文教學」、「作文教學」、「課外閱讀教學」、「書法教學」。四類彼此連環，缺一不可。而「範文教學」就其活動過程言，「課前預習」可謂之「準備活動」；「題文」「作者生平介紹」「分段讀講」，可謂之「發展活動」；「深究」與「鑑賞」，可謂之「綜合活動」。至於爲了因應教學活動之需求，編制「單元教學活動設計（教案）」，製作及使用「教具」，以輔助教學，均各設專章，加以研究。「作文教學」乃「範文教學」之目的，二者實一體之兩面，關係至爲密切。而教學作文，由其過程言，又可析爲「習作指引」與「習作批改」兩部分；前者爲積極的誘導，後者爲消極的批評，彼此又互爲挹注，有不可截然割裂者。「課外閱讀」與「範文教學」並重，「書法教學」乃「範本教學」之工具。由於事不孤立，支體必雙，所以任何一個環節，皆此因彼果，彼果此因，如魚之與水，木之與根，想要魚躍鳶飛，根固木茂，則必須遵照課程標準之規定，闡揚教材編配之精神，負起教師應盡之責任，如此國文教學之理想目標，始可臻於完成。

書前〈代序〉〈知本明法論作文〉，旨在說明當前「國文教學」的重點工作。蓋自前年大專及中學聯招委員會，將作文成績提高後，一般任課教師，於「國文教學」時，多以如何加強學生寫作能力爲首事。遂在正課之外，搜集資料，講求作法。似以爲文章作法，除「範文教學」外另有秘笈。其實文章作法之本，就在「範文教學」；如果「範文教學」失敗，還想提高學生作文能力，終如望空打卦，勞而無功。故本篇之設，是希望能藉此端正一般人從事「國文教學」之態度，釐清「範文教學」與「作文教學」之雙邊關係。務期教師了解只有「知本」而後始能「明法」，否則，便是「拔本」「毀法」。《禮記》云：「其本亂，而末治者否矣」，殆謂此也。

書末〈附錄〉有十，前五項爲有關之教育法令，次兩項爲國文課程標準。第八項是教育人員服務信條，此雖為全國教育學會通過之文件，無法令上之拘束力，但身為教師者，自應準此為獻心獻身，從事教育之基本原則，拳拳服膺，守而勿失。九、十兩項為書目，其中尤以第九項〈國文教師最低限度之參考書及工具書目錄〉，特別具有重要性。蓋「凡事豫則立，不豫則廢」，「國文教學」之內容，至高無極，至廣無涯，天文、地理、音樂、美術、科技、建築，可說大而天地之外，細而拳石之內，無不與「國文教學」息息相關。所以教師應備之基本書目、略讀書目，以及參考書目、工具書目，皆當知所選擇，酌購備用，為實際教學之參考。不然，一遇阻難，就「望書興嘆」、「照本宣科」，那就難免貽笑大方之家了。

書中每章多列附表，如第六章〈單元教學活動設計之研究〉，其中附表有〈範文教學過程的適用原則及教法簡表〉、〈範文教學的實施要領及注意事項簡表〉、〈國文科單元教學活動設計範式〉、〈全文分析表〉、〈虛字分析表〉等五種。第八章〈作文教學「習作指引」之研究〉，文末附〈(作文)行為目標教學活動設計實例〉。第九章〈作文教學「習作批改」之研究〉，文末附〈習作批改實例〉。第十章〈課外閱讀教學之研究〉，附有〈學生課外閱讀問卷〉，第十一章〈書法教學之研究〉，附〈歷代字體演變與欣賞〉。務期理論與實際配合，學術與經驗溝通。俾讀者不但知其然，並進而知其所以然。

其次，就精神與思想言：於此可得而言者有四，在學術方面，傳統與現代相結合。蓋「國文教學」非僅民國以來七十年間之事，乃為我五千年傳統文化之結晶。目前大中小學國語文教學中，每一個方塊文字，每一篇單篇文章，每一首精鍊詩詞，不僅表現了現代中國人的脈動，更跳躍著大漢民族的心聲。因爲沒有過去，就沒有現在，沒有現在，就沒有未來。現在是過去與未來的橋梁。所以我們要創造未來，同時更要懲前毖後，以古爲鑑；高瞻遠矚，以現在爲歸。因此「國文教學」必須使傳統與現代相結合，肯定學術與實用的雙重價值，才能負起復興中華文化的使命，完成加強民族精神的任務。本書於此點特加留意。故凡所持論，皆上溯經典，中通百家，下及現代。經典爲我思想之驪淵，生活的矩矱，從事「國文教學」者，如不通曉經典，則不知中國文化之源流尚屬事小，甚而因爲不知所爲何事，以至數典忘本，茲事體甚大。《禮記》云：「物有本末，事有始終，知所先後，則近道矣」，「傳統與現代結合」，是我們「國文教學」之本。夫「本立而道生」，大本既立，則大道可行，大道可行，自然不偏不倚，明庶物，察人倫，使中和位育之崇高理想，藉「國文教學」得以圓滿達成矣。

在精神方面：國文與其他各科相融通。國文教材無所不包，就體裁言，有記敘文、論說文、抒情文、應用文之別。就作法言，記敘文作法不同於論說文，論說文不同於抒情文，應用文中公文與書信、規章、契約之寫法又各自不同。所以一種體裁，一種作法，體裁不同，作法亦異。就內容言，有散文、有小說、有詩、有詞、有曲；散文中又分文言與語體，小說內又有章回小說與現代小說，詩中又分古詩，近體詩與新詩。古詩又有五古、七古，近體詩又分律、絕。至於像〈愚公移山〉爲寓言故事，寄託深遠；〈樂聖貝多芬〉爲音樂家小傳，極富啓發；〈書吳道子畫後〉爲雜記感想，見地卓絕；〈五柳先生傳〉爲自述生平，手法奇特，無一不是事多義複，教師如能細心推敲，廣泛閱覽，然後登壇講授，才能得之於心，應之於口，非道聽塗說者可比。因此，「國文教學」除本科智能外，更必須與其他各科，如天文、曆法、音樂、建築、美術、服飾、歷史、地理、物理、化學，甚而醫藥衛生等均息息相關。孔子曰：「德之不修，學之不講，聞義不能徙，不善不能改，是吾憂也」，以仲尼天縱之聖，尚憂其一志之或懈、一事之不力、一理之不明、一德之不修，況從事於國文教學之役者，豈不更應本著「日知其所亡，月無忘其所能」的態度，用「至誠不息」的精神，以達「無入而不自得」的境地乎？

在取材方面：擷取各家成說之菁華。孔子曰：「吾非生而知之者，好古敏以求之者也」，又曰：「述而不作，信而好古」，由於夫子好古敏求，故以述代作，刪《詩》《書》、訂《禮》《樂》、贊《周易》，修《春秋》、以成其大。「國文教學」之理論與方法，可謂「致廣大而盡精微，極高明而道中庸」，溫故即所以知新，出新實由於推陳。因此本書在取材方面，兼融並包，雜糅各家，擷前人成說之長，補自己一曲之短。如蔣伯潛《中學國文教學法》，由於蔣氏學深養到，著書立說，皆有根柢，所以此書雖時隔半百，而其中奧義，尚如精金美玉，令人愛不忍釋。吾師章微穎《中學國文教學法》，書成去今亦逾一紀，但其思想之純正、措詞之中肯、行文之樸實、說理之詳備，宛如慈母之教子，平易親切，讀者得而玩索，可謂光嶽氣完，爲之坐化尚不自覺也。至於黃師錦鋐之《中學國文教材教法》，其體系之完備，立論之高遠，衡諸當今「國文教學」著作之林，無出乎其右者。眞叫人遽躡逸步，莫之能追。其他若李金城之《中國國文教學論衡》，蔡崇名之《中國國文教材及教學法》，亦如名花異卉，只要略事採擷，其裨益教學，有終身用之而不能盡者矣。

在應用方面：適應實際教學之需要。任何學科之理論與方法，均必須切乎實際需要。未有不切乎實際之理論，尚能傳世而不朽者；更何況「國文」爲當前各級學校共設之科目，「教學」爲時下正在進行之實務，由實務歸納而成理論，因理論以推動實務，則理論與實務爲從事教學之雙翼，其關係之密切至爲顯然。本書乃繼各家著作而後成，居於推行中華文化復興運動，和加強民族精神教育，以及提高學生寫作能力之呼聲，甚囂塵上之際，尤加要以適應實際教學之需要，做爲發微闡幽之中心議題。全書每章皆就此等關係問題，作廣汎而深入的探討，陳義務期高遠而不流於空洞，步驟務求切實而不落於庸俗，方法務須具體而不陷於呆滯。書中容或敘事不夠周遍，舉例尚欠貼切，但於一字之錘鍊、一理之推求，無不反覆思考，自認爲周密辨當而後定。此個人寫作之愚誠，只可爲知己者稱道也。

昔劉向省《新語》而作《新序》，桓譚詠《新序》而造《新論》，因而能追步前賢，傳遺來葉。舉目斯世，異說蠭起，暴行有作，居今而欲重振國威，收拾文化，挽狂瀾於既倒，作中流之砥柱者，胥賴我從事「國文教學」之同工們，共信共行，互切互磋。是以本人奮螳臂之當，繼前修之業，作此《國文教學新論》，其目的在爲教育興國，略盡棉力而已。民國五十五年七月，章師微穎以其所著《中學國文教學法講義》授余，並執吾手而言曰：「欲救中國必先正人心，欲正人心必先息邪說，欲息邪說必先興復國故之學；而國故之學，總以孔孟思想爲依歸」。嗚呼，師道之不傳也久矣！國學之陸遲也，甚矣！「國文」者，吾人學習一切學科之工具也。生而爲現代的中國人，固然英文不可不讀，數學不可不學，物理化學不可不知，而對於自己本國的語文，如棄而不知、不學、不讀，此又如何可哉！所以欲救亡圖存，措中國於泰山磐石之安，此時此地，非加強「國文教學」不爲功。

更生何幸生而爲中國人，又何幸生於古聖先賢之後，復當此大局紛紜，世事如麻之時，得聆師長提耳婉順之敎。嗚呼！今章師微穎已於十四年前辭世，本書自始稿至完成，雖前後歷時七載，文字的繕正與校勘，經多人協助，但其不愜不當之處，正以未能向夫子請益論定爲憾也。不得已，乃出而刊行於世，並縷述寫作要旨與經過，就敎於知音君子。

王更生中華民國七十一年（西元一九八二年）
三月二十九日記於台北退思齋

# 祁著《賈子校釋》跋

昔東漢王仲任閉門潛思，著《論衡》八十五篇，二十餘萬言，至今傳誦。西晉左太沖欲造〈三都賦〉，構思十年，賦成，競相傳焉，一時洛陽紙貴。吾叔　祁公文昭於民國三十八年因避秦來台，即盡以平日所學，獻身於教育事業，居恆以「儉樸平實」自守。以爲國奢則示人以儉樸，驕縱當藥之以平實，故不汲汲於名利富貴，凡事盡其在我已足。是以身居塵壥，而心存箕山，浩浩乎，不可量焉！

閒嘗博涉墳典，考覽經史，於鄉先哲中，獨慕洛陽賈生之學，復以爲賈書自劉子政校定，迄今已逾二千載，蔑無問津有得者，深致惋惜！於是課餘乘暇，發篋述作。五十八年四月成《賈子探微》，而其心猶未愜。以爲賈誼漢初大儒！志潔行廉，如鴻鵠之翱翔，驪龍之潛淵，不虛心涵泳，切己體察，難窺重仞之堂奧，遂以花甲高齡，冒溽暑寒冬之逼，僕僕於各公立藏書機構，凡有一得，即手自抄撮，聞一善言，輒欣從捧手，其治學勤奮，有如此者。近所著《賈子新書校釋》，連同〈叙例〉、〈附編〉都六十萬言，煌煌巨典，誠而後治賈子學者之瑰寶也。

更生幸邀先睹之快，知其校勘所用之善本，因宋槧既不可見，而盧氏抱經又恣意刪削，乃改以明正德吉府本爲底本，然後再假李夢陽本、陸相本、何孟春本、子彙本、程榮本、兩京遺編本、四部備要本等相互參證，至於決是非、定猶豫，旁涉其他類書、古注、關係書，以及本書之字例、文例者，殆不可以指數。

其校勘所用之方法，除淹貫有清乾嘉諸老之成例外，更綜採近賢陳君援菴之四種校法，即所謂對校對、本校法、他校法、與理校法等，會最比附，考之他文而皆諧，求之本書無不適，如此上考下求，其校釋所得至爲豐碩。如〈容經〉篇「立而技」句，「技」程本作「跛」，盧本作「跂」，今校據《禮記·曲禮》上「立毋跛」鄭《注》孔《疏》，《國語·周語》三「且夫立毋跛」，以及賈書〈胎教〉篇「立而不跛」，徵「技」當作「跛」，形似致誤，此前人不得其解，或解而未確者，於此得渙然冰釋。又〈勸學〉篇「彌道千餘，百舍重繭」，「彌道」無謂，今校按《史記·蘇秦傳》有「彌地數千里」，《穀梁傳·文公》十四年有「緜地千里」，《後漢書·西羌傳》作「緜地千里」，「綿」「彌」一聲之轉，「彌地」乃就「面積」言，而此文「彌道千餘」，則係指「道路」言，故疑「彌道」當作「踵道」，《漢書·司馬相如傳》注引文穎說：「踵，蹈也」，《廣雅·釋詁》：「蹈、行也」，「踵道」即「行路」也，「踵道千餘」者，乃謂南榮趎行道千餘里，往問道於老聃也，復援《國策·燕策》一「彌地踵道數千里」，以抉「彌地」「踵道」二詞沿誤之所由，此又前人所不可解，或措而不解者，得此即怡然理順也。書中類乎此者，實不下數十百條。蓋前人視《賈子》之難讀者，本書雖不能盡舉而摧廓之，但揀剔別擇，已略無遺珠矣。緬懷古之王仲任、左太沖，書成困境，紙貴洛陽之盛事，今喜睹　叔氏皓首點校，六年有成，是不僅為嘔心瀝血之作，亦將為後世留心兩漢學術思想者導夫先路也。

至其義例之謹嚴，援據之奧博，自有書在，恕不容贅。夫序　叔氏之書，我雖樂為而媿不敢，故略記其平日所守，與校釋《賈子》之經過，跋之卷尾，以為仰止景行者勸可耳。

中華民國六十三年（西元一九七四年）十一月王更生謹跋。

# 《文心雕龍》范註駁正序

《文心雕龍》「范註」自民國十四年（西元一九二五年），經由天津新懋印書館印行以來，迄今已超過了半個世紀，尤其在「黃註」、「紀評」、「李補」、「黃札」之後，突然出現了這部數達百萬言的巨著，一時之間，眞如石破天驚，給我國學術界帶來相當的震撼。同時，也奠定了范文瀾先生在中國學術界的地位。范氏以他六年的苦心經營，參考三百五十種左右的資料；在命筆草創的過程中，他一方面對劉彥和的引書、引說，詳加考訂；另一方面對《文心雕龍》本文的精言奧義，疏通證明。所以一經出版，立即被國內各大學中（國）文系，採爲選讀之教本。而國外若東方的日本、韓國，西方的美國、法蘭西，凡欲問津中國古典文論者，幾乎都拿它做爲投石問路的憑藉。

一部內容繁富，網羅今古的著作，即令作者當時是如何的精理密察，往往因爲受到識見所囿，加上資料搜輯，與剪裁上的種種困難，書成之初，也許作者自認已無懈可擊；可是，歷時愈久，由於新資料的不斷被發現，以及對「文心雕龍學」研究角度的轉變，愈覺得原本毫無疑問的地方，在今天來說，極可能支節旁出，產生新的爭議。幾十年來，若李笠、若楊明照、若日本的斯波六郎、若張立齋等，都曾對《文心雕龍》「范註」，坦誠提出切實的意見；而范氏本人每次也都能謙沖為懷，一再修訂。我覺得這樣不僅不會影響原作的價值，由於會友輔仁的效果，反而對學術更新的契機，作了催化的工作。

《文心雕龍「范註」駁正》，內容分「范註」成書經過，「范註」內容析例，「范註」《文心》駁正，結論等四部份。而「范註」內容析例，與「范註」《文心》駁正，尤為本文的重心。於「范註」內容析例中，根據范氏自設的〈例言〉，消化歸納，條其大凡，以見范氏著述的脈絡經緯，所謂「振葉尋根，觀瀾索源」者在此。「范註」雖然瑜中有瑕，但可資取法的地方仍然很多。由於「范註」《文心》駁正中，有駁有正，駁者，議其得失，正者，正其是非。其中計有〈采輯未備〉、〈體例不當〉、〈立說乖謬〉、〈校勘欠精〉、〈註釋錯訛〉、〈出處不明〉等六目。各目之下，又縷析若干小節，每節更有說明，說明之不足，復援例以徵其實。務期理圓事密，使讀之者有「會己嗟諷」之感受！

文中援例雖多，還沒有到檢跡殆遍，略無遺漏的地步。究其原因，蓋由於作者寫作本文的初衷，旨在條別大凡，列舉粗目。使讀者能逐類推求，以見「范註」是非得失的全貌。尤加問題易舉，是非難定，甲以為是者，乙或以為非，今日之是者，明或以為非，於是學術上，便發生了甄別的困難。基乎此一認識，所以本文在〈采輯未備〉方面，僅錄〈年譜〉、〈板本〉、〈叙錄〉、

〈遺著〉。於〈體例不當〉方面，只錄〈觀點〉、〈篇旨〉、〈行文〉、〈稱謂〉、〈篇卷〉。〈立說乖謬〉方面，以〈原道〉、〈神思〉二篇附表爲例。至若〈校勘欠精〉方面，〈誤校〉與〈失校〉兩類，採得九十二條。〈註釋錯訛〉方面，〈誤釋〉、〈誤引〉兩部分計三十四條。最後在出處不明方面，有〈未明出處〉、〈既明不當〉、〈援證未博〉三項，共得四十六條。此並非作者持論謹愼，要亦著述不得不然耳。

《文心雕龍》體大慮周，學界共推奧衍，而「范註」之博採周咨，也久已享譽著作之林。更生不敏，幸生於諸位賢能長者之後，使我得以根據他們的成說，作爲論述「范註」的依憑。所以本文如有可議供取資的地方，自應歸功於前人的教澤；如有可議之處，那是由於筆者未學膚受的緣故。現當稿草殺青之時，盼知音君子，匡我不逮。

中華民國六十八年（西元一九七九年）四月序於台北退思齋

# 《文心雕龍》研究論文選粹序例

《文心雕龍》是我國文學理論的經典，所謂「文原論、體裁論、創作論、批評論」，舉凡構成文學的各種基本要件，它幾乎兼收並蓄，涵蓋無遺。尤其書中原道、宗經的思想、文筆兩分的觀念、通古變今的才識、平理若衡的態度，更是超今邁往，適乎潮流、應乎需要。至於運用六朝駢麗的文體，推闡文學上的理論，措辭雜而有質，鋪采糅而有本，讀之如聆珠玉，如沐淸風，允稱千古獨有的傑作，藝苑無雙的祕寶。

作者劉勰字彥和，東莞莒人（今江蘇省鎮江縣），生於五胡交侵，變亂紛乘的六朝。當時我國傳統的儒家思想，由於釋、老並興的影響，面臨了空前未有的考驗。而「辭人愛奇，言貴浮詭」，文學創作也跟著走向了唯美的途徑。彥和有感於文士逐奇失正的流弊，於是肩起徵聖、宗經的大纛，向離經叛道的文壇宣戰。希望把自己垂文濟世的苦心，藉著《文心雕龍》的流傳，能送懷於千載之下。

民國開元以來，海內外有識之士，深感今天的世界，不啻一大戰國。我國傳統文學受到的挑戰，較之過去印度佛教入侵的六朝，其嚴重程度，更有過之而無不及。於是《文心雕龍》作者劉勰，在距今一千四百八十年以前的寫作態度，又重新引起學術界的重視；並且希望在研究其心路歷程中，爲我國當前的文學困境，找出一條生生不息的大道。所以目前各大學中文系所，多開有「文心雕龍」和「中國文學理論研究」的科目，目的就在用以探討我國傳統文論的眞象。因此風動乎上，波震於下，掀起了研究的浪潮。

本書就是爲了適應各方面人士的需要，經過編者的審愼挑選，才從積箱盈篋的作品中，理出這三十八篇，作爲近七十年來「《文心雕龍》研究論文」的代表作。相信，對於想以《文心雕龍》爲基點，進一步探索「中國文學理論」的讀者而言，它也許會給你帶來實質上的幫助。不過，由於「文情難鑒」，「知多偏好」，必然有許多考慮欠周，或安排錯誤的地方。爲此，特將選例十則，附於文末，以見編選之大體。

由搜集資料到本書的正式出版，在這段漫長的時間中，承師範大學王德光、張盛凱，東吳大學顏賢正三位同學代爲廣集資料；印行期間，得蔡宗陽、王正玲、邢麗莉、周雪娥四位同學精心校對；又麒麟書店經理楊新麟先生，在出版業極不景氣的今天，他獨能熱心學術，籌資發行，這種絕倫的膽識，更令人欽佩。至於所選三十八篇論文的作者，或爲碩學大儒、或爲先進長者、或爲同道知己，於「文心雕龍學」的研究，早就卓然有成，享譽士林。讀者展卷自知，恕不煩贅。而唯一感到抱歉的，是不能向他們踵門叩謝，故一併在此，申致最崇高的敬意和謝意。

選例十則：

一、《易經·乾文言》曰：「剛健中正純粹，精也。」純一不雜，而後乾道精極，始可進觀天地之大，萬物之全。「文心雕龍學」的研究論文甚多，為求周於世用，特在衆章博篇中，取其志慮精純，辭藻粹美者，類聚成書。所以本書命名為《文心雕龍研究論文選粹》者，其故在此。

一、凡事類聚群分而後始有脈絡可尋。況《文心雕龍》為我文論的寶典，藝苑的通衢乎！所以總萃各論，別其歸屬：曰史傳、曰通論、曰緒論、曰文原論、曰文體論、曰文術論、曰文評論、曰雜纂，共八類。

一、八類之中，凡考訂劉勰生平行事者，列為史傳類；通論《文心雕龍》全書大要者，列為通論者；由〈序志〉篇考察劉勰之行文體例者，列為緒論類；探索劉勰文學思想淵源者，列為文原論類；研究《文心雕龍》文章體類者，列為文體論類；闡揚劉勰的創作技巧者，列為文術論類；發明劉勰之批評理則者，列為文評論類；其他作品，雖不屬以上各類，而性質與《文心雕龍》有關者，統歸雜纂類。

一、編輯《文心雕龍》研究論文，難在如何精選。故於籌編之初，首定三項原則：即編者本人的作品不選；已出成書，坊間可見者不選；又雖未成書，而有論文集行世者，也避免入選。凡所選各文，多屬碎金零縑，欲睹莫由，所以萃為茲編，既可使讀者得見文論的菁華，又可免考索翻檢之勞。

一、所選論文的作者與地區，遍及國內外。其中計國內作者九位，早期大陸作者五位，香港地區作者十八位，美國地區作者二位，韓國地區作者一位。除三位重複不計外，共三十八篇論文，三十五位作者，四個不同的地區。

一、誠以天下的書報雜誌太多，而《文心雕龍》研究論文，又年有數起，或十數起，即令上考下求，亦必如管中窺天，見也有限。通計本編各篇論文的來源，多由下列書刊中選出，計有《鵝湖月刊》、《南洋大學學報》、《國立政治大學學報》、《學文》、《暢流半月刊》、《東亞文化》、《新亞生活》、《聯合書院學報》、《香港大學文心雕龍研究專號》、《學粹》、《中華學苑》、《幼獅雜誌》、《民主評論》、《新亞書院建校二十周年紀念特大號》、《創新周刊》、《藝林叢錄》、《文風》、《文字月刊》、《東方雜誌》、《國語日報·書和人》、《新亞書院中國學人》、《民主潮》、《香港中國古典文學研究論文集匯編》、《中國文學批評論文輯》、《文史哲學報》、《中山大學學報》等二十六種。

一、本編專以收錄各家論文爲主，對原作理應存眞；不過，有些作者因地處特殊，背景不同，發而爲文，或有難言之苦，或有旣言之隱。如果就文論文，內容頗多可採；但若別具隻眼，就事論文的話，其措辭態度，便大有可議。所以在兼顧多方，而又不忍割愛的情況下，若有文不雅馴處，編者爲了配合當前國策，保持學術莊嚴，特酌加刪改。

一、編者對各家作品的安排，大體係依照時間先後。但爲了配合某些論文內容的需要，不得不破例牽合，務期前後啣接，以便讀時互相印證。

一、編選之初，爲了避免重複，原擬一人一文。今在三十八篇論文中，有三位作者重出。事因有的主題特殊，惟有容其重複，始能見到本類的大概。有的因兩文相關，前文爲問題的提出，後文是前文的駁議，而又見解獨特，所以加以併存，用資比較。

一、本編論文自民國五十八年秋開始蒐集，至六十八年夏定稿付梓，其間十越寒暑。平時由於師長的教誨、朋友的鼓勵、學生的幫助，以及政府的銳意革新，經濟繁榮、社會富足。才能容我在安定的環境中，以教以學，作長期性的學術研究。故當本書出版面世的前夕，特別感謝師友親情的關愛，和政府的德澤，假使書中有選體不純，處置不當的地方，都是編者的疏失，與原作無關。尚祈博雅，多賜昌言。

中華民國六十九年（西元一九八〇年）青年節於台北退思齋

# 《三民主義文藝創作原理》前言

凡獨立而有系統的學問，無不有其超越時空，固定不移的原理，作他持論的依據，或構思運作的大經大法，只要《三民主義》思想不變，此一文藝創作原理亦不變。昔英國生物學家達爾文先生，在西元一八五八年發明〈進化論〉。以爲世界上的生物，起初都來自同一種源，後來由同趨異，由簡趨繁，由下等而高尙，經過逐漸的演進和變化，方才造成今天的狀態。究其所以如此之故，其根本法則，在於「物競天擇，適者生存，不適者淘汰。」所以「物競天擇」就是達爾文先生講物種進化的基本原理。

後來　國父孫中山先生以爲達爾文「物競天擇」的理論，只算物種進化的原理，絕不適用於人類。所以他在《孫文學說》第四章裡便說：

物種以競爭爲原則，人類則以互助爲原則。社會國家者，互助之體也，道德仁義者，互助之用也。人類順此原則則昌，不順此原則則亡。……達氏發明物種進化之物競天擇原則後，而學者多以爲仁義道德皆屬虛無，而競爭生存乃爲實際，幾欲以物種之原則，而施之於人類之進化，而不知此爲人類已過之階級。而人類今日之進化，已超出物種原則之上矣。

於是　國父便根據「人類以互助爲原則」的事實，駁斥了達爾文先生早期研究所得，建立了「服務的人生觀」。所以目前《三民主義》裡面講民族平等、民權平等、民生平等，其平等的精義，莫不根源於互助。因此「互助」就成了　國父講人類進化的基本原理。

文藝創作的範圍十分廣泛，就拿「藝」的內涵而論，其中就可以分爲文藝和武藝兩大類，回溯春秋時代，孔夫子教授生徒，當時的學科內容就有「禮、樂、射、御、書、數」六藝，目的在使學生文武兼修、術德並重。居今而言，單是文藝方面，包括的就有散文、小詩、詩、詞、戲曲、電影、美術、工藝、塑雕等，幾乎關係人類精神文明的一切活動，可說包羅殆盡。而人類生活不外物質和精神，精神文明之於人類生活的關係，如飢之思食、渴之思飲、勞之思息，不可須臾或離。像這樣重要的活動，勢必有其基本的原理，作爲共同發展的軸心。

尤其中國文化與西方文化不同。有人說中國文化屬於「內傾型」，特別重視政治和道德，視四海爲一家，以天下爲一人，沒有向外征服的野心。例如唐太宗詩云：「雪恥酬百王，除兇報千古」，王維詩亦有「九天閶闔開宮殿，萬國衣冠拜冕旒」。細玩詩意，完全是一種濟世道德的實踐，而非窮兵黷武的侵略；是國際和諧，萬邦悅服的表現，而非天下畏威，以力服人的霸權。從《詩經》三百篇的「思無邪」，迄今兩千多年來，雖「時運交移，質文代變」，但「溫柔敦厚」的詩教，卻充塞於我國所有的作品之中。就連縱酒浪漫的李白，在〈古風〉首章裡，縷述自己生平抱負時，還可以看出他對傳統文化，付出的那份堅貞不二，志在匡復的高尚節操。詩云：

大雅久不作，吾衰竟誰陳。王風委蔓草，戰國多荊榛。龍虎相啖食，兵戈逮狂秦。正聲何微茫，哀怨起騷人。揚馬激頹波，開流蕩無垠。廢興雖萬變，憲章亦已淪。自從建安來，綺麗不足珍。

他推倒齊梁，力追兩漢，並毅然以「大雅久不作，吾衰竟誰陳」，承先啓後的責任自命。晚年侒佛的王維，著新樂府〈老將行〉〈桃源行〉〈洛陽女兒行〉，或描述戎馬餘生，雄心未死的壯懷、或憧憬名山勝水，隱含靈性的超脫、或吟詠女子驕貴，反襯西施微賤，暗寄無限的感慨。一方面寫人生的超脫，另一方面又蘊藉著無限的關愛與悲憫。即今思之，還讓後人對他們的曠達和忘我的情懷，興起心嚮往之之意。至於歷代散文家如韓、柳、歐、蘇、曾、王，更重視明道、見道、貫道、載道之精神。在他們的作品中，特別致力於禮樂教化的闡揚，所謂「行之乎仁義之途，游之乎詩書之源」，「本之《書》以求其質、本之《詩》以求其恆、本之《禮》以求其宜、本之《春秋》以求其斷、本之《易》以求其動，此吾所以取道之源也。」我國小說，自六朝志怪，唐代傳奇，久已醞釀成充實的內容和優美的形式，一直到宋人平話，小說的演進已漸趨通俗，至明清章回之制與而登峰造極。至於戲曲，北曲關、鄭、馬、白的作品，南曲「荆、劉、拜、殺」四大傳奇，無一不是宣揚忠孝，獎勵節義，所謂「萬物靜觀皆自得，四時佳興與人同」，反映出人與神、人與人、人與物的自然和諧。讀之，令人興起一種「民胞物與」的認同感。

類似這種明並日月的氣象，和推己及人的襟袍，就作者本身的興象，及其寫作的心態言，必定有一個具體而微的原理原則，作他命筆爲文時的南鍼。本人即秉持此一信念，對「三民主義文藝創作原理」，作深入而廣泛的探討。　國父嘗說他的政治思想，是上承堯、舜、禹、湯、文、武、周公、孔子一貫的道統而來的。《三民主義》既是闡揚古聖先王之正傳，而又爲我中華民族不偏不易，中和位育，繼繼繩繩的道統。則所謂「三民主義文藝創作原理」者，也就是中華民族傳統的文藝創作原理。基於此一認知，爲新中國文藝發展，找出一條又新又活的坦途，便成了我們當前責無旁貸的使命。故在此略抒著述的要旨，以爲以下各章的引端。

中華民國七十二年（西元一九八二年）

七月於台北退思齋

# 重修增訂版《文心雕龍導讀》自序

民國六十六年（西元一九七七）年成《文心雕龍導讀》，同年三月交由台北華正書局正式鑄版問世。六十七年九月再版、六十九年修訂三版時，增加了〈附錄：近六十年來文心雕龍研究總結〉，以後七十二年、七十四年、七十六年均有發行，並由四版、五版而至六版，十年以來，因銷行數量之龐大，層面之普遍，足以說明劉勰《文心雕龍》受廣大讀者喜愛的程度爲如何了。

七十六年（西元一九八七年）筆者赴香港擔任訪問客座教授，在滯港期間，頗留意於國際學術界「文心雕龍學」發展概況，因而對新出資料，如專門著述、單篇論文，其間特別是對大陸、香港和日本三方面的學人研究、動態，更寄予無限的關切，爲此也搜集到不少的資料。

客歲八月，走商華正書局負責人郭昌偉先生，表達筆者對十年前出版的《文心雕龍導讀》重修增訂的期望；並將醞釀已久的構想，和近年零星寫作的短篇論文，有足以補《導讀》之闕，對初學入門者有所助益的，皆經嚴加甄擇，分別增訂，於是在篇目方面：由原來的十章增爲十三章，內容方面：增加了〈文心雕龍行文之美〉，和〈研讀文心雕龍預修科目的商榷〉，附錄方面：新增〈最近國內外研究文心雕龍概況〉，文字方面：凡措辭率直，行文不妥的地方，亦經過再三斟酌，而予以合理的訂正。至於十年以來，由於時勢的推移、看法的更新、注釋的不同，特別是對彥和行文，經過深體密會之後，有許多地方自信是今日之我，突破了昨日之我，而有異乎從前的發現。並藉著這次重修增訂的機會，呈現於讀者的面前。《文心雕龍》的豐富內涵，如高山大川，仰之彌高，鑽之彌堅。我縱然竭畢生之力加以追討，但仍感山高水長，有很多曲意密源，似近而遠的地方，雖心知其理而不能言，能言而又未能盡其意。所謂「觀於滄海難為水，遊於聖人之門者難為言」，此情殆有似之！

最後，我特別聲明的，是這次重修增訂，不僅在整個版面上，改為鉛字排印，把字體放大，便利多層面年齡的閱讀；就是在裝訂上，也極端考究美觀和典雅。所以筆者在此特別向華正書局負責人郭昌偉先生表示敬意和謝意。

序於民國七十七年（西元一九八八年）二月十六日除夕之夜台灣台北退思齋。

# 《中國文學的本源》序

文學是整個學術的一環，假使我們立足於學術的巔峰，去觀瀾索源的話，便可以發現中國文學演進的脈動。在盤根錯節之中，亦如萬山旁礡，必有主峰；流水百折，定有源頭。本書《中國文學的本源》的寫作，正是希望能從學術的觀點，爲我們的民族文學找到本源活水。

近幾十年來，由於特殊的政治背景和國際情勢的雙重影響，我們的文學發展，在這個多元化的社會裡，和以功利主義做導向的情形下，無論其內涵或形態，越來越偏離中國的傳統精神，越來越像西方文學的翻版；再加上商業氣氛的濃烈，不僅在思想方面受到嚴重污染，而乾癟貧乏；就是作品內容也變得越來越低俗，失去銜華佩實的理想要求。

當代文學早已缺乏繼承傳統，開創新局的氣勢。在這個弱肉強食的時代，文學既是學術的脈動，我們如果想迎向未來，掌握變局，就必須重視我們深厚的民族文學內涵，立足傳統，放眼未來。用自己的靈泉活水，來澆灌自己的智慧根苗，這樣才能以歲寒松柏的英挺，綻放出中國文學的奇葩。

我們的靈泉活水爲何？一言以蔽之曰「經典」。過去劉勰在南朝齊梁之際，目睹「辭人愛奇」，提出「宗經」的主張。後來的顏之推作《家訓》，於〈文章篇〉又作桴鼓之應。唐朝韓愈於〈答劉正夫書〉中也說，爲文「當師古聖賢人」，而師古聖賢人的方法，在「能自樹立，不因循。」「師其意，不師其辭。」可見「宗經」不但不是開文學演進的倒車，更爲民族文學賴以涵育成長所必須。

本書內容，讀者翻檢可得，恕不在此煩贅。唯作者倡導民族文學的熱忱，希望諸君本諸「良藥苦口」的古訓，能一方面體諒本人的直言，另一方面作冷靜的省思。在這個獨立蒼茫的時刻，願大家爲重振民族文學的偉業，獻身獻心，紮下堅實的基礎。

由於當前社會變化的錯綜複雜，作者又受到本身學術素養的侷限，自以爲對所涉主題層面廣泛的理論，不僅表現得不夠深刻，就是在某些觀點上，也不見得就天衣無縫，所謂：「言欲盡意，聖人所難；識在瓶管，何能矩矱。」這正是作者謁誠向諸君請教的地方。

王更生序於民國七十七年（西元一九八八年）七月二日台灣台北退思齋

# 陳中禧女史《移民族詩集》序

我雖然很久不寫詩，但我很喜歡讀詩；尤其喜歡讀中禧小姐的詩。因爲她詩中有血淚交織的熱情、有天風逼人的豪氣、有爲小市民傾吐塊磊的吶喊、有爲國族文化憂心如焚的脈動。在她那清澈似水的文字中，飽含著晶瑩的淚光；在她那溫婉多姿的感情裡，蘊藉著濃濃的鄉愁。

我讀完中禧小姐的這本詩集後，眼前一片模糊，激切地在內心深處，灑下了兩行熱淚。……

中禧小姐的詩，也許在題材上不如一般人想像的寬廣，但她卻能以一己的渺小，立足於東方明珠的香港，而用傲視全球的目光，五千年文化凝聚而成的胸襟，爲現在苦難中的人們，做了歷史性的詮表。她的詩可以說就是黃河的咆哮、長城的堅毅，一股耐人玩味的奇氣，不禁令人爲之震懾。

中禧小姐的詩，也許在表情上，手法過於突露，但她以一個放逐者的身份，詩——成了她療傷的良藥，她的感情就像千堆積雪，萬層波浪，由遠而近，自外而內，排山倒海般地宣洩，把兒女之情、朋友之情、鄉國之情，寫得淋漓盡致。同時，在她的感情世界裡，是那樣的高潔、溫馨與可愛！所以手法的突顯，反而成了她寫作的魔指，而變化萬千。

中禧小姐的詩，在行文技巧上，也許不免瑕疵，但諦審她的作品，在音節上、形式上、組合上，甚而在全篇的文字搭配上，都有過人的藝術特色。譬如〈五·二一〉這首詩，在「母親勿再悲傷，「父親勿再戰慄」，兩個平行而熾烈的句子後，前面用三個五言排句，後面又用三個三言排句，加以錯綜；最後又以「炎黃子孫受苦誓向前」九言長句，來收束全詩。句中沒有虛字，讀來奇崛生硬，若盤空積雪，當頭壓下，管叫你透不過氣來。此時作者的感情，一切均呈現言有窮而情不可終的局面，叫人爲之扼腕！僨張！尤其是這本詩集〈去宵〉中的〈深秋的雲〉、〈回鄉掃墓偶成〉、〈平安夜〉、〈婚姻的禮讚〉，各詩結構之美：在形式上的諧和、時間上的排比、名詞上的錯落，以及擬人化的修辭，可以說都臻於藝術的妙境。

中禧小姐的詩集，在篇幅上或許不夠泱泱大塊，但世界上眞正價值連城的東西，總是稀有之物。基於此點，我不敢說她的每一首小詩，都像精金美玉，足以傳誦千古；但我確信集中的每一首小詩，都是她嘔心瀝血，從肺肝中吐出。也許這些詩太過貼心的緣故，最令我愛不忍釋地是她的〈移民族〉和〈對雨〉。尤其〈對雨〉，她運用展延性、遞進性的修辭藝術，點綴出她身處異國，面對絲雨的情懷。那「一細一細的抹上」、「一勻一勻的依戀」、「一響一響的笑問」，最後再以「夢裡相逢，何處？」疑問句法猛然打住，眞有夢裡猶知身是客的悲愴！悠然神往，不能自已！

〈書贈友人〉是中禧小姐詩集中的極短篇，全詩只三句，十六個字。她用的是整、整、零的組合藝術，把緣去即散，緣來即聚的兩端，用地球的弧度緊緊套牢，首句以「但願」破題，次句用

「變成」收束，最後一個「點」字，凝鍊前兩句一切的因，而成「海內存知己，天涯若比鄰」的果，寫盡了作者的心曲，但不似鏡花水月般的幻象。

我和中蘠小姐自一九八六年在香港離別後，她遠赴加國，我返回台灣。時光匆匆，眨眼間就過了三個年頭。上月，她突然來電，說近期內準備出本詩集，邀我爲她的作品寫篇序。我雖然很久不作詩了，但卻很樂意序中蘠小姐的詩集；其實，以她的才華和學養，即使沒有序，也一樣可以紙貴洛陽，享譽士林；我只不過想藉著這個機會，寫一點兒讀後感罷了。

王更生序於民國七十八年（西元一九八九年）六月十一日國立台灣師範大學國文系研究室

# 牟著《雕龍後集》序

人之相知，貴相知心，我和世金先生神交久矣，但因海峽阻隔，終未謀面；等到可以把酒臨風，晤言一室的時候，卻又物移星換，天人永隔了。雖然面對故友，心香一瓣，但睹物神傷，難掩內心的悲痛。

我最早知道世金先生的大名，是一九七二年四月，看到由中國語文學社編印的《中國文學批評研究論文集匯編》第二集，《文心雕龍研究專號》中，轉載《文史哲雙月刊》一九六二年陸侃如、牟世金合寫的《文心雕龍序志譯注》。以後友人藉旅美返台，道經香港之便，代購文昌書局出版的《劉勰論創作》，此書也是陸侃如、牟世金兩位合著。一九八五年八月我在香港擔任客座訪問教授，搜集不少大陸學者們的著作，其中最令我愛不忍釋的，是世金先生一九八〇年十月完稿，八三年五月由北京新華書局發行的《雕龍集》，書中兩組十一篇論文，篇篇都具有創發性；特別是〈文心雕龍理論體系初探〉一文，議論精闢，膽識過人。對先生泛起衷心的景仰，思一見爲快！

一九八六年五月，在我滯港期間，中文大學黃維樑教授有大陸之旅，由廣州寄來山東大學出版社發行的世金先生力作《台灣文心雕龍研究鳥瞰》，書中第七十七頁把我寫的《文心雕龍研究》列爲台灣七種論著之首；並率直地說：「此人（王更生）是台灣龍學界的重要人物。」當時覺得世金先生措詞雖不修飾，自有一股撼人心弦的力量，從他那行文如流水的字裡行間，透出高妙的學養和皎潔的人格。

一九八八年十一月十一日至十五日，「《文心雕龍》國際研討會」由廣州暨南大學主辦，在珠島賓館召開，我本擬與會，並寫了一篇〈台灣文心雕龍學的研究與展望〉準備發表；想不到當時台灣方面尚未開放到可以赴大陸從事學術交流的程度，以至事到臨頭，未能成行。事後，收到香港大學陳耀南教授的來信，和中文大學黃維樑教授在《星島日報》十一月二十一日刊出的專欄〈三思篇〉，才知道世金先生偕夫人趙璧清女士抱病赴會，終於因爲我的缺席，使原本期盼已久的二龍珠島之晤未能實現。

去歲十月十九日收到趙璧清女士八九年九月三日發自濟南山東大學的來信，方知世金先生已於六月十九日因病辭世，今年二月六日，也就是農曆的正月十一日，我遠從台灣專程來弔祭這位志同道合永未謀面的知音；當時白雪映窗，落葉打階，朔風伴著酷寒，面對遺照，抆淚相視，眞有百感交集，莫知所云之痛！

世金先生的《雕龍後集》就要出版了，璧清女士希望我能爲此書說幾句話，以慰英靈於九泉。事實上，世金先生道德學問，以及對黨國教育的忠愛，早已蜚聲中外，騰播士林，用不到再多贊一辭。所以我特別將我和世金先生因「龍學」而相知，因相知而對世金先生景仰的微忱，公諸同好。這也正合「世遠莫見其面，覘文輒知其心」的意思吧！

王更生序於台灣師範大學國文研究所民國七十九年（西元一九九〇年）七月七日晨

# 《中國文學講話》自序

中國文學源遠流長，在以往五千年的歷史長河裡，其發展變化的瑰麗多姿，眞乃千門萬戶，無比壯觀。我們不僅目不暇接，更希望能走進他的殿堂，以窺究竟。而坊間介紹中國文學的專門著作中，以中國文學史最具系統；但編者大多運用通史的筆法，以時代先後爲序，循著歷代王朝的興滅繼絕，硬把中國一脈相承的各種文學奇葩，推上政治的砧板，支解得面目全非。且久已引起讀者的詬病，而思有所更張。

從文學發展的過程上觀察，中國各體文學的內涵雖然浩如煙海，但如果分支別派，撮其綱領，要不外韻文、散文、駢文、小說、戲曲、文學批評等六大部門而已。六者之中，又以韻文伴隨著可歌可泣的人生百態，在中國文壇上出現最早；其次是散文，介乎韻散之間的爲駢文；小說的起源雖爲時已久，但眞正成熟，卻在駢文之後；戲曲爲綜合性藝術，鎔鑄詩詞、散文、賓白、舞蹈、雜技以及故事表演於一爐，其登上文學寶座，造成盛況空前的時間，更遲至宋元以後，所以算起來他還是小老弟；有作品就有鑑賞，有鑑賞就有批評，有批評就有理論，文學批評隨著理論而來，在中國文學活動中，始終扮演著推動、催化、刺激和生發的媒劑，幾千年來，它給中國文學增添了不少光采。

居今經濟掛帥，科技爲先的時刻，我們生活的時間和空間十分狹窄，早已不像前輩古人於飽食暖衣之餘，一杯香茗，半窗風月，胸羅萬卷，目送流雲，那樣優游終日的歲月了。所以我們要想把五千年中國文學菁華，介紹給廣大讀者，最理想的做法：首先，要體認文學爲學術的一環，必須把文學放在整個學術的天秤上，才能見其眞，能知其變，也才能讓讀者清楚解了她的來龍去脈。其次，要突破陳陳相因的政治格局，改採以文學體裁爲基據，以紀事本末爲寫作的方式，如此讀者才有一氣呵成，遊目騁懷之快。最後，要文字精確扼要，不廣徵博引，凡中等程度的知識份子，不分職業和性別，只要想了解中國文學的人，就能一卷在手，雅俗共賞。

本書的寫作，就是照著以上三個理念和六大部門，將中國五千年文學的變遷，架設在縱橫交錯的兩條主流上進行說明。縱向的活動是線，線代表時序和源流遷變的軌跡；橫向的活動是點，點代表作家、作品和文風的興廢。兩相交織，則中國五千年文學的全貌，便如以目視掌，清晰可辨了。

至於各部門的鋪陳，依內容多寡，區分爲若干章。如韻文之部有九章，散文之部十一章，駢文之部九章，小說之部十六章，戲曲之部十二章，文學批評之部九章，共六部六十六章。每部開端第一章，例先介紹此一文體的名義、起源、流變，和以後各章敘述內容，安排重點，俾讀者藉此可以預先掌握各體行文的脈絡系統，然後再循序漸進，自可邁入佳境。有時因爲資料太多，牽涉過廣，非一章可以結束時，則另外按照實際的需要，區分為二至三章，並在標題之下加注㈠、㈡、㈢的數序，以資醒目。

為了達成精確扼要的行文要求，每章字數，大多維持二千到二千四百之間，措詞淺白流暢，不拖泥帶水。如不得已，需要徵引成說時，也儘量配合上下文義的需求，作適度的濃縮或潤飾，甚或改寫。但在忠於原著的條件下，絕不牽強附會，使讀者對中國文學有正確的體認。

回憶本書初稿，自民國七十二年（西元一九八四年）九月起，到七十四年十月止，曾經以「中國文學探源」的名義，在台北軍中（現改稱「漢聲」）廣播電台「文藝橋」節目播出，當時是每週星期日上午八點十分開播，到九點為止，全長五十分鐘，由金鐘獎得主梅少文小姐主持。以後蒙國語日報少年版主編余玉英小姐堅邀，希望將以往在電台播出的「中國文學探源」縮節改寫，移國語日報少年版分期刊出。於是就在民國七十四年十月的最後一個星期天，仍以原來標題，先刊出韻文之部的第一章「商周時代的詩歌總集——《詩經》」，一直到七十八年十二月三日，才把全部文稿登載完畢，總計連續刊載了五年零兩個月。

三民書局董事長劉振強先生，為我多年好友，承他熱誠相助，慨允出版。為了適應一般讀者的要求，又將本書原名「中國文學探源」改為今名「中國文學講話」，並正式鑄版問世。

在本書即將發行面世的前夕，我以十分誠摯的心情，向軍中廣播電台負責人，「文藝橋」節目主持人梅少文小姐，國語日報少年版主編余玉英小姐，以及助我聚材繕稿，甘苦共嘗的學生們，尤其是是內子祁素珍女士，在以往漫長的歲月裡，給我不斷地鼓勵支持。這一切的一切，都使我萬分的感謝，並致上由衷的敬禮。

最後，筆者深感中國文學博大精深，其門類之多、文體之富、作家若林、著述如雨；再加上時代思潮的衝激、支條流派的錯雜、中外文化的交流、內憂外患的叢脞。想在這樣一個變動劇烈，問題複雜的舞臺上，找出一些代表和典型，以及足以反映文壇脈動的作家、作品，與文學風貌，又談何容易！再加上個人的天賦、學養和取材、運辭上的局限，相信不愜人意的地方一定很多，請讀者諸君多多指教。

民國七十九年（西元一九九〇年）文藝節序於台灣台北退思齋

# 洪著《古典文學論叢》序

洪富連先生是一位好學敏求的人。自從民國七十七年十二月我參加台灣中部地區舉辦的「中國古典詩詞吟唱觀摩大會」，認識他以後，不見面已將近兩年。月前忽接電話，說要我爲他的大作《古典文學論叢》寫序，隨後又將全部書稿寄給我參閱。「士別三日，刮目相看」，沒想到洪先生在終年忙於教學之餘，對我國古典文學如此投入，並連續在這方面下了很深的工夫。

顧名思義，《古典文學論叢》是結集其歷年對我國古典文學研究發表的論著公諸同好，但細按內容，書中可分爲詩歌評賞、小說評論、人物論傳、比較史學、儒學評述、文章賞析等六類。這六類作品的性質雖然各有不同，但作者均能從文學的基點，對所討論的問題作深入而廣泛的透視。所謂「一本立而萬事理」，這正是作者爲文用心所在。

一般人大多喜歡放言高論，而缺乏踐履篤行。譬如在尙未從事教學工作以前，往往英氣勃發，自以爲將來擔任傳道、授業、解惑的教師工作之後，一定要「爲天地立心，爲生民立命，爲往聖繼絕學，爲萬世開太平」，期許之高，幾乎目無餘子！可是一旦有了從事教育的機會，手持白筆，身立講壇時，每天除了飲食起居外，又都被備課、教學和批改作業，以及交際應酬所困。往日的豪情壯志，早就置諸腦後而不暇一顧了。然而光陰易得，匆匆數十寒暑，到頭來看看自己的教學心得，除了頭童齒豁以外，便兩袖清風，一無所有了。洪富連先生卻不然，他秉持好學敏求的一貫理念，從民國五十六年，應聘擔任清水國中教師後，到七十一年調升清水高中，迄今二十多年來，始終孜孜矻矻，以教以學，鍥而不捨地在工作崗位上努力奮發，既照亮了別人，也豐富了自己。

洪富連先生是一位優秀的國文教師，也是一位筆耕墨耘治學謹嚴的學者。如民國六十三年榮獲台灣省國中教學方法優良教師獎，七十年獲頒全國第一屆師鐸獎，七十六年發表「高中國文自導式教學法，對學生學習態度及學業成就的影響」研究報告，受到教育廳專文嘉勉，於此同時，他也出版過「文章與寫作」、「辨字集錦」、「澄清湖畔」、「升大學作文全壘打」，並主編「清中校友」、「鰲峰青年」、「清中青年」、「中縣文藝」和「清水鎮志」等。他在「教」中「學」，在「學」中「做」，在「做」中「教」，他的確把「教」「學」「做」的崇高理念做了密切聯繫，並徹底地予以實踐，才使他的國文教學與研究，綻放出萬道霞光。

《古典文學論叢》是洪富連先生的學術性論著。在這六類十五篇作品中，無論是立義、引據、說理、叙事，莫不持之有故，言之成理；而文字的剪裁，理論的張皇，也都有相當圓滿的表出。尤其他能採擷衆長，獨抒己見，把多年研究的心得公諸於世，單憑這一點兒，就可以知道他的勇氣和志量爲如何了。

我對洪富連先生好學敏求的精神，早就十分敬佩，本書的出版只是他學術研究的起步，相信以他的年輕有爲，在可預見的將來，必可成爲教育界的名師，學術領域中的彗星。就讓本人藉著爲此書寫序的機會，預祝他的事業成功吧！

民國七十九（西元一九九〇年）年九月二日序於國立台灣師範大學國文系研究室）

# 《文心雕龍新論》自序

劉勰《文心雕龍》爲我國文學理論的寶典，中外學術界人士起而研究者更僕難數。但由於劉勰的學養深厚，和過人的組織力，以及折衷的創作態度，在內容方面往往超越他的自爲法，突破了文學理論的範疇。單就其中「文章作法」來說，在劉勰以前，不過是些零縑碎金，或三數字，或十數字，或一個片段，或單篇論文，根本不成氣候。直到西晉摯虞《文章流別論》出，可說是略具規模矣，而其書又大多亡佚，只勝下十數條，殘存於後人的輯佚中。

齊梁之際，劉勰著《文心雕龍》，全書五十篇三萬七千多言，除〈隱秀〉篇略有殘缺外，他皆首尾一體，光嶽氣完。一千五百年來，歷經兵燹水火之厄，還能保存得如此完整，這已經得天獨厚了；更何況劉勰在爲文用心之際，不僅對前人的成說，作了一次汰無存菁的整合，同時，還把當代支離凌雜的理論加以鎔裁。然後推陳出新，分卷別篇，每下一字，必采飛韻流而不謬；每立一義，必施諸文章而皆準，從而給我國的文章作法，豎立了一塊空前絕後的豐碑。所以唐宋以後，凡在文壇上獨立成家者，無不問津於劉勰《文心雕龍》之門。

我讀書甚晚，民國五十一年（西元一九六二年），始從李師建光習《文心雕龍》，立即被它那義正詞靡的文字所吸引，再加上它內容廣闊的蘊藉，嘆爲古今絕唱，自讀書以來，未見有如此優美的作品。因爲當時正逢就學階段，雖然沒有作進一步的鑽研，但已引發我追本窮源，一探究竟的好奇心。

五十八年（西元一九六九年）正式研究《文心雕龍》，並著作專論，公開發表。益覺此書義贍辭富，包羅萬有，思想正大，情味深長，如高山大海，難以蠡測。尤其在功利至上，世風日下的今天，劉勰以文風藥治世風，以世風振奮人心的壯懷，確有值得參考的價值，遂立下讚述的宏願而矢志不移。

六十一年（西元一九七二年）講授《文心雕龍》於師範大學，用力之精勤，更百倍於往昔，舉凡目之所見、耳之所聞、口之所述、手之所指，一切都和劉勰《文心雕龍》息息相關。因此，使我於文學理論之外，對治學之道、做人之方，別有一番洞澈的體認。此時，《文心雕龍》之於我，已到了不可須臾或離的地步了。

我的《文心雕龍研究》，在民國六十六年（西元一九七七年）三月問世後，自以爲內容諸多不愜人意，遂即刪其繁蕪，增其菁醇，於兩年以後的五月，又以「重修增訂」的姿態面世。茲後，在十年的漫長歲月裡，我又賡續地上考群言，旁搜新說，對劉勰著述《文心雕龍》，其苦孤詣的微恉，有更多的參悟。並在感應興發之餘，搦筆和墨，發表專門論著。已經出版的計有：《文心雕龍導讀》、《文心雕龍范注駁正》、《文心雕龍研究論文選粹》、《文心雕龍讀本》等。

至於單篇論文之見於報章雜誌，以及國際學術研討會者，為數不少。我怕它日久散佚，特揀擇其中別具會心的加以董理，得論文十三篇，序二篇，彙為一編，額其眉端曰：《文心雕龍新論》。《新論》的出版，是本乎鑑往察來，推陳創新的理想，為劉勰「文律運周，日新其業」的文學理論，略盡棉力而已。綜觀這十三篇論文的性質，區以別之，大抵可以分為四組：前六篇〈劉勰文心雕龍結構的完整性〉、〈劉勰文體分類學的基據〉、〈劉勰的風格論〉、〈劉勰的風骨論〉、〈劉勰的聲律論〉、〈劉勰文學批評的理論與實際〉，是從《文心雕龍》的系統結構和內容重點，作深入研究，為本書的第一組。七、八兩篇：〈文心雕龍成書年代及其相關問題〉、〈文心雕龍史志著錄得失平議〉，從實證的角度出發，專門考訂《文心雕龍》成書時間和史志著錄的情形，其中有議有駁，對不同的觀點並提出個人的看法，是本書的第二組。以下三篇：〈王應麟和辛處信文心雕龍注關係之探測〉、〈日藏明刊本王惟儉文心雕龍訓故之評價〉、〈范文瀾文心雕龍注駁議〉，蓋宋時辛處信首注《文心》，因為年世綿邈，書已散亡；其次則推明王惟儉《訓故》最早，而《訓故》又淪落異邦；民國以來，《文心》范〈注〉風行海內外，視為當今善本。因為三書影響後人對《文心雕龍》的研究甚大，是以爬梳剔抉，以探測其存佚，評估其價值，明辨其得失，是本書的第三組。〈文心雕龍在國文教學上的適應性〉和〈台灣文心雕龍學的研究與展望〉，可說是本書的第四組。前者強調《文心雕龍》理論與實際結合的價值所在，期使《文心雕龍》能紮根於國文教學之上；後者是對台灣光復後四十年來「文心雕龍學」的研究與展望作一巡禮，以突顯《文心雕龍》研究的本土性。

從我研究《文心雕龍》迄今，在日新月異的學海裡，雖然寫了幾部專門性著作，和若干單篇論文，但捫心自問，我還算不上是劉勰的眞正知音。誠因劉勰淹通博貫，胸羅古今；尤其他那支點染生花的妙筆，無論是一字一句，叙事說理，逐處都像崑岡鄧林，生機活潑，蘊蓄無限，有取之不盡，用之不竭的資源。即令是竭盡我才，恐怕也只能拾一點其中的香花芳草，獻給廣大的同道先進而已。

書序二篇，內容多和正文相發明；敝帚自珍，列於本篇之末，一併就教於大方之家云。

**民國八十年（西元一九九一年）元旦，序於台灣台北退思齋，大陸來台之第四十二年也。**

# 陳著《有趣的成語》序

成語是含有特定意義的「詞組」或「短句」，組成的語言單位，它不僅內容豐富、涵義精闢、形式複雜，且具有比擬、誇張、隱晦、形象、嚴謹、精煉的特點。在人們社會生活中，無論是表達思想、抒發感情，應事接物，均起了一定的作用而受到普遍的關注。

我國以向對兒童們的成語教育十分重視，且往往把古今傳誦的歷史掌故、神話傳統、寓言故事、嘉言懿行、口頭諺語，加以宣染點化，運用深入淺出的成語，做為訓蒙的教材。教孩子們從中學習做人讀書的典範，收到潛移默化的效果。而這些訓蒙教材全都出於學者專家之手。例如三字韻語的讀物《三字經》，是南宋學者王應麟的手筆；《弟子規》是淸代李毓秀的傑作。四字韻語的讀物《百家性》爲北宋某位著名學者所作；《龍文鞭影》乃明代蕭良有、楊臣諍合輯的。至於打破三言、四言韻語的格局，以偶句成對的方式行文，便於出口成誦的，要數明代程登吉編寫的《幼學瓊林》了。這本書又叫《幼學須知》或《成語考》，或《故事尋源》。事實上，我們今天很多耳熟能詳的成語，都出之於這些代代相傳的童蒙讀物之中。

由於社會的發展，時代的推移，情勢的需要，以及主客觀環境的變遷，以往許多約定俗成的成語，在今天拿來作爲兒童讀物時，都應該以審愼的態度，去注意關鍵詞語的意義，成語的來源，使用的時機。例如「走馬觀花」之與「下馬看花」，「風吹草動」之與「風吹草偃」，「胸有成竹」之與「成竹在胸」，或出處不同、或花樣翻新、或大同小異、或精采有別，一不留意，很容易發生弄巧成拙的後果。

俊隆賢弟青年有爲，熱心教育。自師範大學畢業後，即服務於小學教育界；而以教以學，辛勤耕耘，終日以如何改進當前國語文教學爲務。日前，寄來近年編著完成的《有趣的成語》一書，內容分〈植物篇〉和〈動物篇〉專門提供兒童作課外閱讀之用。他並且希望能藉著成語的啓示，使小朋友從認識成語的遊戲中，探索古人生活的經驗，提昇當前語文教學的水平。

我不在小學教育界服務已經很久了，但是，我對小學教育的關心，卻百倍於往昔。現在我就藉著爲這本書寫序的機會，除了強調成語教學在我國童蒙教育上的重要性之外，並特別向　俊隆賢弟多年來在教學和研究方面的成就，略表我的欣慰之情，和祝賀之意。

王更生序於民國八十一年（西元一九九二年）十一月二十六日

國立台灣師範大學國文系研究室

# 黎明版「今註今譯古文觀止」序

「古文」就是今天所謂的散文，「觀止」即盡善盡美的意思。黎明文化事業公司爲了達成服務廣大讀者的心願，多年來都想籌編一部今註今譯本古文觀止，此次，爲了因應各方的需求，配合當前學生的程度，發揚民放文化的精髓，特邀請國學大師高仲華先生任總編纂，並禮聘對古文素有研究的學者王國良、洪順隆、葉國良、劉紀華及筆者共五位教授，負責註譯和賞析工作。

其間在擬定體例，選配作品時，爲了符合文字通俗而不失學術性、深淺適度而不失活潑性、難易得體而不失趣味性、取材廣泛而不失準確性的理想要求，舉凡聚材、排比、校勘、分析，無一不是經過殫精竭慮，斟酌至當而後定。所以寒暑兩更，稿草數易。當此即將公開問世之際，特略抒所見，向海內外愛好古典散文者進一言。

在我國三千多年來的文學長河裡，古典散文一直是風格獨標，和韻文、駢文、小說、戲曲成並駕齊驅之勢。但如就其應用的廣泛、體裁的多樣、內容的繁富、作家的衆多、作品的數量而言，更戛戛乎凌越韻文、駢文以及小說、戲曲之上，爲我國文學上最璀璨的一顆明珠。

兩漢以前，我國古典散文的發展已經登峰造極，譬如經典散文的雅麗黼黻，光景常新；諸子散文的各具形態、照耀千古；史傳散文如丘明《左傳》，馬遷《史記》，更是語若貫珠，氣類長虹，千載以下，讀他們的作品，還令人望文興嘆，有逸步難追之感！

魏晉六朝以迄隋初，三百八十四年的文壇，由於受到世積亂離，風衰俗怨的影響，瀰漫著華辭麗句，無病呻吟的頹廢氛圍。於是韓愈、柳宗元、歐陽修、曾鞏、王安石與三蘇、先後蠭起，力挽狂瀾，以恢復先秦、兩漢散文之古爲號召，把我國古典散文，再次推向理想的顛峰。

清康熙三十四年（西元一六九五年）浙江紹興人吳楚材與其孫吳調侯合編《古文觀止》十二卷，上起二周，下迄明末，共收作品二百二十二篇。此書風行天下三百年，家喻戶曉，至今不衰。現在時間即將邁入二十一世紀的嶄新年代，展望當前社會的發展，文化的脈動，知識的走向，三百年前編印的《古文觀止》，雖然有它歷久彌篤的價值，但以今天的眼光看來，不可諱言的，無論是其編輯的宗旨、選文的標準、篇幅的長短、註釋的方式，已不能充分滿足當前讀者的需求，而需要改弦更張。

本書編者有見於此，特採取前人行之有效的編輯經驗，改以唐宋八大家的作品爲核心，元明清各家的清新小品爲羽翼，精選文章二百篇，並於正文之外，附列題解、註譯、賞析以資參證。綱舉目張，體例明備，因命其名曰：《今註今譯古文觀止》。

凡熱愛古典散文的社會人士和在學青年，得此一編，信可不假外求，坐收遊目騁懷的讀書樂趣。不過，由於文多辭繁，事成衆手，想要避免疏漏，實感不易。爲此甚望讀者諸君不吝賜教，作爲再版修訂的參考。

王更生　謹識於中華民國八十一年（西元一九九二年）十月於台北國立台灣師範大學

# 馮著《文心雕龍詞典》序

齊梁之時，劉勰因聖人垂夢而著《文心雕龍》，在釋老並興，文風卑靡的六朝，他獨能堅持「徵聖」、「宗經」的理論，作時代的反動，這種砥柱中流的精神，可以稱得上豪傑之士了。而《文心雕龍》由於行文奧衍，向稱難讀，是以歷代學者如宋之辛處信、明之王惟儉、清朝黃叔琳都先後為之注解。民國初年，范文瀾視劉氏之書「取材浩博，非淺陋所能窺測」，又別造新疏。茲後，研究《文心雕龍》的學者，為了抉發劉勰的幽光，更逞辭辯說，莫衷一是，致令讀者面對翰海文林，有欲易反難，不知所措之感！

民國七十九年（西元一九九〇年）春節，我乘返鄉探親之便到濟南，在山東大學已故中文系主任牟世金先生府得晤馮春田先生，當時正值入夜後九點，戶外白雪映窗，朔風刺骨，彼此乍會雖交談不多，但先生的溫文儒雅和北方學者的豪氣，流露於眉宇間，給我留下深刻印象。

先生受業於龍學家陸侃如、牟世金二先生之門，尤得牟氏治學心法。其於山東大學修習碩士學位時，獨好劉勰《文心雕龍》之學，並以《文心雕龍術語通釋》，得師長青睞而嶄露頭角。繼而又著《文心雕龍釋義》，被時賢譽爲「取材豐富，發前人所未發。」對「促進龍學研究，做出一定貢獻。」

八十年秋（西元一九九一年），先生《文心雕龍詞語通釋》問世，據悉這是先生以七年漫長的時光，嘔心瀝血完成的力作。他借用我國古今文字、音韻、訓詁，和語法、語意、詞彙學方面的成規定例，來考索《文心雕龍》的語源、出典；並拿它和《文心雕龍》前期、同期與晚期的相同作品，參互勘驗，成此一部多達千頁，言近百萬的皇皇巨著。這的確是提昇「龍學」研究水平，難得的一塊豐碑。

今年（西元一九九二年）八月，應邀去吉林長春參加「國際性文選學研討會」後，取道北京轉赴濟南，於祭拜神交故友牟世金先生之靈後，晤馮氏夫婦於濟南南郊賓館。次日，邀我至其家進餐，住宅掩映於花徑樹叢的一角，室小而雅，書香四溢，觥籌間談到《文心雕龍詞典》在台發行事。最近，先生將《詞典》文稿郵寄來台。披覽一過，發覺此稿固以《通釋》爲底本，但經過重新調整後，無論在編輯體例，條目分類、引書引說，比較論斷等各方面，較之前作，條理尤加密備、態度尤見客觀、取材尤求精審、說解尤爲正確。同時，有些地方幾乎完全推翻前論，有些雖然修訂不多，但一字增減，精神全出，頗富畫龍點睛之妙。

馮先生出生齊、魯之都，又得明師薪傳，既長，矢志弘揚鄉邦文獻。當此各種《文心雕龍》的注釋，均不能儘如人意之時，他的大作《文心雕龍詞典》確適時在台灣鑄版發行，並囑我爲之審訂作序，以馮君的博考深思和治學的嚴謹，審訂自愧不敢，不得已，乃縷述與馮君交往經過，及其在「龍學」研究上的進程，以告士林同好，並藉此向他多年來的勞動成就，表達誠懇的敬意和祝賀。

王更生序於民國八十一年（西元一九九二年）十二月五日於台灣師範大學國文系

# 張著《王士禛「論詩絕句」三十二首箋證》序

當一九九〇年初，瑞雪紛飛，萬山白頭之時，我正受困於北京圖書館和北海分館訪書事，經北大張少康教授的安排，得晤張健賢弟於奧林匹克大飯店。當時他在北大進修博士學位，身材高眺，清癯有神，加上一口標準的京音，不疾不徐的態度，儒雅親和，給我留下深刻的印象。

九二年八月，我赴吉林長春參加「選學」會議後，路過北京，偕內子往遊京畿名勝，午後，陰雲四合，細雨如絲，不意，在定陵附近的餐廳裡，又和健弟不期而遇。

今年七月底，我從內蒙古呼和浩特來北京，健弟迎我於首都機場。事後，我們在候機室二樓咖啡座稍憩，面對眼前櫛比鱗次的高樓，熙來攘往的過客，品茗之餘，不禁聯想到當前的兩岸統一問題、文化問題、教師待遇問題，以及知識份子的出路問題，只見他時而扼腕，時而感慨，低迴古今，胸懷萬端，一股剛毅之氣，直撲眉宇，士窮乃見節義，我於健弟處體會到當前中國知識份子應該秉持的願力，而衷心佩慰！

兩年前，健弟將手著《王士禛「論詩絕句」三十二首箋證》書稿，自北京交郵寄我，希望在台灣鑄版發行，以饗同好。此書雖非皇皇巨典，但根據我的了解，他確是以獅子搏兔的精神，把漁洋山人早期詩論，經過苦心孤詣地參悟後，分由內容、思想、藝術等方面，深究博考，發微闡幽，拓衢路，示門徑，務期一代詩歌創作以「神韻」爲宗的理論眞象，撥雲霧而見青天。

有眞性情而後有眞文章，以健弟的才華和學力，及其對歷代詩論投注的關懷，相信即令沒有我的推介，他這部大作也一定會洛陽紙貴，受到廣大同好們的熱愛。我因爲欽敬他治學的精神和做人的風骨，纔特別藉著寫這篇書序的機會，縷陳我們忘年交好的始末和感想，並爲讀此書者告。

王更生序於民國八十二年（一九九三年）十二月十二日台灣師範大學國文系研究室

# 鄧著《韓愈文統探微》序

我讀昌黎文，除辭賦不計外，若論說、若雜著、若書啓、若序跋、若墓志，總三百二十餘篇中，獨對〈原道〉、〈原性〉、〈原毀〉、〈原人〉、〈原鬼〉、〈讀荀〉、〈讀墨子〉、〈師說〉、〈進學解〉、〈諱辯〉、〈伯夷頌〉、〈子產不毀鄉校頌〉、〈雜說〉、〈獲麟〉，以及〈送李愿歸盤谷序〉、〈送董邵南遊河北序〉、〈荊潭唱和詩序〉、〈送廖道士序〉、〈答李翊書〉、〈答劉正夫書〉、〈送孟東野序〉等數十篇，咀嚼彌甘，翫味無窮。舉凡其吐辭發議，無一處憑空立說，都是就眼前事、周邊人、胸中理；出其所知、所感、所能；然後再運用他那詭譎多變的筆鋒，點染穿插，迅若雷電，勢若江河，時而萬山起伏，時而彩霞滿天。令人目為之呆，心為之凝，氣屏神聚而莫究其所以然而然！

昌黎幼年孤苦無依，既長，每試多敗，當貞元、元和之際，奔走於權貴之門，流徙於汴徐之野，目睹朝政不綱、士風敗壞、群藩坐大、割地自雄。每上書言當世事，輒又多被詆排，貶謫於蠻荒海陬，而呼救無門。但他始終秉持中原人士特具的性格，和苦難的人生相拚搏。所以發而為文，雖是萬斛情感，如泉湧山出，但血淚交織的穎端，卻盡成流浪者的悲歌！

尤其他那力挽狂瀾、砥柱中流的氣魄，盡其在我，不計毀譽的精神，眞如晨鐘暮鼓，足以師表百代，不僅可奪先秦兩漢諸子之席，就魏晉六朝以下而言，亦六百年來所僅見。清初章實齋以爲：「近世文宗八家以爲正軌，而八家莫不步趨韓子。」視昌黎僅爲文壇正宗而已，此又何足以知韓子？何足以知韓子爲文的用心呢？

友弟香港大學文學博士鄧國光先生，好學深思，沈湎昌黎文多年，感懷其辭雅道眞，特著《韓愈文統探微》一書，以抉發先賢的幽光，並於即將鑄版行世之際，問序於我，我因素好昌黎文，又喜先生得昌黎爲文的用心，故樂序數言，以爲天下同好者告！

王更生序於民國八十一年（西元一九九二年）國立台灣師範國文研究所，大陸來台之第四十三年。

# 中國古代文學理論的祕寶——《文心雕龍》

## ——卷頭的話——

清初學者黃叔琳輯註《文心雕龍》時，讚劉勰《文心雕龍》是「藝苑秘寶」，以爲它在內容上「苞羅群籍，多所折衷；凡文章利病，抉摘靡遺。」對中國古代文學理論有不容忽視的價值，所以他又說：「綴文之士，苟欲希風前秀，未有舍此而別求津逮者。」以後紀昀等纂修《四庫全書》，列《文心雕龍》爲集部詩文評類之首，更認爲「勰究文體之源流，而評其工拙。」可謂推崇備至。

民國開元，文運更新，由於西方文學理論的大量輸入，於是引起學術界對劉勰《文心雕龍》的注意和研發。數十年來，在這方面研究有成而又有著作名世的，自黃季剛《文心雕龍札記》、范文瀾《文心雕龍注》以來，不下數十百種。近十幾年愛好「龍學」而負有文化使命感的人士，又成立「《文心雕龍》學會」，定期邀集國內外同道，作深入而廣泛的經驗交流；並透過東西方學者的努力，譯爲日、英、韓、德、義大利等數國文字。所以劉勰《文心雕龍》在目前的研究進程上，已經跨過中國學術的領域，登上國際文學理論的殿堂。並美其名曰「龍學」。

劉勰《文心雕龍》向稱「體大慮周，籠照群言」（見章學誠《文史通義·詩話篇》）。正因爲它「體大」，才能陶冶萬彙；因爲它「慮周」，才能組織千秋；更因爲它「籠罩群言」，才能繼承傳統的優秀文論菁華而加以發皇，被尊爲中國文學思想界的泰山北斗。因此劉勰《文心雕龍》的價值受到普遍的重視。譬如在文學思想方面：劉勰在《文心雕龍》中以爲「文章實經典枝條」，其「文必宗經」及「文體備於五經」之說，替中國文學找到了生生不息的本源活水；在文學創作方面：《文心雕龍》之前，有文章而無文章作法，即令有，亦支離破碎，不成氣候；《文心》之後，文章不但有作法可循，而且系統明備，是皆得力於劉勰《文心雕龍》承先啓後之功。在文學批評方面：《文心雕龍》之前，中國有文學批評之實，而缺乏文學批評之法；自劉勰《文心》出，強調「崇替於時序，褒貶於才略，怊悵於知音，耿介於程器」後，中國文學批評史上才有具體理論與方法之可資遵循。在文學發展史方面：劉勰《文心雕龍》「文體論」二十篇，其所謂「原始以表末，釋名以章義，選文以定篇，敷理以舉統」。就此四大條例所涵蓋的內容來說，可算得是中國最早的一部按文體分類的「中國文學發展史」。故中國文學之有史，亦劉勰《文心雕龍》開其先河。在文話方面：自劉勰《文心雕龍》出，中國開始有以評文爲主的專門著作——文話，如宋陳騤《文則》、李塗《文章精義》等。所以《文心》是中國「文話」的原祖，而《文心》之與文話，可謂血脈相連，不可分割。因此《文心雕龍》在價值上，可垂千古而不朽；在內容上，可讀性極大；在時空上，整體性極強；在資料上，涵蓋性極廣；在理論上，實用性極高。他的思想和良法美意，不僅集中國古代文學理論的菁華，而自出機杼，體系完備；同時，不受時空局限，爲後代文學理論的發皇，建構了一幅可大可久的藍圖，而享用無窮。

劉勰之著《文心》，因爲身處齊、梁，運用當時通行的麗辭，寫成了這部掀天動地的名著，但由於文簡義賅，其中很多的精言奧義，如果不是對古典文學有相當修養的話，是不容易理解的。所以閱讀《文心》時，要一、忌故意求深，賣弄才華；二、忌搬弄名詞，崇洋媚外；三、忌固守偏解，執著不化；四、忌信口雌黃，無事生非；五、忌以人蔽己，信僞迷眞，六、忌以己自蔽，自以爲是；七、忌雷同一響，附會盲從。如果嚴守上述七種避忌，再能體會劉勰爲文用心時，對前賢文論遺產的繼承，對當代各家文論的採擷，對個人讚聖述經的志意，對後世學術思想的期待。備有如此態度、如此觀念，然後來讀《文心雕龍》，才能會心有得，有突破性的發現。

本書首先從劉勰所處的時代背景，《文心雕龍》的性質，講到劉勰的重要文學觀，和研讀《文心雕龍》應有的體認。並以此爲導引，再根據劉勰的思維模式，從駕馭群篇的〈序志〉入手，依次介紹其樞紐全局的文學本原論、囿別區分的文學體裁論、剖情析采的文學創作論、崇替褒貶的文學鑑賞論。雖然在抉微闡幽方面，還不能說是全面而毫無遺珠；但是對一個初學者而有志探索中國古代文學理論祕寶的人來說，這部深入淺出的作品，也許可以做爲投石問路的標竿吧！

本書行文，由於盡量不使用生字冷詞，所以凡具有中學以上語文程度的人士，均可通讀無阻。不過，在引文、引書、引說方面，除引劉勰《文心》上的說法，用楷體標出，易於辨識外，其他爲了使讀者翻閱時，有一氣呵成之快，故在引文之下，大多不附出處。書末的附錄，一、是本書作者《文心雕龍》研究著作年表，二、是研讀《文心雕龍》參考資料舉要。尤其附錄二，此處所舉，皆屬重要著作，非謂《文心雕龍》的參考資料僅限於此也。

本書的寫作，自開始至完稿，由於平時教學和研究工作的繁劇，時停、時續，大約用了四年漫長的時光，方才殺青付梓。其間雖然我很用心地想把它寫得盡善盡美，但由於受到個人學養上的限制，不能完全令讀者滿意的地方，肯定很多。在此，我除了向協助我聚材、謄寫的親友學生們致謝外，並誠懇地希望同道先進們給我指正。

王更生書於民國八十三年（西元一九九四年）教師節

# 王常新先生《文學評論發凡》序

文學之事，作者以外，雖然有思想、體裁、創作和鑑賞，但最受今人重視的，莫過於創作和鑑賞。二者之中，又可判為文學作品、文學批評、批評理論和文學理論四類。此四類彼此依附，不可或缺。因為文學理論指導文學作品，文學作品接受文學理論的裁判；而文學批評又必須批評理論的領導。故文學理論凌駕各類之上，且為批評理論樹立了裁判的標準。

文學理論之在我國，多以批評理論的建立為主軸，對作品的實際批評反較忽略。如孔子興觀群怨的「詩學觀」，孟子知人論世和養氣知言的「文章論」，劉彥和徵聖、宗經的「文學思想」，鍾記室詩歌美學的「滋味說」，韓昌黎古文論中的氣盛言宜和不平則鳴。甚而後來層見疊出的文話、詩話、詞話、曲話、小說話等，雖然千門萬戶，異采紛呈，但大致都遵循著這個不變的模式，為中國文學理論的發榮滋長，放射出萬道霞光！

常新先生，河南人，樸實憨厚，治學有得，而於文學理論獨具會心。前曾以四年時光，成《台灣詩人作品透視》，凡台、港兩地重要的文學作家和作品，只要經過他的評鑑，無不直探情源，各安其所。近又捧讀其新著《文學評論發凡》，全書十章二十八節七十三個子目，三百一十二頁。從第一章〈文學評論的概念和歷史發展〉，到最後第十章〈文學評論家的成才條件〉，其中關於文學評論的性質、作用、任務、標準、方法、過程等，運用連貫、遞進的叙述筆法，將文學評論的有關問題，融一爐而治之；並條其大凡，舉其綱目，立義選言，有本有源，指事說理，雜而不越，深得著述的體要。而第六、七、八章〈怎樣評論文學作品〉，尤爲本書重點所在。至於其提要勾玄，推陳出新之處，俯拾即是，讀者善擇自得。所謂「鴛鴦繡了從教看，且把金鍼度與人」者是也。

河南，古稱豫州，爲盛產大象之國，因爲地處四方之中，又美其名曰「中州」或「中原」。她背靠秦嶺，席枕太行，阡陌交通，雞犬相聞，這塊廣漠無際的黃准平原，厚殖了中華民族五千年歷史文化的基業。她既是英雄豪俊稱王踐霸的競技場，也是文人才士齊足並馳的翰苑詞壇。約而言之：自漢初賈太傅著〈鵩鳥〉、〈惜誓〉，上接風雅，下開馬班以後，於魏有詩文兩美的王仲宣，於晉有「鬼中董狐」的干令昇，於齊梁有詩論宗匠的鍾記室，於唐有比肩李白的杜子美，和領袖八家的韓昌黎，他們各以震古鑠今的著作，爲中國文壇樹立了歷史的豐碑；兩宋以後，千百年來，或因天災、或由人禍，以至大地失靈，人才寥落，昔日我中原人文發展的盛況，就像雲煙過眼，已闃然少聞！

一九九五年七月杪，我應「北大《文心雕龍》國際學術研討會」之邀來京。會後，偕諸友好自京西行，經大同、太原後，轉車南下，過臨汾、渾城、永濟、平陸，越茅津渡、三門峽，夜宿洛陽牡丹大酒店。一路之上，雖然盛夏滔滔，然而永樂宮的壁畫、中條山的雄姿、黃河的滾滾濁流、嵩嶽的巍然聳翠，在路樹翻風，夕陽殘照下，益發引起我的思古幽情。

江山如畫，亦要才人謳歌，常新先生既有河南人的倔強脾氣，又有大象任重致遠的耐力，當此全國上下緊抓精神文明建設的時刻，他以文學評論鳴於著作之林，並丐序於我；我因其能發揚河南人刻苦耐勞的精神，從事文學理論研究，和實際作品批評，且有志於爲時代的鼓吹，做文化的旗手，特略攄感懷，並爲海內外讀此書者告。

王更生序於民國八十五年（西元一九九六年）元月十九日台灣師範大學國文系研究室

# 《國文教學面面觀》自序

國文教學，就是國家語文的教學，民族精神的表徵，歷史文化的傳承，沒有它，則國族歷史文化，只有繼希臘、巴比倫之後，而煙消雲散，供人憑弔之一途。所以教育既是國家的大本，則國文教學，更是民族求生存，文化求發展的教育之本。

我不是一個偏狹的民族主義者，但我堅信國文教師是國家歷史文化的守護神，其本身除具備專業素養之外；還應該有學不厭、教不倦的精神，以熱誠負責的態度，來達成傳道、受業、解惑的使命。在這個列國競爭，文化自主的聲浪日趨高張之際，平心而論，身爲一個中國人，爲了適應生存上的需要，外文固不可不學，科學亦不可不學；但如果因爲學外文、學科學而視本國的語文如敝屣，把國文教師當做老骨董，此斷斷不可也。試問，身爲知識份子，如棄自己本國的語文而不顧，何足稱爲中國人！又何足以稱爲中國的知識份子！

我自民國三十八年（西元一九四九年）九月，從事國語文教學工作以來，由小學到中學、而職校、而專科，最後步入大學和研究所的殿堂，回顧這以往四十七年的漫長歷程，它充滿了荆棘，也充滿了希望；充滿了歲月的試煉，也充滿了成功的喜悅。尤其當我面對學生不同的成長過程時，那兒童們的天眞活潑、少年們的好勇鬥狠、青年們的熱血蓬勃、大學生們的意氣風發，爲了因勢利導，滿足他們在不同階段的需求，我只有以國語文教學爲著力點，踏著古聖先賢的足跡，辛勤不懈地去筆耕墨耘，口講指畫；從來不計名利得失，不問是非評議；面向無以量數的學子，毫不吝嗇地散下我滿懷的光熱與希望！

本書所收十九篇文章，依其內容性質的歸屬，分爲以下五類，即教材教法、作文教學、美讀教學、媒體教學、雜纂等，題其額曰「國文教學面面觀」。嗚呼！國文教學至大無外，至小無內，天時人事，無所不包，又何止乎教材、教法、美讀與媒體呢？至於所謂「面面觀」者，亦不過發其大凡，起其一例而已。

毋庸諱言的，這些彙集成書的作品，都是我近年來教學研究，或參與輔導教學時，因爲目視耳聞，有感於心，遂發而爲言，筆之於書；如果「言爲心聲」的話，它正代表了我對國文教學的執著。儘管其中有些看法尙欠圓熟，但屬辭比事，舉止云爲，無一不是由實際經驗中抽繹而出。國文教學有雄厚的潛力，是無尙的藝術，絕無成規定例可資依循。這裡所指涉的內容，只是一個多年來本著獻身國文教學者的熱誠，向同道先進們提供一點兒淺見而已。持論旣難以客觀，則其是非然否，就只有等待讀者諸君的指正了。

王更生序於民國八十五年（西元一九九六年）六月三日台灣師範大學國文系所研究室

# 胡著《聽竹軒詩》序

《詩經》爲百代詞章的總源，它不僅使人得其情性之正，而且還發揮了興、觀、群、怨的功能。如〈關雎〉言文化起於閨門，〈甘棠〉賦愛國保民的思想，〈碩鼠〉刺暴政如虎的恐怖，〈黍離〉寫國破家亡的悲哀；至於秋水伊人的〈蒹葭〉、風木哀思的〈蓼莪〉、纏綿悱惻的〈采薇〉、絕代風華的〈碩人〉；沒有一篇不是發乎情，止乎禮的妙品。至今讀來，還有言近旨遠，蘊藉無窮的魅力，令人低迴流連，愛不忍釋。

當今文壇，以詩名家者所在多有，但眞能合〈韶〉〈武〉〈雅〉〈頌〉之音的卻不數見。屈原的〈離騷〉，馬遷的《史記》，其驚采絕豔，陶冶萬彙的成就，固毋庸多讚；就拿唐代的李、杜來說，太白以才華橫溢的筆力，發爲「我志在刪述，垂輝映千春」的豪語；子美以突破萬卷的學養，贏得「江山眞占絕，千古獨風流」的推獎。究李白、杜甫之所以能總結漢魏六朝的局面，拓展唐宋以下的宗派者，咸以爲白以才勝，杜以學優；事實上，沒有先天的才氣，就無從博學詳說；沒有後天的學力，又怎能駕馭先天的才華？所以古來詞人，無一不是才富學飽，而後方能領袖風騷，傳貽來葉。

傳安教授飽飫《詩》教的精義，素習屈、馬、李、杜之學，而於杜詩尤有會心之得。其就讀淡江大學期間，與師友常相酬答，當時即以詩鳴。玉亭女史，名門淑媛，冰雪聰明，二人結褵後，情深愛篤，形神如一。同執教於上庠，講學於海外，相依相偎，益增詩歌吟詠的情趣。故每有佳篇，輒傳誦於同道之間，被譽爲「天才鉅製，罕有其匹」。

近以《聽竹軒詩》見示，並囑以數言爲序。綜觀傳安教授的詩作，見其胸次恢廓，筆有特識，風格卓然與衆不同。你看他忽而清風明月、忽而白日春林、忽而千峰羅列，萬派汪洋；忽而萬花谿谷，光景爛熳；尤其在他那生花妙筆，變化無端中，所別具的一段憂深思遠，悲天憫人的襟抱，令人爲之凝神玩索，而不能自抑處，如非對《詩》教深造有得，斷難及此。

沒有詩人，就沒有文化；只有詩人，纔能洞觀群相，明鑑人生的眞諦。值此大雅不作，六藝道喪，屈、馬、李、杜之學，棄如敝屣的世風中，得傳安教授的詩而讀之，必能在字句格法之外，瞭解他做人的風骨，和他那觸景生情，因情抒意的用心！是爲序

王更生序於民國八十五年（西元一九九六年）九月十二日台灣師範大學國文系研究室

# 陳、范合著「三蘇文選校注評析新編」序

最近由於忙著償還高築的文債，民國八十六年的春節，雖然在寒風苦雨中翩然降臨，但我卻在筆耕墨耘裡，熬過爆竹除歲的時光。

得悉老友陳雄勳教授近患運動神經失調之憂，並於赴美療養後返台小憩。我正想當工作告一段落時，找個天朗氣清的日子，親往致意；忽承來電邀敘，席宴之間，出示其伉儷合著的「三蘇文選校注評析新編」書稿，並希望數言以序其耑。

雄勳教授歷任大學國文教席，專科學校教務主任、訓導主任、夜間部主任；月嬌女史於日本留學歸國後，在淡江大學中文系執教，主講《春秋·左氏傳》及歷代文選。夫婦皆以詩文酬唱，久享盛名於翰苑詞壇；而且意之所之，皆憂深思遠，得風雅的旨趣。故每有佳作，即騰播朋儕間，譽爲渾然天成，其奇思妙想，不應人間所有。

三蘇文章，卓絕千古，早有定評。但自民國以來，凡研究中國古典散文者，多於唐取韓、柳，宋法歐、蘇。其實蘇氏父子的作品，篇有篇法，段有段法，句有句法，字有字法，整齊處有參差，

起伏中有頓挫；或雄勁豪邁，或姿態橫生，或汪洋澹泊，莫不意稱其物，文逮其意，各具風格。不僅被當代推爲泰山北斗，即千百年後，亦爲從事散文創作者，仿效的範本。

今雄動，月嬌賢伉儷，融蘇門三家之作於一爐而治之，並將其多年苦心經營的《新編》出版行世，確能適時彌補台灣古典散文選本上的缺口，滿足學者問津討原的需要。尤其本書選了三蘇文四十篇；其中蘇洵十六篇，蘇軾十九篇、蘇轍七篇。長公之作雖嫌略少，但所選的十九篇都最具代表性。至於正文之末，所附的題解、校勘、注釋與評析，也淺深適度，繁簡得中。相信讀者可以從中汲取其精蘊，摹得其神髓，而有快然自足的收穫。

値此春回大地，萬象更新之際，忙中偸閒，爲我老友的大箸爲序，倍感榮幸；同時，更竭誠祝願雄動教授的微恙，能早賦無藥；爲中國的詩壇文林再綻新葩！

王更生序於台灣台北市退思齋民國八十六年（西元一九九七年）春節後一週

# 附

# 編

# 附編：

## ㈠苦讀出身的王校長

大華晚報
記者 程榕寧

一雙輪胎底的皮鞋和一張公教公車月票，每天一大早就把他從新北投載到內湖。

在德明行政專校站下了車，他得再走上一段路，才能到他的辦公室。

他提著公事包，精神抖擻的朝校門走著，也許衣裳已經汗濕，也許西褲已染上塵埃，但，他全不在意，最多只是掏出手帕，擦擦臉上的汗漬，免得鼻樑上的眼鏡滑溜。

一路上，會有穿著整齊制服的男女學生，向他朗聲的打招呼，他欣然的回應著。他和他們的臉上，都掛著一家人般的怡然微笑。

走進校門，學生們總是發現校長座車停在車棚中。望著正走向行政大樓的他，他們會不約而同的問：「校長爲什麼不坐車？」

時間一久，這句問話傳到他的耳裡，他淡然的說：「今天所處的時代，講求的是平淡、平實，公共汽車這麼多，方便又便宜，又何必一定要坐小轎車呢？」

對他而言，坐公共汽車已不是什麼特別作風，他特別的是——永遠堅定的把持志向，沒有在命運的風暴中、生活的重擔下倒下。

下面就是這位校長——王更生博士的故事：

王更生是何南汝南縣人，今年四十三歲。生長在一個家道小康的農家，上有父母，下有四個妹妹。由於農忙，他常常幫助母親做些家務事，是父母眼裡的「懂事的孩子」。

他的父母不識字，一心一意想培植他做個讀書人。家裡一百畝田的收成，除了維持最起碼的生活外，全都積攢下來，準備供他上學用。那時候，他年紀小，還不能了解父母的良苦用心。

王更生在學堂裡上了兩年學，在父母的感覺上，已是「蠻有學問」的了。他的父親在農閒時，還作小生意，常叫王更生記帳，他常把張三記成李四，把李四記成王二麻子；隔幾天後，再看帳本，又是語焉不詳，這可眞氣壞了他父親。

王更生清清楚楚記得他父親說過的話：「我對你還有什麼指望？只教你記記帳，都搞得不清不楚！」

長大後，每當他想起沒替父親好好做事，衷心覺得對不起父親，也是這個原因，鞭策著他日後的刻苦力學。

民國卅七年，他是河南省立中正學校（原國立第十中學）師範部二年級的學生，由於連天的烽火，他跟著學校南下，流離到上海。

還沒有安定下來，赤焰又緊緊的跟到，在走頭無路的情勢下，他聽從一位排長（是他過去的同學）的勸告，跟著軍隊到台灣。

從此，他就像一葉飄萍，在人生的海洋裡流浪。

在基隆和部隊分開後，王更生帶著幾本書和一點點錢，輾轉到台北。人生地疏和舉目無親，生活的問題像巨石，壓得他透不過氣來。

天無絕人之路，卅八年二月間，落魄的王更生很偶然的在板橋的一個公布欄裡，看到台北縣政府的一張公告，縣長署名是梅達夫。

王更生記得梅達夫在他的家鄉汝南，曾做過行政督察專員。也實在是被逼不得已，他冒昧的寫了封信，請梅縣長給他一個工作機會。

正因爲他那封毛遂自薦的信，寫得工整而通順，梅縣長的秘書董福澤回信給他，告訴他縣政府有一個臨時僱員的位置，如果他願意，可以立刻上班。

像在汪洋的大海中，抓到救生圈一樣，王更生欣喜的「走馬上任」了。他的工作是在地政科擔任抄寫，每月的薪水是新台幣六十元。

白天，他終日埋頭抄寫，晚上，他寄宿在一位韓秘書家裡，他當時的生活情景，十分悽慘。

在韓秘書的小廚房裡，靠近鍋灶旁，王更生用廢木箱拼成一長條，當作床，夜裡蚊蟲多，他只能用塊布裹住身體。在床的附近，有一個通氣的窗子，老是「夜不閉戶」，因爲他沒有東西可偷。

他常三餐不繼，就是有錢買東西吃，他也不敢讓人看見，因爲他吃的都是最粗劣的食物。

民政局的秘書和科長看他永遠穿著那一套衣服，便把穿不上的衣服送給他替換，其中有一套綠色的中山裝，竟成了他的大禮服。

雖然衣食無著，他卻從沒有做過一點不名譽的事。他時常警惕自己：「我人窮，志不能窮。我要堂堂正正的做人。」如今時下的年輕人，常以生活困苦做爲非作歹的藉口，實在是幼稚而可笑。

縣政府的同仁們，都對王更生很好。主管看他的字挺漂亮，人很勤快，有意把他升成正式僱員，將來再升成職員，但，王更生並不以此爲滿足，他是讀師範的，怎麼能長久的趴在桌上抄寫呢？

爲追求理想，王更生決定離開工作半年的縣政府。他請託教育科長，幫他物色一個教書的位置，科長知道他的能力，一口答應下來，很快的將他補上瑞芳國校的空缺。

不料，王更生竟婉言拒絕了，他說：「他希望能到最需要老師，最偏僻的地方去任教。」最後就由人事室第二股股長張建寅先生的推薦，把他介紹到台北縣最偏僻，人跡罕至的鼻頭里國民小學。

當時正是八月底，九月初的天氣，他決定走馬上任了，他一無所有，除了身上穿的，就只有他的同鄉好友張鵬送他的蚊帳，帶著無盡的友誼，踏上征途。

當時，鼻頭里的交通十分不便。從基隆經過和平島，然後坐小火車到水湳洞，再走兩小時山路，才能到達那個靠山面海的小漁港。

王更生去的時候，曾向當地人打聽如何走法，可能是言語不通，沒聽明白的緣故，他在大雨中，從九份、金瓜石、水湳路，一直走到鼻頭，花了一整天的時間，弄得精疲力盡，滿身泥濘。王更生回憶說：「還好我在老家時走慣了，可以勉強走到目的地。……」壓低了聲音，他坦白的說：「當然，也是因爲沒錢。」

在鼻頭國小，王更生和校長劉心瀅及另兩位老師，分別教六個年級五十八位學生。白天上課的教室，晚上是他們的宿舍。以學生桌椅搭成的「床」，睡在上面似乎比廢木箱要穩當些。

王更生又到了宜蘭南方澳的南安國小執教。

課餘之暇，他自修並參加普通考試。不久，他終於通過了教育行政普考。

接二連三的，他在宜蘭全縣的「教育論文比賽」、「優良教師講習會論文賽」和「反共抗俄教育講習會」的測驗中，都獲得第一名，在感覺上，他因謙虛而至的惶恐，遠勝過欣喜。

可能是他表現得不錯，宜蘭縣政府教育科調升他爲南安國校的教導主任，不久，該校校長重病住院療養，他再代理校長。這種種的升遷，引起許多非議，因此，他雖然在其位，卻不能有所作爲，許多理想都無法付諸實行，確實苦惱。

四十一年冬天，他獲得高等考試教育行政類及格的證書，這證明他一直是工作而不忘進修。

依當時的法令規定，高考及格可以擔任中學教師，王更生一方面也想換換環境，便請他當年在家鄉的老師劉載新，介紹到樹林中學教書。

教書、讀書的平靜日子過了一學期，王更生風聞已久的閒話：「一個國校老師，有什麼資格教中學？」終於在劉老師的一次閒談中得到證實。

他心裡好難受，但，不忍耐又能怎麼辦？他只好更加苦讀，他一定要得到大學文憑，來平息同事們的不滿。

四十三年，他完成終身大事。王太太祁素珍是劉老師的外甥女，一向敬佩王更生的吃苦耐勞，奮發好學的精神。他們的結合，安定了他的生活起居，他能開始有計劃的準備考試了。

四十四年，王更生喜獲麟兒，但，隨之而來的是負擔更重了，太太沒有工作，他要獨力養家，那有精神再應付科目繁多的大專聯考。

直到四十六年王更生終於考取了淡江英專商學科。註冊費又成了令人頭痛的問題，王太太知道丈夫處心積慮的就是想上大學，便毫不吝惜的把嫁妝典當一空，讓王更生順利入學。

爲了讀書方便，王更生轉任教淡水初中，教書和讀書同時並進。現在半工半讀的學生很多，在當時，他是絕無僅有的。再加上他有許多功課要作，他常常隔月回樹林一次，整個的家和孩子，完全由王太太一人承擔。

到了第二學期，他決定休學，一方面志趣不合，一方面還是因爲沒錢，他繳不起學費。

半年後，正巧碰到師範大學報考第一屆國文系夜間部，一心喜愛中國文學的他，終於如願以償的考取了。他內心的快樂，唯有失學的人能體會。

作了準大學生後，他在朋友介紹下，到瑞芳工職執教。他當然想在台北工作，也方便上下學，但，他沒有人事背景，只得每天通勤。

九月份，師大寄了通知單給他，註冊費是九百廿元，沒領薪水，他只好寫了借條，請校長幫忙度過這一關。

開學了，王更生每天下午四點多鐘，結束教課後，便帶著便當，搭車趕到學校。在教室中的幾個小時（六點半到十點），是他渾然忘我的時刻，老師帶領他暢遊書中的古今天地，什麼喜怒哀樂，什麼柴米油鹽醬醋茶，全都拋到九霄雲外去了。

下了課，已經十點多了，他趕到火車站，想搭十點三十分的火車。由於這班車是高雄至基隆的長途車，常常會逾時，王更生只好焦急的等車，他心裡算著，到八堵還要轉車，十一點多的最後一班車若是沒趕上，還得等便車，這一等又不知等到幾點了？明早還要教書，精神不夠怎麼行？

儘管他急得如熱鍋上的螞蟻，十之八九他總是趕不上到瑞芳的最後那班車，只好等便車。夏天還好，只是吹吹風、淋淋雨，到了冬天，淒風苦雨的，可真是難受。

「便車」是指到瑞芳去運煤的火車，不一定什麼時候開，王更生只好向站長說盡好話，車開時叫他一聲。

搭運煤車到瑞芳，已經是凌晨一、兩點了。下了車，雖然飢腸轆轆，他卻不忍拿一塊五毛錢吃碗陽春麵，只能抱著書，快步走回宿舍。

趕車很辛苦，他卻毫不放在心上，他暗暗叫苦的是沒有錢。王太太在蘭陽女中找到一份工作，分擔了家庭部份經濟，但還是沒有多餘的錢供他讀書，他怎樣來完成學業呢？

第二學期的註冊通知單到了，他學費無著，又無處可借貸，迫不得已只好寫了封信，請學校准許他請假兩週，等到薪水發下來再補註冊。不料，當時夜間部主任程發軔知道這件事，便立刻以限時郵件通知他立刻到校上課。

王更生永遠記得程教授信上的大意：「……你上學期成績是全班第一名，有五百元獎學金，其餘的四百多元，我可以先代墊。只要你勇敢的堅持求學的意志，學費不必發愁，準時到校上課吧！……」

懷著滿心的謝意，王更生說：「雖是四百多元，卻表達了程老師的愛我之情。當時，我一籌莫展，能得到這份雪中送炭的溫情，是我永生難忘的。」

當王更生的博士論文去年在師大通過，宴請評審委員時，他曾在席上以感恩的心情，報告這件往事。他說完時，不禁泫然淚下，而程老師也流下老淚。

其後，他連續得到兩年獎學金，可算是無後顧之憂了。

艱苦的拿到學士文憑，他在新北投復興中學負責訓育組長代訓導主任的工作，公餘之暇，他的生活就是讀書。

五十三年，他順利考取師大和中國文化學院的中文研究所。

再回到母校研究，身受師長教誨，王更生既興奮又快慰，只花了兩年時間，便以高明教授指導的「晏子春秋研究」論文，得到碩士學位。

五十五年，私立德明行政管理專科學校創辦整一年，在師大諸位教授的推荐下，極希望王更生能到該校擔任訓導主任，就這樣，他成爲研究所畢業即有副教授名義的第一人，還與德明專校結下不解之緣。

工作一年後，德明專校爲便利他進修，改聘他爲專任教授，講授「中國文化概論」。

五十七年五月，師大研究所所長林尹告訴王更生「博士班」招生的消息。和高明教授商量後，王更生決定報考，並立刻確定了論文題目和寫作綱要。

通過一連串的自傳、論文、寫作綱要的審查後，他以第三名考入博士班，而在去年八月三日，卻首先得到教育部頒發的博士學位。

王更生博士的論文題目是《籀廎學記》，長五十萬言，由林尹、高明擔任指導教授。內容是中國近三百年的學術史剖析，他先作個案研究，再作綜合整理，最重要的部分是介紹浙江瑞安的孫詒讓。

王更生在四年裡食不知味，寢不安枕，才完成這篇論文，曾遭遇下述困難：

一、孫氏生在同、光年間，死在光緒卅四年，距今頗近，但資料搜集反倒不易，惟恐傳述身世不眞實。

二、孫精通經、史、子、集、金文、甲骨、目錄學及校勘學，且都有專著，可謂著作等身，惟恐無法正確傳述孫氏的學術精華。

三、孫氏的著作及文稿頗多散失，不易取得，惟恐掛一漏萬。

此篇論文雖使他得到博士榮銜，但他並不滿意，他願不斷的修訂，以期更完美。

在王家的書齋裡，存有近萬冊藏書，這是王更生省吃儉用換來的。書架上的《賈誼學述三編》、《六十年來的文心雕龍》、《偏旁考源》、《詩品總論》及《中國文化概論》，都是他治學的結晶。

苦讀廿餘年的王博士認爲：「我是靠內在的興趣、外在的壓力和引誘完成學業的。另外，一付不生病的硬骨頭和親友的精神鼓勵也是支撐我的主力。」目前，他正在作「文心雕龍」的研究。

王更生博士家庭美滿，賢慧的王太太十餘年來相夫敎子，不但讓王博士專心學業、著述，還把三個孩子敎養得很好，不愧爲典型的中國婦女。

去年五月，王更生爲報答知遇之恩，盛情難卻的接長了德明專校的校長職務。行政工作對這位一心想做學術研究的讀書人來說，不啻是一大考驗，他懇切的說：「我願在此崗位上竭盡所能，以盡國民一份子服務社會的責任。」

本文刊載於民國六十二年九月一、三日《大華晚報》「甜蜜的家庭」版，當時程小姐爲該報記者，這是她訪問後寫下的文稿。

# ㈡國文教學的一盞明燈

台灣師範大學國文系、國文
研究所教授兼系主任所長　蔡宗陽

師範院校雖有「國文教材教法」、「教學實習」、「普通教學法」（今改爲「教學原理」）、「教育心理學」、「視聽教育」、「中等教育」、「教育與心理測驗」、「教育概論」……等科目，但有關國文教學的科目，以「國文教材教法」、「教學實習」爲最密切，而「國文教材教法」是屬於國文教學的理論，「教學實習」才是國文教學的實際。但是，目前國文教學方面的參考書不是偏於理論，便是偏於實際，很少能二者兼顧並重。曾任大中小學教師的師大王更生教授，有鑒於此，於是花了七個寒暑，才撰成了一部二十五萬言的《國文教學新論》。這本書於民國七十年四月，由明文書局出版。

《國文教學新論》，是一本既重理論，又重實際的好書。全書除〈序言〉、〈附錄〉和〈出版後記〉外，共分十一章七十二節。除了第一章〈緒論〉是偏重於理論而外，其餘十章，都是單篇的小論文，每篇多有前言、本論和結論，可說是「麻雀雖小，五臟俱全」，而且每篇都寫得很精采、很生動，既深入，又淺出，既重理論，又重實際。

「知本」、「明法」論作文——代序，是闡述當前國文教學的重點工作，在於範文讀講與作文教學並重；因為範文讀講是作文教學的手段，作文教學是範文讀講的目的，二者息息相關，相輔相成，密不可分，是一體的兩面。可是，有些國文教師不是只顧範文讀講，就是只顧作文教學，殊不知二者是相得益彰，缺一不可。又有些國文教師以為講解作文方法只限於作文課，其實不然。平時讀講課文，分析文章結構的時候，就可以配合課文講述作文方法；這時，學生慢慢地耳濡目染，潛移默化，也就漸漸地學會了作文。王教授在〈序言〉中，首先澄清國文教師的觀念，一般教師以為中學除了作文課之外，根本沒有時間教學生作文的訣竅，其實，這是大錯特錯的觀念。在讀講範文時，可以把作文教學融化其中，這是最好的作文教學。如果只空談作文理論，而不配合國文課本的教材，以課本的文章來分析、講解作文要訣，學生所學到的，可能只是空洞的作文理論，而無法運用到寫作上。也有些國文教師不但只講解課文，不分析文章結構，講述作文的方法，就是在作文課也隻字不提作文方法，只出一道作文題目，就虛應故事了，這是誤人子弟，於心何安？當然也有認眞負責的國文教師，不僅課文意義講解得很詳盡，文章結構也剖析得很清晰，把作文方法適當地補充說明，使學生不止了解作文的秘訣，更洞悉課文的涵義。

第一章〈緒論〉先介紹國文教學的內涵。國文教學的內涵，分為範文教學（又叫做精讀教學）、習作教學（又叫做作文教學）、課外閱讀教學（又叫做略讀教學）、書法教學（又叫做習作教學）。王教授再根據這四大項目，而分別撰述，像第二章至第五章，都是屬於範文教學，包括課前預習、題文與作者生平介紹、讀講過程、深究鑑賞。就範文教學的活動過程而言，「課前預習」是「準備活動」，「題文」、「作者生平介紹」、「分段讀講」，是「發展活動」；「深究」與「鑑賞」是「綜合活動」。第六、七章是介紹教案與教具，是輔助國文教學。第八、九章是介紹作文教學，包含習作指引、習作批改。習作指引，是積極地引導學生作文，習作批改是消極地批評學生作文，二者對學生作文都有裨益。第十章是論述課外閱讀教學，特別強調「課外閱讀」與「範文教學」應該等量齊觀。第十一章〈書法教學之研究〉，不僅介紹書法之理論，也介紹書法之實際運用，作者也親自摹寫甲骨文、鐘鼎文、石鼓文、隸書、草書。「書法教學」是「範文教學」的工具，可見書法教學的重要性。但是，書法教學在中學已亮起了紅燈，因爲除了聯課活動有書法社團以外，平常在國文教學很少利用時間講述書法的理論與實際地運用。最主要的原因有二：一是時間不夠用。一是國文教師不知如何授課。王教授在這章特別加以介紹，國文教師可以拿來參考，或當做教材之用。另外特別提出一般人費解的問題，那就是作文爲什麼要用毛筆？其理由可參閱「書法教學的價值」這一節，作者列了六項價值，並且引用名書法家之言論加以印證。

尤其值得一提的是，在第六章〈單元教學活動設計之研究〉，附有〈範文教學過程的適用原則及教法簡表〉、〈範文教學的實施要領及注意事項簡表〉、〈國文科單元教學活動設計範式〉、〈全文分析表〉、〈虛字分析表〉等五種。第八章〈作文教學『習作指引』之研究〉，附有〈習作批改實例〉。第十章〈課外閱讀教學之研究〉，附有〈學生課外閱讀問卷〉。第十一章〈書法教學之研究〉，附有〈歷代字體演變與欣賞〉。這些都是理論與實際配合，學術與經驗溝通，傳統與現代結合，可以使國文教師看了以後，不但知其然，也知其所以然。如果有勤學好問的學生，問這個爲什麼，問那個爲什麼，國文教師就可以對答如流了。

〈國文教學新論〉，是彙集各名家的參考書與論文的優點，我們看了這本書，等於吸收各名家的精英。這本書是國高中國文教學的一盞明燈，不僅可以引導國文教師教好國文，也可以使國文教師體認經師、人師必須兼顧，才是好老師。因此，特別撰文加以推介，以饗同好！期望國高中的國文教學，能更臻於理想的境界。

本文刊載於民國七十一年（西元一九八二年）九月廿二日《中央日報》晨鐘。

# ㈢為職工點筆生花的導師

林平銀

## ——王更生教授

本校校長郭爲藩創辦的國文進修班，提供了全校員工一個進修國文的機會，並聘請國文系教授王更生擔任授課老師。目前，第一期七十位學員已圓滿結業，一般反應十分良好。

當初郭校長提出這個構想之後，立即由人事部門承辦，並以專案辦理，於去年元月開班，訂每週二、五下午四至六時爲上課時間，每次上課兩小時，一週共四小時。實施結果，第一期已於今年元月順利完成，且普遍受到學員熱烈響應。

王老師說，國文進修班從開始構想、擬定計畫、尋找人選到校長批准實施，過程是繁雜而又慎重。人事室爲了師大員工的福利著想，挖空心思，花費了很大的力氣，他非常贊同人事室的做法，認爲精神的福利比加發一個月薪水還重要。

王老師之所以樂意擔任這項授課工作，是受到郭校長精神的感召。他表示，身爲大學校長一定要有魄力與主張，而郭校長能把握做事的原則，具有高瞻遠矚、開擴胸襟及遠大眼光，他十分欽佩。

王老師接著說，國文進修班的對象是全校的職工，採取自願報名的方式，凡參加者一律公費優待，授課講義、作業薄、筆等皆由學校免費發給。首期參加的學員共七十位，由圖書館職員祝仲融擔任班長。

國文系主任黃錦鋐兼班主任，他對國文進修班教書人選很慎重，曾跟王老師多次商談，然後經人事室與校長同意後才聘定。招生之時，人事室主任徐枕和第二組組長鄒湘兩位，首先以身作則報名參加，造成了進修的風氣，令王老師大爲感動。

進修班的成員非常複雜，王老師發覺到，以職位來說，有人事主任，有工友；在程度上，則有大學畢業，也有小學畢業；年齡方面更是從二十多歲到六十多歲不等。

面對以上的個別差異，如何編選教材來適應學員們不同的需要，以及王老師本身教學的態度、講話、詞句深淺能否讓每位學員適當吸收，都給王老師帶來許多困難與考驗。

王老師告訴記者，當他知道被聘爲進修班老師時，距離開課的時間只剩下一個月，他當時內心非常惶恐。首先，他擬妥大綱請黃主任批准，然後按照大綱編選教材內容。

在教材選擇上，王老師考慮很多，包括適應多方面的需要與不同年齡的興趣，符合員工進修的性質，教材內容具實用性，每單元的教材都要短而豐富，一定要概括中國詩詞曲文，講課的態度要深入淺出，教學內容要有趣味性，進度快慢要適中，及教材與作文要配合等條件。

王老師對這件事情的態度之所以這樣愼重，是希望不要辜負郭校長對員工進修的一番苦心。他按大綱的原則，第一步便廣泛的蒐集資料，挑選所需的內容加以剪輯，最後送到學校出版組印刷，作爲學員的教材。那個時候是寒假，他花了整個假期，從數千篇文章中尋找合適材料，甚至爲一篇詩詞都考慮很久才確定使用，他經常爲此事忙到深夜方才入寢，這種辛苦的過程是不爲人知的。

王老師對進修班授課的方式是每上一個單元，就會對新教材作大概介紹，引起學員們研讀興趣後，再進一步講解分析，同時對一篇文章的結構、佈局、遣詞、造句、下字以及前後連絡照應的關係，都加以說明。需要用圖畫呈現時，他會當場在黑板上繪圖，如岳飛的〈五嶽祠盟記〉，就必須畫出岳飛與金兵交戰的軍事圖；講到王禹偁的〈黃岡竹樓記〉，即隨文畫出山水圖以輔助教學。

王老師指出，每當講完一篇教材後都會示範朗誦，然後由學員跟著練習，如此的教學過程才會多彩多姿，使學員不致於感到單調乏味，也使得教材由平面化變成立體化、生動化，將原來平淡的教材帶入音樂與美感的情境，師生之情便完全陶醉在這樣的氣氛中。

王老師深感安慰的說，根據人事室統計，一年來，沒有一個人打瞌睡，也很少有人不到或早退的；作文方面都是用毛筆規規矩矩的寫，有的非常簡短，有的在數千字左右；考試平均成績在八十分以上，高的達到滿分，低於七十分的沒有，試題不遜於大一國文程度，可見每位學員都很認眞的學習。

王老師透露，每位學員考試合格後都發給結業證書，據他揣測，結業證書可作為職員升遷調補成績考核的依據。由於他很忙，第二期的國文進修班已改由王熙元教授負責。他強調，王教授是他的學長，比他先得到博士學位，相信在他的指導下，學員們今後的收穫會更加豐富。

王老師最後談到他的感觸，證明郭校長為提昇員工服務品質，所作的投資沒有白費，學員得到了相等的代價，也培養了他們忠於職守的觀念。他同時虛心的說，進修班的授課使他受益不淺，是一次再教育的好機會。

由於擔任國文進修班教學的關係，他贏得很多友誼，與學員見面時的感情非常融洽。他很感激郭校長、人事單位在一年中對他的受護，同時也感謝黃主任對他的栽培，給他這個機會。

本文載於民國七十二年（西元一九八三年）六月，出版的《師大校刊》慶祝三十七年校慶專輯

# 四王更生研究《文心雕龍》的心得

程榕寧

批評，對注重情面的中國人而言，像一道鴻溝，大多數人都沒有勇氣跳過溝來，作主觀的批評。

最常見的文學批評和藝術批評，就在人們彼此的情面下，變得沒有什麼內容，也沒有章法。

國立師範大學國文系王更生教授說：「古人已留下了可供依循的範本，如果能有領會，相信能引導大家走正確的批評之路。批評，是很重要的工具，它能鞭策大家加速進步。」

這位古人，活在一千四百八十多年前的南朝梁，名叫劉勰（彥和），他的著作是《文心雕龍》。

王教授說，《文心雕龍》一向被學界奉爲文論的寶典，翰苑的奇葩，經唐宋，歷明清，學者或謄鈔，或翻刻，或評校，或註釋，不但代有名家，近年又由國內傳譯到國外，漸次引起世界上留心漢學人士們的注意，足見《文心雕龍》理到優華，體大思精，有歷久彌新的價值。

王更生教授，專研《文心雕龍》，出版有關《文心雕龍》的《研究論文選粹》、《研究論文彙編》、《導讀》及《晏子春秋研究》等多種，計劃撰寫《文心雕龍新論》及《中國文學理論研究》，後者是希望建立中國的文學理論，而不再沿用西洋理論來看中國的文學。

——劉勰是一個怎樣的人？

他是漢齊悼惠王肥的後裔，曾祖仲道，做過宋建武參軍，祖父和父親都做過宋越騎校尉。劉家原籍山東莒縣，永嘉之亂衣冠東渡後，集中居住在東莞郡的京口（江蘇鎮江），對南朝的政治、社會極有影響力。

不過，劉勰出世時，家道已經中落了。他三歲喪父，與母親相依爲命；廿歲時，母親病故，他走投無路，到上定林寺，幫助僧祐和尚整理經藏，抄撰要事。

由於他篤志好學，又連續下了十幾年的苦功，他協助僧祐編了不少著作，如《出三藏記集》、《世界記》、《釋迦譜》、《法苑記》、《弘明集》等，直到今天，我們還可以親炙到他的手澤。

在那種環境中，他怎會興起寫《文心雕龍》的念頭？

傳說，在他年過卅之後，有一天夢見自己手捧朱紅色的禮盒，隨孔子而南行，他以爲聖人托夢，從此便決心讚聖述經，開始造作《文心雕龍》。

同時，南朝到了齊梁時代，整個的文壇風氣只重視形式的雕琢，缺乏內在的情實，劉勰看在眼裡，大爲不滿。所以，他以復古爲革命，對當時虛浮詭誕的文風，提出了嚴正的撻伐。

他的主張又是什麼呢？

他主張文學的抒發要自然，不需故意雕飾。他以爲文學主情性，應當抒發作者的眞實情感，切忌無病呻吟；至於他立論的態度，卻非常公正，是則是，非則非，既不肆意咒罵，也不互相標榜。這種切中時弊的文論，由於他言出有據，很受重視。

——《文心雕龍》的內容，有什麼特色？

它的「體大慮周，籠罩群言」，是今古同歎的。綜其著述的主要內容，五十篇中可以分爲五大類，即：

第一類：緒論——〈序志〉篇。

第二類：文學本原論——〈原道〉、〈徵聖〉、〈宗經〉、〈正緯〉、〈辨騷〉五篇。

第三類：文學體裁論——〈明詩〉、〈樂府〉、〈詮賦〉、〈頌讚〉、〈祝盟〉、〈銘箴〉、〈誄碑〉、〈哀弔〉、〈雜文〉、〈諧讔〉十篇（有韻之文）；〈史傳〉、〈諸子〉、〈論說〉、〈詔策〉、〈檄移〉、〈封禪〉、〈章表〉、〈奏啓〉、〈議對〉、〈書記〉十篇（無韻之文）。

第四類：文學創作論——〈神思〉、〈體性〉、〈風骨〉、〈通變〉、〈定勢〉、〈情采〉、〈鎔裁〉、〈聲律〉、〈章句〉、〈麗辭〉、〈比興〉、〈夸飾〉、〈事類〉、〈練字〉、〈隱秀〉、〈指瑕〉、〈養氣〉、〈附會〉、〈總術〉、〈物色〉廿篇。

第五類：文學批評論——〈時序〉篇是論文學與時代潮流的關係；〈才略〉篇是論文學與作家才情的關係；〈知音〉篇是論文學與讀者鑑賞的關係；〈程器〉篇是論文學與道德修養的關係。

——《文心雕龍》是我國重要的一部文論寶典，但它的艱澀難懂也是出名的，怎樣才能使一般人也能讀它？

劉勰以他精湛的學術成就，運用華瞻的六朝文體，寫超越時空的文論思想，完成這一部顛撲不破的巨著。所以古來研究它的人很多，而眞能透闢理解者著實不多，因此《文心雕龍》的普及工作，是各方迫切期待的。

據我了解，國內學術界以語體散文的形式，翻譯《文心雕龍》全書的，以李景濚先生著的《文心雕龍新解》較完整。此書由台南翰林出版社印行。書分兩欄編排，上欄爲《文心》原文，下欄爲〈新解〉（即語體翻譯），篇末有增注、題解、分段大意。

不過，這本書在校勘、注釋、譯白等，仍有需要討論商量的地方。

——您是研究《文心雕龍》的名家，瞻望未來，應循何種途徑作進一步的研究？

校勘方面：訛文錯篇仍待整理。

注釋方面：慣用詞彙的比較研究。

文論方面：與現代的文藝政策相結合，與西洋文學批評相融通。

翻譯方面：必須遵守信、雅、達的原則。

資料方面：《文心雕龍》本身資料的集結。

比較研究：以《文心雕龍》爲中心，舉其前期、晚期或同期的文論作比較研究。

本文載於民國六十九年（西元一九八〇年）十一月二十三日
大華晚版第七版「讀書人」欄

# (五)一棵挺立懸崖上的蒼松

## ——我所認識的王更生先生和他的「文心雕龍學」

台灣師範大學
國文系副教授　呂武志

### 壹、前言——北嶽恆山之行有感

冷冽的二月天，積雪還沒全融。先生終於踏上睽違四十年的故土，滿懷熱烈，邁著健朗的腳步，快速向山頂推進。小徑緊靠巉削的岩壁，陡峭地盤繞上去，另一旁瀕臨著深谷，俯瞰向遼遠的黃土高原。乾爽的陽光下，塵煙氤氳，千山萬壑浮動在腳下；婀娜的桑乾河，也已凍結成一條閃閃的金蛇，迴映著天光；抬頭仰望標高兩千零一十七公尺的北嶽恆山主峰，遙遙聳踞在耀眼的青空之上。

山腰的一個轉彎，忽然迎面閃出一棵巨松，碩偉壯直，就擋在小路中央，遒勁的枝枒向旁舒展，正彷如一位守山羅漢謙恭地打揖問訊。先生不禁駐下了腳步，上下一打量，心底暗暗發出無聲的讚嘆。你瞧！就在五六步開外的懸崖之畔，樹根血脈賁張地浮現地表，緊攫著砂礫；三四人環不攏的貞幹，筆直地拔起，飛昇在十來丈的高空處，亂針繡出一疋綠錦，掩住了穹蒼。山風嘯嘯過耳，先生微閉雙目，與之冥然俱化！

風霜在樹幹鋒利地刻劃，貞卜一樣的題款無人能識；而一塊鑲嵌的小鐵皮，道出他名曰「虎口懸松」。懸了千把來歲，就在這險峻的崖口，風呀，雨呀！隨時都可以把他推落，跌個粉身碎骨；然而他卻緊抓著每一塊礫石，氣定神靜地站了一千多年，就在這時而渴旱，時而雨潦的恆山上；在這溽暑、冰雪交侵的北嶽不毛之巔。《莊子》書說：「上古有大椿，八千歲為春，八千歲為秋。」眼前先生倚著蒼松，蒼松撫著先生，到底誰是童心未泯的嬰兒？誰是鬢已蕭蕭的老翁？一時還眞叫人迷惘。

山東社會科學院的馮春田敎授來函，盼望能撰文介紹先生。我不禁想起個把月前，就在和馮敎授結識之後幾天，我陪著先生攀登恆山，讚嘆那一棵成長艱辛，卻不凋於嚴寒的青松；那股堅毅的風操，拿來形容我所認識的先生和他的「文心雕龍學」，還眞貼切呢！

## 貳、先生的寫照

先生祖籍河南，今年六十二歲。身材英挺，面貌古癯，雙目炯炯有神；雖然年逾花甲，但是體格十分硬朗，步履矯健，聲音尤其宏亮，稱他是「立如松，行如風，聲如鐘」，並不為過。河南人向來就以「騍子脾氣」著稱，我倒覺得不如說是「松的性格」較為適恰。《論語》上說：「歲寒，然後知松柏之後凋也！」松柏長青，就是因為剛毅，能凌霜傲雪，經得起嚴酷現實條件的考驗。回顧先生的人生歷程，同樣是通過了重重打擊，愈挫愈勇，終於能在學術上卓然有成，這絕非偶然。對於先生的行誼，個人所知有限，不賢識小，就讓我以一鱗半爪，來為先生少、青、壯、老四個階段速寫吧！

## 一、少小離家的漂泊歲月

「我像天邊的流雲，風是我的腳」，這是先生在一篇文章裡的自述。民國十七年（西元一九二八年），先生誕生在河南省汝南縣一個叫官莊的貧窮農村，父母合力經營一爿小雜貨店。為了讓家中惟一的男孩讀書識字，七歲入蒙學，十一歲被送往縣城裡的小學就讀。民國三十年（西元一九四一年），日軍的侵略戰火漫延到華中，局勢吃緊，民心惶惶。恰好一支廣西來的游擊隊經過官莊，學校裡最疼愛先生的郭老師和營長是舊識，覺得機不可失，便讓先生徵得父母同意之後，跟著軍隊逃到大後方，過著流離生涯。以後先生陸續到過陝西、甘肅，接著又從西北轉徙到東南，這七、八年中，先生一邊逃難，一邊完成了流亡的中學教育。民國三十八年（西元一九四九年），大陸棄守，先生終於來到寶島台灣。每當想起這段逃難歲月，先生總有無限的感傷，他說：「生活像隻魔手，把我從父母慈祥的懷抱裡搶走，漂泊到中國的西北，又淪落到大海的東南。有時候，在飢寒交迫，尤其是冷不成眠的冬夜，矯首海天相隔的爸爸媽媽，他們又何嘗不在思念著自己天涯淪落的愛兒！」先生在少年時代，就懷著離家思親的滿腹委屈，孤苦、無依，和命運的擺佈，更使得先生才弱弄之年，就學會了堅強自立。

## 二、借錢求知的夜讀生活

先生來台之後，舉目無親，生活益形困頓，而志氣更加昂揚。先後在宜蘭、樹林、淡水、瑞芳擔任中小學教師之餘，還經常參加徵文比賽，雖然屢屢獲獎，但是先生並不自滿。所謂「學然後知不足，教然後知困」，民國四十七年（西元一九五八年），先生考入師大剛創辦的師資專修科就讀。三年後改制爲夜間部，民國五十二年（西元一九六三年）七月，先生終於以三十五歲的「高齡」，成爲師大夜間部國文系的第一屆畢業生。這五年的漫長光陰，爲先生的學問奠定了基礎；然而背後的辛酸，卻沒有人知道。在一篇弔念恩師的文章裡，先生曾經一字一淚地這樣回憶：「我是一個『窮』而『可憐』的學生，但是我從不要求別人同情或賙濟。我曾經做過幼稚園的老師、小學的教導主任，代理過國民學校的校長。我也當過臨時雇員，一個月賺六十塊錢，住在大戶人家的屋簷下。一天吃一頓飯的日子，我都過過。……民國四十七年八月，我辭退了台北縣樹林中學的教職，到遙遠的瑞芳服務，我太太帶著一個三歲的小孩住在宜蘭。從瑞芳到台北師大夜間部上課，這個來回數小時的路程，對我眞是一個嚴重的負擔。不但在精力上是嚴重的負擔，就是每學期註冊所需的學雜費用，我當時也負擔不起。尤其是第一學期開學，一註冊就要九百多塊錢，我那有這樣一筆龐大的預算呢？最後還是開了借條，一再向校長赧顏央求，在百般乞憐下才借來的。時光易過，寒假以後，接著又要註冊了，還是個九百多塊，當時我眞是山窮水盡，走投無路了。不得已，函請夜間部准假兩週，以便等待月頭發薪吧！可是　旨雲師（當時的主任）就在我哭天天不應的時候，給我回了一封限時信，大意是說：『接信後，知你因註冊費一時籌措不及，擬請假兩週，延緩註冊，自當照准。不過經查你第一學期的學行成績，是全班第一名，按照夜間部獎勵辦法上的規定，你可以得到五百元的獎學金，這距離註冊費九百多元，還差四百元左右，不足之數，由本人先行墊繳，希望你能按時來校，不可耽誤課業』云云。我當時讀了這封如同及時之雨的信件，兩眼的熱淚，不禁奪眶而出。」多少的困頓和挫折，都不能使先生掉淚，但是程老夫子的慷慨解囊，墊付學費，卻像溫暖的冬陽曬融了積雪，讓先生痛哭失聲。

## 三、醉心學術的苦行僧

學術是先生的第一生命。

回首民國六十一年（西元一九七二年），當先生以八年光陰完成師大國文研究所碩士、博士班學業，而獲頒中華民國國家文學博士之時，由於受知於德明商專董事長，也是黨國元老的鄭彥棻先生，便迅獲擢升爲教授，並接任校長。一年下來，正當幹得有聲有色之際，先生卻忽然向倚畀甚深的鄭董事長請辭，雖經百般慰留，終於還是不爲所動。

先生爲什麼對人人豔羨的專科學校校長一職毫不戀棧呢？是行政非其長材？還是有更高的名、更重的位、更大的利在等著他呢？都不是；先生熱切期盼的，不過是回到師大，做一名淡泊名利，專心教學研究的教授而已。曹丕曾說過：「蓋文章，經國之大業，不朽之盛事，年壽有時而盡，榮樂止乎其身，二者必至之常期，未若文章之無窮。是以古之作者，寄身於翰墨，見意於篇籍，不假良史之辭，不託飛馳之勢，而聲名自傳於後。」先生在乎的，正是這「文章千古事」。

基於對學術的熱愛，先生二十年來在研究與教學態度上，都是十分嚴肅的。他曾經不止一次地對學生說，他過的是「在家」的「出家人」生活，他是學術界的苦行僧。

就拿生活來說吧！先生日常十分簡樸，煙酒不沾，開水代茶，沒有半丁點兒娛樂。除了到校授課之外，絕大部份時間都沉浸在那三坪不到，書香滿溢的書房裡。一張厚實的大木桌，一把靠背椅，一個茶杯，一具檯燈，除外，就是四壁到頂的典籍了。先生經常是一燈熒熒，或埋首書堆，或潛心著述，人不堪其苦，他卻自以爲樂。二十年間，從這小小書齋出品的學術著作，不下數百萬言，有誰會相信呢？先生常引用諸葛亮《誡子書》中的兩句話：「非澹泊無以明志」、「非靜無以成學」，這大概就是他的祕訣吧！

在著作出版上，先生也是十分敬慎。寫作期間草稿屢易不說，送到打字廠，又是三校、四校，必躬親爲之才放心。至於像《文心雕龍研究》、《文心雕龍導讀》，在梓行若干年之後，又不計個人心力，不顧廠商成本，大幅度增修改版，這種對讀者負責的態度，也是今天學術界少見的。就以即將出版的《文心雕龍新論》來說，也是拖延好久，未見發行。最近遇到出版社的彭老闆，才知道個中原委。他說：「打字廠最怕王先生校稿了！除了校正訛字之外，在詞句方面也經常不斷更改，曾經有一個地方改動了五六遍，黏貼厚厚好幾層，取稿的時候，我不小心碰掉，竟然發現最後改的，和最原先的一模一樣。」彭老闆說到這裡，不覺哈哈大笑，並接著強調：「不過，是改得好，沒話說！」

北宋王安石有「春風又綠江南岸」之句，一個「綠」字就改了十多次；而中唐詩人賈島也有「兩句三年得，一吟雙淚流」的佳例。先生較之前賢，是不遑多讓了！

## 四、不准結婚的指導教授

聽說先生指導博碩士研究生有四個原則：第一、不指導女生，第二、不准談戀愛，第三、不准結婚，第四、不准生小孩。這「四個堅持」顯然是「一以貫之」，對象當然是女生。在女權意識高漲的台灣，這重重關卡，層層設限，不示威遊行就很好了，又怎麼會不引來女仕們的抗議呢？有一次先生當年的指導教授，現在高壽八十餘的高仲華師，還特別就此「陋規」責問，先生連忙恭謹地向恩師澄清。事實上，先生曾否宣布過？不得而知。不過統計他指導的博碩士當中，約有四分之三，絕大部份是女生。而且指導期間，戀愛者有之，結婚、生育者有之，看來先生就是曾經宣布，大概也是「規定從嚴，執行從寬」呀！

這個疑問，後來在我請求指導期間有了深刻的體驗。哎！那眞是灰頭土臉的一年。就說論文大綱吧！在我精心草擬，充滿自信地呈交之後，居然被打了兩次回票，一次章節安排欠妥，一次標目不夠簡明。到了進入實際撰寫階段，則規定兩、三週呈交一章或若干節，通常隔週即發還，如果覺得還滿意，先生便淡淡地說：「寫得還可以，回去把改的仔細看看！」有一次先生大概很不滿意，才進課堂坐定，就把我喊到前面，當著衆目睽睽，便毫不留情地嚴詞痛責起來！這一記「醍醐灌頂」，不只使我窘得無地自容，全班同學也莫不悚然心驚。等到氣氛稍爲緩和之後，鄰座的學長悄悄遞來一張紙條：「別在意，老師指導學生都是這樣的，他是愛之深，責之切！」下課打開稿子一看，嚇！可憐的「滿江紅」，有大刪特刪的，有勾來倒去的，有箭頭亂竄的，上欄密密的眉批，最後有總評，大而內容見解，小而片言隻字，那裡當去蕪存菁，那裡該另添新意，那裡須重新斟酌，無不詳詳細細，一板一眼。原先每個字都整整齊齊恭繕的稿子，至此就好像大軍掠境，滿目瘡痍。仔細清點，兩三萬名精兵，只剩下八千餘殘部。哎！同門師兄妹讀到這兒，一定是心有戚戚，共把淚灑了！（聽說還有稿子被改了五、六遍，以及五萬被刪成六千字的記錄哪！）

最妙的是有一次，某位女生提交論文之最後期限已經迫在眉睫，而久無消息，先生越等越心焦，只好打電話去詢問。接電話的是女生的媽媽，說她去姊姊家幫忙照顧孩子。先生一聽之下，怒不可遏，馬上毫不客氣地指責對方：「妳這位媽媽是怎麼當的？妳女兒要畢業，到現在論文提不出來，妳都不急，還讓她去帶小孩，妳眞是太過分了！」重重掛上聽筒之後，小女兒在一旁輕聲地說：「爸爸，你指導學生，罵學生也就算了！怎麼連人家的媽媽也一塊兒罵呢？」先生每次在課堂上提起這件事，就忍不住失笑。這是他的可怕，也是他的可愛處。

毫無疑問，先生是一位嚴師。他治學嚴謹，也就容不得學生散漫。師嚴，而後道尊；道尊，自然師嚴。由於先生熱愛學術，視指導學生爲學術生命的延續，所以板起面孔的時候就多了；那種嚴肅，正是他內心極端自律的表露。也因此，求教的學生沒有過人之「膽量」，早就退避三舍；幸而忝列門牆的，也是嚐盡了苦頭。表面看，「棒下出高徒」似乎是先生指導的最高哲學，更深一層看，磨掉時下學子浮躁輕狂的不良習氣，返諸於沉潛篤實，才是先生眞正的用意吧！

先生平時望之儼然，難道沒有「即之也溫」的時刻嗎？又不盡然。學術之外，他經常是談天說地，幽默講笑，問問家庭生活，關心愛情婚姻。學術之內，先生的關愛則不露痕跡，需要細心去體會。譬如他可能正藉著論文將你百般「折磨」，弄得你滿腹哀怨的時候；你又那裡知道，他在大學部課堂上正對你讚譽有加呢！他可能站著等一小時，幫學生影印一份急需的資料；代學生遠赴大陸購書，或犧牲例假爲學生改稿，可是決不願看到學生撰寫論文分神，包括「男朋友」、「女朋友」、「丈夫」、「太太」、「小孩」、「奶瓶」、「尿布」，這都是他最痛恨的敵人，更痛恨的，是他無法抵擋的「眼淚」。先生不指導女生，又那裡就一定指導男生呢？

## 參、先生的文心雕龍學

山東大學中文系牟世金教授，已故的大陸文心雕龍學會秘書長曾經這樣推崇先生：「此人是台灣龍學界的重要人物」、「台灣的《文心雕龍》研究者中，王更生是著述最多的一人，他在承上啓下，推動台灣《文心雕龍》研究的發展上，是起了較大作用的。」這不僅說明先生的「重要」，在於著作豐富，尤其是對於《文心雕龍》學術風氣之提倡，研究層次之提昇，更有繼往開來，值得一表的卓越貢獻。以下就讓我以短淺的眼光，從「著述」、「教學」、「奉獻」三種角度，做個不成熟的「立體透視」吧！

### 一、體系大備的著述

先生的著作有那些？約略估計，專著就有《文心雕龍研究》、《文心雕龍導讀》、《重修增訂文心雕龍研究》、《文心雕龍范注補正》、《文心雕龍研究論文選粹》、《文心雕龍讀本》、《重修增訂文心雕龍導讀》、《文心雕龍新論》、《中國文學講話》（以上二書正排印中）、《中國文學的本源》、《中國文化概論》、《晏子春秋研究》、《晏子春秋今註今譯》、《賈誼學述三編》、《賈誼》、《陸賈》、《孫詒讓先生之生平及其學術》、《國文教學新論》、《孝園尊者戴傳賢傳》、《中國國民黨與中華文化》、《三民主義文藝創作原理》等二十來種，其他論文百多篇，合計數百萬言。仔細分析，可以看出先生對「中國文學理論」、「先秦諸子學」和「國文教材教法」等，皆極爲愛好，並且做過深入的探究。

其中最具代表性而始終鑽研不懈的，自然是屬於《文心雕龍》的一系列著作了！計含專著八種，論文四十三篇。僅就這八種的性質來看，例如：理論探討性的有《文心雕龍研究》、《重修增訂文心雕龍研究》、《文心雕龍新論》，注譯性的有《文心雕龍讀本》，駁議性的有《文心雕龍范註駁正》，普及性的有《文心雕龍導讀》、《重修增訂文心雕龍導讀》，編纂性的有《文心雕龍研究論文選粹》，其他單篇論文也廣泛涉及經學、史學、子學、譜牒學、目錄學，甚而國文教學等等，可見先生探討層面之寬闊，與研究內涵之精深了！簡介如下：

### (一)文心雕龍研究

這是先生從《文心雕龍》理論本身出發，做系統性探討的第一本專著，民國六十五年三月，由文史哲出版社出版。內容共十四章，四三八頁。以性質言，第一章是緒論，將歷來研究成果，和今後探討途徑，做了通盤性的巡禮和鳥瞰。第五到十三章是本論，就《文心雕龍》內容所及的美學、經學、史學、子學、文體、風格、風骨、聲律、批評等等，都分綱別門，探源竟委，以抉發劉勰文論的精華。第二、三、四、十四章是附論，討論劉勰身世，和《文心雕龍》的史志著錄、板本流傳、成就定位等相關問題。行文上，採用淺近流暢的文言，來闡述劉勰文論的精深妙境，意在「俾此一部曠古絕今的寶典，眞能實際應用於今日，作爲發展民族文學的張本。」

㈡文心雕龍導讀

這是一本指引性的讀物，民國六十六年三月，由華正書局出版，內容共十章，九十八頁，分別探討《文心雕龍》的作者、性質、寫作背景、成書年代、內容組織、重要版本、研讀方法、發展趨向、和參考用書簡介。並附帶對民國以來六十年的《文心雕龍》研究概況做總結性的說明。在各章安排上，由外緣的切入，到內蘊的揭示，次第有條不紊，同時執簡馭繁，深入淺出，極適合初學入門之用。

㈢重修增訂文心雕龍研究

《文心雕龍研究》梓行三載之後，由於材料的營聚，見解的增長，先生不惜「以今日之我，非昨日之我」，將原書重修增訂。無論在內容觀點，或行文措辭上，都作了徹底大幅度的調整，甚而完全的改寫，因此體例更加完整，立論益臻圓熟，資料更爲豐富。至於本書最大特色，主要還在於充分掌握劉勰「爲文用心」的精神，將「文原論」、「文體論」、「文術論」、「文評論」這四根「雕龍」之擎天巨柱，架設在全書主體部位，構成研究的中堅，然後前乎此者有〈緒論〉——〈文心雕龍研究的回顧與前瞻〉、〈劉勰年譜〉、《文心雕龍》的板本、美學、史學、子學，後乎此者有〈結論〉，以〈文心雕龍在中國文學史上之地位〉，奠於全書之末。內容共分十一章，四七一頁。民國六十八年五月，由文史哲出版社出版。先生自言「以十年精進不懈之努力，成此一部體系完備之著作」，可見殫精竭慮，用思之深，有心一窺劉勰《文心雕龍》堂奧者，不可不讀。

## ㈣文心雕龍范註駁正

本書之作，蓋緣范文瀾《文心雕龍註》雖然網羅古今，材料繁富，但長江大河挾泥沙以俱下，事實上仍存在不少缺點，爲免以訛傳訛，所以特加諟正。內容共分〈范註成書經過〉、〈范註內容析例〉、〈范註文心駁正〉、〈結論〉四部分，一〇四頁。民國六十八年十一月，由華正書局出版。先生指出范註之失，計有「采輯未備」、「體例不當」、「立說乖謬」、「校勘欠精」、「註釋錯訛」、「出處不明」等六項，並援例以徵。配合范註參看，頗能收攻錯之效。

## ㈤文心雕龍研究論文選粹

先生完成《重修增訂文心雕龍研究》之後，又就寫作十載所積盈篋的資料中，挑選出「志慮精純，辭藻粹美」的先進同道作品三十八篇，會聚成書，所以名曰「論文選粹」者意在此。書凡六八四頁，民國六十九年九月，由育民出版社出版。內容共分八類，計有考訂劉勰生平行事之「史傳類」者兩篇，綜論《文心雕龍》全書大要之「通論類」者九篇，由〈序志〉篇考察劉勰行文體例之「緒論類」者一篇，探索劉勰文學思想淵源之「文原論類」者七篇，研究《文心雕龍》「文章體類」之「文體論類」者三篇，闡揚劉勰創作技巧之「文術論類」者六篇，發明劉勰批評理則之「文評論類」者五篇，其他性質與《文心雕龍》相關之「雜纂類」者五篇。這三十多位作者廣布在台灣、大陸、香港、美國、韓國五個地區。薈萃民國以來，近七十年《文心雕龍》研究論文之代表作爲一編，不僅具有總結成果之劃時代意義，更可節省讀者翻檢考索之勞。

㈥文心雕龍讀本

這是先生為便利教學，嘉惠士子而作的一部作品。民國六十一年，先生講授《文心雕龍》之初，有感於黃《注》紀《評》，雖然言簡意賅，卻不免失之粗疏，難以申張大義；范文瀾註本，雖然資料詳備，但繁重奧衍，又絕無條理，頗不便於初學，遂下定了更張舊註，別鑄新疏的決心，耗時十三載，才於民國七十四年三月完成這本厚達九三三頁的鉅著，並由文史哲出版社出版。先生自言：「本《讀本》的寫作，旨在承前哲今賢的志業，盡拾遺補闕的棉力，闡揚彥和理論的輝光，奠定我國文運的基礎。」就全書五十篇體例而言，每篇「篇題」之後，依次為「解題」、「正文」、「註釋」、「語譯」、「集評」、「問題討論與練習」，同時「正文」眉上加註「段落大意」，前後相貫，上下一體，既照顧到初學入門者之明白易覽，也切合進階研究者之指引需要。本書具備許多特色，例如：校字博綜各說，折衷精當；註釋會最百氏，要約明暢；語譯力求信達雅；集評往往片言雅義，發人深省；附錄劉勰重要基本資料，查考稱便。最值得一提的是，書前的「總論」和各篇的「解題」部分：「總論」包括介紹文心雕龍的作者、命名、特質、結構、觀點、脈絡、研讀順序，重要書錄等等，莫不原原本本，綱舉目張，是問津文心的寶筏；至於各篇的「解題」方面，或簡釋篇題名義，或條析文論要旨，或說明布局法式，或標舉時代價值，或介紹後人詆評，都是力求取精用宏，要言不煩，用畫龍點睛的手法，來達到引入入勝的功效。

㈦重修增訂文心雕龍導讀

在《文心雕龍導讀》風行十年之後，先生有感於新出資料的增加，研究動態的改變，使得原書有重加修訂的迫切需要，於是在篇目上，由十章增爲十三章，頁數也擴展至近乎加倍的一七一頁，於民國七十七年三月，由華正書局出版。內容分別簡介劉勰的生平、時代背景，《文心雕龍》的性質、成書年代、內容組織、重要板本、行文之美、研讀方法、研讀之前的預修科目、參考用書，以及「文心雕龍學」的發展新趨勢，和開國至民國七十六年（西元一九一二年至一九八七年）的研究概況。本書除了內容增添之外，在見解和行文上也重新斟酌，作了若干修正，先生自稱「有許多地方，自信是今日之我，突破了昨日之我。」讀者展卷便知。

### (八)文心雕龍新論

這是先生繼《重修增訂文心雕龍研究》之後，探討《文心雕龍》文論和相關問題的一部新著，目前正處於排印階段，預計在五、六月間由文史哲出版社出版。內容共三百多頁，分十四章。除了少數幾章，是早期《文心雕龍研究》重修增訂時，因體例不合刪去，如今重行甄錄之外，主要是集結民國六十五年至最近（西元一九七六年至一九八九年）在期刊上發表的單篇論文而成。不過在出版之前，先生又重新作了一次整體大幅度的修改和潤色。本書探討的層面很廣，所論包括《文心雕龍》之結構完整性、文體分類學的基據、風格論、風骨論、聲律論、文學批評的理論與實際、成書年代及其相關問題、史志著錄得失平議、在國文教學上的適應性，以及王應麟和辛處信《文心雕龍注》關係的研究，日藏明刊本王惟儉《文心雕龍訓故》的評價，范文瀾《文心雕龍註》的駁議，乃至台灣「文心雕龍學」的研究與展望；最後並附錄為沈謙《文心雕龍批評論發微》和黃春貴《文心雕龍之創作論》兩書所作之序。

## ㈨其他單篇論文

先生自民國五十八年迄今，發表過的單篇論文有：

1.《文心雕龍》聲律論　中山學術文化集刊第四期　58.11.
2.《文心雕龍》風骨論　中山學術文化集刊第八期　60.11.
3.梁劉彥和先生年譜稿　師大國文學報第二期　62.4.
4.《文心雕龍·史傳篇》的考察　德明學報創刊號　62.5.
5.《文心雕龍》中的子學　教育與文化第四〇七期　62.9.
6.興膳宏日譯本《文心雕龍》評介　學粹第十六卷第一期　63.3.
7.近六十年《文心雕龍》研究概況　中華文化復興月刊第七卷第三期　63.3.
8.《文心雕龍》板本考略（上）（下）　國立中央圖書館館刊第七卷第一及二期　63.3.和63.9.
9.《文心雕龍》研究的回顧與前瞻（上）（下）　中華文化復興月刊第七卷第六及七期　63.6.和63.7.
10.六十年來《文心雕龍》之研究　正中書局《六十年來之國學》　64.5.
11.《文心雕龍》中的經學思想（上）（中）（下）　暢流半月刊第五十一卷第七及八、九期

64.5.和64.6.、64.7.
12.試探《文心雕龍》在中國文學史上之地位　師大學報第二十期　64.6.
13.文評中的子書，子書中的文評——讀《文心雕龍》劄記之一　書評書目第三十三期　65.1.
14.讀《文心雕龍》劄記——學兼中印，出入儒釋　書評書目第三十四期　65.2.
15.《文心雕龍》成書年代及其相關問題　中華文化復興月刊第九卷第四期　65.4.
16.如何研讀《文心雕龍》　學粹第十八卷第一、二期　65.4.
17.當代《文心雕龍》著作述評　中國學術年刊第一期　65.12.
18.《文心雕龍》在中國文學批評上的價值　幼獅月刊第四十五卷第二期　66.2.
19.《文心雕龍》之美學　幼獅學誌第十四卷第二期　66.5.
20.沈謙《文心雕龍批評論發微》序　中華文化復興月刊第十卷第六期　66.6.
21.《文心雕龍》述《詩經》考　師大國文學報第六期　66.6.
22.《文心雕龍研究論文提要》前言　出版與研究第二期　66.7.
23.日藏明刊本王惟儉《文心雕龍訓故》之價值　幼獅月刊第四十七卷第三期　67.3.
24.《文心雕龍》「文體論」析例　東吳文史學報第三期　67.6.
25.《文心雕龍》與中國古典文學批評　文學論集　67.7.
26.《文心雕龍》述《書經》考　孔孟學報第三十六期　67.9.

27.試探《文心雕龍》在國文教學的適應性　幼獅月刊第四十八卷六期　67.12.

28.劉彥和文學創作之理論體系與實際　師大國文學報第八期　68.6.

29.《文心雕龍研究》重修增訂序　圖書與圖書館　第一卷第一期　68.9.

30.《文心雕龍》的完整性　民衆日報學術周刊　68.12.

31.《文心雕龍》述《論語》考　孔孟學報第三十九期　69.4.

32.范文瀾《文心雕龍註》駁議　中華文化復興月刊第十三卷第五期　69.5.

33.《文心雕龍》述《孟子》考　孔孟學報第四十期　69.9.

34.《文心雕龍》結構的完整性　《慶祝陽新成楚望先生七秩誕辰論文集》　70.2.

35.徵聖宗經的文學論　孔孟月刊第十九卷第十一期　70.7.

36.簡論劉勰及其《文心雕龍》　師大國文學報第十四期　74.6.

37.《文心雕龍》的文學觀　孔孟月刊第二十三卷第十二期　74.8.

38.《文心雕龍》與國文教學　中國國學第十三期　74.10.

39.淺探劉勰文學批評的理論與實際　中華文化復興月刊第十二卷第五期　76.5.

40.王應麟和辛處信《文心雕龍注》關係之研究　學生書局《文心雕龍綜論》　77.5.

41.最近國內外（一九七四——一九八七）《文心雕龍》研究概況　師大國文學報第十七期　77.6.

42. 論劉勰文體分類學的基據　國立編譯館館刊第十七卷第一期　77.11.
43. 台灣「文心雕龍學」研究的回顧與展望　孔孟學報第五十七期　78.3.

以上四十三篇論文，大部分已收入先生的專著當中，至於像探討《文心雕龍》引《詩經》、《書經》、《論語》、《孟子》等幾篇考據性的作品，至今還是單篇別行。

綜合上述琳琅的作品，足徵先生在《文心雕龍》方面鑽研之勤，著述之富。而以前儒所長的訓詁考據爲根柢，靈活運用現代科技整合觀念，來探討劉勰的文論思想，更是先生能夠在這塊荒蕪已久的文學理論園地，披荆斬棘，大放異彩的重要關鍵。

## 二、與時俱進的教學

先生開始教授「文心雕龍」，是在民國六十年四月，當時擔任師大國文系主任的李健光師因病住院，委託暫代。先生奉命於倉促之間，懍於交付之重，每教一篇，莫不戰戰兢兢，必先倒背如流，然後上課時，口授指畫，繪聲繪影，將向稱奧澀難懂的《文心雕龍》講得深入淺出，精彩無比，因此大受歡迎。幾個月後，又逢新學年的開始，健光師雖然已經痊癒，但大概覺得先生表現稱職，便破天荒地禮聘當時還是博士研究生的先生爲兼任講師，並正式將最寶愛的「文心雕龍」課委由先生接棒。此後先生由一班而兩班，由日間部到夜間部，由師大而淡江，而中央，而東吳，都先後開過課。將近二十個年頭了，經由先生開示，而問津劉勰之門，進窺中國文論殿堂的學生，相信也在三四千人之譜。

先生教學是與時俱進的，其源源不竭的動力，正是來自研究上的不斷推陳出新。聽課的學生，很多都是多年的老面孔，原因是先生不僅教材經常更新，講法更是隨時而易，例如〈辨騷〉篇是「文原論」，還是「文體論」的歸屬問題；〈物色〉篇是「文術論」，還是「文評論」的次第問題，像這樣向來就具爭議性的論點，先生經常是冥心苦索，最後才找到眞正的答案。因此，今年和去年說法不同的情況，也就難免發生，有時學生還爲此產生疑惑，而提出詢問。先生除了詳細解說前後歧異，指出正確觀點之外，更是抱著謙虛的態度，一再向學生道歉，請求原諒。這種注重學術上的大是大非，不計較個人毀譽的從善如流精神，每每換來了學生無限的崇佩。湯盤上刻著：「苟日新，日日新，又日新」，那正是先生的教學態度。以下就讓我分「大學部」和「研究所」兩個階段，來談談先生的《文心雕龍》教學！

## ㈠大學部的厚植根基

先生目前在師大和東吳大學日夜間部教《文心雕龍》。在師大國文系，這是三年級選修課，甲乙班合選，丙丁班合選，分別在週三和週五各開一班，每班連旁聽生都在四五十人左右。東吳中文系則把課開在日間部大三和夜間部大五，也是各一班，上課人數較多，時間在週一和週二；原來這也是選修課，自從民國六十六年先生開講之後，由於普受學生喜愛，於是改爲必修課程，相沿至今。

先生講課，亦莊亦諧；學生聽課，有苦有樂。先生的「莊」，是教法嚴謹，條理井然。開學之初，必將本學期預計講授的篇目一一開列，需先行研讀的參考書籍扼要介紹。然後依次就《文心雕龍》的作者、書名、性質、寫作背景、內容組織、思想體系……等等，有條不亂地展現出來；不容易說清楚的，則又立刻反身在黑板手繪圖表，輔助說明。進入各篇之後，則先解題，闡示本篇大義，然後再講全文，由通讀，到各段，到一字一句，無不剖精析微，淺顯易懂。更讓人嘆爲觀止的，是先生那一手蒼勁的板書，經常是滿滿一黑板，像老農插秧，井井有序。這等絕技，每每令暑期進修，從事教學多年的中學老師驚訝不已，而自嘆弗如。先生的「諧」，是幽默風趣，發人深省。他或述前塵往事，或論當前國事，常常隨機穿插，說得趣味橫生，富有啓迪意味。例如先生談他小時候好讀兵書，精研戰法，立志長大之後要做三軍總司令，結果這個志願沒有達成，反而在中學時代就學會打架、鬧事、談戀愛、逃學，成爲校方的頭痛人物。一直到台灣以後，先生才痛改前非，下定「昨死今生」的決心，所以改名叫「更生」。先生治學那種數十年如一日的專注精神從那兒來？在此不難找到答案！學生的「苦」，是先生好問，兩堂課下來，幾乎很難有人倖免。有時問題一個接著一個，由淺而深，應接不暇，學生到底對教材是否熟悉？有沒有充分準備？這一切，都逃不過先生的眼睛。所以想「混」的同學不敢選，敢選的同學也一點兒不敢馬虎啊！學生的「樂」，是聆聽吟誦，先生每授一篇，必先美讀一番，學生未識其義，已經在抑揚頓挫的優美朗讀聲中怡然神往了！全篇都講完之後，先生會再朗讀一次，這是學生最企盼的。

在這莊諧調和、苦樂參半的教學情境中，學生無不盡力以赴，全神貫注，紮下了打開《文心雕龍》寶藏，邁入中國文論殿堂的厚實基礎。

㈡研究所的專題探討

先生從去年開始，在師大國文研究所講授「《文心雕龍》專題研究」，選修的博碩士含旁聽生有十六位。這門課是在修習過大學部《文心雕龍》的基礎，做更上層樓的進階性研究。先生鼓勵我們「爲學要如金字塔，要能廣大要能高」。第一堂課就規定要把范文瀾《文心雕龍註》本文、附註，全部都詳細圈點，用意是不止要熟習《文心雕龍》五十篇的內容，更要通曉劉勰寫作取材的根源。也就是要求學生精讀原典，直探本旨，以免人云亦云，漫無定見。其次，就是要掌握「文心雕龍學」的研究概況，像先生手著的〈近六十年（西元一九一二年～一九七三年）來《文心雕龍》研究總結〉、〈最近（西元一九七四年～一九八七年）國內外研究《文心雕龍》概況〉、〈台灣「文心雕龍學」的研究與展望〉三篇文章，便是分別從「世界觀」和「台灣本土觀」出發，將「文心雕龍學」這數十年來的研究成果做了總結。目的在確立當下的立足點，以瞻望未來的發展方向。

上課大致以學生準備書面資料和口頭報告爲主，在〈序志〉之後，依次爲「文原論」、「文體論」、「文術論」、「文評論」，規定每週就一篇做深入的探析，一小時半學生報告，半小時共同討論和先生講評。由於準備資料的豐富，討論氣氛的熱烈，時間經常不敷使用，進度也就緩了下來；也許要兩三學年，才能將《文心雕龍》都討論周遍吧！此外，每學期要求各撰寫學術性論文一篇，字數、格式都有嚴格規定。例如上學期即以《文心雕龍》之外圍比較問題為範疇，訂題撰寫，舉凡《文心雕龍》與先秦、兩漢、魏晉六朝文論、與曹丕《典論·論文》、陸機《文賦》、摯虞《文章流別論》、顏之推《顏氏家訓·文章篇》、蕭統《昭明文選》、鍾嶸《詩品》、劉知幾《史通》、日僧空海《文鏡秘府論》，甚而與佛教關係之探討，皆在學生撰寫之列。

先生曾揭示研究《文心雕龍》有「七忌」，那就是「故意求深」、「搬弄名詞」、「固守偏解」、「信口雌黃」、「以人蔽己」、「以己自蔽」、「雷同一響」。這是先生歸納時下學子常犯之錯誤而得。事實上要避免這些毛病，主要還在就原典下切已體察功夫，貴能深造而自得。那是先生培育接棒人才，指導後進的最高要求。

## 三、精進不懈的奉獻

二十年來，先生致力於《文心雕龍》的研究，著述與教學並重，就像曹丕說的：「不以隱約而弗務，不以康樂而加思」，這種抱著「千秋事業久彌著，萬古精神又日新」的定靜願力，使先生耐住寂寞，在淒冷的學術路上堅定地走過人生最寶貴的黃金歲月，寫下了等身的著作，和締造了優良的教學成果。他在對《文心雕龍》學術的畢生奉獻上，大致可以用三個方面來概括。

### (一)開創新境

先生的本領是善於創新。這個「新」，不是立異標新，而是鎔故鑄新。就以民國以後的《文心雕龍》研究來說吧！當時正處在一個擺脫訓詁考據，過渡到運用近代科學方法探討的轉型階段。像黃侃《文心雕龍札記》、劉永濟《文心雕龍校釋》、范文瀾《文心雕龍註》、王利器《文心雕龍新書》、楊明照《文心雕龍校注拾遺》、李景濚《文心雕龍新解》等等，顯然由於研究方法的差異，和內容思想的轉移，已經帶動整個寫作型態的改變。在這樣一個方興未艾的潮流當中，先生的適時加入研究陣營，更把《文心雕龍》研究拓展到新的領域。就以《重修增訂文心雕龍研究》來說吧！當中由〈緒論〉，而〈年譜〉，而〈板本〉，而《文心雕龍》之〈美學〉、〈史學〉、〈子學〉、〈文原論〉、〈文體論〉、〈文術論〉、〈文評論〉，而〈結論〉，從《文心雕龍》研究的回顧與前瞻，到它在中國文學史上的地位，凡劉勰述造之精華，以及關乎《文心雕龍》亟待探討之重要課題，幾乎外延內包，雖不能說囊括無遺，也堪稱規模大備了！這樣一部書，固然植基在前賢基礎上，但較之早期或同時抱殘守缺的作品，無論在深度、廣度或系統性方面，都顯然是凌駕高標，異軍突起了。至於像《文心雕龍范註駁正》，是在李笠、楊明照、斯波六郎、張立齋等人糾舉范註之外，別出心裁的一部駁議性專著。《文心雕龍讀本》是在吸收范文瀾、李景濚、周振甫、李曰剛優點之外，鎔鑄出更適合學子的一部新書。凡此皆足見先生之善於取精用弘，並匯合自己的師心獨見，屢屢推陳出新。除了《文心雕龍新論》之外，先生未來還有《白話文心雕龍》、《文心雕龍術語研究》、《文心佛影》等述造計畫，那又是「文心雕龍學」發展的另一個新境吧！

## (二)樂道人善

先生樂於推介他人研究成果。蓋學術爲天下之公器，非一人之腹所能盡飲；而故步自封，坐井觀天，適爲研究之大忌。今日學術的發展，固然需要個人的孜孜矻矻，勤奮不懈，而進一步的發皇，更需要結合志同道合的朋友，共同爲理想做有計畫的努力。十年前出版的《文心雕龍研究論文選粹》，正是基於這種理念而編纂的一部論文集，當中推介三十八篇頗具代表性的先進同道作品。十年後的今年，先生又有續集的籌劃推出。這種善與人同的雅量，在文人相輕尤烈的今天，眞如鳳毛麟角。就以最近爲例，先生接連收到大陸牟世金教授病危時，囑託夫人千里迢迢寄來的幾批《文心雕龍》重要資料；這原屬私人的捐贈，先生卻將它轉送給國研所特藏室典藏，正是發揮了牟教授的遺愛，將他在世無緣結識先生，把手暢談的遺憾，轉爲對學術界的永久貢獻。

㈢推廣風氣

先生的功勞尤其是在推廣普及研究風氣上。文心雕龍向稱奧衍難讀，而前賢的著作，有的失於繁蕪龐雜，有的病於粗疏簡陋，既不便於初學，又令人望而生畏。就在這樣一個普及性讀物十分缺乏的情況下，先生用深入淺出的介紹，流暢易曉的文字，接連出版了《文心雕龍導讀》、《文心雕龍讀本》以及爲數不少的指引性單篇論文，這對引導剛入門的莘莘學子，推廣學習風氣，實起了難以估計的巨大作用。這一點從《文心雕龍導讀》梓行十年之間，陸續增印六版，普受讀者歡迎，就可見一斑了。即今來說，各校都陸續爲《文心雕龍》開課，研究風氣也較以往蓬勃。台灣的「文心雕龍學」也蔚成當代文論的「顯學」，這固然是群策群力的成果，而先生二十年來在教學上的作育英才，與著述上的推廣普及，更是功不可沒的。

## 肆、結語

奇花異卉，經不起風雨的摧殘；曇花一現，也不過幾個時辰；只有松柏，歷霜雪嚴冬而愈堅強！

先生是松，就注定了要經歷漂泊的少年歲月，困頓、流離、貧窮、痛苦、飢餓、自卑，種種磨難，都讓他嚐遍了，但是他並沒有倒下，反而在挫折中激起了絕不向現實低頭的銳氣，這種銳氣，使他貧賤既不懾於饑寒，富貴也不流於逸樂。他只是一個平平凡凡的人，可是他耐得住寂寞，在栖栖皇皇，鎮日爲口腹奔忙之際，還能鍥而不捨地在《文心雕龍》學術路上前進了二十年，而且年年有新作，始終不懈！這種精神，在今天急功好利的社會，豈不是十分難能而可貴？他曾經自喻爲大海上不斷修正前進方向的舵手；事實上，他也正像恆山峰頂，那一棵挺立懸崖之上的蒼松。

# ㈥王更生先生的「龍學」著述

山東省社會科學院
語言文學研究所主任　馮春田

王更生先生，祖籍河南，現年六十二歲。早年獲文學博士學位，現任台灣國立師範大學國文系並國文研究所教授、私立東吳大學中文系兼任教授。王老師精勤於學術，著作等身；篤於育人，門生濟濟。尤其在《文心雕龍》研究和培養「龍學」專研人材方面，更是功績卓著。在此，只能對王老師的「龍學」著述概述片隅。以期使學界能窺見王更生先生於「龍學」貢獻之一斑，從而促進我們對優秀民族文化的研究並闡揚光大之。以此，亦希望學界同道「海峽兩岸學者在『龍學』研究上攜手共進」的宿願早日實現。

山東大學中文系牟世金教授生前在其著述中曾這樣評價王更生教授：「此人是台灣龍學界的重要人物」、「台灣的《文心雕龍》研究者中，王更生是著述最多的一人，他在承上啓下；推動台灣《文心雕龍》研究的發展上，是起了較大作用的。」事實卻亦如此，王更生教授以其精研不懈的著述、對《文心雕龍》學術風氣的倡導和研究層次的提升，都有繼往開來的貢獻，從而建立起他在「龍學」界的「重要」地位。

王更生教授在《文心雕龍》研究上，僅專著就有八種。

一《文心雕龍研究》一九七六年文史哲出版社出版。這是王更生教授從《文心雕龍》理論本身出發，對其作全面、系統探討的第一部專著，同時也是學術界最早的全方位研究《文心雕龍》的一部專著。全書共十四章：第一章爲緒論，將歷來研究成果和今後探討的途徑，作出通盤性的巡禮和鳥瞰。第五至十三章爲本論，就《文心雕龍》內容所涉及的美學、經學、史學、子學、文體、風格、風骨、聲律和批評等等，均分綱別類，探源究委，以抉發劉勰文論的精華。第二、三、四、十四諸章爲附論，討論劉勰身世，和《文心雕龍》的史志著錄、版本流傳、成就定位等相關問題。本書採用淺近流暢的文言來闡述劉勰文論的精深妙境，意在「俾此一部曠古絕今的寶典，眞能實際應用於今日，作爲發展民族文學的張本」。

二《文心雕龍導讀》一九七七年華正書局出版。這是一部導讀性的書。全書十章，探討《文心雕龍》的作者、性質、寫作背景、成書年代、內容組織、重要版本、研讀方法、發展趨向以及參考用書簡介，還對以往六十年來《文心雕龍》研究的概況作出總結性的說明。本書各章的安排，由外緣的切入，到內蘊的揭示，次第有條不紊，同時執簡馭繁，深入淺出。對後學之人確可起到「導航」之功效，與一般導讀之書多以注釋等爲己任者迥然有別。

三《重修增訂文心雕龍研究》一九七九年文史哲出版社出版。在《文心雕龍研究》梓行三載後，由於材料營聚的增多和見解的彌精，王更生教授不惜「以今日之我，非昨日之我」，將原書重修增訂。不論在內容觀點，或行文措辭上，都作了徹底或大幅度的調整，甚至完全的改寫。因此重修增訂本體例更加完整，立論益臻嚴密，資料更爲豐富。至於本書最大特色，還在於充分掌握劉勰「爲文用心」的精神，將「文原論」、「文體論」、「文術論」、「文評論」這四根「雕龍」之擎天巨柱架設在全書主體部位，構成全書中堅。然前乎此者有緒論——「《文心雕龍》研究的回顧與前瞻」，劉勰年譜、《文心雕龍》的版本、美學、史學、子學，後乎此者有結論，以「《文心雕龍》在中國文學史上之地位」，奠於全書之末。著者自謂「以十年精進不懈之努力，成此一部體系完備之著作」。可見殫精竭慮，用思之深。有心一窺劉勰《文心雕龍》堂奧者，不可不讀。

四《文心雕龍范注駁正》一九七九年華正書局出版。本書之作，蓋緣范文瀾《文心雕龍注》雖網羅古今，材料繁富，但長江大河挾泥沙以俱下，難免存在不少缺點。爲免以訛傳訛，所以特加諟正。全書內容分爲「范注成書經過」、「范注內容析例」、「范注《文心》駁正」和「結論」四部分。此書指出范注失誤，計有「采輯未備」、「體例不當」、「立說乖謬」、「校勘欠精」、「注釋錯訛」、「出處不明」六項。可謂不特有功於《文心》，亦有功於范氏。

五《〈文心雕龍〉研究論文選粹》一九八〇年育民出版社出版。這是王更生教授從他十數年研究《文心雕龍》所積累的大量資料中，挑選出的「志慮精純，辭藻粹美」的先進同道論文三十八篇會聚而成。內容計有「史傳類」、「通論類」、「緒論類」、「文術論類」、「文評論類」等，凡三十八篇。作者廣布在中國台灣和大陸、香港以及美國、南朝鮮五個地區。此書薈萃以往近七十年

《文心雕龍》研究論文之代表作爲一編，不僅具有總結成果的重要意義，更可節省讀者翻檢考索之勞，甚有益於「龍學」。

六《文心雕龍讀本》一九八五年文史哲出版社出版。王更生教授的著述，不唯盡窺學術殿堂，精進不懈，更屬意於教學，嘉惠來者。此書即是這方面的一部佳作。在王更生教授講授《文心雕龍》之初，即有感於黃注紀評雖言簡意賅，卻或失之粗疏，難以張明大義；范氏注本雖資料詳備，但繁重奧衍，又乏於條理，頗不便於後學。遂下定更張舊注、別鑄新疏的決心，耗時十三載，方於一九八五年完成這本九三二頁的巨著。全書體例，每篇「篇題」之後，依次爲「解題」、「正文」、「注釋」、「語譯」、「集評」、「問題討論與練習」，同時「正文」眉上加注「段落大意」，前後相貫，上下一體。既適於初學入門者明白易覽，又切合進階研究者的導引需要。本書另有許多特色，如：校字博綜衆說而折衷精當，注釋總會諸家而要約明暢；語譯堪稱「信、達、雅」，集評往往片言雅義，發人深思；所附劉勰重要基本資料，查考稱便。尤需提出的是書前「總論」和各篇「解題」：「總論」包括介紹《文心》的作者、命名、特質、結構、觀點、脈絡、研讀順序及重要書錄等等，均原原本本，綱舉目張，堪稱問津《文心》的寶筏；「解題」或簡釋篇題名義，或條析文論要旨，或述明布局法式，或標舉時代價值，或介紹後人詆評，均取精用宏，要言不煩，往往畫龍點睛，引人入勝。

七《重修增訂文心雕龍導讀》一九八八年華正書局出版。在《導讀》風行十年後，王更生教授有感於新出資料的增加和研究動態的變化，使原書有加以修訂的迫切需要。在篇目上由十章增為十三章，頁數增加近一倍。內容分別介紹劉勰生平、時代背景、《文心》的性質、成書年代、內容組織、重要版本、行文之美、研讀方法、研讀前的預修科目、參考用書以及「龍學」的發展新趨勢和一九一二至一九八七年的研究總況。此書除內容上的增添，在見解和行文上也重加斟酌和修訂。著者自稱：「有許多地方，自信是今日之我，突破了昨日之我。」

八《文心雕龍新論》這是王更生教授探討《文心雕龍》文論及相關問題的又一部新著，目前正在排印中，預計近期可由文史哲出版社出版。全書十四章，主要是匯集一九七六至一九八九年發表的論文而成。但在熔合成書前，著者又重新作了整體性的大幅度的修改潤色。此書探討層面很廣，包括《文心》結構、文體分類學的基據、風格論、風骨論、聲律論、文學批評的理論與實際、成書年代及相關問題、史志著錄得失平議、在國文教學上的適應性，以及王應麟和辛處信《文心雕龍注》關係的研究、日藏明刊本王惟儉《文心雕龍訓故》的評價、范文瀾《文心雕龍注》的駁議，乃至台灣「文心雕龍學」的研究與展望等。此書如出，將又為「龍學」增一異彩。

除專著外，王更生教授已發表「龍學」論文四十餘篇，其內容之廣泛，幾乎涵蓋了《文心》研究的各個方面。由於著者研究既深入又系統的特點，所以大多數論文都熔合或收入專著中。至於像探討《文心》引《詩》、《書》、《論》、《孟》等考據性的論文，至今仍是單篇別行。

綜觀以上諸方面，可見王更生教授的「《文心雕龍》學」有許多應當重視的特點。在此試略述數項。一、開創新境。王更生教授於「龍學」研究反對標新立異，但善於熔故鑄新。即以本世紀初的《文心》研究來看，正處於擺脫訓詁考據、過渡到用近代科學方法探討的轉型階段。王更生教授適時加入研究陣營，更把《文心》研究拓展到新的境界。這由《文心雕龍研究》（包括重修增訂本）及相關論著便可得到證明。前者較之早期或同時一些抱殘守缺之作，顯然可謂凌駕高標、異軍突起了！王教授揭示學術研究「七忌」之一即「雷同一響」，而他自己正是植基於前賢基礎之上而推陳出新，不斷地拓展「龍學」新境。二、善與人同。王教授的《文心雕龍研究》和《文心雕龍導讀》，都是經過大幅度的重修增訂而後再梓行的。主要原因固然是著者精進不懈的研究突破了「昨日之我」，而另一方面也由於「龍學」的演進。後者正體現了著者以學術為重、不計較個人毀譽的從善如流精神。而十年前出版的《文心雕龍論文選粹》，則基於「今日學術的發展，固然需要個人的孜孜矻矻，勤奮不懈；而進一步的發皇，更需要結合志同道合的朋友，共同為理想做有計劃的努力」的識見和胸懷而畢其功的。現在王更生教授又有續集的籌劃推出。這種善與人同的雅量，令人感佩！三、推廣風氣。王更生教授的貢獻在推廣普及「龍學」研究風氣方面尤為卓著。《文心雕龍》向稱難讀，而前賢著述，或繁蕪龐雜，或粗疏簡陋，既不便初學，又令人望而生畏。就在當時普及性讀物十分缺乏的情況下，王更生教授以深入淺出的介紹，流暢易曉的文字，接連出版了《文心雕龍導讀》、《文心雕龍讀本》以及為數不少的指導性論文。這對引導剛入門的學子，推廣學術風氣，實起了巨大作用。此由《導讀》梓行十年之間，陸續增印六版，普受讀者歡迎，即可見一斑了！就目前而言，台灣各校都陸續爲《文心》開課，研究風氣亦較以往蓬勃，台灣「文心雕龍學」也蔚成當代文論之「顯學」。這固然是群策群力的成果，而王更生教授二十年來在教學上的作育英才與著述上的推廣普及，更是功不可沒的。四、注意民族特色，發展民族文學。台灣的《文心》研究之所以形成「顯學」，另外的重要因素之一，是爲了發展民族文學。正因如此，對《文心》的研究也就更爲注重民族特色的闡揚。於此，王更生教授是突出的代表人物。他稱著《文心雕龍研究》爲「抉發其精深的妙境，俾此一部曠古絕今的寶典，眞能實際應用於今日，作爲發展民族文學的張本」。又謂：「在我們全力推動復興中華文化，建立民族文學的今天，研究《文心雕龍》的經學思想，作爲我們溫故知新的張本，不但是有必要的，而且是迫切的。」總之，王更生教授於「龍學」精進不懈，卻不是在故紙堆中討生活，他是懷有闡揚民族文化、發展民族文學的極強烈的使命感而醉心學術和作育英才的。

根據台灣呂武志先生〈我所認識的王更生先生和他的《文心雕龍》學〉一文，並參閱王更生教授的著作整理而成。本文刊載於民國七十九年（西元一九九〇年）山東社會科學院出版的《哲學社會科學動態》第四期

## ㈦台灣的「龍學」家——王更生先生

王更生一九二八年生，河南省汝南縣人，一九四九年流離轉徙至台灣，生活困頓，曾先後在宜蘭、樹林等地任中小學教師。一九五八年考入台灣師範大學剛創辦的師資專修科，半工半讀，三年後改制在夜間部就讀，艱辛備嘗，終於在一九六三年成爲師大夜間部國文系第一屆畢業生。其後又相繼完成師大國文研究所碩士、博士班學業，獲文學博士學位，旋任德明商專教授並接任校長。自一九七二年九月始，受台灣師大邀聘，任該校國文系、國文研究所教授至今，並曾兼任中央大學、東吳大學和香港浸會學院客座教授。

王更生孜孜從事學術研究，著述甚豐，內容深入到中國古典文學和古代文論、中國古代哲學和經學以及思想文化等許多領域。其中研究中國古典文學的專著有《中國文學的本源》（一名《文源闡微》，學生書局一九八八年印行）、《中國文學講話》（三民書局一九九〇年印行）等，發表論文四十餘篇，而專門研究散文的就有《晏子春秋及其散文特色》、《歐陽修的散文》、《曾鞏的散文》、《遼金元的散文》（均見巨流圖書公司一九八六年印行《中國文學講話》叢書）、《論中國散文之藝術特徵》（台灣師範大學《教學與研究》一九八七年七期）、《簡論我國散文的立體命名與定義》（《孔孟學刊》二十五卷十一期）、《論我國古今散文體類分合之價值原則及方法》（《孔孟學報》一九八七年五十四期）、《唐宋八大家散文藝術》（台灣師範大學《中國學術年刊》一九八九年十期）、《唐宋散文作家與古文運動》（《中華文化復興月刊》二十二卷三期，一九八九年）等一系列論文。王更生特別注意經典與中國文學的關係及其相關問題的研究，於一九八一年至一九八二年在《孔孟學刊》上陸續發表了《經典是中國文學的本源》、《經典的內涵及其文學成份》、《經典在中國文學發展中的韌性》、《經典對中國文學批評的影響》以及《中國文學如何向經典認同》（之一、之二、之三）等重要專論。此外，王更生還出版、發表了中國古代哲學或思想家研究論著多種。至於大衆文化教育以及國文教學，更是王更生執教生涯中屬意探討的領域，並出版了專著《國文教學新論》（明文書局一九八二年印行）和發表了一批相關論文。

在中國古代文學理論方面，王更生曾發表《詩品總論》（台灣師範大學《詩學集刊》一九六九年一期）、《魏晉六朝文論佚書鉤沈》（《學粹》一九七八年二十卷三期）、《摯虞的著述及其在文論上的成就》（之一、之二，分別載於《出版於研究》一九七八年三十期、《幼獅學誌》一九七九年十五卷三期）等論文。尤其是在《文心雕龍》的研究和教學上，王更生更是卓有貢獻，現已出版的「龍學」專著有《文心雕龍研究》（文史哲出版社一九七六年出版）、《文心雕龍范注補正》（華正書局一九七九年出版）、《文心雕龍讀本》（上下篇，文史哲出版社一九八五年出版）、

《重修增訂文心雕龍導讀》（華正書局一九八八年出版）、《文心雕龍新論》（文史哲出版社一九九一年出版），並編有《文心雕龍研究論文選粹》（育民出版社一九八〇年出版），共八種。此外，還發表「龍學」論文近五十篇。王更生的「龍學」著述，涉及到了《文心雕龍》研究的各個方面，而且對許多問題都有獨到的論述或見解，因此在台灣學術界具有重要的地位和影響。

王更生對於「龍學」的突出貢獻，主要可概括爲六個方面：

**(1)開創新境，對《文心雕龍》作系統性研究**

本世紀初以來至六〇年代前後，《文心雕龍》研究正處於由訓詁考據向用近代科學方法進行研究的轉型時期，其間不斷有理論探索性的著述問世，但缺乏系統性。王更生首先對《文心雕龍》進行全面、系統地研究，在一九七六年出版了「龍學」界第一部多層面、全方位研究《文心雕龍》的專著《文心雕龍研究》。此書梓行三年後，著者又不惜「以今日之我，非昨日之我」，將原書重修增訂。重修增訂本不論在內容觀點，或是在行文措辭上，都對原書作了徹底的修改或大幅度的調整，甚至於完全的改寫。著者自謂「以十年精進不懈之努力，成此一部體系完備之著作」，可見其殫精竭慮，用思之深。

**(2)對於推廣「龍學」研究風氣方面有重要的貢獻**

在七〇年代以前，台灣「龍學」的普及性讀物非常缺乏，爲引導後學，推廣「龍學」研究風氣，王更生花費很多心血連續寫作並出版了《文心雕龍導讀》、《文心雕龍讀本》以及多篇指導性論文。《導讀》出版後很受讀者歡迎，而此書風行十年後，又加以重修增訂。《讀本》是耗時十三載而完成的一部九三二面的巨著，此書和《導讀》雖然各具特色，但兩者從內容的安排到行文的深入淺出，在《文心雕龍》普及性讀本中都是別開生面的，這對於後學之人，確能更好地起到「導航」之功效。最近，王更生又有新著《中國文學理論的瑰寶》和《文心雕龍選讀》完成，亦著眼於推廣「龍學」的研究風氣。

**(3)屬意於海峽兩岸及國際間的「龍學」學術交流**

由於歷史的原因，中國大陸和台灣學術界在八〇年代以前無法進行正常的學術交流，大陸書刊在台屬查禁之列。王更生在精勤不懈地從事「龍學」研究的同時，十分關注大陸學者的「龍學」著述，深感海峽兩岸「龍學」研究有互相溝通和交流的必要。於是他從數十年研究《文心雕龍》所積纍的大量資料中，挑選出「志慮精純，辭藻粹美」的論文三十八篇，匯輯而成《文心雕龍研究論文選粹》一書。入選論文的作者廣布於中國大陸、台灣、香港和美國、南朝鮮，僅中國大陸的作者就有十二位。此書薈萃近七十年《文心雕龍》研究論文的代表作爲一編，在當時情況下可算是海峽兩岸及國際間《文心雕龍》研究交流的開創之舉。王更生另有推出續集的籌劃，這都是出於增強海峽兩岸及國際間「龍學」交流以促進學術發展的識見而進行的實際的努力。

**(4)重視《文心雕龍》在國文教育上的應用**

王更生在執教生涯中，一直比較重視國文教學的研究，曾發表有關著述多種。而對於《文心雕龍》的研究，他也在國文教育上的應用進行了深入的探索和實踐上的嘗試。一九七七年發表的論文《試論〈文心雕龍〉在國文教學上的適應性》（《幼獅學刊》四十九卷六期，後收入《文心雕龍新論》），就是這方面的代表作。在文中，明確提出他「運用《文心雕龍》的理論，印證到『國文教學』方面來，就是嘗試著從傳統範疇中加以突破，邁向理論與實際整合的新領域，並且從「國文教學內涵」、「知人論世」、「解釋題文」、「文章作法」、「深究鑒賞」五個方面來說明《文心雕龍》與「國文教學」的關係，認爲《文心雕龍》這部中國古代文論巨著中的學理，可「作爲今日實際從事國文教學的借鑒」。這種在「龍學」研究與國文教學實際的結合上的探索，不失爲開拓性的嘗試。

(5)注重民族特色，強調「民族文論」的闡揚光大

中國近百年來，由於列強的侵略以及西方思潮的浸入，崇洋媚外之心日甚一日，對於中國民族文化的淡漠日趨嚴重。王更生的「龍學」研究之所以孜孜矻矻，精勤不懈，主要的動因之一，是他認爲「以《文心雕龍》的學理，重建中華民族富有民族色彩的文學理論體系，以增強民族的自信心，實當前急務」；他稱著《文心雕龍研究》爲「抉發其精深的妙境，俾此一部曠古絕今的寶典，眞能實際應用於今日，作爲發展民族文學的張本」（見《文心雕龍研究·例略》）；又認爲：「在我們全力推動復興中華文化，建立民族文學的今天，研究《文心雕龍》的經學思想，作爲我們溫故知新的張本，不但是必要的，而且是迫切的。」（見《文心雕龍研究》二三六頁）重視民族文學的

優秀傳統，力圖建立起具有民族特色的文論體系，是台灣「龍學」界的共識。而王更生的「龍學」研究，這種動因也表現得非常突出。因此，他特別注意從歷史的角度來發掘《文心雕龍》的理論特色，和從中國文學的特性著眼來闡述《文心雕龍》的性質。這些，在《文心雕龍研究》（包括重修增訂本）、《文心雕龍新論》等著述中都有充分的體現。

(6)《文心雕龍》的教學和培養專門研究人才

王更生教授在注重撰寫「龍學」導讀著作以推廣「龍學」研究風氣的同時，在培養「龍學」專門人才和教授學子方面也作出了突出的貢獻。自一九七一年，至今二十年間，除在師大國文系、國文研究所任教外，曾先後在台灣中央大學中文系、淡江大學中文系、東吳大學中文系兼職和任香港浸會學院客座教授，均以《文心雕龍》爲主要講授科目，而執教謹嚴，一絲不苟。經王更生教授指導而獲得博士、碩士學位的計有三十餘人。

本文刊載於民國八十四年（西元一九九五年）六月，由上海書店出版社發行，楊明照先生主編的《文心雕龍綜覽》

# (八)當代古典文論研究家——王更生

何貴初

王更生（一九二八——　）當代古典文論研究家。河南省汝南縣人。台灣師範大學國文系學士，台灣師範大學國文研究所文學碩士和博士。曾任台灣樹林中學、淡水初中、瑞芳工職教員、組長；私立靜修女中國文教師，北投復興中學訓導主任；私立德明商專副教授。一九七三年起任台灣師範大學國文系教授至現在。有專著十多種，論文百多篇。多年來從事《文心雕龍》的研究，著述豐富。近年所從事之研究，擬透過《文心雕龍》之架構，酌採西洋之文學理論，從事中國文學理論之探討。在《文心雕龍》方面研究成果有：《文心雕龍研究》（台北文史哲出版社一九七六年初版）、《文心雕龍導讀》（台北華正出版社一九七七年初版）、《重修增訂文心雕龍研究》（台北文史哲出版社一九七九年初版）、《文心雕龍范注駁正》（台北華正出版社一九七九年初版）、《文心雕龍研究論文選粹》（台北育民出版社一九八〇年初版）、《文心雕龍讀本》上、下冊（台北文史哲出版社一九八三年初版），對《文心》全書理論體系的探索，文字的校勘注疏，都有一定的貢獻。此外，在子學方面，亦有重要著述，其中包括《賈誼學述三編》（自印本一九七一年版）、《籀廎學記——孫詒讓先生之生平及其學術》（上下冊，台北文史哲出版社一九七二年初版）、《晏子春秋研究》（台北文史哲出版社一九七六年初版）、《陸賈》（一九七八年）、《賈誼》（一九七八年），以上兩書均由台灣商務出版。

本文載於民國八十年（西元一九九一年）十月，由天津人民出版社出版，馬良春、李福田主編的《中國文學大辭典》第二卷六一八頁

# ㈨難了是鄉情

河南洛陽市印染廠職工
和中國古典學術研究專家　劉琤琤

一封信箋，穿過海峽風濤，飛越千山萬水，飛到我的手中。晴窗展讀，映入眼簾的是一位台灣學者筆走龍蛇的熟悉字跡。令人興奮的是，先生答覆了我的邀請，將於八月間率團赴京學術交流後訪洛，並對我市有關方面有贈書之舉。

我與先生的交往只是近幾年的事。

最初，是從先生與家父的通訊中知道這位親戚的。他在書信中講到了自己的童年，講到了初到台灣時的窮困潦倒，講到了對中原故土的深沉依戀之情：「時光眞如白駒過隙，雖在尊前不敢言老，但頭童齒豁，已爲不掩之事實。離別大陸四十餘年矣，回首往事，恍如云煙過眼。未來的日子，是長期居留台灣，或葉落歸根，回到故鄉懷抱？昔仲尼在陳有歸興之嘆，鐘儀幽縶有南音之操，『人情同於懷土兮，豈窮達而異心！』身在海嶠，遙望大陸，不禁悲從中來而難以自禁也！而後正盼多加教誨，使心繫故園之情，得稍寬慰耳。」我原以爲先生著作等身，功成名就，且兒女學業有成，留居國外，應當是盡如人意了。沒想到其故園之思、鄉關之愁，竟是如此刻骨銘心，如此剪不斷、理還亂！狐死傍首丘，越鳥巢南枝。看來，這種蘊藏在我們民族心理深層的故鄉情結，有如陳年老窖，歷久而彌醇。

先生名叫王更生，原籍河南，是台灣師範大學國文系及國文研究所教授、文學博士。我和他雖爲同輩表親，但由於年齡和學問上的懸殊，書信中輒以「先生」相稱。先生熱心學術交流，幾度往返於台、港和大陸之間。前年夏天，他在內蒙參加「中國古代文學理論國際研討會」期間，我曾千里迢迢，親往聆教。親人相聚，免不了把盞小酌、共訴衷腸；「青冢」留影，更說不儘歷史烽煙、人世滄桑。至今，先生那不凡的談吐和不改的鄉音，猶在耳邊縈繞，令人回味再三。

先生曾經寄來（或捎來）不少學術專著。這些裝幀不一的出版物向我洞開了一個深邃的世界，徜徉其間，每每讓人產生山陰道上、目不暇接的感覺。這感覺，就像彼岸經香港輾轉寄來的郵件上，那精美的「伏羲畫八卦」、「女媧摶土作人」、「倉頡造文字」等郵票一樣，氤氳著歷史的凝重感和清馨的書卷氣，構成一種濃郁的文化氛圍。

打開先生的《著述年表》，透過洋洋數百萬言的學術成果，我的思緒飄到了蘭花盛開蝴蝶飛舞的祖國寶島，眼前頓時浮現出一位學者不懈跋涉、辛勤耕耘的身影：在喧囂繁華而又時常塞車的台北街頭計程車上，在汗牛充棟卷軼浩繁的台北故宮博物院和「國立中央圖書館」裡，在台灣師範大學和其它院校的國學講壇上，在位於和平東路二段一一八巷的書齋中，先生多像桑蠶一般，咀嚼著中華悠久文化的桑葉，編織出一顆顆晶瑩潔白的精神文明之繭……

從先生的著述中也不難發現他與古都洛陽和河洛文化的聯繫。毫無疑義，誕生並發育於河洛大地上的河洛文化，既是華夏文化的源頭活水，又是中華文明史璀璨星空上的一個熠熠閃光的星座；撲朔迷離的河圖洛書，不正是河洛先民從蒙昧走向文明的一種標誌？而人們如果忽略了洛陽的存在，那麼一部完整的歷史，只能是斷簡殘篇！且看，先生一九六三年曾發表題爲《洛神賦與七步詩（曹子建兩首代表作考異）》的論文；再看一九七二年在慶賀其業師「六秩壽誕論文集」中，先生撰寫了十萬字的不啻爲一部專著的論文《賈誼學述三編》；特別是一九七四年，先生除在台灣商務印書館出版一部專著《賈誼》外，還先後在《孔孟學報》、師大《中國學術年刊》、師大《國文學報》上，連續發表了《賈誼春秋左氏承傳考》、《賈誼著述存佚考》、《重訂賈誼年表》三篇論文。在《賈誼》中，先生對這位英年早逝的洛陽才子有很高的評價和全面的介紹。此外，他根據舊方志記載，曾講「現在洛陽城東門裡還有賈太傅祠，奉祀的便是賈誼。」惜乎賈祠與墳墓俱已毀棄無存，思之令人扼腕。

在王著《文心雕龍新論》（文史哲出版社）一篇文章中，作者曾論及采輯資料對於論文寫作的重要性。在列舉了司馬遷、班固的實例後，接著說「司馬光修《通鑑》，……歷時十有九年。經他採用的書籍，統計起來，除正史以外，雜史凡三百二十二種。書成後，其殘稿留在洛陽者，尚積屋盈篋。」

王先生的妻叔祁玉章老先生，河南籍人，自三〇年代畢業於河南大學，是國內賈誼研究領域筆路藍褸的開山鼻祖，著有《賈子探微》和《賈子新書校釋》兩部學術專著，其中六十萬言的《校釋》一書，被譽爲「煌煌巨典，誠爲而後治賈子學者之瑰寶也。」王先生在該書《跋》中，飽含激情地寫道：「昔東漢王仲任閉門潛思，著論衡八十五篇，二十餘萬言，至今傳誦。西晉左太沖欲造三都之賦，構思十年，賦成，竟相傳焉，一時洛陽紙貴……」流露出他對源遠流長博大精深的祖國傳統文化的無比自豪；在我看來，也是對積淀深厚內涵豐富的河洛文化的深切關注和由衷贊美！

根據先生著述和他所提供的第一手資料，我撰成《台灣賈誼研究管窺》一文在《河洛春秋》刊出。拙文首次在此間披露島內學術界賈誼研究的成果和規模，涉及賈誼作品在歷代和日本的版本及香港學者的研究情況，以及台灣男女研究先生以賈誼爲專題的學位論文等。先生得知後非常高興：「近兩月來，兩收來書，一寄大作《台灣賈誼研究管窺》，一爲孟津縣水利局工程師張君善良的《千古名士賈誼墓》。兩文均與鄉先賢賈太傅有關。尤其《管窺》一文，將台灣數十年來之賈誼研究，用籠圈條貫的手法，有理論，有重心，綱舉目張，加以闡發，此不僅發前賢之幽光，同時也借此喚起同鄉同道同好及有司之注意。如他日有暇，乘還鄉探親之便，將箋邀賢弟及張善良君同作拜謁賈誼墓園遺址之旅。更生身在海外，心懷故園，當茲大陸改革開放，小康在望，人民豐衣足食之時，何忍先賢之恩德手澤，長期沉埋而不聞不問呢？」此外還謬加褒揚：「吾弟治學勤奮，不懈不怠，令我感發興起，深以家鄉學術界後繼有人慶。」先生另一封來信中又稱「您第一次作純學術性論文的寫作，有如此成績，雖非盡善盡美，但已達不容挑剔的高度標準了。我對您剪裁的眼光，運筆的功力，宏觀的胸襟和擇善而從的謙恭態度，留下深刻的印象。」同時寄贈了他的新書《韓愈散文研讀》，扉頁上題了獎掖鼓勵的話。

我在王著引文中留意到《嘉慶大清一統志河南府志》一書，經與《文史知識》「河洛文化專號」有關文章對照，發現這是本市史志工作者所未見到的，就向市編志辦主任袁君敬老師作了匯報。袁頗感興趣，囑我請王先生便中對此志略作介紹，擬補入《洛陽市大事記》。王先生此次來信中說：「《嘉慶大清一統志》是否在洛陽市圖書館沒有，如果眞的沒有，我可向台灣商務印書館洽購一套寄贈，爲我省文化教育略盡綿薄。」還特意在括號中強調「萬萬不可客套，此爲我當作之事。」當此兩岸關係乍暖乍寒之際，先生這種熱忱和精神，實在讓人敬佩。

我們有理由相信，盡管由於地域和社會人文環境的不同而存在著某些差異，但兩岸人民之間的骨肉親情、精神紐帶和文化認同，不是咫尺海峽所能隔絕的！因爲，畢竟血濃於水，畢竟我們擁有一條共同的黃河，擁有一份共同的思想文化遺產和傳統——這種文化不僅在世界文化之林中獨具特色和魅力，而且具有不可分割的凝聚力——這是我們民族生生不息、代代傳承的「根」。

此刻，在這揮汗如雨的季節，在就要結束這篇文字的時候，我想起了上次邀請王先生時所寫的話：「翩若驚鴻的洛川神女和天香國色的牡丹仙子，正舒展多情的雙臂，歡迎海外赤子的歸來！」我還想起曾經寄給他的一首小詩：

穿雲過海頻飛鴻，

難了最是故鄉情。
相期洛陽重逢日，
共赴北邙弔賈生。

本文登載於民國八十四年（西元一九九五年）十二月廿五日，由河南省洛陽市洛陽文聯主辦，李有剛主編的《牡丹》增刊號，〈今日洛陽文藝采風作品專輯〉

# ㈩不道相逢淚更多

## 牟世金和王更生的兩岸情誼

華東師範大學
中文系教授　蕭華榮

一九八九年十一月在廣州召開的《文心雕龍》國際研討會上，決定編纂《文心雕龍研究年鑑》，我忝爲副主編之一。仰仗海內外師友們的鼎力合作，三歷寒暑，稿子已全部齊備，一俟統閱整理完畢，即將交出版社付梓面世。不過說是「年鑑」，實則從起初的策劃，到中間的約稿，再到最後的佳構錦集，都已經遠遠溢出「年鑑」的範圍，字數也接近百萬，現正擬改稱「研究會要」或「綜覽」、「事典」之類，以正其名。譬如書中設有「龍學家小傳」一項，便從古今中外燦若繁星的《文心雕龍》研究者中遴選了二十二名，大陸學者牟世金教授和台灣學者王更生教授都榮列其間。即此一端，便是「年鑑」二字所難以蔽之的。

由於孤陋寡聞，也由於衆所周知的一峽之隔的客觀情勢，我雖久仰王更生先生的大名，但對於他的生平履歷和學術生涯，過去是所知甚少的。最近審閱稿件，拜讀了他的小傳，以及他本人親手撰寫的《龍學研究在台灣》，才略知一二——當然也僅止「一二」而已。不過讀罷掩卷沉思，驀然覺得他與牟世金先生有不少相似之處，又聯想到他們之間的「神交久矣」、「終未謀面」，直至無可如何地「天人永隔」，不禁撫然生感，便草成此文，以寄託對牟先生的餘哀和對王先生的景慕。

牟先生倒是我所熟知的，因爲我在濟南山東大學中文系攻讀研究生期間，他便是曾經執教的老師之一；我的畢業論文「鍾嶸詩品之研究」，是由他具體指導的；一九八一年畢業後留校任教，又成爲他的助手；一九八六年我因夫妻團聚轉到上海華東師範大學之後，仍與他保持著比較頻繁的通信聯繫，甚至在他從發現癌症到溘然長逝的一年多光景，彼此的書信往來仍逾十通，因而甚知他病中堅韌達觀的風骨，曾經寫過一篇名爲「鐵骨文心——例才」的哀誄之文追悼他，登在山東的《大衆日報》上。所以我說他與王先生有不少相似之處，並不是沒有依據的。

說來也巧，兩位先生都出生於一九二八年，屬龍，也果眞與「龍」結下了不解之緣。牟先生曾說他特別喜愛龍。他稱自己是「辛苦遭逢起一龍」、「獨抱一龍究終始」；他的論文集自定爲《雕龍集》；他曾經不無幽默不無自嘲地爲自己刻了一枚「葉公好龍」藏書章。王先生對龍是否也有這種特殊的偏愛，我不得而知，但他窮年累月孜孜矻矻，爲「龍學」所耗費的巨大心力和所取得的累累碩果，則是海內外「龍學」界所公認的。此其一。

其二，兩位先生的學術生涯都沒有得天獨厚的客觀條件和幸運，當他們經過一番曲折的生活道路，而步入學苑的門檻時，都已經到了「苦不早」的年齡。王先生早歲曾當過中小學教員，年逾而立方考入台灣師大的師資專修科，始則半工半讀，後則改讀於夜間部，眞所謂「艱辛備嘗」。牟先生年輕時也作過中學教員，又當過兵，一九五六年考入山東大學時亦已年近而立，後來又遇上「文革」的十年動亂，被迫中斷了學術研究。他們在較常人爲短的時間內，取得了較常人爲優的學術成就，其間所付出的較常人爲多的辛勤勞作，是令人可以想見的，也令人敬佩不已。

其三，兩位先生的學術生涯當然都不限於《文心雕龍》，但都主要以「龍學」名世。在他們衆多的「龍學」著述中，有些恰巧是無獨有偶，彼此對應的。王先生有《文心雕龍研究》，是他最早的一部「龍學」專著，可謂「先立乎其大者」，高屋建瓴，統觀全龍，然後才走向細緻的注釋考辨。牟先生恰好也有一部《文心雕龍研究》，不過卻是他一生研究「龍學」的最後結晶。

他開始動筆時曾當面對我說過：「這恐怕是我最後一部專著了。」當時他身體頗健，我和他都沒有意識到這竟然會成爲他的惡讖！可惜因爲「經濟效益」之故，這部著作至今仍躺在出版社裡，無緣與讀者見面。他是從注釋起步的，走的是「下學而上達」的路子。早在六十年代，他就同他的老師陸侃如先生合作，完成了《文心雕龍選譯》廿五篇。七十年代末陸先生去世後，他又獨立完成了其他部分，易名爲《文心雕龍譯注》，並撰寫了長達十萬字的「引論」。

王先生與之相應的著作，是耗時十三載的煌煌巨著《文心雕龍讀本》，卷首也有剖析考訂《文心雕龍》方面的長篇「總論」。二人對於《文心雕龍》這部文論寶典的普及，無疑都立下了不可磨滅的功勳。另外，牟先生編有《文心雕龍研究論文選》，王先生則編有《文心雕龍研究論文選粹》，後者說編選此書的用心，是屬意於海峽兩岸的學術交流。懷抱著同樣的一份願心，牟先生則專門撰寫了《台灣文心雕龍研究鳥瞰》一書，我曾爲之寫過一篇題爲《著眼於中華全龍的騰飛》的書評，發表在吉林省出版的大型學術季刊《社會科學戰線》上。不知這樣的一個題目，能得二位長者著書編文的深衷否？

對於兩位知名「龍學家」的相似之處，我自然還可以再羅列一些。不過我如果滿足於這些外在現象的羅列，那麼這篇小文將沒有多少存在的意義。我覺得更爲重要更爲可貴的，是二者內心深處爲時已久的互相仰慕與想望。牟先生在其《台灣文心雕龍研究鳥瞰》中，曾對王先生再三致意，推之爲「台灣龍學界的重要人物」，將其《文心雕龍研究》列爲台灣七種論著之首。

一九八八年的廣州會議上，我在調離山大闊別二年之後第一次重見到他，當時他病情已經沉重。他說他抱病與會的一個深願，便是晤見應約前來的王更生先生，不意由於當時海峽兩岸的情況，王先生竟沒能來，牟先生竟未了此願！我看到他在說這番話的當兒，臉上有一種黯然神傷的表情。在王先生方面，又何嘗沒有此種眞摯的願心呢？

一九九〇年盛夏我重回山東大學，在牟先生人去室空，陳設依舊的書齋中悵然久之。他的夫人趙女士告訴我，王先生曾於半年之前專程前來，在牟先生遺像前垂淚默哀。事後他又應趙女士之請，爲牟先生的遺著《雕龍後集》作了一篇序。這篇序文的複印件趙女士曾送我一份，此刻就放在我的案頭。《雕龍後集》也同樣由於學術著作銷路不暢的經濟原因，至今甚至連出路也未尋到，眞可謂「寂寞身後事」了。王先生的序文自然也就無法面世。在這裡我謹錄其兩節，公諸於世。一節是其開頭：

人之相知，貴相知心，我和世金先生神交久矣，但因海峽相隔，終未謀面；等到可以把酒臨風，晤言一室的時候，卻又物換星移，天人永隔了。雖然面對故友，心香一瓣，但睹物神傷，難掩內心的悲痛。

另一節是快要收束之處：

今年（一九九〇）二月六日，也就是農曆的正月十一日，我遠從台灣專程來弔祭這位志同道合永未謀面的知音；當時白雪映窗，落葉打階，朔風伴著酷寒，面對遺照，抆淚相視，眞有百感交集，莫知所云之痛！

我想這篇序文，王先生是可以權作掛墓之劍的，卻永失了運斤之風，這是何等令人疾首扼腕的世間長恨和人生悲劇啊！

從未謀面，卻又依憑學術因緣心心相通，我想人間的這種文字之交是最可珍貴最爲純潔的，因爲它沒有任何物質上和權勢上的互相依借與利用，有的只是對於學術眞理的一致追求，對於「弘揚民族文化」的同樣誠心。是的，弘揚民族文化，這才是本文要說的兩位先生最根本的相似相同之處，也正依靠著這條有名無形的紐帶，才雖然「身無彩鳳雙飛翼」，卻能夠「心有靈犀一點通」，哪怕彼此對有些具體學術問題的詮釋並不盡同……

牟世金先生逝世於一九八九年六月十九日，光陰荏苒，倏忽又將三載，而據悉王先生強健如昔。存者且保重，逝者長已矣。

本文見載於民國八十一年（西元一九九二年）六月十三日《中央日報》「長河版」